Jan Hendrik Greil

Das Strafrecht im Rettungsdienst

Studien zum Medizinstrafrecht

herausgegeben von

Prof. Dr. Dr. h.c. Martin Paul Waßmer
(Universität zu Köln)

Band 4

LIT

Jan Hendrik Greil

Das Strafrecht im Rettungsdienst

Eine Untersuchung der strafrechtlichen Risiken
für das nichtärztliche Personal
in der präklinischen Notfallversorgung

LIT

∞

Gedruckt auf alterungsbeständigem Werkdruckpapier entsprechend
ANSI Z3948 DIN ISO 9706

Bibliografische Information der Deutschen Nationalbibliothek
Die Deutsche Nationalbibliothek verzeichnet diese Publikation in der Deutschen Nationalbibliografie; detaillierte bibliografische Daten sind im Internet über https://dnb.dnb.de abrufbar.

ISBN 978-3-643-15638-9 (gb.)
ISBN 978-3-643-35638-3 (PDF)
Zugl.: Köln, Univ., Diss., 2024

Verlagskontakt:
Fresnostr. 2 D-48159 Münster
Tel. +49 (0) 2 51-62 03 20
E-Mail: lit@lit-verlag.de https://www.lit-verlag.de

Auslieferung:
Deutschland: LIT Verlag, Fresnostr. 2, D-48159 Münster
Tel. +49 (0) 2 51-620 32 22, E-Mail: vertrieb@lit-verlag.de

Danksagung

Die vorliegende Arbeit wurde im Sommersemester 2024 von der Universität zu Köln als Dissertation angenommen. Die Disputation fand im August 2024 statt. Die verwendete Kommentarliteratur wurde vor der Drucklegung aktualisiert.

Mein besonderer Dank gilt meinem Doktorvater *Prof. Dr. Dr. h.c. Martin Waßmer* für seine stets engagierte und wohlwollende Betreuung sowie seine vielfältigen Anregungen. Ich danke ihm insbesondere für die Aufnahme in diese Schriftenreihe.

Ebenfalls bedanken möchte ich mich herzlich bei *PD Dr. habil. Eva Kiel* für die zügige Erstellung des Zweitgutachtens sowie ihre hilfreichen Anmerkungen.

Ganz herzlich möchte ich mich auch bei meiner Familie bedanken, die mich auf meinem Lebensweg stets vorbehaltslos unterstützen.

Zwickau, im Dezember 2024 Jan Hendrik Greil

Inhaltsverzeichnis

Abkürzungsverzeichnis

a.A.	andere(r) Ansicht
Abs.	Absatz
AG	Amtsgericht
AGG	Allgemeines Gleichbehandlungsgesetz
AHRS	Arzthaftpflicht-Rechtsprechung (Zeitschrift)
ÄLRD	Ärztlicher Leiter Rettungsdienst
AMG	Arzneimittelgesetz
AmtsBl.	Amtsblatt
ÄndG	Änderungsgesetz
APORettSan Hessen	Hessische Ausbildungs- und Prüfungsordnung für Rettungssanitäterinnen und Rettungssanitäter
APORettSan LSA	Ausbildungs- und Prüfungsordnung für Rettungssanitäterinnen und Rettungssanitäter im Land Sachsen-Anhalt
APORettSan Rh.-Pf.	Landesverordnung über die Ausbildung und Prüfung von Rettungssanitäterinnen und Rettungssanitätern im Land Rheinland-Pfalz
APVO-RettSan Nds	Verordnung über die Ausbildung und Prüfung für Rettungssanitäterinnen und Rettungssanitäter
APVO-RettSan Saarland	Verordnung über die Ausbildung und Prüfung von Rettungssanitäterinnen und Rettungssanitätern im Land Saarland
ArbG	Arbeitsgericht
Art.	Artikel
ArztR-HdB	Handbuch des Arztrechts
ArztR	Arztrecht (Zeitschrift)
AT	Allgemeiner Teil
AVBayRDG	Verordnung zur Ausführung des Bayerischen Rettungsdienstgesetzes
BÄK	Bundesärztekammer
BayObLG	Bayerische Oberste Landesgericht
BayRDG	Bayerisches Rettungsdienstgesetz

BayRettSanV	Bayerische Rettungssanitäterverordnung
BbgRettG	Gesetz über den Rettungsdienst im Land Brandenburg
BeckOK BGB	Beck'scher Onlinekommentar Bürgerliches Gesetzbuch
BeckOK InfSchR	Beck'scher Onlinekommentar Infektionschutzrecht
BeckOK StGB	Beck´scher Online-Kommentar Strafgesetzbuch
BeckRS	Beck´sche Rechtsprechungssammlung
BedarfVO-RettD	Verordnung über die Bemessung des Bedarfs an Einrichtungen des Rettungsdienstes des Landes Niedersachsen
Berl RDG	Gesetz über den Rettungsdienst für das Land Berlin
Beschl.	Beschluss
BGB	Bürgerliches Gesetzbuch
BGH	Bundesgerichtshof
BGHSt	Entscheidungen des Bundesgerichtshofes in Strafsachen
BGHR	Rechtsprechung des Bundesgerichtshofs
BGHZ	Entscheidungen des Bundesgerichtshofes in Zivilsachen
BT	Besonderer Teil
BT.-Drs.	Bundestagdrucksachen
BtMG	Betäubungsmittelgesetz
BR.-Drs.	Bundesratdrucksache
BremHilfeG	Bremisches Hilfeleistungsgesetz
BtPrax	Betreuungsrechtliche Praxis (Zeitschrift)
BV	Bundesverband
BVerfG	Bundesverfassungsgericht
BVerfGE	Entscheidungen des Bundesverfassungsgerichts
BVerwG	Bundesverwaltungsgericht
BW RDG	Gesetz über den Rettungsdienst im Land Baden-Württemberg
bzw.	beziehungsweise
DÄBl	Deutsches Ärzteblatt

ders./dies.	derselbe/dieselbe
DIVI	Deutsche Interdisziplinäre Vereinigung für Intensiv- und Notfallmedizin
DS-GVO	Datenschutz-Grundverordnung
DStR	Deutsches Steuerrecht (Zeitschrift)
Drs.	Drucksache
DVBl.	Deutsches Verwaltungsblatt (Zeitschrift)
DVO HRDG	Verordnung zur Durchführung des Hessischen Rettungsdienstgesetzes
ESchG	Embryonenschutzgesetz
evtl.	eventuell
FamRZ	Zeitschrift für das gesamte Familienrecht
f., ff.	folgende
FS	Festschrift
GA	Goldhammer´s Archiv für Strafrecht (Zeitschrift)
GBl.	Gesetzblatt
GesR	Gesundheitsrecht (Zeitschrift)
GG	Grundgesetz
GOÄ	Gebührenordnung für Ärzte
GuP	Gesundheit und Pflege (Zeitschrift)
GrS	Großer Senat
GS	Gedächtnisschrift
GV/GVBl./GVOBl.	Gesetz- und Verordnungsblatt
HanLR	Hanover Law Review (Zeitschrift)
HeilprG	Heilpraktikergesetz
HK-GS	Handkommentar Gesamtes Strafrecht
HmbRDG	Hamburgisches Rettungsdienstgesetz
HmbRetSanAPO	Hamburgische Ausbildungs- und Prüfungsordnung für Rettungssanitäterinnen und Rettungssanitäter
HRDG	Hessisches Rettungsdienstgesetz
HRRS	Onlinezeitschrift für Höchstrichterliche Rechtsprechung zum Strafrecht
Hrsg.	Herausgeber
idR	in der Regel
IfSG	Infektionsschutzgesetz
iVm	in Verbindung mit

iSd	im Sinne des
iSv	im Sinne von
iwS	im weiteren Sinne
JA	Juristische Arbeitsblätter
JR	Juristische Rundschau (Zeitschrift)
Jura	Juristische Ausbildung (Zeitschrift)
jurisPK	juris Praxiskommentar
JuS	Juristische Schulung (Zeitschrift)
JZ	Juristenzeitung
Kap.	Kapitel
KKG	Gesetz zur Kooperation und Information im Kinderschutz
LG	Landgericht
lit.	Buchstabe
LK-StGB	Leipziger Kommentar zum Strafgesetzbuch
LRDPV Bbg	Verordnung über den Landesrettungsdienstplan des Landes Brandenburg
LRDPThür	Landesrettungsdienstplan für den Freistaat Thüringen
LSG	Landesozialgericht
MAH-MedR	Münchener Anwaltshandbuch Medizinrecht
MAH-Strafverteidigung	Münchener Anwaltshandbuch Strafverteidigung
mAnm.	mit Anmerkung
mBespr.	mit Besprechung
MDR	Monatsschrift für Deutsches
MBl.	Ministerialblatt
MDR	Monatsschrift für Deutsches Recht (Zeitschrift)
MedR	Medizinrecht (Zeitschrift)
medstra	Zeitschrift für Medizinstrafrecht
Mio.	Millionen
MPR	Medizin Produkte Recht (Zeitschrift)
MüKoBGB	Münchener Kommentar zum Bürgerlichen Gesetzbuch

MüKoStGB	Münchener Kommentar zum Strafgesetzbuch
MüKoStPO	Münchener Kommentar zur Strafprozessordnung
mwN	mit weiteren Nachweisen
NJOZ	Neue Juristische Online Zeitschrift
NJW	Neue Juristische Wochenschrift
NJW-RR	NJW-Rechtsprechungs-Report Zivilrecht
NK-StGB	NomosKommentar zum Strafgesetzbuch
NRettDG	Niedersächsisches Rettungsdienstgesetz
NStZ	Neue Zeitschrift für Strafrecht
NStZ-RR	NStZ-Rechtsprechungs-Report Strafrecht
Nr.	Nummer
NotSan-APrV	Ausbildungs- und Prüfungsverordnung für Notfallsanitäterinnen und Notfallsanitäter
NotSan	Notfallsanitäter
NotSanG	Notfallsanitätergesetz
NVwZ	Neue Zeitschrift für Verwaltungsrecht
NVwZ-RR	NVwZ-Rechtsprechungsreport Verwaltungsrecht
NZFam	Neue Zeitschrift für Familienrecht
NZV	Neue Zeitschrift für Verkehrsrecht
OLG	Oberlandesgericht
OVG	Oberverwaltungsgericht
PsychKG	Gesetz über Hilfen und Schutzmaßnahmen bei psychischen Krankheiten
RD	Rettungsdienst (Zeitschrift)
RDG	Rechtsdepesche für das Gesundheitswesen (Zeitschrift)
RDG M-V	Rettungsdienstgesetz Mecklenburg-Vorpommern
RettAPrVO NRW	Ausbildungs- und Prüfungsverordnung für Rettungssanitäterinnen und Rettungssanitäter sowie Rettungshelferinnen und Rettungshelfer im Land Nordrhein-Westfalen
RettAss	Rettungsassistent

RettAssG	Gesetz über den Beruf der Rettungsassistentin und des Rettungsassistenten
RettAssPrV	Ausbildungs- und Prüfungsverordnung für Rettungsassistentinnen und Rettungsassistenten
RettDG LSA	Rettungsdienstgesetz des Landes Sachsen-Anhalt
RettDG Rh.-Pf.	Landesgesetz über den Rettungsdienst sowie den Notfall- und Krankentransport von Rheinland-Pfalz
RettG NRW	Gesetz über den Rettungsdienst sowie die Notfallrettung und den Krankentransport durch Unternehmen im Land Nordrhein-Westfalen
RettSanAPrV M-V	Verordnung über die Ausbildung und Prüfung von Rettungssanitätern
RettSan-APrVO S.-H.	Landesverordnung über die Ausbildung und Prüfung von Rettungssanitäterinnen und Rettungssanitätern im Land Schleswig-Holstein
RGSt	Entscheidungen des Reichsgerichts in Strafsachen
RH	Rettungshelfer
Rn.	Randnummer
RS/RettSan	Rettungssanitäter
S.	Seite/Satz
SächsBRKG	Sächsisches Gesetz über den Brandschutz, Rettungsdienst und Katastrophenschutz
SächsLRettDPVO	Sächsische Landesrettungsdienstplanverordnung
SGB	Sozialgesetzbuch
SHRDG	Schleswig-Holsteinisches Rettungsdienstgesetz
SHRDG-DVO	Landesverordnung zur Durchführung des Schleswig-Holsteinischen Rettungsdienstgesetzes
SK-StGB	Systematischer Kommentar zum Strafgesetzbuch

sog.	Sogenannt
SRettG	Saarländisches Rettungsdienstgesetz
StGB	Strafgesetzbuch
StPO	Strafprozessordnung
StraFo	Strafverteidiger Forum (Zeitschrift)
StrlSchV	Strahlenschutzverordnung
StV	Strafverteidiger (Zeitschrift)
ThürRettG	Thüringer Rettungsdienstgesetz
TFG	Transfusionsgesetz
u.a.	unter anderem
Urt.	Urteil
v.	vom
VersR	Versicherungsrecht (Zeitschrift)
vgl.	vergleiche
Vor	Vorbemerkungen
VRS	Verkehrsrecht (Zeitschrift)
WzS	Wege zur Sozialversicherung (Zeitschrift)
zB	zum Beispiel
ZIS	Zeitschrift für Internationale Strafrechts-dogmatik
ZJS	Zeitschrift für das Juristische Studium
ZStW	Zeitschrift für die gesamte Strafrechtswis-senschaft
ZRP	Zeitschrift für Rechtspolitik

Erstes Kapitel: Einführung und Grundlagen

A. Einführung in die Thematik, Fragestellung und Gang der Untersuchung

In der Bundesrepublik Deutschland wurden im öffentlichen Rettungsdienst im Zeitraum 2016/17 jährlich rund 13,9 Mio. Einsätze mit insgesamt 16,4 Mio. Einsatzfahrten durchgeführt. Davon entfielen 52,5 % des Einsatzaufkommens auf die Notfallrettung und 47,5 % auf die Kategorie Krankentransport.[1] Bei der rettungsdienstlichen Versorgung von Patienten[2] haben die Mitarbeiter des Rettungsdienstes in Notfallsituationen die grundrechtlichen Maßstäbe der Patientenautonomie und des Lebensschutzes sowie des Rechtes auf körperliche Unversehrtheit gemäß Art. 1 iVm Art. 2 Abs. 1, Abs. 2 S. 1 GG zu beachten. Zum Schutze dieser Grundrechte sind auch die im unmittelbaren Verhältnis der Bürger untereinander aufgestellten strafrechtlichen Vorgaben für Eingriffe in die körperliche Integrität des Patienten zu berücksichtigen. Dem nichtärztlichen Rettungsdienstpersonal sind Kompetenzgrenzen gesetzt, die nicht ohne Weiteres überschritten werden dürfen. Ihnen steht ein begrenzter Maßnahmenkatalog zur Verfügung, der es ihnen gestattet, einzelne Maßnahmen am Patienten selbstständig vorzunehmen. Schwierigkeiten treten in der Notfallmedizin vor allem dann in Erscheinung, wenn ein Patient seinen Willen nicht mehr äußern kann und die Zeit drängt, denn bereits Sekunden können über das Leben des Patienten entscheiden. Hier stellt sich die Frage, ob und in welchem Umfang das Rettungsdienstpersonal von einer mutmaßlichen Einwilligung des Patienten in die Behandlung ausgehen darf und nach welchen Kriterien die Entscheidung hierüber zu treffen ist.

Bei einem Verstoß gegen strafrechtliche Vorgaben drohen dem Rettungsdienstpersonal strafrechtliche Sanktionen. Hierbei sind Konflikte angelegt, da für das Rettungsdienstpersonal innerhalb dieser Grenzen wiederum eine Pflicht zur Hilfeleistung besteht. Im Falle eines Nichthandelns stellt sich die Frage einer Strafbarkeit aufgrund von Unterlassungsdelikten. Das nichtärztliche Rettungsdienstpersonal steht daher unter dem Gesichtspunkt einer möglichen Straftat vor der Frage, ob es eine medizinische Maßnahme

---

[1] Bundesanstalt für Straßenwesen, Leistungen des Rettungsdienstes 2016/17, Heft M 290, S. 3.

[2] Zum Zwecke der besseren Lesbarkeit wird bei personenbezogenen Bezeichnungen nur die männliche Form verwendet. Diese Begriffe sollen für alle Geschlechter gelten.

durchführen darf oder sogar muss und ob es sich strafbar macht, wenn es dies unterlässt oder wenn die gewählte Handlungsalternative misslingt und dabei dem Patienten Schaden zugefügt wird, aber auch, falls die Maßnahme erfolgreich ist und der Patient gerettet wird. Nichtärztliches Rettungsdienstpersonal sieht sich daher in akuten Notfallsituationen oftmals einem Entscheidungsdilemma ausgesetzt. Ziel der vorliegenden Untersuchung ist es, einen Beitrag zur Klärung dieser Fragen zu leisten. Es gilt, die strafrechtlichen Auswirkungen der Beachtung und Missachtung dieser Vorgaben in Notfällen sowie deren Bedeutung für die strafrechtliche Betrachtung zu untersuchen. Insbesondere besteht seitens des nichtärztlichen Rettungsdienstpersonals eine erhebliche Unsicherheit hinsichtlich der Rechtslage, vor allem in Bezug auf die Reichweite der Kompetenzen und Hilfspflichten sowie deren Grenzen, wenn kein Notarzt an der Einsatzstelle anwesend ist und daher das nichtärztliche Rettungsdienstpersonal auf sich allein gestellt ist. Die vorliegende Untersuchung wirft überdies einen Blick auf weitere interessierende Straftaten, die im Rahmen der rettungsdienstlichen Notfallversorgung in Erscheinung treten können.

Im Sinne eines besseren Verständnisses für die Besonderheiten der präklinischen Notfallmedizin werden nachfolgend die tatsächlichen Gegebenheiten der Notfallsituation sowie die Aufgaben der präklinischen Notfallmedizin näher erläutert. Ferner wird die Organisation der Notfallrettung in der Bundesrepublik Deutschland dargestellt.

B. Der Rettungsdienst als Institution der präklinischen Notfallmedizin

I. Rechtliche Rahmenbedingungen

Der Rettungsdienst stellt eine öffentliche Aufgabe der Gesundheitsvorsorge dar und ist damit ein Teil des Systems der Daseinsvorsorge und Gefahrenabwehr in der Bundesrepublik Deutschland.[3] Die Art. 73 und 74 GG regeln die ausschließliche und konkurrierende Gesetzgebungskompetenz des Bundes. Diese enthalten das Recht des Rettungsdienstes nicht aus-

[3] BT-Drs. 17/11689, S. 1; Katzenmeier/Schrag-Slavu, Telemedizin im Rettungsdienst, S. 7; Lissel, Rechtsfragen, Rn. 23.

drücklich, sodass die Gesetzgebungskompetenz bei den einzelnen Bundesländern liegt, Art. 72 Abs. 1 GG.[4] Ihnen kommt die Aufgabe zu, den Rettungsdienst unter Wahrung der medizinischen Erfordernisse zu sozial tragbaren Benutzungsentgelten flächendeckend und bedarfsgerecht sicherzustellen.[5] Die Bundesländer haben hierfür entsprechende Rettungsdienstgesetze erlassen.[6] Diese beinhalten vor allem die Aufgabe, Trägerschaft und Durchführung sowie Organisation und Einrichtungen des Rettungsdienstes.[7] In Ausführungsbestimmungen der Rettungsdienstgesetze wie einem Landesrettungsdienstplan sind die Unterteilung in Rettungsdienstbereiche mit Rettungsleitstellen und Rettungswachen sowie das Vorhaltesoll an Rettungsmitteln festgelegt.[8] Die Organisation des Rettungsdienstes ist eine kommunale Selbstverwaltungsaufgabe.[9] Träger des bodengebundenen Rettungsdienstes sind die Kreise und kreisfreien Städte oder Zweckverbände, die zumeist das Gebiet eines oder mehrerer Kreise umfassen.[10] In einigen Rettungsdienstgesetzen oder Ausführungsbestimmungen ist zudem eine „Hilfsfrist" definiert und deren Dauer vorgegeben.[11] Als „Hilfsfrist" gilt der Zeitraum vom Eingang der Notfallmeldung bei der zuständigen Rettungsleitstelle bis zum Eintreffen des ersten qualifizierten Rettungsmittels am Einsatzort.[12] Hierdurch verfügt die Bundesrepublik Deutschland über ein flächendeckendes Rettungswesen.

---

[4] BT-Drs. 17/11689, S. 14; Hobusch, NZS 2023, 801 (807); Katzenmeier/Schrag-Slavu, Telemedizin im Rettungsdienst, S. 8.

[5] Enke/Flemming/Hündorf/Knacke/Lipp/Rupp, LPN2, S. 66; Hobusch, NZS 2023, 801 (803); Lissel, Rechtsfragen, Rn. 23.

[6] Zu den Bezeichnungen der Gesetze der einzelnen Bundesländer über den Rettungsdienst siehe das „Verzeichnis der Landesgesetze über den Rettungsdienst", S. 337.

[7] Hobusch, NZS 2023, 801 (807); Lissel, Rechtsfragen, Rn. 23.

[8] Vgl. § 3 Abs. 2 BW RDG, § 7 Abs. 1 BbgRettg, § 15 Abs. 1 HRDG, § 8 Abs. 2 RDG M-V, § 4 Abs. 4 NRettDG, § 12 Abs. 1 RettG NRW, § 4 Abs. 7 RettDG Rh.-Pf., § 6 Abs. 1 SRettG, § 26 Abs. 1 und 2 SächsBRKG, § 7 Abs. 3 RettDG LSA, § 10 Abs. 2 ThürRettG.

[9] BFH, DStR 2014, 944.

[10] Hobusch, NZS 2023, 801 (807); Lissel, Rechtsfragen, Rn. 26; vgl. § 2 Abs. 1 BW RDG, Art. 4 Abs. 1 BayRDG, § 5 Abs. 1 Berl RDG, § 6 BbgRettG, § 25 Abs. 1 Nr. 2 BremHilfeG, § 13 HmbRDG, § 5 Abs. 1 HRDG, § 7 Abs. 2 RDG M-V, § 3 Abs. 1 NRettDG, § 6 Abs. 1 RettG NRW, § 3 Abs. 1 RettDG Rh.-Pf., § 5 Abs. 1 SRettG, § 3 Nr. 3 SächsBRKG, § 4 Abs. 1 RettDG LSA, § 3 Abs. 1 SHRDG, § 5 Abs. 1 ThürRettG.

[11] § 2 Abs. 1 AVBayRDG, § 3 Abs. 2 BW RDG, § 8 Abs. 2 BbgRettG, § 28 Abs. 1 BremHilfeG, § 15 Abs. 2 HRDG, § 7 Abs. 2 RDG M-V, § 2 Abs. 3 BedarfVO-RettG, § 8 Abs. 2 RettDG Rh.-Pf., § 6 Abs. 3 S. 1 SRettG, § 4 Abs. 1 SächsLRettDPVO, § 7 Abs. 4 RettDG LSA, § 2 Abs. 1 SHRDG-DVO, § 12 Abs. 1 Nr. 1 ThürRettG; MBl. NRW. 1997, S. 1340.

[12] MBl. NRW. 1997, S. 1340.

II. Organisation und Durchführung des deutschen Rettungsdienstes

Die Landesrettungsdienstgesetze weisen auf ein breites Spektrum an staatlicher und privater Aufgabenerfüllung im Rettungsdienst hin. Die Rettungsdienstträger nehmen die Aufgabe des Rettungsdienstes selbst wahr oder delegieren diese an einen oder auch an mehrere Leistungserbringer.[13] Die Durchführung des Rettungsdienstes kann von kommunalen Einrichtungen wie den Feuerwehren oder von Hilfsorganisationen, zB dem Deutschen Roten Kreuz, dem Arbeiter-Samariter-Bund, dem Malteser-Hilfsdienst oder der Johanniter-Unfall-Hilfe sowie von privaten Anbietern betrieben werden.[14] Dabei wird der Rettungsdienst in medizinischen Belangen und Angelegenheiten des Qualitätsmanagements von einem Ärztlichen Leiter Rettungsdienst geleitet und überwacht.[15] Dieser wird von den Trägern des Rettungsdienstes für ihren Rettungsdienstbereich bestellt.[16] Dem Ärztlichen Leiter Rettungsdienst obliegt zudem die Festlegung, welche heilkundlichen Maßnahmen bei bestimmten notfallmedizinischen Zustandsbildern und -situationen für Notfallsanitäter iSd § 4 Abs. 2 Nr. 2 lit. c) NotSanG standardmäßig vorgegeben werden.

III. Die Struktur des deutschen Rettungsdienstes

In der rettungsdienstlichen Notfallversorgung von Patienten wird zwischen der Versorgung durch das Rettungsdienstfachpersonal und der Versorgung durch den Notarzt differenziert. In den Rettungsdienstgesetzen der Länder ist die unmittelbare ärztliche Mitwirkung im Bereich der präklinischen Notfallversorgung unter den Begriffen „Notarzt“ oder „Leitender Notarzt“ ausdrücklich festgeschrieben.[17]

---

[13] Fehn/Selen, Rechtshandbuch für Feuerwehr und Rettungsdienst, S. 197 f.; Hobusch, NZS 2023, 801 (807).
[14] Enke/Flemming/Hündorf/Knacke/Lipp/Rupp, LPN2, S. 149.
[15] Enke/Flemming/Hündorf/Knacke/Lipp/Rupp, LPN2, S. 132.
[16] Art. 11 Abs. 1 BayRDG, § 5a Abs. 1 Berl RDG, § 15 Abs. 1 BbgRettG, § 31 BremHilfeG, § 16 Abs. 1 HmbRDG, § 20 Abs. 1 HRDG, § 10 Abs. 2 RDG M-V, § 10 Abs. 3 NRettG, § 7 Abs. 3 RettG NRW, § 10 Abs. 1 RettDG Rh.-Pf., § 7 Abs. 1 SRettG, § 28 Abs. 6 SächsBRKG, § 10 Abs. 1 RettDG LSA, § 1 Abs. 1 SHRDG, § 13 ThürRettG.
[17] § 8 Abs. 1, 9 Abs. 1, 10 Abs. 1 und 2 BW RDG, Art. 2 Abs. 3 BayRDG, § 7 Abs. 1 und 2 Berl RDG, § 2 Abs. 4 BbgRettG, § 29 Abs. 3 Nr. 2, 36 Abs. 1 BremHilfeG, § 2 Nr. 14 und 15 HmbRDG, § 7 Abs. 1, 13 HRDG, § 4 Abs. 1, 10 Abs. 3 RDG M-V, § 7 Abs. 2 NRettDG, § 4 Abs. 3 S. 2, 7 Abs. 4 S. 1 RettG NRW, § 2 Abs. 3 RettDG Rh.-Pf., § 4 Abs.

Der Notarztdienst ist als eigenständige Aufgabe innerhalb der Notfallversorgung in die rettungsdienstliche Infrastruktur eingebunden.[18] Notarzt- und Rettungsdienst stellen zwei unterschiedliche, voneinander getrennt organisierte Systeme dar.[19] Die Feuerwehren, Hilfsorganisationen oder Rettungsdienstunternehmen, die den Transport von Notfallpatienten durchführen, verfügen grundsätzlich nicht über eigene Ärzte, deshalb sehen die gesetzlichen Regelungen eine Kooperation von Rettungs- und Notarztdienst vor.[20] Die Trägerschaft und Organisation des Notarztdienstes sind in den einzelnen Bundesländern unterschiedlich ausgestaltet. Die Träger des Rettungsdienstes,[21] die Kassenärztliche Vereinigung,[22] Krankenhäuser[23] oder die Krankenkassen und ihre Verbände[24] sind durch die Landesrettungsdienstgesetze zu einer Sicherstellung der notärztlichen Versorgung im Rettungsdienst verpflichtet.[25] Die präklinische Notfallversorgung ist nur dann funktionsfähig, „wenn die erforderlichen rettungs- und notarztdienstlichen Maßnahmen exakt aufeinander abgestimmt sind“[26]. Notarzt- und Rettungsdienst bilden deshalb eine sachliche Funktionseinheit.[27]

1, 8 Abs. 5 SRettG, § 28 Abs. 1 S. 1 SächsBRKG, § 2 Abs. 8 und 11 RettDG LSA, § 13 Abs. 1, 20 Abs. 5 SHRDG, § 17 Abs. 1 und 2 ThürRettG.

[18] BGH, NJW 1993, 1526.

[19] BGHZ 120, 184 (191 f.); 160, 216 (223 f.); Killinger, Besonderheiten der Arzthaftung, S. 11 f.; Lippert, MedR 1983, 167 (168). Dies wird auch daran deutlich, dass verschiedene Systeme zur Integrierung der Notärzte in den Rettungseinsatz existieren, wie das Stations- oder Rendezvous-System, vgl. hierzu Bremer, Das System des Notarztes, S. 15 f.

[20] Katzenmeier/Schrag-Slavu, Telemedizin im Rettungsdienst, S. 10.

[21] Art. 14 Abs. 2 S. 1 BayRDG (zusammen mit der Kassenärztlichen Vereinigung Bayern), § 7 Abs. 1 S. 1 Berl RDG, § 4 Abs. 2 S. 1 iVm § 5 Abs. 1 SRettG, § 13 Abs. 1 iVm § 3 Abs. 1 SHRDG.

[22] § 23 Abs. 1 RettDG LSA, § 7 Abs. 1 S. 1 ThürRettG.

[23] § 10 Abs. 1 S. 3 BW RDG, § 14 Abs. 1 S. 1 BbgRettG, § 29 Abs. 3 Nr. 2 BremHilfeG, § 7 Abs. 7 S. 1 RDG M-V, § 11 Abs. 2 Nr. 2 RettG NRW, § 23 Abs. 1 S. 1 RettDG Rh.-Pf.

[24] § 28 Abs. 2 S. 1 SächsBRKG.

[25] Lissel, Rechtsfragen, Rn. 32.

[26] BGHZ 120, 184 (195 f.).

[27] BGHZ 120, 184 (191 f.); 153, 268 (275); 160, 216 (223).

1. Aufgabe des Rettungsdienstes

Die Aufgabe des Rettungsdienstes ist die Sicherstellung einer flächendeckenden, bedarfs- und fachgerechten Versorgung der Bevölkerung mit Leistungen der Notfallrettung und des Krankentransportes.[28]
Aufgabe des Krankentransportes ist es, Kranken, Verletzten oder anderweitig Hilfsbedürftigen, soweit sie keine Notfallpatienten sind, fachgerechte Hilfe zu leisten und sie unter Betreuung durch qualifiziertes Personal zu befördern.[29]
Der Notfallrettung kommt die Aufgabe zu, bei Notfallpatienten lebensrettende Maßnahmen am Notfallort durchzuführen, deren Transportfähigkeit herzustellen und sie unter Aufrechterhaltung der Transportfähigkeit und Vermeidung weiterer Schäden mit Notarzt- oder Rettungswagen oder Luftfahrzeugen in ein für die weitere Versorgung geeignetes Krankenhaus zu befördern.[30] Der Rettungsdienst hat folglich bereits am Notfallort entscheidende medizinische Maßnahmen durchzuführen, um das Leben des Notfallpatienten erhalten und irreversible Gesundheitsschäden vermeiden zu können.[31]

2. Das Rettungsdienstfachpersonal

In den Landesrettungsdienstgesetzen wird das nichtärztliche Rettungsdienstpersonal in Notfallsanitäter, Rettungsassistenten, Rettungssanitäter und Rettungshelfer unterteilt.[32]

---

[28] § 1 Abs. 1 BW RDG, Art. 1 BayRDG, § 2 Abs. 1 Berl RDG, § 2 Abs. 1 BbgRettG, § 24 Abs. 1 BremHilfeG, § 1 Abs. 1, 12 Abs. 1 HmbRDG, § 1 S. 2 HRDG, § 1 Abs. 1 RDG M-V, § 2 Abs. 1 S. 1 NRettDG, § 6 Abs. 1 S. 1 RettG NRW, § 2 Abs. 1 S. 2 RettDG Rh.-Pf., § 2 Abs. 1 S. 2 SRettG, § 3 Abs. 1 RettDG LSA, § 1 Abs. 1 SHRDG, § 1 Abs. 1 ThürRettG.
[29] § 1 Abs. 3 BW RDG, Art. 2 Abs. 5 BayRDG, § 2 Abs. 3 Berl RDG, § 3 Abs. 4 BbgRettG, § 24 Abs. 3 BremHilfeG, § 3 Abs. 2 HmbRDG, § 3 Abs. 3 HRDG, § 2 Abs. 3 RDG M-V, § 2 Abs. 2 Nr. 3 NRettDG, § 2 Abs. 3 RettG NRW, § 2 Abs. 4 RettDG Rh.-Pf., § 2 Abs. 3 SRettG, § 2 Abs. 2 S. 4 SächsBRKG, § 2 Abs. 3 RettDG LSA, § 2 Abs. 2 SHRDG, § 3 Abs. 4 ThürRettG.
[30] § 1 Abs. 2 BW RDG, Art. 2 Abs. 2 BayRDG, § 2 Abs. 2 Berl RDG, § 3 Abs. 2 BbgRettG, § 24 Abs. 2 BremHilfeG, § 3 Abs. 1 HmbRDG, § 3 Abs. 2 HRDG, § 3 Abs. 2 RDG M-V, § 2 Abs. 2 Nr. 1 NRettDG, § 2 Abs. 2 RettG NRW, § 2 Abs. 2 RettDG Rh.-Pf., § 2 Abs. 2 SRettG, § 2 Abs. 2 S. 2 SächsBRKG, § 2 Abs. 1 RettDG LSA, § 2 Abs. 1 SHRDG, § 3 Abs. 3 ThürRettG.
[31] Katzenmeier/Schrag-Slavu, Telemedizin im Rettungsdienst, S. 11.
[32] § 9 Abs. 1 BW RDG, Art. 43 Abs. 1 BayRDG, § 9 Abs. 2 Berl RDG, § 7 Abs. 2 Nr. 1 BbgRettG iVm § 6 LRDPV Bbg, § 30 Abs. 4 BremHilfeG, § 5 HmbRDG, § 11 Abs. 2

a. Der Notfallsanitäter

Zum 1. Januar 2014 ist das Gesetz über den Beruf der Notfallsanitäterin und des Notfallsanitäters (NotSanG) in Kraft getreten. Dieses neu geschaffene Berufsbild soll die Funktion des Rettungsassistenten ersetzen. Teilweise enthalten die Rettungsdienstgesetze der Länder diesbezüglich Übergangsvorschriften.[33] Notfallsanitäter haben nach dem NotSanG sowie der dazugehörigen Ausbildungs- und Prüfungsverordnung (NotSan-APrV) eine dreijährige Vollzeitausbildung erfolgreich abgeschlossen. Inhalte dieser Ausbildung sind theoretischer und praktischer Unterricht an einer anerkannten Rettungsdienstschule sowie eine praktische Ausbildung an einer Lehrrettungswache und in geeigneten Krankenhäusern, § 5 Abs. 2 NotSanG. Das Ausbildungsziel wird in § 4 NotSanG definiert. Gemäß § 4 Abs. 1 NotSanG soll die Ausbildung zum Notfallsanitäter entsprechend dem allgemein anerkannten Stand rettungsdienstlicher, medizinischer und weiterer bezugswissenschaftlicher Erkenntnisse fachliche, personale, soziale und methodische Kompetenzen zur eigenverantwortlichen Durchführung und teamorientierten Mitwirkung insbesondere bei der notfallmedizinischen Versorgung und dem Transport von Patienten vermitteln.[34] Weiterhin soll die Ausbildung dazu befähigen, die in § 4 Abs. 2 NotSanG aufgezählten Aufgaben eigenverantwortlich ausführen zu können. In § 4 Abs. 2 Nr. 1 NotSanG werden diejenigen Tätigkeiten beschrieben, die den Kernbereich der rettungsdienstlichen Aufgaben darstellen und die ein Notfallsanitäter im späteren Berufsalltag aufgrund der Ausbildung eigenständig und eigenverantwortlich ausführen soll. Notfallsanitäter sollen demnach gemäß § 4 Abs. 2 Nr. 1 lit. c) NotSanG medizinische Maßnahmen

---

HRDG iVm § 26 DVO HRDG, § 4 Abs. 2 RDG M-V, § 10 Abs. 2 NRettG, § 4 Abs. 3 RettG NRW, § 22 Abs. 2 und 3 RettG Rh.-Pf., § 4 Abs. 1 SRettG, § 29 Abs. 2 SächsBRKG iVm § 7 Abs. 2 SächsLRettDPVO, § 11 Abs. 1, 18 Abs. 1 RettDG LSA, § 15 SHRDG, § 16 Abs. 2 ThürRettG.

[33] § 9 Abs. 3 RDG BW (ab dem 01.01.2021, im Einzelfall spätestens ab 01.01.2026), Art. 55 Abs. 4 S. 1 BayRDG (ab dem 01.01.2024), § 23 Abs. 2 lit. a) Berl RDG (ab dem 01.10.2026), § 26 Abs. 2 DVO HRDG (ab dem 01.01.2025), § 33 Abs. 4 RDG M-V (ab dem 01.05.2025), § 10 Abs. 2 S. 3 NRettG (ab dem 01.01.2023), § 4 Abs. 7 RettG NRW (ab dem 01.01.2027), Art. 3 Abs. 1 zur Änderung des Rettungsdienstgesetzes und des Landesfinanzgesetzes vom 11.02.2020, Rh.-Pf.-Drs. 17/10288 (ab dem 01.01.2024), § 30 Abs. 3 SRettG (ab dem 01.01.2024), § 23 Abs. 1 SächsLRettDPVO (ab dem 01.01.2024), § 49 Abs. 2a RettDG LSA (ab dem 01.01.2023), § 34 Abs. 1 SHRDG (ab dem 01.01.2024), § 34 Abs. 3 ThürRettG (ab dem 01.01.2023).

[34] Enke/Flemming/Hündorf/Knacke/Lipp/Rupp, LPN2, S. 23.

der Erstversorgung bei Patienten im Notfalleinsatz durchführen und dabei die in der Ausbildung erlernten und beherrschten, auch invasiven[35] Maßnahmen anwenden, um einer Verschlechterung der Situation des Patienten bis zum Eintreffen eines Notarztes oder dem Beginn einer weiteren ärztlichen Versorgung vorzubeugen, wenn ein lebensbedrohlicher Zustand vorliegt oder wesentliche Folgeschäden zu erwarten sind (sog. „1 c-Maßnahmen“[36]).
Indes sind diejenigen Kompetenzen, die einen Notfallsanitäter in die Lage versetzen sollen, Aufgaben der notfallmedizinischen Versorgung im Rahmen der Mitwirkung wahrzunehmen in § 4 Abs. 2 Nr. 2 NotSanG geregelt. Insbesondere sollen gemäß § 4 Abs. 2 Nr. 2 lit. c) NotSanG Notfallsanitäter dazu befähigt sein, eigenständig heilkundliche Maßnahmen durchzuführen, die von einem Ärztlichen Leiter Rettungsdienst oder entsprechend verantwortlichen Ärzten bei bestimmten notfallmedizinischen Zustandsbildern und -situationen standardmäßig vorgegeben werden (sog. „2 c-Maßnahmen“).[37]
Aufgrund der ausdrücklichen Bestimmungen der Rettungsdienstgesetze der Länder stellt die Qualifikation des Notfallsanitäters die zukünftige Standardqualifikation für das in der Notfallrettung zur Patientenversorgung tätige Personal dar.

b. Der Rettungsassistent

Der Begriff des Rettungsassistenten ist durch das Gesetz über den Beruf der Rettungsassistentin und des Rettungsassistenten (RettAssG) geprägt worden. Er bezeichnete bis zum 1. Januar 2014 die höchste Ausbildungsstufe im Bereich des nichtärztlichen Rettungsdienstpersonals. Die Ausbildung des Rettungsassistenten wurde durch das RettAssG sowie die entsprechende Ausbildungs- und Prüfungsverordnung (RettAssPrV) gesetzlich geregelt. Mit der in § 3 RettAssG geregelten Rolle des Rettungsassistenten als „Helfer des Arztes“ wurde die Einordnung als nichtärztlicher Heilberuf sowie die entsprechende Assistenzfunktion festgeschrieben.[38]

---

[35] In der Medizin wird der Begriff "invasiv" (von lateinisch: invadere – eindringen) u.a. für diagnostische oder therapeutische Maßnahmen, welche die Integrität des Körpers verletzen verwendet.
[36] Dittrich/Lippert, GuP 2021, 237 (238).
[37] Dittrich/Lippert, GuP 2021, 237 (238).
[38] Ausführlich hierzu Prütting, RettG NRW, § 4 Rn. 27; Spengler/Eichelbrönner, Rettungsdienstrecht, Rn. 13 ff.

Die Ausbildung sollte den Rettungsassistenten jedoch nicht nur zum „Helfer des Arztes“ machen, sondern ihn insbesondere auch dazu befähigen „am Notfallort bis zur Übernahme der Behandlung durch den Arzt lebensrettende Maßnahmen bei Notfallpatienten durchzuführen, die Transportfähigkeit solcher Patienten herzustellen und die lebenswichtigen Körperfunktionen während des Transports zum Krankenhaus zu beobachten und aufrechtzuerhalten sowie kranke, verletzte und sonstige hilfsbedürftige Personen, auch soweit sie nicht Notfallpatienten sind, unter sachgerechter Betreuung zu befördern“, § 3 RettAssG.[39]

c. Der Rettungssanitäter

Der Begriff des Rettungssanitäters ist kein anerkannter Ausbildungsberuf.[40] In einigen Bundesländern bestehen Rechtsverordnungen über die Ausbildung und Prüfung von Rettungssanitätern, so etwa in Bayern, Hamburg, Hessen, Mecklenburg-Vorpommern, Niedersachsen, Nordrhein-Westfalen, Rheinland-Pfalz, im Saarland, in Sachsen-Anhalt und Schleswig-Holstein.[41]
Die Qualifikation zum Rettungssanitäter umfasst nach diesen Regelungen ein 520-stündiges Ausbildungsprogramm.[42] Im Rahmen der Ausbildung werden die Grundlagen der Notfallmedizin vermittelt, die den Rettungssanitäter dazu befähigen, den Rettungsassistenten bzw. Notfallsanitäter bei der Versorgung von Notfallpatienten bis zum Eintreffen des Notarztes zu unterstützen.[43] Einem Rettungssanitäter obliegt darüber hinaus die Patientenbetreuung bei einem Krankentransport.[44]

---

[39] Tschieter, Feuerwehr und Rettungsdienst, S. 24.
[40] Katzenmeier/Schrag-Slavu, Telemedizin im Rettungsdienst, S. 12.
[41] Vgl. Verzeichnis der Landesverordnungen über die Ausbildung und Prüfung von Rettungssanitätern, S. 339.
[42] § 2 Abs. 1 BayRettSanV; § 2 Abs. 1 HmbRettSanAPO; § 2 APORettSan Hessen, § 4 Abs. 1 RettSanAPrV M-V; § 2 Abs. 1 S. 1 APVO-RettSan Nds, § 1 Abs. 1 RettAPO NRW, § 2 Abs. 1 APORettSan Rh.-Pf.; § 1 Abs. 1 RettSanAPV Saarland; § 2 Abs. 1 APORettSan LSA; § 2 Abs. 1 RettSan-APrVO S.-H.; vgl. auch Ausschuss Rettungswesen, Empfehlungen für die Ausbildung von Rettungssanitäterinnen und Rettungssanitätern, S. 2 und die Empfehlung für eine Verordnung über die Ausbildung und Prüfung von Rettungssanitäterinnen und Rettungssanitätern (RettSan-APrV).
[43] Tschieter, Feuerwehr und Rettungsdienst, S. 23.
[44] Vgl. hierzu nur § 4 Abs. 3 S. 1 RettG NRW.

d. Der Rettungshelfer

Der Begriff des Rettungshelfers oder Rettungsdiensthelfers bezeichnet solche Personen, die an einer über die Fachdienstausbildung für den Sanitätsdienst hinausgehenden rettungsdienstlichen Ausbildung teilgenommen haben.[45] Die Ausbildung zum Sanitäter oder Sanitätshelfer stellt die geringst qualifizierte Ausbildung im Rettungsdienst dar. Die Sanitäter werden grundsätzlich nur bei sanitätsdienstlich betreuten Großereignissen eingesetzt, wie Sportveranstaltungen oder Konzerten. Ihre Aufgabe liegt daher in erster Linie in der Betreuung der Patienten, die nicht der Kategorie der Notfallpatienten zuzuordnen sind.[46] Hingegen liegt der Tätigkeitsschwerpunkt eines Rettungshelfers im Krankentransport.[47]

3. Das notärztliche Personal

Der Notarztdienst lässt sich als organisierte Einrichtung zur Versorgung von Notfallpatienten am Notfallort und/oder auf dem Transport durch notfallmedizinisch ausgebildete Ärzte im planmäßigen Zusammenwirken mit dem Rettungsdienst definieren.[48] Ein funktionsfähiges Rettungswesen ist ohne die Mitwirkung von Notärzten nicht denkbar.[49] Der Notarzt leistet erste ärztliche Hilfe im Rahmen des in den Rettungsdienstgesetzen der einzelnen Bundesländer definierten Aufgabenbereichs.[50] Notärzte sind speziell für den Rettungsdienst ausgebildete Ärzte.[51] Ein Notarzt muss nach den Rettungsdienstgesetzen über die Zusatzbezeichnung „Notfallmedizin", den Fachkundenachweis „Rettungsdienst" oder über eine vergleichbare Qualifikation verfügen.[52] Notärzte haben in medizinischen Fragen Weisungsbefugnis gegenüber den im Rettungsdienst tätigen Personen.[53]
Ferner hat der Träger des Rettungsdienstes „Leitende Notärzte" zu bestellen. Diese müssen, aufbauend auf die Anforderungen eines Notarztes, über

---

[45] Eingehend Spengler/Eichelbrönner, Rettungsdienstrecht, Rn. 85 ff. mwN.
[46] Vgl. Spengler/Eichelbrönner, Rettungsdienstrecht, Rn. 91 ff.
[47] Vgl. hierzu nur § 4 Abs. 4 Nr. 1 RettG NRW.
[48] BGH, NJW 2005, 429 (431); Lippert, NJW 1982, 2089 (2090).
[49] BGH, NJW 2003, 1184 (1186).
[50] Katzenmeier/Schrag-Slavu, Telemedizin im Rettungsdienst, S. 14.
[51] Vgl. BGH, NJW 2005, 429 (431).
[52] Enke/Flemming/Hündorf/Knacke/Lipp/Rupp, LPN2, S. 132; Lissel, Rechtsfragen, Rn. 39.
[53] Enke/Flemming/Hündorf/Knacke/Lipp/Rupp, LPN2, S. 66.

den Fachkundenachweis „Leitender Notarzt“ oder eine gleichwertige Qualifikation sowie über entsprechende organisatorische und einsatztaktische Kenntnisse verfügen.[54]

4. Einsatzsysteme

Für die Zusammenarbeit von Notarzt- und Rettungsdienst haben sich zwei zentrale Systeme herausgebildet: das Stationssystem und das Rendezvous-System.[55]
Im Stationssystem sind die Notärzte und das nichtärztliche Rettungsdienstpersonal an der gleichen Klinik oder Rettungswache stationiert. Dadurch wird gewährleistet, dass sie gemeinsam am Einsatzort eintreffen.[56]
Das Rendezvous-System wird hingegen dadurch charakterisiert, dass Rettungs- und Notarzteinsatzfahrzeuge an verschiedenen Standorten stationiert sind. Der Notarzt und das nichtärztliche Personal treffen sich erst an der Einsatzstelle. Hier sind unterschiedliche Ankunftszeiten von Notarzt und Rettungswagen vorprogrammiert, da sie sich auf verschiedenen Fahrzeugen befinden und unterschiedliche Wege bis zum Einsatzort zurücklegen müssen.[57]

C. Definition des Notfalls und anderer relevanter Begriffe

I. Notfall

Der Einsatz der präklinischen Notfallmedizin setzt das Vorliegen eines medizinischen Notfalls voraus. Der Notfall wird durch die Elemente der Überraschung, der Plötzlichkeit und der Unvorhersehbarkeit gekennzeichnet, wobei die Unvorhersehbarkeit sich auf den konkreten Notfall bezieht.[58] Im Rettungsdienst sind solche Patienten als Notfallpatienten einzuordnen, die sich infolge von Verletzung, Krankheit oder sonstiger Umstände entweder in Lebensgefahr befinden oder bei denen schwere gesundheitliche Schäden

---

[54] Lissel, Rechtsfragen, Rn. 40.
[55] Lissel, Rechtsfragen, Rn. 38.
[56] Sefrin, Notfalltherapie, S. 31.
[57] Sefrin, Notfalltherapie, S. 34.
[58] Boll, Kompetenzüberschreitung, S. 3; Deutsch/Spickhoff, Medizinrecht, Rn. 955.

zu befürchten sind, wenn sie nicht unverzüglich medizinische Hilfe erhalten.[59] Aufgabe der präklinischen Notfallversorgung ist es, den Patienten sowohl am Einsatzort als auch während des Transports ins Krankenhaus notfallmedizinisch zu versorgen, respektive zu betreuen. Dies bedeutet die Herstellung der Transportfähigkeit des Patienten durch Wiederherstellung und Sicherung der Vitalfunktionen sowie den anschließenden Transport in ein geeignetes Krankenhaus.[60] Zudem sind weitere Schädigungen des Patienten durch medizinische Verfahren vor Ort zu verhindern.[61] Die präklinische Notfallmedizin kann zusammenfassend definiert werden als Einleitung einer Intensivtherapie mit eingeschränkten diagnostischen, therapeutischen und personellen Möglichkeiten unter erschwerten äußeren Bedingungen.[62] Sie beginnt möglichst bald nach dem Eintritt des schädigenden Ereignisses mit dem Ziel, das Überleben des Notfallpatienten zu sichern und irreversible Schäden zu vermeiden, um die Voraussetzung für eine auf das Grundleiden ausgerichtete klinische Behandlung und Rehabilitation zu schaffen.[63]

Für die vorliegende Untersuchung werden aufgrund der Praxisrelevanz ausschließlich solche Notfälle Gegenstand sein, die sich außerhalb eines Krankenhauses bzw. außerhalb ärztlicher Behandlung ereignen.

---

[59] Vgl. die Definition des Notfalls im Referentenentwurf des Bundesministeriums für Gesundheit, Entwurf eines Gesetzes zur Reform der Notfallversorgung vom 08.01.2020, S. 5; siehe auch § 1 Abs. 2 S. 2 BW RDG, Art. 2 Abs. 2 S. 2 BayRDG, § 2 Abs. 2 S. 2 BerlRDG, § 3 Abs. 1 BbgRettG, § 2 Nr. 2 HmbRDG, § 3 Abs. 4 HRDG, § 2 Abs. 2 Nr. 1 NRettG, § 2 Abs. 2 S. 3 RettG NRW, § 2 Abs. 2 RettDG Rh.-Pf., § 2 Abs. 2 S. 3 SächsBRKG, § 2 Abs. 2 RettDG LSA, § 2 Abs. 1 S. 2 SHRDG, § 3 Abs. 2 ThürRettG.

[60] § 1 Abs. 2 S. 1 BW RDG, Art. 2 Abs. 2 S. 3 BayRDG, § 2 Abs. 2 S. 1 BerlRDG, § 3 Abs. 2 BbgRettG, § 24 Abs. 2 Nr. 1 BremHilfeG, § 3 Abs. 1 HmbRDG, § 3 Abs. 2 HRDG, § 2 Abs. 2 RDG M-V, § 2 Abs. 2 Nr. 1 NRettG, § 2 Abs. 2 RettG NRW, § 2 Abs. 2 RettDG Rh.-Pf., § 2 Abs. 2 SRettG, § 2 Abs. 2 S. 2 SächsBRKG, § 2 Abs. 1 RettDG LSA, § 3 Abs. 3 ThürRettG; Lissel, Strafrechtliche Verantwortung, S. 2.

[61] zB durch das Anlegen einer Zervikalstütze zur Immobilisierung der Halswirbelsäule und Lagerung des Patienten mit einer Schaufeltrage in eine Vakuummatratze oder auf ein Spineboard beim Verdacht eines Wirbelsäulentraumas, um etwaige weitere Schäden an Nerven und Rückenmark zu verhindern, Enke/Flemming/Hündorf/Knacke/Lipp/Rupp, LPN2, S. 518.

[62] Beckers, in: Brokmann/Rossaint, Repetitorium Notfallmedizin, S. 9.

[63] Beckers, in: Brokmann/Rossaint, Repetitorium Notfallmedizin, S. 9; Sefrin, Erstversorgung, S. 6.

II. Heilkundliche Maßnahmen iSd § 4 Abs. 2 Nr. 2 lit. c) NotSanG

Notfallsanitäter sollen durch die Ausbildung gemäß § 4 Abs. 2 Nr. 2 lit. c) NotSanG dazu befähigt werden, eigenständig heilkundliche Maßnahmen durchzuführen, die von einem Ärztlichen Leiter Rettungsdienst oder entsprechend verantwortlichen Ärzten bei bestimmten notfallmedizinischen Zustandsbildern und -situationen standardmäßig vorgegeben sind. Für den Freistaat Bayern existieren Algorithmen und Medikamentenfreigaben des Ärztlichen Leiters Rettungsdienst Bayern für solche „2 c-Maßnahmen",[64] welche bayernweit einheitlich gültig sind.[65] In Schleswig-Holstein existieren „Handlungsempfehlungen für den Rettungsdienst im Land Schleswig-Holstein" sowie in Hessen „Algorithmen zur Notfallversorgung". Diese bilden die Grundlage für Lehr- und Prüfungsinhalte für die Ausbildung von Notfallsanitätern.[66] In Baden-Württemberg enthalten die Handlungsempfehlungen des Ministeriums für Soziales und Integration ebenfalls Algorithmen für bestimmte Notfallbilder.
Der vorliegenden Untersuchung werden die „Standardarbeitsanweisungen und Behandlungspfade im Rettungsdienst" zugrunde gelegt. Diese standardisierten Arbeitsanweisungen wurden von den Landesverbänden der Ärztlichen Leitungen Rettungsdienst von Baden-Württemberg,[67] Mecklenburg-Vorpommern, Nordrhein-Westfalen, Sachsen und Sachsen-Anhalt für die Durchführung von invasiven Maßnahmen und die Gabe von Medikamenten durch Notfallsanitäter bei Notfällen mit akuter Lebensbedrohung erarbeitet. Die Standardarbeitsanweisungen und Behandlungspfade im Rettungsdienst sind entsprechend den Ausführungsbestimmungen zur Ausbildung zum Notfallsanitäter in Nordrhein-Westfalen einheitlich in den Rettungsdienstschulen zu vermitteln.[68] Die Behandlungspfade stellen dabei unter anderem Krankheitsbilder dar. Für diverse Krankheitsbilder wurden Algorithmen formuliert, die mitunter die typischen Symptome des

---

64 ÄLRD Bayern, Algorithmen NotSan; ders., Medikamente nach § 4 Abs. 2c NotSanG.
65 Bayerisches Staatsministerium des Inneren, Umsetzungshinweise NotSanG, S. 5.
66 Handlungsempfehlungen für den Rettungsdienst im Land Schleswig-Holstein, S. 5; „Algorithmen zur Notfallversorgung" des Hessischen Ministerium für Soziales und Integration, S. 2.
67 In Baden-Württemberg wurden die Standardarbeitsanweisungen und Behandlungspfade im Rettungsdienst als Ergänzung zu den Handlungsempfehlungen eingeführt, Handlungsempfehlungen Baden-Württemberg 3.1, S. 3.
68 Ministerium für Arbeit, Gesundheit und Soziales NRW, Erlass v. 11.10.2021, Az. V A 4 – 93.21.02.03, S. 2.

jeweiligen Krankheitsbildes benennen. Die Algorithmen geben einem Notfallsanitäter eine Handlungsabfolge von zu ergreifenden Maßnahmen vor: Die medizinische Therapie beginnt mit den sogenannten Basismaßnahmen. Hierunter ist die Erhebung der Vitalparameter des Patienten zu verstehen. Dies geschieht durch Anlegen eines EKGs[69] sowie durch Messung von Herz- und Atemfrequenz, des Blutdruckes und der Sauerstoffsättigung des Blutes.[70] Daran anschließend erfolgt eine symptomabhängige Therapie. Der jeweilige Algorithmus benennt die gebotene medikamentöse Therapie und verweist hierzu auf die jeweilige Standardarbeitsanweisung des Medikaments.[71] Jeder Algorithmus enthält Indikation, Kontraindikation, Behandlungsalternativen sowie den notwendigen Aufklärungsinhalt bezüglich der Risiken der jeweiligen medizinischen Maßnahme und Medikamentengabe. Die Durchführung der medizinischen Maßnahmen wird ebenso erläutert wie die Gegenmaßnahmen, die im Falle des Scheiterns der Maßnahme durchzuführen sind.[72]

Die Standardarbeitsanweisungen und Behandlungspfade im Rettungsdienst legen jedoch nicht fest, welche Maßnahmen von Notfallsanitätern bei der Berufsausübung in ihren Rettungsdienstbereich im Rahmen des § 4 Abs. 2 Nr. 2 lit. c) NotSanG ausgeübt werden dürfen. Dies muss in spezifischen Arbeitsanweisungen von der jeweiligen Ärztlichen Leitung Rettungsdienst des Trägers des Rettungsdienstes autorisiert werden. Die Standardarbeitsanweisungen und Behandlungspfade im Rettungsdienst wurden allerdings beispielsweise als lokaler Standard im Gemeinsamen Rettungsdienstkompendium übernommen.[73] Das Gemeinsame Rettungsdienstkompendium umfasst 30 Kreise und kreisfreie Städte in Nordrhein-Westfalen.

---

[69] Unter EKG (Elektrokardiogramm) ist das Verfahren zur Registrierung der Aktionspotentiale des Herzens, die von der abgeleitet und als Kurven aufgezeichnet werden zu verstehen, Pschyrembel, Klinisches Wörterbuch, S. 449.

[70] Standardarbeitsanweisungen und Behandlungspfade im Rettungsdienst, S. 68.

[71] Beispiel aus den Standardarbeitsanweisungen und Behandlungspfaden im Rettungsdienst: Behandlungspfad „akutes Aortensyndrom“ (S. 110) verweist auf die Standardarbeitsanweisung „Urapidil“ (S. 64), wenn der Blutdruck des Patienten eine bestimmte Grenze überschreitet.

[72] Siehe beispielsweise Standardarbeitsanweisungen und Behandlungspfade im Rettungsdienst, S. 20.

[73] Gemeinsames Kompendium Rettungsdienst (Stand: 01.01.2024), abrufbar unter: https://rettungsdienst.rhein-kreis-neuss.de/gemeinsames-rettungsdienstkompendium-2024/, S. 12.

Es dient den daran beteiligten Kreisen und kreisfreien Städten als Grundlage für die Aus- und Fortbildung des nichtärztlichen Rettungsdienstpersonals.[74]

[74] Gemeinsames Kompendium Rettungsdienst, S. 2.

Zweites Kapitel: Strafbarkeit aufgrund der Durchführung einer medizinischen Maßnahme iSd § 4 Abs. 2 Nr. 2 lit. c) NotSanG

A. Zur Strafbarkeit wegen vorsätzlicher Körperverletzung

In diesem ersten Teil der Untersuchung soll geklärt werden, wie es sich im Falle einer durchgeführten Heilbehandlung iSd § 4 Abs. 2 Nr. 2 lit. c) NotSanG durch einen Notfallsanitäter im Hinblick auf eine vorsätzliche Körperverletzung gemäß § 223 Abs. 1 StGB verhält.

I. Die Heilbehandlung und der objektive Tatbestand des § 223 StGB

1. Die Rechtfertigungslösung der Rechtsprechung

Nach ständiger Rechtsprechung seit dem Jahr 1894[75] ist jede medizinische Behandlung, die in die körperliche Integrität des Patienten eingreift, eine tatbestandsmäßige Körperverletzung. Dem hat sich ein Teil der Literatur angeschlossen.[76] „Alle unmittelbar und physisch dem körperlichen Organismus zugefügten Verletzungen" seien vom Körperverletzungsbegriff des § 223 StGB erfasst.[77] Die Rechtsprechung betrachtet nicht den Gesamtvorgang einer Heilbehandlung, sondern jeden einzelnen Vorgang isoliert und ohne Berücksichtigung des damit angestrebten Heilzwecks.[78] Für die Tat-

---

[75] RGSt 25, 375; BGHSt 11, 111; 12, 379; 16, 309; 43, 306; 45, 219 (221); BGH, NStZ 2004, 35; NStZ 2008, 279; NStZ-RR 2004, 16 (17); NStZ-RR 2007, 340 (341); NJW 2011, 1088 (1089); Beschl. v. 26.05.2020 – StR 434/19, BeckRS 2020, 30642 Rn. 13.

[76] Arzt, JR 1986, 309 (311); Arzt/Weber/Heinrich/Hilgendorf, Strafrecht BT, § 6 Rn. 99; Bauer, Strafrechtliche Beurteilung, S. 141 f.; Baumann, NJW 1958, 2092 (2094); Berster, JA 2015, 911 (912); Bollacher/Stockburger, Jura 2006, 908 ff.; Cramer, FS Lenckner, S. 761 (776 f.); Eisele, Strafrecht BT I, Rn. 309; Matt/Renzikowski/Engländer, StGB, § 223 Rn. 21; Frister/Lindemann/Peters, Arztstrafrecht, 1. Kap. Rn. 3 ff.; Geiß/Greiner, Arzthaftpflichtrecht, Kap. C Rn. 1; LK-StGB/Grünewald, § 223 Rn. 72 ff.; Hardtung, JuS 2008, 864 (868 f.); Hilgendorf, FS Kühl, S. 509 (510 ff.); Kindhäuser/Schramm, Strafrecht BT I, § 8 Rn. 27; Krey/Hellmann/Heinrich, Strafrecht BT I, § 3 Rn. 235 ff.; NK-StGB/Paeffgen/Zabel, § 228 Rn. 62; Rengier, Strafrecht BT II, § 13 Rn. 24; Rönnau/Hohn, JuS 2003, 998 (1001 f.); Roxin/Greco, Strafrecht AT I, § 13 Rn. 26; Schwalm, FS Bockelmann, S. 539 (540); Wessels/Hettinger/Engländer, Strafrecht BT I, § 6 Rn. 302; Zöller/Mavany, ZJS 2009, 694 (698 f.).

[77] RGSt 25, 375 (378).

[78] RGSt 25, 375 (377 f.); 38, 34 (35); 74, 91 (96); BGHSt 11, 111 (214); Boll, Kompetenzüberschreitung, S. 159.

bestandsverwirklichung sei dabei irrelevant, ob für den Eingriff ein vernünftiger Zweck vorliege und dieser erfolgreich verlaufe.[79] Jede medizinische Heilbehandlung sei tatbestandsmäßig als eine Körperverletzung zu bewerten, auch wenn diese in heilender Absicht erfolge und medizinisch indiziert gewesen sei.[80] Selbst eine im Einklang mit den Regeln der ärztlichen Kunst vorgenommene Heilbehandlung erfülle den Straftatbestand.[81] „Auch der unerlässliche, unaufschiebbare, sachgerecht ausgeführte und womöglich lebensrettende Eingriff ist eine Körperverletzung."[82] Die Rechtsprechung begründet ihren Standpunkt mit dem Selbstbestimmungsrecht des Patienten.[83] Auch wenn der Heileingriff in den Körper medizinisch indiziert sei, müsse die letzte Entscheidung darüber, ob der Eingriff erfolgen solle oder nicht, dem davon unmittelbar betroffenen Patienten überlassen werden. Konsequenz dieser Rechtsprechung ist die generelle Rechtfertigungsbedürftigkeit medizinischer Behandlungen ohne Rücksicht darauf, ob der Eingriff letztlich sein Ziel erreicht oder fehlschlägt.

Im Einzelfall ist daher zunächst zu prüfen, ob eine körperliche Misshandlung vorliegt oder eine Gesundheitsschädigung iSd § 223 Abs. 1 StGB hervorgerufen wurde.[84]

Eine körperliche Misshandlung ist jede üble, unangemessene Behandlung, durch die das körperliche Wohlbefinden nicht nur unerheblich beeinträchtigt wird.[85] Maßgeblich ist, dass sich der Status quo objektiv verschlechtert hat.[86] Als körperliche Misshandlung gelten insbesondere substanzverletzende Einwirkungen auf den Körper des Patienten durch Bewirken von Substanzschäden wie Wunden und Beulen oder auch Substanzeinbußen wie der Verlust von Organen oder einzelnen Gliedern.[87] Das körperliche Wohlbefinden wird zudem durch Zufügung von Schmerzen[88] oder durch das mechanische Auslösen des Brechreizes mittels Pinzette und Spatels[89] beeinträchtigt. Eine tatbestandliche Gesundheitsschädigung liegt vor,

---

[79] RGSt 25, 375 (378 f.); BGH, NJW 2011, 1088 (1089).
[80] BGHSt 43, 306 (308).
[81] BGH, NJW 2019, 3253.
[82] Bockelmann, Strafrecht des Arztes, S. 50 f.
[83] Gleixner-Eberle, Einwilligung Minderjähriger, S. 216.
[84] Eisele, JuS 2020, 80 (81).
[85] Lackner/Kühl/Heger/Heger, StGB, § 223 Rn. 4 mwN.
[86] NK-StGB/Paeffgen/Böse/Eidam, § 223 Rn. 8.
[87] Gercke/Leimenstoll/Stirner, Handbuch Medizinstrafrecht, Rn. 19.
[88] Schönke/Schröder/Sternberg-Lieben, StGB, § 223 Rn. 3.
[89] BGH, NJW 2012, 2453 (2454).

wenn ein vom Normalzustand der körperlichen Funktionen nachteilig abweichender pathologischer Zustand hervorgerufen oder gesteigert wird, unabhängig davon, ob das Opfer zuvor „gesund“ war oder ob eine Vorschädigung bestand.[90] Es bedarf einer Diskrepanz zwischen dem Gesundheitszustand des Opfers vor und nach der Tätereinwirkung.[91] Hierzu zählen Wunden, Nerven- und Organerkrankungen, Organ- und Gliederverluste oder die Einschränkung der Funktionstauglichkeit von Körperteilen und biologischen Prozessen.[92] Ebenfalls gehört hierzu die Herbeiführung oder pflichtwidrige Aufrechterhaltung von Schmerzzuständen, etwa durch unzureichende Schmerzmedikation.[93]
Der objektive Tatbestand des § 223 Abs. 1 StGB wird im Rahmen der rettungsdienstlichen Notfallversorgung unter anderem beim Legen einer Venenverweilkanüle und bei der Thoraxentlastungspunktion erfüllt, da es hierbei zu einem Substanzschaden in Form einer Wunde kommt, welcher zudem einen Heilungsprozess erfordert. Auch eine Defibrillation bei einem Herzstillstand erfüllt den objektiven Tatbestand.[94] Weiterhin ist die Anlage eines Tourniquets, bei welchem es sich um ein Abbindesystem zur Blutstillung stark blutender Extremitätenwunden handelt, durch den benötigten hohen Anpressdruck für den Patienten sehr schmerzhaft. Dies wird im Verlauf durch den entstehenden Ischämieschmerz[95] nochmals verstärkt.[96] Auf Grund der Zufügung von Schmerzen handelt es sich auch hierbei um eine Körperverletzung iSd § 223 Abs. 1 StGB.[97]
Indes liegt in der Verabreichung eines Medikamentes nicht notwendigerweise eine Gesundheitsschädigung iSd § 223 Abs. 1 StGB.[98] Medikamente können, je nach den Umständen des Einzelfalles, Wirkungen hervorrufen, die sich als Gesundheitsschädigung darstellen. Dies ist insbesondere dann der Fall, wenn sie zu Rauschzuständen, körperlichen Nebenwirkungen, zur

---

[90] Fischer, StGB, § 223 Rn. 8; Lackner/Kühl/Heger/Heger, StGB, § 223 Rn. 5.
[91] Zöller/Petry, in: Leipold/Tsambikakis/Zöller, StGB, § 223 Rn. 12.
[92] NK-StGB/Paeffgen/Böse/Eidam, § 223 Rn. 14.
[93] Dittrich/Lippert, MedR 2022, 15 (17); Spickhoff/Knauer/Brose, Medizinrecht, StGB, § 223 Rn. 3.
[94] BGH, NStZ 1987, 2946; MüKoStGB/Hardtung, § 223 Rn. 43; Ratke/Schwer, JuS 2003, 580 (582, 586); MAH-MedR/Sommer/Tsambikakis, § 3 Rn. 21.
[95] Bei einer Ischämie handelt es sich um Verminderung oder Unterbrechung der Durchblutung eines Organs, Organteils oder Gewebes infolge mangelnder arterieller Blutzufuhr.
[96] Hossfeld/Stöhr, in: Buschmann, Das ABCDE-Schema, S. 93.
[97] Spickhoff/Knauer/Brose, Medizinrecht, StGB, § 223 Rn. 3; Schönke/Schröder/Sternberg-Lieben, StGB, § 223 Rn. 3.
[98] BGH, NJW 2019, 3253.

Suchtbildung oder zu Entzugserscheinungen führen.[99] Demnach ist beispielsweise bei der indizierten Verabreichung des Medikaments „Esketamin“[100] eine Gesundheitsschädigung iSd § 223 Abs. 1 StGB zu bejahen, da „Esketamin“ eine Katecholaminfreisetzung mit konsekutiven Anstieg des Blutdrucks (Hypertonie) und der Herzfrequenz (Tachykardie) bewirkt.[101] Hingegen bewirkt die Verabreichung von „Propofol“ eine Absenkung des Blutdrucks (Hypotonie) und der Herzfrequenz (Bradykardie) sowie eine Atemdepression.[102] Mithin führt die indizierte Gabe bestimmter Medikamente zu körperlichen Nebenwirkungen. Andererseits stellt beispielsweise die indizierte Gabe von Glukose keine Gesundheitsschädigung dar. Glukose erhöht lediglich den Blutzuckerspiegel, indem in der Leber Glykogen abgebaut wird (Glykogenolyse) und die Glukoneogenese gefördert wird. Nebenwirkungen sind nicht vorhanden.[103]

Letztlich muss bei der Verabreichung von Medikamenten im Einzelfall festgestellt werden, ob die Wirkung eines indizierten Medikaments eine Gesundheitsschädigung iSd § 223 StGB darstellt.

2. Die Tatbestandslösung im Schrifttum

Die Ansicht der Rechtsprechung wird in der Literatur[104] teilweise kritisiert, da eine Heilbehandlung nicht ohne Einschränkungen tatbestandlich als Körperverletzung zu werten sei. Schließlich diene die medizinische Behandlungsmaßnahme gemäß ihrer Definition der Aufrechterhaltung bzw.

---

[99] BGH, NJW 2004, 1054 (1055); NJW 2019, 3253.

[100] Ketamin ist ein Arzneimittel aus der Klasse der Allgemeinanästhetika. Es wird aufgrund seiner anästhetischen, analgetischen und psychotropen Wirkungen für die Einleitung und Aufrechterhaltung einer Narkose, aber auch als Analgetikum in der Notfallmedizin eingesetzt.

[101] Bäumel/Hergeth/Bein/Creutzenberg, Pharmakotherapie in der Intensivmedizin, S. 72.

[102] Bäumel/Hergeth/Bein/Creutzenberg, Pharmakotherapie in der Intensivmedizin, S. 71.

[103] Standardarbeitsanweisungen und Behandlungspfade im Rettungsdienst, S. 52.

[104] Bockelmann, Strafrecht des Arztes, S. 66; ders., ZStW 93, 105 (107 ff. und 136 f.); Geilen, FS Schwind, S. 289 (292 ff.); LK-StGB/Grünewald, § 223 Rn. 71; Hartmann, Eigenmächtige und fehlerhafte Heilbehandlung, S. 69 ff.; Hirsch, GS Zipf, S. 353 (354 ff.); Kaufmann, ZStW 73, 342 (373); Katzenmeier, ZRP 1997, 156 (157 f.); Lackner/Kühl/Heger/Heger, StGB, § 223 Rn. 8; Spickhoff/Knauer/Brose, Medizinrecht, StGB, § 223 Rn. 20; Laufs, NJW 1997, 1609 (1610); Maurach/Schroeder/Maiwald/Hoyer/Momsen, Strafrecht BT 1, § 8 IV Rn. 24 ff.; Rönnau, Willensmängel, S. 104 ff.; Rosener, Die Einwilligung in Heileingriffe, S. 6 ff.; Schroeder, Fehlerhafte Heilbehandlung, S. 19 ff.; Schönke/Schröder/Sternberg-Lieben, StGB, § 223 Rn. 31 ff.; Tag, Körperverletzungstatbestand, S. 439 ff.; Ulsenheimer/Gaede, in: Ulsenheimer/Gaede, Arztstrafrecht, Rn. 596 ff.

der Wiederherstellung der Gesundheit und des körperlichen Wohlbefindens. Die Heilbehandlung dürfe nicht nach ihrem äußeren Erscheinungsbild in einzelne Akte zerlegt werden, sondern einzig der Gesamtvorgang sei entscheidend.[105] Die medizinische Tätigkeit sei als Ganzes zu beurteilen, sodass der einzelne Heileingriff, der lediglich einen Teilakt einer Handlungseinheit darstelle, für die Beurteilung der Tatbestandsmäßigkeit nicht maßgeblich sei.[106]

Der Meinungsstand im Schrifttum ist allerdings in Einzelfragen unterschiedlich. Streitig ist insbesondere die Frage, ob der medizinisch indizierte und lege artis durchgeführte Heileingriff unabhängig von seinem Erfolg oder Misserfolg eine tatbestandsmäßige Körperverletzung darstellt.[107] Insoweit stehen sich zwei verschiedene theoretische Ansätze gegenüber, die jeweils von gewichtigen Stimmen in der Literatur vertreten werden:

Ein Teil der Literatur differenziert zwischen gelungener und misslungener Heilbehandlung.[108] Die gelungene Heilbehandlung sei nicht tatbestandsmäßig, da sie zu einer Wiederherstellung, Verbesserung oder gegenüber dem ansonsten zu befürchtenden Krankheitsverlauf zu keiner Gesundheitsverschlechterung führe.[109] Ob eine Gesundheitsverschlechterung eingetreten sei, ergebe sich aus dem Vergleich der Gesamtgesundheit des Patienten zum Zeitpunkt der Heilbehandlung mit dem Gesundheitszustand nach Abschluss der entsprechenden Tätigkeit. Befindet sich der Patient zum Zeitpunkt der Heilbehandlung bereits auf dem Wege einer gesundheitlichen Verschlechterung, sei der Zustand des Patienten nach dem Eingriff mit dem hypothetischen Zustand zu vergleichen, in welchem er sich ohne Behandlung befunden hätte.[110] Diese Theorie steht aber im Widerspruch zu § 630d Abs. 1 S. 1 BGB, denn diese Vorschrift verpflichtet den Behandelnden vor der Durchführung einer medizinischen Maßnahme die Einwilligung des Patienten einzuholen.[111] Liegt hingegen eine Gesundheitsverschlechterung vor, sei die Heilbehandlung misslungen und erfülle den

---

[105] Binding, Deutsches Strafrechts BT I, S. 56; Krey/Hellmann/Heinrich, Strafrecht BT I, § 3 Rn. 232.

[106] Mitsch, Strafrechtlicher Schutz gegen medizinische Behandlung, S. 19 f.

[107] Ulsenheimer in: Laufs/Kern/Rehborn, ArztR-HdB, § 148 Rn. 8.

[108] Bockelmann, Strafrecht des Arztes, S. 67 ff.

[109] Schönke/Schröder/Sternberg-Lieben, StGB, § 223 Rn. 32; Ulsenheimer in: Laufs/Kern/Rehborn, ArztR-HdB, § 148 Rn. 10; SK-StGB/Wolters, § 223 Rn. 59 ff.; einschränkend Eser, ZStW 97, 1 (8), welcher keine wesentliche Substanzbeeinträchtigung voraussetzt.

[110] SK-StGB/Wolters, § 223 Rn. 61.

[111] Ulsenheimer in: Laufs/Kern/Rehborn, ArztR-HdB, § 148 Rn. 10.

objektiven Tatbestand der Körperverletzung, könne jedoch mittels (mutmaßlicher) Einwilligung gerechtfertigt sein.[112]
Demgegenüber möchte eine andere Auffassung auf die Kunstgerechtheit abstellen. Die aus ex-ante-Sicht objektiv medizinisch indizierte und lege artis durchgeführte Heilbehandlung erfülle nicht den Tatbestand der Körperverletzung, selbst wenn sie zu einer Gesundheitsverschlechterung führe.[113] Misslingt die Heilbehandlung, obwohl die Regeln der ärztlichen Kunst eingehalten wurden, sei nach dieser Ansicht zwar der objektive Tatbestand zu bejahen, jedoch scheitere eine Strafbarkeit regelmäßig am fehlenden Vorsatz des Behandelnden, da er von dem Gelingen der Behandlung ausgehe.[114]
Resümierend kann festgehalten werden, dass nach den im Schrifttum vertretenen Ansichten jedenfalls die medizinisch indizierte und lege artis durchgeführte Heilbehandlung keine Körperverletzung gemäß § 223 StGB darstellt, auch dann nicht, wenn die Maßnahme gegen den ausdrücklichen Willen des Patienten durchgeführt würde.[115] Denn das Selbstbestimmungsrecht des Patienten sei kein eigenständiges Schutzgut der §§ 223 ff. StGB.[116] Als Strafbarkeitsalternativen kommen daher nur Freiheits- und Nötigungsdelikte (§§ 239, 240 StGB) in Betracht.[117]

3. Stellungnahme

Dem Schrifttum folgend kann die ohne wirksame Einwilligung vorgenommene, aber erfolgreiche, medizinisch indizierte und kunstgerecht durchgeführte Heilbehandlung nur nach den §§ 239, 240 StGB bestraft werden. Demnach würden aber Strafbarkeitslücken entstehen, wenn es keiner Einwilligung zur Rechtfertigung mehr bedarf, da die Schwelle der Nötigung in den seltensten Fällen überschritten sein wird, mit der Folge, dass die

---

[112] Schönke/Schröder/Sternberg-Lieben, StGB, § 223 Rn. 36; Ulsenheimer in: Laufs/Kern/Rehborn, ArztR-HdB, § 148 Rn. 10.
[113] Engisch, ZStW 58, 1 (5, 9); ders., Die rechtliche Bedeutung der ärztlichen Operation, S. 20 f.; Hirsch, GS Zipf, S. 353 (355); Ulsenheimer in: Laufs/Kern/Rehborn, ArztR-HdB, § 148 Rn. 10; SK-StGB/Wolters, § 223 Rn. 59, mangels Körperverletzungsvorsatz; Gallas, ZStW 67, 1 (21), mangels Unrechtsgehalt.
[114] Eisele, Strafrecht BT I, § 11 Rn. 309.
[115] Bockelmann, NJW 1961, 945 (947); ders. JZ 1962, 527; Lackner/Kühl/Heger/Heger, StGB, § 223 Rn. 8; Rudolphi, JR 1975, 512.
[116] LK-StGB/Grünewald, § 223 Rn. 13 mwN.
[117] Gleixner-Eberle, Einwilligung Minderjähriger, S. 221 mwN.

Autonomie des Patienten ungeschützt wäre.[118] Der Referentenentwurf des Bundesministeriums für Justiz und Verbraucherschutz zum 6. Gesetz zur Reform des Strafrechts sah die Schaffung der Straftatbestände der eigenmächtigen und der fehlerhaften Heilbehandlung vor.[119] Ein solcher Straftatbestand wurde bislang jedoch nicht in das Strafgesetzbuch aufgenommen.[120] Daher spricht für die Auffassung der Rechtsprechung de lege lata ein rechtspolitisches Argument. Nur durch das Einwilligungserfordernis wird das Selbstbestimmungsrecht des Patienten vor eigenmächtigen Heilbehandlungen umfassend geschützt.[121] Dies ist auch verfassungsrechtlich geboten, denn das Selbstbestimmungsrecht des Patienten wird nach der Rechtsprechung des Bundesverfassungsgerichts in Art. 2 Abs. 1 GG gewährleistet.[122] Deshalb werden Notfallsanitäter erst durch das Heilungsverlangen des Patienten, mit dem dieser sein Selbstbestimmungsrecht ausübt, zur Heilbehandlung legitimiert.[123] Aus diesem Grund verlangt § 630d Abs. 1 S. 1 BGB für jede medizinische Maßnahme die Einwilligung des Patienten.

Für die nachfolgende Untersuchung wird daher der Rechtfertigungslösung der Rechtsprechung gefolgt, auch mit dem Ziel, zu praxisorientierten Erkenntnissen zu gelangen.[124] Die im Schrifttum vertretenen Ansichten haben letztlich keinen Einfluss auf die Rechtspraxis.[125] Infolgedessen verwirklichen Notfallsanitäter mit der Durchführung einer invasiv medizinischen Maßnahme regelmäßig eine objektiv tatbestandliche Körperverlet-

---

[118] Kaufmann, ZStW 73, 341 (374); Schönke/Schröder/Sternberg-Lieben, StGB, § 223 Rn. 30; Tachezy, Mutmaßliche Einwilligung, S. 29; Ulsenheimer in: Laufs/Kern/Rehborn, ArztR-HdB, § 148 Rn. 3.

[119] Abgedruckt bei Freund, ZStW 109, 455 (465 f.); Ulsenheimer in: Laufs/Kern/Rehborn, ArztR-HdB, § 148 Rn. 15.

[120] Auch der jüngste Vorschlag der Rechtslehre, den Tatbestand der eigenmächtigen Heilbehandlung ins StGB einzuführen, ist bei den Reformüberlegungen zum 6. Strafrechtsreformgesetz nicht berücksichtigt worden, Vorschlag der Bundesregierung, BR-Drs. 164/97, S. 6; vgl. Ulsenheimer in: Laufs/Kern/Rehborn, ArztR-HdB, § 148 Rn. 12 ff.

[121] Boll, Kompetenzüberschreitung, S. 160; Eisele, JuS 2020, 80 (81); Rengier, Strafrecht BT II, § 13 Rn. 27 mwN.

[122] BVerfGE 52, 131 (168); teilweise wird vertreten, dass das Selbstbestimmungsrecht in Art. 1 Abs. 1, Art. 2 Abs. 2 S. 1 GG gewährleistet wird, siehe hierzu das abweichende Votum zur Entscheidung, BVerfGE 52, 131 (173).

[123] BGHZ 29, 49 ff., dies gilt vor allem für den Arzt, für den Notfallsanitäter kann daher nichts anderes gelten.

[124] Gercke/Leimenstoll/Stirner, Handbuch Medizinstrafrecht, Rn. 17.

[125] MAH-StV/Warntjen, § 49 Rn. 78.

zung. Dies gilt nach der Rechtsprechung sowohl für die objektiv medizinisch indizierte und lege artis durchgeführte Heilbehandlung als auch für eine fehlerhaft vorgenommene Heilbehandlung. Eine Heilbehandlung durch einen Notfallsanitäter bedarf daher einer besonderen Rechtfertigung. Der hierfür einschlägige Rechtfertigungsgrund ist typischerweise die Einwilligung bzw. für den Fall, dass ein Patient hierzu nicht mehr in der Lage ist, die mutmaßliche Einwilligung.[126] Darüber hinaus kommt eine Rechtfertigung nach Maßgabe des rechtfertigenden Notstandes und der hypothetischen Einwilligung in Betracht.

II. Der Körperverletzungsvorsatz des Notfallsanitäters

Für eine Strafbarkeit nach § 223 Abs. 1 StGB genügt in subjektiver Hinsicht bedingter Vorsatz.[127] Nach dem klaren Wortlaut des § 16 StGB muss der Tatbestandsvorsatz bei „Begehung der Tat" vorliegen, wobei § 8 StGB den Zeitpunkt definiert.[128] Maßgeblich ist der Zeitpunkt der tatbestandlichen Ausführungshandlung, wohingegen der Zeitpunkt des eintretenden Erfolgs irrelevant ist.[129] Vorsatz bedeutet „Wissen und Wollen" der Tatbestandsverwirklichung.[130] Bezugspunkt des Vorsatzes ist gemäß § 16 Abs. 1 S. 1 StGB der objektive Tatbestand, im Falle von § 223 Abs. 1 StGB also die Körperverletzungshandlung sowie der Körperverletzungserfolg.[131] Notfallsanitäter werden bei der Durchführung von medizinischen Maßnahmen vorsätzlich handeln, denn ihnen wird bewusst sein, dass sie die körperliche Unversehrtheit des Patienten – Verletzung der Körpersubstanz – beeinträchtigen. Stellt die Wirkung eines Medikamentes eine Gesundheitsschädigung iSd § 223 Abs. 1 StGB dar, nehmen Notfallsanitäter diese billigend in Kauf, wenn es ihnen gerade auf die pharmakologische Wirkung

---

[126] BGHSt 11, 111; 12, 379; 43, 306; 45, 219 (221); Baumann, NJW 1958, 2092; Ulsenheimer, NStZ 1996, 132.
[127] Gercke/Leimenstoll/Stirner, Handbuch Medizinstrafrecht, Rn. 21.
[128] Wessels/Beulke/Satzger, Strafrecht AT, § 7 Rn. 316.
[129] BGH, NStZ 2004, 386 (387); NStZ 2018, 27; SK-StGB/Hoyer, § 8 Rn. 4; Sternberg-Lieben/Sternberg-Lieben, JuS 2012, 976 (979).
[130] Kühl, Strafrecht AT, § 5 Rn. 6; Roxin/Greco, Strafrecht AT I, § 12 Rn. 4.
[131] LG Düsseldorf, Urt. v. 16.11.2021 – 1 Ks 24/20, BeckRS 2021, 55107 Rn. 187; Fischer, StGB, § 223 Rn. 53.

des Medikamentes ankommt.[132] Notfallsanitäter verwirklichen folglich sowohl den objektiven als auch den subjektiven Tatbestand der vorsätzlichen Körperverletzung.

III. Rechtfertigungsgründe

Angesichts der Qualifizierung einer Heilbehandlung als tatbestandsmäßige Körperverletzung durch die Judikatur und einen Teil der Rechtslehre haben speziell für diesen Deliktsbereich die Einwilligung und mutmaßliche Einwilligung des Patienten in der rettungsdienstlichen Praxis eine zentrale Bedeutung, um das Verhalten von Notfallsanitätern zu rechtfertigen.

1. Rechtfertigende Einwilligung

Eine rechtfertigende Einwilligung des Patienten bezieht sich grundsätzlich nur auf eine lege artis durchgeführte Heilbehandlung.[133] Mithin wird der Patient grundsätzlich nur mit einer Behandlung entsprechend den Standardarbeitsanweisungen und Behandlungspfaden im Rettungsdienst einverstanden sein, denn diese stellen den medizinisch-rettungsdienstlichen Standard dar.

Es ist grundsätzlich davon auszugehen, dass Notfallsanitäter aufgrund ihrer umfassenden Ausbildung die Maßnahmen gemäß den Standardarbeitsanweisungen und Behandlungspfaden im Rettungsdienst erlernt haben und auch umfassend beherrschen. Es besteht allerdings die Möglichkeit, dass ein Notfallsanitäter im Laufe seiner beruflichen Tätigkeit einige Aspekte einer medizinischen Maßnahme vergessen hat, weil er diese beispielsweise nicht regelmäßig im Einsatz durchgeführt hat. An dieser Stelle drängt sich die Frage auf, ob eine Einwilligung rechtfertigende Kraft entfalten kann, wenn mangels entsprechender Kenntnis des Notfallsanitäters hinsichtlich einer medizinischen Maßnahme zum Zeitpunkt der Einwilligung mit einer gewissen Wahrscheinlichkeit davon auszugehen ist, dass dieser die Heilbehandlung unsachgemäß durchführen wird. Dies ist zu bejahen, wenn der Patient dieses Risiko bewusst eingeht. Dabei ist eine Einwilligung in eine unsachgemäße Heilbehandlung auch dann möglich, wenn diese lebensgefährdend für den Patienten sein kann. Insoweit ist zu berücksichtigen, dass die Einwilligung in lebensgefährliche Verletzungen von der allgemeinen

---

[132] Vgl. LG Krefeld, Urt. v. 15.07.2019 – 22 KLs 14/18, BeckRS 2019, 21556 Rn. 92.
[133] BGH, NStZ-RR 2007, 340 (341); NStZ 2008, 278 (279).

Handlungsfreiheit (Art. 2 Abs. 1 GG) umfasst ist und daher strafrechtlich zulässig bleibt.[134] Dies ist auch § 630a Abs. 2 BGB zu entnehmen. Hiernach kann eine vom Standard abweichende Behandlung vereinbart werden, sodass zwischen Notfallsanitäter und Patient grundsätzlich eine Unterschreitung des medizinisch-rettungsdienstlichen Standards in Form der Standardarbeitsanweisungen und Behandlungspfade im Rettungsdienst vereinbart werden kann. Eine standardabweichende Vereinbarung könnte allerdings unzulässig sein, wenn die Behandlung des Patienten gegen die Sittenwidrigkeitsklausel des § 228 StGB verstößt.[135] Diesbezüglich gilt es die Grenzen der Sittenwidrigkeit zu erläutern.
Im folgenden Abschnitt werden zunächst die allgemeinen Wirksamkeitsvoraussetzungen einer rechtfertigenden Einwilligung dargestellt. Hierauf aufbauend wird näher auf die Einwilligungsfähigkeit eingegangen, insbesondere wie es sich mit einer Einwilligung bei einwilligungsunfähigen Patienten verhält. Daran schließt sich eine Auseinandersetzung mit dem Aufklärungserfordernis an.

a. Allgemeine Wirksamkeitsvoraussetzungen

Für die Wirksamkeit der rechtfertigenden Einwilligung ist es erforderlich, dass der Einwilligende Inhaber des Rechtsguts ist, einwilligungsfähig ist und die Einwilligung nach außen zumindest konkludent zum Ausdruck gebracht hat.[136] Eine konkludente Einwilligung kann im Einzelfall dann anzunehmen sein, wenn sich ein Patient bewusst der Behandlung unterzieht.[137] Die Dispositionsbefugnis steht dem Rechtsgutsträger zu,[138] kann jedoch beim Fehlen der Einsichts- und Urteilsfähigkeit des Rechtsgutsträgers durch seinen gesetzlichen Vertreter, einen Sorgeberechtigten oder Bevollmächtigten ausgeübt werden.[139] In sachlicher Hinsicht ist eine Einwilligung nur in Individualrechtsgüter schützende Tatbestände möglich.[140]

---

[134] AG Rosenheim, NStZ 2009, 215 (216); Fischer, StGB, § 228 Rn 4.
[135] BGHZ 113, 297 (301); BGH, NJW 2017, 2685; NJW 2017, 2774 (2775); Frahm, NJW 2021, 216 (217); MAH-MedR/Sommer/Tsambikakis, § 3 Rn. 24; Sternberg-Lieben, Objektive Schranken, S. 136 ff.; Taupitz, NJW 1991, 1505 (1510).
[136] Schönke/Schröder/Sternberg-Lieben, StGB, Vor § 32 ff. Rn. 35 und 105.
[137] OLG Frankfurt a. M., MedR 2020, 383 (385) mwN.
[138] LK-StGB/Rönnau, Vor § 32 ff. Rn. 178 mwN.
[139] BGHSt 12, 379 (380); BGH, NJW 1966, 1855 (1856); Jescheck/Weigend, Strafrecht AT, § 34 IV 3; LK-StGB/Rönnau, Vor § 32 ff. Rn. 179.
[140] Jescheck/Weigend, Strafrecht AT, § 34 III 4; Roxin/Greco, Strafrecht AT I, § 13 Rn. 33 ff.

Die §§ 223 ff. StGB schützen die körperliche Integrität,[141] welche eindeutig ein Individualrechtsgut darstellt. Die Einwilligung muss für ihre Wirksamkeit die allgemeinen Grenzen der Verfügungsbefugnis des Einzelnen wahren, sie muss sich im konkreten Fall als ein Akt wirklicher Selbstbestimmung darstellen.[142] Die Einwilligung muss sich ferner auf die Eingriffshandlung und den tatbestandsmäßigen Erfolg erstrecken.[143]
Im Bereich einer Heilbehandlung sind die weiteren Voraussetzungen der Einwilligung von Bedeutung, nämlich die Einwilligungsfähigkeit sowie die Freiheit der Einwilligung von Willensmängeln, speziell infolge einer ordnungsgemäßen Aufklärung. Denn Willensmängel stellen ein Einwilligungshindernis dar und führen zur Unwirksamkeit der Einwilligung.[144]

b. Einwilligungsfähigkeit

Die Einwilligungsfähigkeit ist anhand der behandlungsspezifischen natürlichen Einsichtsfähigkeit des Patienten zu beurteilen.[145] Hierbei ist auf die geistige und sittliche Reife des Patienten abzustellen.[146] Für die Einwilligungsfähigkeit sind ausschließlich die individuellen Verhältnisse des Patienten entscheidend, nicht die Schuld- oder Deliktsfähigkeit oder gar die zivilrechtliche Geschäftsfähigkeit, obgleich diese wichtige Orientierungspunkte sein können.[147] Ob ein Patient einwilligungsfähig ist, richtet sich nach den Umständen des Einzelfalles.[148] Notfallsanitäter haben folglich zu

---

[141] Lackner/Kühl/Heger/Heger, StGB, § 223 Rn. 1; NK-StGB/Paeffgen/Böse/Eidam, § 223 Rn. 2.
[142] Stratenwerth/Kuhlen, Strafrecht AT I, § 9 Rn. 24.
[143] Lackner/Kühl/Heger/Heger, StGB, § 228 Rn. 2; LK-StGB/Rönnau, Vor § 32 ff. Rn. 164; Schönke/Schröder/Sternberg-Lieben, StGB, Vor § 32 ff. Rn. 34.
[144] Schönke/Schröder/Sternberg-Lieben, StGB, Vor § 32 Rn. 45.
[145] BGHSt 4, 88 (94); 12, 379 (382); BGH, NJW 1969, 1582 (1583); NJW 1972, 335 (337); NStZ 2004, 204 (205); OLG Hamm, MedR 2020, 679 (681); Amelung/Eymann, JuS 2001, 937 (941); Lackner/Kühl/Heger/Heger, StGB, Vor § 32 ff. Rn. 16; Kaeding/Schwenke, MedR 2016, 935; Kreße, MedR 2020, 387 (388); Lemmert, MedR 2020, 682 (684); Schönke/Schröder/Sternberg-Lieben, StGB, Vor § 32 ff. Rn. 39.
[146] BGH, NJW 1959, 811; OLG Frankfurt a. M., MedR 2020, 383 (385); OLG Hamm, MedR 2020, 679 (681); Kaeding/Schwenke, MedR 2016, 935; Mitsch, ZJS 2012, 38 (40); Nebendahl, MedR 2009, 197 (199).
[147] BGHSt 23, 1 (4); Deutsch/Spickhoff, Medizinrecht, Rn. 420; Matt/Renzikowski/Engländer, StGB, Vor § 32 Rn. 18; LK-StGB/Grünewald, § 228 Rn. 9; Mitsch, ZJS 2012, 38 (40 f.); NK-StGB/Paeffgen/Zabel, § 228 Rn. 14; Schönke/Schröder/Sternberg-Lieben, StGB, Vor § 32 ff. Rn. 40; Stratenwerth/Kuhlen, Strafrecht AT I, § 9 Rn. 24.
[148] Bichler, GesR 2014, 208 (209); Lorenz, NZFam 2017, 782 (783).

prüfen, ob der jeweilige Patient die „natürliche Einsichts- und Steuerungsfähigkeit besitzt und Art, Bedeutung, Tragweite und Risiken der medizinischen Maßnahme erfassen und seinen Willen hiernach ausrichten kann“.[149] Dies bedarf einer Auseinandersetzung mit der konkreten Situation des jeweiligen Patienten.[150]

Minderjährige bis zum 14. Lebensjahr gelten allgemein als nicht einsichts- und urteilsfähig, sodass sie einwilligungsunfähig sind. Bei Jugendlichen im Alter zwischen 14 und 17 Jahren kommt es auf den Reifegrad und die Art der Behandlung an, mit der Folge, dass Einwilligungsfähigkeit zu bejahen sein kann.[151] In einem Obiter Dictum bejahte der BGH bei Annahme der Einwilligungsfähigkeit eines Minderjährigen trotzdem das alleinige Entscheidungsrecht der Eltern.[152] Zu berücksichtigen sei indes, dass sich bei einwilligungsfähigen Minderjährigen nach Maßgabe der eigenen Fähigkeiten ein Vetorecht bei der Entscheidung entwickelt, um einer Fremdbestimmung durch die gesetzlichen Vertreter entgegenzuwirken und das Selbstbestimmungsrecht des minderjährigen Patienten zu schützen.[153] Da sich das Vetorecht gegen die Fremdbestimmung durch die gesetzlichen Vertreter richtet, ist es gegenüber den gesetzlichen Vertretern auszuüben und nicht gegenüber dem Behandelnden,[154] weshalb der BGH in seiner Entscheidung betont hat, dass der Behandelnde darauf vertrauen könne, dass die Einwilligung der gesetzlichen Vertreter ausreichend sei.[155] Das Vetorecht des Minderjährigen sei zudem unbeachtlich, sofern für diesen eine Lebensgefahr oder schwerwiegende gesundheitliche Beeinträchtigung droht, denn nach der Entscheidung des BGH erstreckt sich das Vetorecht nur auf relativ indizierte Eingriffe.[156]

Diese vor dem Patientenrechtegesetz ergangene Rechtsprechung ist indes mit § 630d Abs. 1 S. 2 BGB obsolet geworden. Denn hiernach ist nur bei einem einwilligungsunfähigen Patienten die Einwilligung eines hierzu Be-

---

[149] BT-Drs. 17/10488, S. 23; RGSt 29, 398 (400); 41, 392 (396); 45, 344; 71, 349 (350); BGHSt 5, 362 (363); 8, 357 (358); 23, 1 (4); Mitsch, ZJS 2012, 38 (40).
[150] Damm, MedR 2015, 775 (781).
[151] Spickhoff/Knauer/Brose, Medizinrecht, StGB, § 223 Rn. 57.
[152] BGH, NJW 2007, 217 (218).
[153] BGH, MedR 2008, 289 mAnm. Lipp; Lorenz, NZFam 2017, 782; Nebendahl, MedR 2009, 197 (203 f.); Schönke/Schröder/Sternberg-Lieben, StGB, § 223 Rn. 38a.
[154] Kaeding/Schwenke, MedR 2016, 935 (937).
[155] BGH, MedR 2008, 289; Gleixner-Eberle, Einwilligung Minderjähriger, S. 323.
[156] Nebendahl, MedR 2009, 197 (204).

rechtigten einzuholen. Im Umkehrbeschluss bedarf es bei einwilligungsfähigen Patienten nicht der Einwilligung Dritter. Zwar ist zu berücksichtigen, dass der Behandlungsvertrag als rechtlich nachteiliges Geschäft gemäß §§ 107 f. BGB der Zustimmung der Eltern bedarf, sodass bei privat versicherten Minderjährigen, die mit ihren Eltern oder einem Elternteil dem Behandelnden vorgestellt werden, der Behandlungsvertrag nach §§ 133, 157 BGB mit den unterhaltspflichtigen Eltern – und nicht mit dem Minderjährigen – zustande kommt.[157] In der Praxis werden die Rechnungen auch auf denjenigen Elternteil ausgestellt, über den die Kinder versichert sind.[158] In der gesetzlichen Krankenversicherung gewährt § 36 Abs. 1 SGB I indes die „Handlungsfähigkeit" im Sinne der Fähigkeit zur Entgegennahme von Sozialleistungen bereits mit Vollendung des fünfzehnten Lebensjahrs. Zwar kommt es auch in der gesetzlichen Krankenversicherung zum Abschluss eines Behandlungsvertrags, doch richtet sich der Anspruch auf die Gegenleistung nicht gegen den Patienten, sondern gegen die Krankenkasse.[159] Denn gemäß § 630a Abs. 1 BGB ist die Vergütungspflicht des Patienten ausdrücklich ausgeschlossen, wenn ein „Dritter zur Zahlung verpflichtet ist". Gesetzlich versicherte Minderjährige erleiden deshalb keinen rechtlichen Nachteil iSd § 107 BGB, wenn sie einen Behandlungsvertrag schließen. Der Behandlungsvertrag ist deshalb auch ohne Zustimmung des gesetzlichen Vertreters wirksam.[160]

Schließlich gehen auch land- und oberlandesgerichtliche Entscheidungen in Abweichung von diesem Obiter Dictum von einem Alleinentscheidungsrecht einwilligungsfähiger Minderjähriger aus.[161] Nach überwiegend in der strafrechtlichen Literatur vertretener Auffassung gilt, dass der Minderjährige allein entscheidet, wenn er einsichts- und urteilsfähig ist.[162] Aufgrund dessen können Minderjährige, aber auch psychisch Erkrankte allein

---

157 BGH, NJW 2005, 2069 (2071); NJW 2022, 2269 (2270).

158 BGH, NJW 1984, 1400; NJW 1989, 1538 (1541); MüKoBGB/Wagner, § 630a Rn. 27.

159 MüKoBGB/Wagner, § 630a Rn. 27.

160 Lauf/Birck, NJW 2018, 2230 (2235); MüKoBGB/Wagner, § 630a Rn. 27 mwN; wohl anders BGH, NJW 2022, 2269 (2270).

161 Zum besonders sensiblen Fall der Abtreibung OLG Hamm, NJW 2020, 1373 (16-Jährige; dazu Lugani, NJW 2020, 1330; Lemmert, MedR 2020, 682); ähnlich OLG Saarbrücken, GesR 2020, 728 (Ovulationshemmer, 14-Jährige); LG München II, GesR 2020, 805 (Kreuzbandoperation bei einer 16-jährigen Patientin); Spickhoff, NJW 2021, 1713 (1717).

162 Jescheck/Weigend, Strafrecht AT, § 34 IV 4; Schönke/Schröder/Sternberg-Lieben, StGB, Vor § 32 ff. Rn. 42; Lesch, NJW 1989, 2309 (2310); Ludyga, NZFam 2017, 1121 (1122); Seebach/Teubel, in: Grandel/Stockmann, Familienrecht, Körperliche Eingriffe bei Minderjährigen, Rn. 5; Ulsenheimer, in: Laufs/Kern/Rehborn, ArztR-HdB, § 141 Rn. 22.

und selbstständig eine voll wirksame Einwilligungserklärung abgeben, wenn sie die Bedeutung und Tragweite des vorzunehmenden Eingriffs zu beurteilen vermögen.[163]
Notfallpatienten, die (noch) bei Bewusstsein sind, können indes im Einzelfall einwilligungsunfähig sein, beispielsweise wenn sie unter Schock stehen oder an starken Schmerzen leiden.[164] Der Patient befindet sich in der präklinischen Notfallmedizin in einem lebensbedrohlichen Zustand und dieser Zustand macht es ihm möglicherweise schwierig, wenn nicht gar unmöglich, seine Lage richtig einzuschätzen und das Wesen, die Bedeutung sowie die Tragweite des Eingriffs zu erfassen.[165] Sie können folglich in dem engen Zeitfenster, das in der konkreten Notfallsituation für die Rettungsmaßnahmen zur Verfügung steht, keine wirksame Einwilligung abgeben.[166] Festzuhalten bleibt daher, dass in Notfallsituationen die Einsichtsfähigkeit auch des volljährigen Patienten nicht grundsätzlich unterstellt werden kann, sondern es einer Einzelfallprüfung bedarf. Andererseits können minderjährige Patienten wiederum einwilligungsfähig sein.

c. Einwilligungsunfähige Patienten

Ist ein Patient einwilligungsunfähig, so ist die Einwilligung des hierzu Berechtigten einzuholen, § 630d Abs. 1 S. 2 BGB. Eine wirksame Einwilligung des gesetzlichen Vertreters, Sorgeberechtigten oder Bevollmächtigten setzt voraus, dass die erforderliche medizinische Maßnahme dem Interesse und Wohl des einwilligungsunfähigen Patienten dient, sie muss also indiziert sein.[167] Sind die gesetzlichen Vertreter des einwilligungsunfähigen Patienten nicht erreichbar und kann die Heilbehandlung nicht aufgeschoben werden, ohne den Patienten zu gefährden, darf diese aufgrund einer mutmaßlichen Einwilligung der gesetzlichen Vertreter durchgeführt

---

163 Schönke/Schröder/Sternberg-Lieben, StGB, § 223 Rn. 38a mwN; Sternberg-Lieben/Reichmann, NJW 2012, 257 (259).

164 OLG Frankfurt a. M., MedR 1984, 194; OLG Koblenz, NJW 2015, 79 mBespr. Genske, MedR 2016, 173, welcher betont, dass auch starke Schmerzen die Einwilligungsfähigkeit keineswegs immer einschränken oder gar aufheben.

165 BGH, NJW 1993, 2372 (2373); OLG Naumburg, Urt. v. 06.02.2014 – 1 U 45/13, BeckRS 2014, 23328; Burckart/Fürstenwerth, RD 1990, 637 (639); Grahlmann, Heilbehandlung, S. 52; grundlegend auch Geilen, Einwilligung und ärztliche Aufklärung.

166 Katzenmeier/Schrag-Slavu, Telemedizin im Rettungsdienst, S. 42.

167 LK-StGB/Rönnau, Vor § 32 ff. Rn. 180.

werden, wenn und soweit dies dem mutmaßlichen Willen des gesetzlichen Vertreters entspricht.[168]

aa. Einwilligungsunfähige Minderjährige

Bei nicht einwilligungsfähigen Minderjährigen bedarf es der Einwilligung der gesetzlichen Vertreter bzw. Sorgeberechtigten.[169] Dies sind regelmäßig die Eltern nach §§ 1626, 1629 BGB oder gegebenenfalls ein zu bestellender Vormund nach §§ 1773, 1793 BGB. Die Personensorge obliegt grundsätzlich beiden Elternteilen gemäß §§ 1627, 1629 BGB, sodass sie gemeinsam in eine Heilbehandlung einwilligen müssen.[170] In Notfällen kann aber auch nur ein Elternteil den Minderjährigen wirksam vertreten und in eine medizinische Maßnahme einwilligen, § 1629 Abs. 1 S. 4 BGB.[171] Ist nur ein Elternteil anwesend, darf nämlich darauf vertraut werden, dass der präsente Elternteil auch im Namen des Abwesenden handelt und zur Einwilligung in eine Heilbehandlung befugt ist.[172] Bei unverheirateten Eltern obliegt nach § 1623a Abs. 2 BGB die Personensorge bei fehlender Sorgeerklärung indes allein der Kindesmutter.[173] Bei der Entscheidung über die Behandlung des Minderjährigen haben die gesetzlichen Vertreter das Wohl des Kindes zu verfolgen, § 1627 S. 1 BGB. Das Wohl des Kindes wird hierbei in weitem Umfang durch die Eltern als gesetzliche Vertreter aufgrund ihres Erziehungsauftrags aus Art. 6 Abs. 2 S. 1 GG selbstständig festgelegt.[174] Dieser Freiraum der Eltern endet jedoch dort, wo das Kind geschädigt wird und diese Schädigung den Eltern zuzurechnen ist.[175] Infolgedessen sind die Eltern dazu verpflichtet, in vital indizierte und alterna-

---

[168] Lipp, in: Laufs/Katzenmeier/Lipp, Arztrecht, Kap. VI Rn. 180.

[169] Katzenmeier, NJW 2013, 817 (820); Seebach/Teubel, in: Grandel/Stockmann, Familienrecht, Körperliche Eingriffe bei Minderjährigen, Rn. 6.; Valerius, medstra 2021, 2 (5).

[170] OLG Frankfurt a. M., MedR 2020, 383 (386) mwN.

[171] Kern, NJW 1994, 753 (756); Lipp, in: Laufs/Katzenmeier/Lipp, Arztrecht, Kap. VI Rn. 179.

[172] OLG Frankfurt a. M., MedR 2020, 383 (386); OLG München, FamRZ 2009, 2099 (2100); Kern, NJW 1994, 753 (756); LK-StGB/Rönnau, Vor § 32 ff. Rn. 179.

[173] Brocke/Weidling, StraFo 2012, 450 (451).

[174] Brocke/Weidling, StraFo 2012, 450 (452); Lipp, in: Laufs/Katzenmeier/Lipp, Arztrecht, Kap. VI Rn. 181.

[175] Lipp, in: Laufs/Katzenmeier/Lipp, Arztrecht, Kap. VI Rn. 181.

tivlose Heilbehandlungen einzuwilligen, da sie keine unvernünftigen Entscheidungen zulasten des Kindes treffen dürfen.[176] Stimmen die Eltern einer medizinisch indizierten Behandlungsmaßnahme bei mangelnden Alternativen nicht zu, kann das Familiengericht ihre Einwilligung ersetzen, § 1666 Abs. 3 Nr. 5 BGB.[177] In Notfällen kann die notwendige Behandlung sofort durchgeführt werden, obwohl ein gesetzlich geregeltes Verfahren vorgesehen ist.[178] In dieser Situation ist die Heilbehandlung durch rechtfertigenden Notstand gemäß § 34 StGB gerechtfertigt, da eine unmittelbare Lebens- oder Gesundheitsgefahr besteht.[179]

bb. Einwilligungsunfähige Volljährige

Bei Volljährigen, die aufgrund einer psychischen Krankheit oder einer körperlichen, geistigen oder seelischen Behinderung einwilligungsunfähig sind, wird vom Betreuungsgericht ein Betreuer als gesetzlicher Vertreter bestellt, § 1814 Abs. 1 BGB. Die Bestellung eines Betreuers ist entbehrlich, wenn ein Patient rechtzeitig eine Person seines Vertrauens für die Zustimmung in Gesundheitsangelegenheiten bevollmächtigt hat und dementsprechend eine Vorsorgevollmacht erteilt wurde.[180] Eine Vorsorgevollmacht in Gesundheitsangelegenheiten ermöglicht dem Patienten eine ausreichende Berücksichtigung und Verwirklichung seines Selbstbestimmungsrechts. Eine wirksame Vorsorgevollmacht muss gemäß § 1820 Abs. 2 BGB schriftlich erteilt werden und ausdrücklich die Befugnis des Bevollmächtigten zur Einwilligung in medizinische Maßnahmen beinhalten. Der Bevollmächtigte steht einem Betreuer grundsätzlich rechtlich gleich, darf jedoch nicht in eine Sterilisation einwilligen.
Einer Einwilligung des Betreuers bedarf es nicht, wenn eine Patientenverfügung vorliegt, die eine Entscheidung über die Einwilligung in bestimmte medizinische Maßnahmen enthält, die auf die konkret eingetretene Lebens-

---

[176] Kern, NJW 1994, 753 (756); Lipp, in: Laufs/Katzenmeier/Lipp, Arztrecht, Kap. VI Rn. 181; Lorenz, NZFam 2017, 782 (786).
[177] Bender, MedR 1999, 260 (264 ff.); Lipp, in: Laufs/Katzenmeier/Lipp, Arztrecht, Kap. VI Rn. 181.
[178] Kern, NJW 1994, 753 (756); Lipp, in: Laufs/Katzenmeier/Lipp, Arztrecht, Kap. VI Rn. 181.
[179] Jescheck/Weigend, Strafrecht AT, § 34 IV 4; Ulsenheimer, in: Laufs/Kern/Rehborn, ArztR-HdB, § 149 Rn. 71.
[180] Heiderhoff, JA 2024, 1 (4); Katzenmeier/Schrag-Slavu, Telemedizin im Rettungsdienst, S. 40.

und Behandlungssituation zutrifft, da der Betroffene diese Entscheidung selbst in verbindlicher Weise getroffen hat.[181] Nach der Legaldefinition des § 1827 Abs. 1 BGB ist unter einer Patientenverfügung eine schriftliche Willensbekundung eines einwilligungsfähigen Volljährigen zu verstehen, mit der er Entscheidungen über die Einwilligung oder Nichteinwilligung in noch nicht unmittelbar bevorstehende medizinische Maßnahmen für den Fall der späteren Einwilligungsunfähigkeit trifft. Bei dieser Entscheidung handelt es sich um eine rechtfertigende Einwilligung für eine medizinische Intervention.[182] Dem Betreuer obliegt es in diesem Fall nur noch, dem in der Patientenverfügung niedergelegten Willen des Betroffenen Ausdruck und Geltung zu verschaffen, § 1827 Abs. 1 S. 2 BGB.[183] Dies bedeutet, dass es dem Betreuer untersagt ist, als gesetzlicher Vertreter für den Betroffenen in die von dem Betreuten untersagten ärztlichen Maßnahmen einzuwilligen.[184] In diesem Zusammenhang hat der Betreuer zu hinterfragen, ob die Entscheidung nach wie vor dem Willen des Patienten entspricht. Dies schließt eine Prüfung dahingehend ein, ob das aktuelle Verhalten des nicht mehr entscheidungsfähigen Betroffenen konkrete Anhaltspunkte dafür liefert, dass er unter den gegebenen Umständen den zuvor schriftlich geäußerten Willen nicht mehr gelten lassen will, und ob er bei seinen Festlegungen diese Lebenssituation mitbedacht hat.[185] Hat sich der betroffene Patient von seiner früheren Verfügung mit erkennbarem Widerrufswillen distanziert oder hat sich die Sachlage nachträglich so erheblich geändert, dass die frühere selbstverantwortlich getroffene Entscheidung die aktuelle Sachlage nicht erfasst , darf dem zuvor geäußerten Willen in der Patientenverfügung nicht gefolgt werden.[186]

Das Gesetz geht von der Situation aus, dass für den Patienten bereits ein Betreuer bestellt worden ist. Einer Patientenverfügung kommt aber auch in akuten Notfällen, in denen aus zeitlichen Gründen kein gerichtlicher Betreuer bestellt werden kann oder ein bereits bestellter Betreuer nicht kurzfristig erreichbar ist, Bedeutung zu.[187] In dieser Situation ist durch den

---

[181] BGH, MedR 2019, 565 (567); Brose, VersR 2014, 1172 (1177); MüKoBGB/Schneider, § 1827 Rn. 17.

[182] MüKoBGB/Schneider, § 1827 Rn. 17 mwN.

[183] BGHZ 202, 226; 214, 62; BGH, NJW 2014, 3572 (3574); MüKoBGB/Schneider, § 1827 Rn. 30 f.

[184] LG Berlin, Beschl. v. 16.04.2020 – 88 T 97/18, BeckRS 2020, 44421 Rn. 14.

[185] BT-Drs. 16/8442, S. 14 f.

[186] BGH, JZ 2003, 732 (735); Otto, NJW 2006, 2217 (2219).

[187] Kern, in: Laufs/Kern/Rehborn, ArztR-HdB, § 59 Rn. 10.

Behandelnden zu prüfen, ob die bereits patientenseits getroffenen Festlegungen auf die aktuelle Lebens- und Behandlungssituation zutreffen.[188] Problematisch ist aber, dass nichtärztliches Personal im Recht der Patientenverfügung keine Erwähnung findet. So werden in § 1827 Abs. 2 S. 1 BGB die in § 1827 Abs. 1 S. 1 BGB bezeichneten Maßnahmen ausdrücklich als „ärztliche Maßnahmen" bezeichnet. Auch § 1828 Abs. 1 BGB, der den Dialog zwischen Arzt und Betreuer regelt, bestimmt, dass der „behandelnde Arzt prüft, welche ärztliche Maßnahmen im Hinblick auf den Gesundheitszustand und die Prognose des Patienten indiziert ist". Aus diesen Regelungselementen ist im rettungsdienstlichen Schrifttum vereinzelt der Schluss gezogen worden, nichtärztliches Personal scheide von vornherein aus dem Anwendungsbereich des Patientenverfügungsgesetzes aus.[189]
Aus dem Umstand, dass das nichtärztliche Personal unerwähnt geblieben ist, lässt sich jedoch nicht der Schluss ziehen, diese seien aus dem Regelungsbereich der §§ 1827 ff. BGB ausgeschlossen. Näherliegend ist vielmehr das Vorliegen einer planwidrigen Regelungslücke, die zu einer extensiven, den Handelnden begünstigenden Auslegung des Gesetzeswortlauts zwingt.[190] Mit der herrschenden Meinung[191] ist daher davon auszugehen, dass auch das nichtärztliche Personal in den Anwendungsbereich dieser Vorschriften einbezogen ist. Somit entfaltet eine Patientenverfügung auch gegenüber dem nichtärztlichen Rettungsdienstpersonal eine Bindungswirkung.[192]
Liegt hingegen keine Patientenverfügung vor oder treffen die Festlegungen einer Patientenverfügung nicht auf die aktuelle Lebens- und Behandlungs-

---

[188] Kern, in: Laufs/Kern/Rehborn, ArztR-HdB, § 59 Rn. 11.
[189] Luxem/Runggaldier, Rettungsdienst RS/RH, S. 572.
[190] Wachter, medstra 2021, 30 (32).
[191] Brose, VersR 2014, 1172 (1177); Kreß, ZRP 2009, 69 (70 f.); in der Schmitten/Rixen/Marckmann, Notfall + Rettungsmedizin 2011, 448 (453 f.); Wachter, medstra 2021, 30 (32); Wiese/Duttge/Weber/Zausig/Ruppert/Habekop/Graf, Der Anaesthesist 2009, 1097 (1103 f.).
[192] Dies lässt sich auch der Präambel zu den Algorithmen für die Delegation ärztlicher Maßnahmen und Medikamentengaben durch die ÄLRD an die in Bayern tätigen Notfallsanitäter des Bayrischen Staatsministeriums des Inneren und für Integration entnehmen, dass von der Vorrangstellung des Patientenwillens und von der Beachtlichkeit von Patientenverfügungen im Vorfeld der Ausübung einer delegierten Maßnahme durch nichtärztliches Personal auszugehen ist (S. 6 f.).

situation zu, so kommt der Willensbekundung des Betreuten keine unmittelbare Bindungswirkung zu.[193] Der Betreuer hat dann die Behandlungswünsche des Betreuten festzustellen und auf dieser Grundlage zu entscheiden, § 1827 Abs. 2 BGB. Voraussetzung ist, dass die Entscheidung des Betreuers bezüglich der betreffenden medizinischen Maßnahme vom Aufgabenkreis umfasst ist.[194] Der Betreuer ist bei seiner Entscheidung an die Behandlungswünsche des Betreuten gebunden.[195] Behandlungswünsche entfalten allerdings nur dann eine Bindungswirkung, wenn ihnen konkrete Entscheidungen des Betroffenen über die Einwilligung oder Nichteinwilligung in bestimmte, noch nicht unmittelbar bevorstehende ärztliche Maßnahmen entnommen werden können.[196] Der Betroffene muss umschreibend festgelegt haben, was er in einer konkreten Lebens- und Behandlungssituation möchte und was nicht. Wann eine Maßnahme hinreichend bestimmt benannt ist, kann nur im Einzelfall beurteilt werden.[197] Die Behandlungswünsche sind vom mutmaßlichen Patientenwillen zu unterscheiden und vorrangig zu berücksichtigen, da es sich hierbei nicht um einen vermuteten, sondern um den tatsächlichen Patientenwillen handelt.[198] Behandlungswünsche können alle Äußerungen eines Betroffenen sein, die Festlegungen für eine konkrete Lebens- und Behandlungssituation enthalten, aber den Anforderungen an eine Patientenverfügung iSd § 1827 Abs. 1 BGB nicht genügen, etwa weil sie nicht schriftlich abgefasst wurden, keine antizipierenden Entscheidungen treffen oder von einem minderjährigen Betroffenen verfasst wurden.[199] Auch eine Patientenverfügung, die nicht auf die aktuelle Lebens- und Behandlungssituation des Betroffenen passt und infolgedessen keine unmittelbare Wirkung entfaltet, kann als Behandlungswunsch Berücksichtigung finden.[200]

Bei schwerwiegenden Eingriffen, die die Gefahr begründen, dass der Patient durch den Heileingriff stirbt oder einen schweren, länger andauernden

---

[193] BT-Drs. 16/8442, S. 11; BeckOK BGB/Müller-Engels, § 1827 Rn. 36; Grüneberg/Götz, § 1827 Rn. 15.

[194] MüKoBGB/Schneider, § 1827 Rn. 40.

[195] BGH, NJW 2010, 2963 (2965 f.); BeckOK BGB/Müller-Engels, § 1827 Rn. 37; MüKoBGB/Schneider, § 1827 Rn. 45.

[196] BGH, NJW 2016, 3297 (3301).

[197] BGH, NJW 2014, 3572 (3576).

[198] BGH, NJW 2003, 1588 (1589); BeckOK BGB/Müller-Engels, § 1827 Rn. 37.

[199] BGH, NJW 2014, 3572 (3575 f.); BeckOK BGB/Müller-Engels, § 1827 Rn. 37 mwN.

[200] Jürgens/Loer, Betreuungsrecht, BGB, § 1827 Rn. 16.

gesundheitlichen Schaden davonträgt, ist außer der Einwilligung des Betreuers auch die Genehmigung des Betreuungsgerichts erforderlich, § 1829 Abs. 1 S. 1 BGB.[201] Voraussetzung hierfür ist, dass für die Einschaltung des Betreuungsgerichts noch Zeit bleibt, die medizinische Maßnahme also aufschiebbar ist. Unaufschiebbare Eingriffe dürfen hingegen auch ohne eine solche Genehmigung durchgeführt werden, § 1829 Abs. 1 S. 2 BGB. Die Vorschrift hat demnach in der rettungsdienstlichen Praxis für Maßnahmen der präklinischen Notfallmedizin keine besondere Relevanz, da sich der Patient infolge von Verletzung, Krankheit oder sonstiger Umstände entweder in Lebensgefahr befindet oder schwere gesundheitliche Schäden zu befürchten sind. Es handelt sich daher um unaufschiebbare Eingriffe, die keiner Genehmigung durch das Betreuungsgericht bedürfen.

d. Freiheit von Willensmängeln – Aufklärung

Für die Wirksamkeit einer Einwilligung ist es erforderlich, dass der Patient von den Umständen des beabsichtigten Eingriffs Kenntnis hat, und seine Entscheidung frei von Willensmängeln ist.[202] Hierzu bedarf es einer ordnungsgemäßen Aufklärung, damit der Patient frei und autonom entscheiden kann, ob er sich einer Behandlung unterziehen möchte oder nicht.[203] Die Aufklärung dient dem Schutz des Selbstbestimmungsrechts des Patienten sowie dem Schutz seiner Rechtsgüter.[204]

Der Patient ist durch die Aufklärung in die Lage zu versetzen, die Vor- und Nachteile der Heilbehandlung abzuwägen.[205] Letztlich muss der Patient schlicht wissen, worin er einwilligt und worin die Risiken bestehen.[206]

---

[201] Katzenmeier/Schrag-Slavu, Telemedizin im Rettungsdienst, S. 40; BeckOK BGB/Müller-Engels, § 1829 Rn. 2.

[202] NK-StGB/Paeffgen/Zabel, StGB, § 228 Rn. 63, 74 mwN.

[203] BGH, NJW 2006, 2108; NJW 2015, 74; NStZ-RR 2007, 340 (341); NJW-RR 2007, 310 f.; NJW-RR 2017, 533; OLG Dresden, MedR 2019, 150 (152) mAnm. Achterfeld; Deuring, JuS 2020, 637; Spickhoff/Spickhoff, Medizinrecht, BGB, § 630e Rn. 1.

[204] BGHZ 29, 176 (180); BGH, NJW 2011, 1088 (1089); NJW-RR 2017, 533 (534); Deuring, JuS 2020, 637; Katzenmeier/Schlag-Slavu, Rechtsfragen der Telemedizin, S. 39 f.; Spickhoff/Knauer/Brose, Medizinrecht, StGB, § 223 Rn. 26.

[205] Achterfeld, MedR 2019, 152.

[206] MAH-MedR/Sommer/Tsambikakis, § 3 Rn. 29.

Die entscheidende Frage für die Rechtfertigung eines körperlichen Eingriffs ist die Bestimmung des konkreten Umfangs der Aufklärungsverpflichtung.[207] Die Grundsätze zu Umfang und Maß der Selbstbestimmungsaufklärung wurden im Wesentlichen von der Rechtsprechung entwickelt, vor allem durch die Zivilgerichte.[208] Die zivilrechtlichen Aufklärungspflichten sind nunmehr in § 630e BGB gesetzlich normiert und sind auch im Strafrecht maßgebend.[209]

Die Aufklärung geht zunächst einmal der Einwilligung voran.[210] Adressat der Aufklärung ist derjenige, der auch wirksam eine Einwilligung erteilen kann. Im Regelfall ist dies gemäß § 630d Abs. 2 BGB der Patient selbst, dessen körperliche Integrität und Gesundheit durch den Heileingriff betroffen werden.[211] Soll ein berechtigter Dritter[212] in die Behandlung des Patienten einwilligen, so ist dieser aufzuklären, § 630e Abs. 4 BGB.[213] Die Aufklärung muss sich auf die Umstände beziehen, die ein verständiger Patient in der konkreten Lage unter Berücksichtigung seiner körperlichen Beschaffenheit und seiner sonstigen Situation für die Entscheidung über die Einwilligung in die Behandlung als bedeutsam ansehen würde.[214] Grundsätzlich ist über sämtliche für die Einwilligung wesentlichen Umstände aufzuklären, § 630e Abs. 1 S. 1 BGB. Aufzuklären ist insbesondere über Art, Umfang, Durchführung, zu erwartende Folgen und Risiken der Maßnahme sowie ihre Notwendigkeit, Dringlichkeit, Eignung und Erfolgsaussichten im Hinblick auf die Diagnose oder die Therapie, § 630e Abs. 1 S. 2 BGB.[215] Geschuldet wird in der Regel aber nur eine auf das Wesentliche beschränkte Aufklärung. Dem Patienten muss ein allgemeines Bild von der Schwere und Richtung des konkreten Risikospektrums vermittelt werden.[216] Infolgedessen muss im Rahmen einer Aufklärung

---

207 MAH-MedR/Sommer/Tsambikakis, § 3 Rn. 29.

208 Kraatz, NStZ-RR 2012, 1 (3).

209 Ulsenheimer/Gaede, in: Ulsenheimer/Gaede, Arztstrafrecht, Rn. 363.

210 Deutsch/Spickhoff, Medizinrecht, Rn. 402; Giebel/Wienke/Sauerborn/Edelmann/Mennigen/Dievenich, NJW 2001, 863.

211 Schönke/Schröder/Sternberg-Lieben, StGB, § 223 Rn. 40e.

212 Sorgeberechtigter, Vorsorgebevollmächtigter oder Betreuer als gesetzlicher Vertreter.

213 Deutsch/Spickhoff, Medizinrecht, Rn. 496; Eberbach, MedR 1986, 14 (16 f.).

214 BVerfGE 52, 131 (167).

215 BGH, NJW 2011, 1088 (1089); Deuring, JuS 2020, 637 (638); MAH-MedR/Sommer/Tsambikakis, § 3 Rn. 29.

216 BGHZ 90, 103 (106); 102, 17 (23); 144, 1 (7); 166, 336 (339); BGH, NJW 1986, 780; NJW 1988, 1514 (1515); NJW 1991, 2342 (2343); NJW 2000, 1784 (1786); OLG Köln, VersR 2000, 361; Katzenmeier, Arzthaftung, S. 327.

nicht auf alle denkbaren Nebenwirkungen der Behandlung eingegangen werden, sondern es genügt eine Aufklärung „im Großen und Ganzen".[217] Eine umfangreichere Aufklärung ist indes notwendig, wenn der Patient weitergehende Fragen stellt. Dieser Grundsatz beruht auf dem Erfahrungssatz, dass ein Patient Fragen stellt, wenn er mehr wissen möchte als das, was jeden interessieren muss, der sich in seiner Lage befindet.[218]

Darüber hinaus ist auf Alternativen zur beabsichtigten medizinischen Maßnahme hinzuweisen, wenn mehrere medizinisch gleichermaßen indizierte und übliche Methoden zu wesentlich unterschiedlichen Belastungen, Risiken oder Heilungschancen führen können, § 630e Abs. 1 S. 3 BGB.[219] Die Aufklärung muss in einer verständlichen Art und Weise für den Patienten geschehen und außerdem so rechtzeitig erfolgen, dass der Patient oder der hierzu Berechtigte wohlüberlegt eine Entscheidung über die Einwilligung treffen kann, § 630e Abs. 2 S. 1 Nr. 2 und 3 BGB.[220] Ein Patient ist deshalb zu einem Zeitpunkt aufzuklären, zu dem dieser die an ihn herangetragenen Informationen zu würdigen vermag.[221] Hat der Grad der Belastung und Schmerzen ein Maß erreicht, das es dem Patienten unmöglich macht, in einem Aufklärungsgespräch das Für und Wider des medizinischen Vorgehens zu erfassen und eine eigenverantwortliche Entscheidung zu treffen, ist die Aufklärung als verspätet anzusehen.[222]

Die Aufklärung des Patienten wurde teilweise als eine ärztliche Aufgabe angesehen, die nicht auf eine Hilfsperson übertragen werden kann.[223] Dies wurde damit begründet, dass die erforderliche Aufklärung medizinische Kenntnisse voraussetzt, die bei nichtärztlichem Personal grundsätzlich nicht erwartet werden können.[224] Dies widerspricht jedoch der Tatsache, dass Notfallsanitäter medizinische Maßnahmen am Patienten durchführen

---

[217] Zu dieser Formulierung etwa BGH, NJW 2011, 375.
[218] BGH, NJW 1974, 1422 (1423); NJW-RR 2017, 533 (534).
[219] BVerfGE 52, 131 (167); BGHSt 11, 111 (114); 12, 389 (383); BGH, NStZ 2008, 150 (151); Deutsch/Spickhoff, Medizinrecht, Rn. 435; Lackner/Kühl/Heger/Heger, StGB, § 228 Rn. 14a; Schönke/Schröder/Sternberg-Lieben, StGB, § 223 Rn. 40d.
[220] BGH, NJW 1986, 780; NJW 1990, 2929 (2931); NJW 1992, 2351; NJW 2003, 2012 (2013); NJW-RR 2017, 533 (534); MPR 2019, 136 (137); Deuring, JuS 2020, 637 (638); Deutsch/Spickhoff, Medizinrecht, Rn. 308; Tempel, NJW 1980, 609 (615).
[221] BGH, NJW 1993, 2372 (2373); NJW 1998, 1784 (1785); Genske, MedR 2016, 173 (176).
[222] BGH, NJW 1993, 2372 (2373); Genske, MedR 2016, 173 (176).
[223] BGH, NJW 1974, 604 (605); OLG Karlsruhe, NJW-RR 1998, 459 (461); MedR 2017, 244 (245); OLG Brandenburg, Urt. v. 04.11.2010 – 12 U 148/08, BeckRS 2010, 29952.
[224] OLG Karlsruhe, MedR 2017, 244 (245).

sollen und hierzu auch entsprechend ausgebildet werden, die zu ihrer Rechtfertigung der Einwilligung des Patienten bedürfen. Aus diesem Grund ist auch dem nichtärztlichen Personal im Rettungsdienst die Durchführung einer Aufklärung des Patienten gestattet.[225] Hierfür spricht auch der Wortlaut des § 630e Abs. 2 S. 1 Nr. 1 BGB. Demgemäß hat die Aufklärung durch den Arzt, der den Eingriff vornimmt oder durch eine zur Durchführung der Maßnahme befähigte Person zu erfolgen.
Notfallsanitäter werden durch ihre Ausbildung und dem dort vermittelten Wissen dazu befähigt, Maßnahmen nach den Standardarbeitsanweisungen und Behandlungspfaden im Rettungsdienst durchzuführen. Diese werden zum einen im Rahmen der Ausbildung grundlegend,[226] zum anderen im Rahmen der jährlichen Fortbildungspflicht für das Rettungsdienstpersonal[227] nochmals gesondert durch den Ärztlichen Leiter Rettungsdienst geschult und abgeprüft[228].
Mithin dürfen auch Notfallsanitäter die Aufklärung des Patienten durchführen, da sie über die zur Durchführung der medizinischen Maßnahme notwendige Ausbildung und Sachkenntnis verfügen.
Im Folgenden sollen die einzelnen Bestandteile der Aufklärung näher betrachtet werden. Die Selbstbestimmungsaufklärung wird in Rechtsprechung und Literatur thematisch nach ihrem Gegenstand in Diagnose-, Verlaufs- und Risikoaufklärung sowie in die Aufklärung über alternative Behandlungsmethoden unterteilt.[229]

aa. Diagnoseaufklärung

Die Diagnoseaufklärung informiert den Patienten über den medizinischen Befund, § 630c Abs. 2 BGB.[230] Dem Patienten wird nach Auswertung der

---

225 BGH, NStZ 1981, 351; vgl. auch OLG Karlsruhe, MedR 2017, 244 (245 ff.), die Aufklärung durfte einem Medizinstudenten im praktischen Jahr übertragen werden; Ufer, RD 1991, 603 ff. für den Beruf des Rettungsassistenten.
226 Vgl. Erstes Kap. C. II.
227 § 9 Abs. 4 RDG BW, Art. 44 Abs. 1 BayRDG, § 9 Abs. 3 S. 4 Berl RDG, § 7 S. 3 LRDPV Bbg, § 32 BremHilfeG, § 10 Abs. 1 HmbRDG, § 18 Abs. 1 HRDG iVm § 26 Abs. 2 Nr. 2 DVO HRDG, § 5 RDG M-V, § 10 Abs. 1 S. 2 NRettG, § 5 Abs. 4 RettG NRW, § 22 Abs. 7 RettDG Rh.-Pf., § 4 Abs. 4 SRettG, § 7 Abs. 3 SächsLRettDPVO, § 16 Abs. 3 SHRDG, 2.6 LRDPThür.
228 Enke/Flemming/Hündorf/Knacke/Lipp/Rupp, LPN2, S. 77.
229 Eisner, Aufklärungspflicht, S. 63; Immig, Selbstbestimmungsaufklärung, S. 25; Katzenmeier, Arzthaftung, S. 325; Kern in: Laufs/Kern/Rehborn, ArztR-HdB, § 66 Rn. 1.
230 BVerfG, MDR 2005, 559 (560); Eisner, Aufklärungspflicht, S. 63; Kern in: Laufs/Kern/

Diagnoseergebnisse mitgeteilt, ob er erkrankt ist und unter welcher Krankheit er leidet.[231] Eine Pflicht zur Diagnoseaufklärung besteht ab dem Moment, in dem die Einholung einer Einwilligung erforderlich ist.[232] Ein Patient ist im Rahmen der Diagnoseaufklärung aber weder in unnötige Ängste zu versetzen noch ist er vermeidbaren Belastungen auszusetzen.[233] Die Diagnose muss einem Patienten jedoch in vollem Umfange mitgeteilt werden, wenn der Eindruck besteht, dass er sich nur auf diese Weise von der Notwendigkeit der Therapie überzeugen lässt.[234] Eine fehlerhafte Diagnoseaufklärung liegt vor, wenn dem Patienten ein objektiv falscher Befund mitgeteilt wird, der auf keiner hinreichenden tatsächlichen Grundlage basiert, oder wenn der Befund für den Laien auf eine schwere Erkrankung hindeutet und dazu geeignet ist, bei dem Patienten in psychischer Hinsicht eine Überreaktion auszulösen.[235]

bb. Verlaufsaufklärung

Patienten sind im Rahmen der Verlaufsaufklärung über den voraussichtlichen Verlauf der Erkrankung in unbehandeltem Zustand und über den Ablauf einer medizinisch indizierten Behandlung zu informieren.[236] Diese Aufklärung umfasst den nach dem jeweiligen Stand der Wissenschaft prognostizierbaren Verlauf des Zustandes in unbehandelter Form sowie die Aussicht darauf, wie sich die Situation nach erfolgter Behandlung gestalten könnte.[237] Die Verlaufsaufklärung beinhaltet außerdem den Hinweis auf

---

Rehborn, ArztR-HdB, § 66 Rn. 2; Spickhoff/Knauer/Brose, Medizinrecht, StGB, § 223 Rn. 28; Voll, Einwilligung, S. 116; Wever, in: Bergmann/Pauge/Steinmeyer, Medizinrecht, § 630e Rn. 2.

[231] Katzenmeier, in: Laufs/Katzenmeier/Lipp, Arztrecht, Kap. V Rn. 14; Kern in: Laufs/Kern/Rehborn, ArztR-HdB, § 66 Rn. 2.

[232] OLG Stuttgart, VersR 1988, 695; MAH-MedR/Sommer/Tsambikakis, § 3 Rn. 31.

[233] OLG Köln, NJW 1987, 2936.

[234] BGHZ 29, 176 (186).

[235] OLG Köln, NJW 1987, 2936; VersR 1988, 385 (386).

[236] OLG Koblenz, NJW-RR 2002, 816 (817); Katzenmeier, Arzthaftung, S. 326; Kern in: Laufs/Kern/Rehborn, ArztR-HdB, § 66 Rn. 4; Spickhoff/Knauer/Brose, Medizinrecht, StGB, § 223 Rn. 29.

[237] Brüggemeier, Deliktsrecht, Rn. 704; Katzenmeier, Arzthaftung, S. 326; Schöch, in: Roxin/Schroth, Handbuch des Medizinstrafrechts, S. 55.

die Folgen einer Nichtbehandlung.[238] Dieser Bestandteil der Selbstbestimmungsaufklärung soll Patienten in die Lage versetzen, den Nutzen der geplanten Maßnahme abschätzen zu können.[239] Sie vermittelt Informationen über die verschiedenen Möglichkeiten der weiteren gesundheitlichen Entwicklung. Bei einer Arzneimitteltherapie ist über die Applikationsweise des Medikamentes sowie über dessen Wirkungsweisen und -folgen aufzuklären, insbesondere dann, wenn die Medikamenteneinnahme Veränderungen der Lebensführung erfordert.[240] Patienten sind zudem zutreffend über die Dringlichkeit der geplanten Behandlung zu belehren.[241] Denn die Verlaufsaufklärung soll einem Patienten ermöglichen, sich ein Bild davon zu machen, ob aus medizinischer Sicht ein sofortiger Eingriff zur Abwendung schwerer Gesundheitsgefahren geboten ist oder ob mit der medizinischen Behandlung noch eine gewisse Zeit abgewartet werden kann, um unter Berücksichtigung der individuellen Bedürfnisse und Lebensumstände gegebenenfalls noch anderen Rat einzuholen oder zu überdenken, wann und von wem man sich behandeln lässt. Dies wird jedoch in der präklinischen Notfallmedizin selten der Fall sein, denn schließlich befindet sich der Notfallpatient in einer akuten Lebensbedrohung, sodass es an der notwendigen Zeit für das Einholen eines anderen Rates mangelt. Eine fehlerhafte Verlaufsaufklärung liegt indes beispielsweise vor, wenn einem Patienten für den Fall einer Nichtbehandlung eine akute Lebensgefahr in Aussicht gestellt wird, obwohl diese tatsächlich nicht vorliegt.[242] In diesem Fall wird dem Patienten fälschlicherweise vermittelt, dass die sofortige Durchführung einer Maßnahme indiziert ist, sodass dieser über die tatsächliche Erforderlichkeit irrt.

cc. Risikoaufklärung

Die praktisch größten Schwierigkeiten wirft die Aufklärung über die möglichen Risiken einer Behandlung auf. Bei fehlender Risikoaufklärung ist das Selbstbestimmungsrecht des Patienten im Kern verletzt.[243] Mit der Ri-

---

[238] Deutsch/Spickhoff, Medizinrecht, Rn. 449; Hart, Arzneimitteltherapie, S. 127; Schöch, in: Roxin/Schroth, Handbuch des Medizinstrafrechts, S. 55.
[239] Deutsch/Spickhoff, Medizinrecht, Rn. 437.
[240] Krudop-Scholz, Arzneibehandlung, S. 133; Hart, Arzneimitteltherapie, S. 127.
[241] BGH, NJW 1990, 2928.
[242] BGH, NJW 1990, 2928 (2929).
[243] BGH, NJW 1996, 777 (779).

sikoaufklärung sollen dem Patienten die Gefahren der konkreten Heilbehandlung erläutert werden. Demnach sind dem Patienten Informationen über die typischen und unvermeidbaren Behandlungsrisiken zu vermitteln, die sich auch bei der Anwendung der allergrößten Sorgfalt sowie bei fehlerfreier Durchführung nicht mit Gewissheit ausschließen lassen.[244] Dabei bedarf es grundsätzlich keiner medizinisch exakten Aufklärung hinsichtlich der mit dem Eingriff verbundenen Risiken.[245] Es ist ausreichend, dem Patienten eine allgemeine Vorstellung von Schwere und Art der Eingriffsbelastungen zu vermitteln.[246] Die Risiken dürfen jedoch weder verharmlosend noch übertrieben dargestellt werden.[247] Es ist nicht erforderlich, auf alle nachteiligen typischen Folgen hinzuweisen, auch wenn sie häufig auftreten.[248] Entscheidend ist vielmehr die Bedeutung, die das Risiko für die Entschließung des Patienten haben kann.[249] Die Aufklärung hat daher patientenbezogen und den Umständen des konkreten Falles entsprechend zu erfolgen.[250] Je gefährlicher (risikobehafteter) der Eingriff ist, desto höhere Anforderungen werden an die Risikoaufklärung gestellt.[251] Die Gefährlichkeit bemisst sich dabei nach der möglichen Folge, aber auch nach der Wahrscheinlichkeit ihres Eintritts.[252] Hinsichtlich allgemeiner Risiken, die sich auch für einen medizinischen Laien aus der Art des Eingriffes ergeben, besteht deshalb in der Regel keine Aufklärungspflicht.[253]

---

[244] BGH, VersR 1962, 155 (156); OLG Koblenz, NJW-RR 2002, 816 (817); Deutsch/Spickhoff, Medizinrecht, Rn. 447; Geiß/Greiner, Arzthaftpflichtrecht, Kap. C Rn. 41; Kern in: Laufs/Kern/Rehborn, ArztR-HdB, § 66 Rn. 15; Kraatz, NStZ-RR 2012, 1 (4); Schöch, in: Roxin/Schroth, Handbuch des Medizinstrafrechts, S. 55.

[245] BGH, MPR 2019, 136 (137); LG Heidelberg, Urt. v. 29.8.2011 – 4 O 95/08 -, juris.

[246] BGH, NJW 1991, 2346 (2347); NJW 2006, 2108 (2109); NJW 2009, 1209 (1210); NJW 2010, 3230 (3231); NJW-RR 2017, 533 (534); OLG München, MedR 2007, 601; OLG Karlsruhe, MedR 2017, 244 (245); LG Heidelberg, MedR 2012, 136 (138); Kern in: Laufs/Kern/Rehborn, ArztR-HdB, § 66 Rn. 17; Spickhoff/Knauer/Brose, Medizinrecht, StGB, § 223 Rn. 30; MAH-MedR/Terbille/Feifel, § 1 Rn. 297.

[247] BGH, NJW 1992, 754 (755); MPR 2019, 136 (137); Spickhoff/Knauer/Brose, Medizinrecht, StGB, § 223 Rn. 30; Spickhoff, NJW 2021, 1713 (1718).

[248] Kern in: Laufs/Kern/Rehborn, ArztR-HdB, § 66 Rn. 23; Krudop-Scholz, Arzneibehandlung, S. 135.

[249] BGHZ 90, 103 (106); BGH, NJW 2007, 217 (218); OLG Köln, Urt. v. 21.03.2016 – 5 U 76/14, BeckRS 2016, 5696 Rn. 18; MAH-MedR/Terbille/Feifel, § 1 Rn. 290.

[250] Spickhoff/Knauer/Brose, Medizinrecht, StGB, § 223 Rn. 30.

[251] Kern, in: Laufs/Kern/Rehborn, ArztR-HdB, § 66 Rn. 30.

[252] OLG Stuttgart, VersR 1981, 691.

[253] BGHZ 116, 379 (382 f.); BGH, NJW 1984, 1807 (1808); NJW 1986, 780; OLG Dresden, MedR 2009, 410 (412); Achterfeld, MedR 2012, 140 (141).

Hierzu zählen etwa bei einer Injektion das Risiko einer Rötung der Einstichstelle sowie kleinerer Hämatome oder einer Wundinfektion.[254] Ein Aufklärungserfordernis kann sich jedoch ergeben, wenn der Eingriff vom Patienten für ganz ungefährlich gehalten wird.[255] Der Patient ist insbesondere über ein eingriffsspezifisches Risiko aufzuklären, wenn es für den Laien überraschend ist und im Falle seiner Verwirklichung die Lebensführung des Patienten schwer belasten würde, auch wenn sich das Risiko sehr selten verwirklicht.[256] Unter spezifischen Risiken sind solche zu verstehen, die dem Eingriff typischerweise anhaften.[257] Beispielsweise stellt eine Nervenverletzung bei einer intravenösen Injektion in die Ellenbogenbeuge ein Risiko dar, die mit dem jeweiligen Eingriff spezifisch verbunden ist.[258] Dementsprechend haben Notfallsanitäter nach der Standardarbeitsanweisung „i.v.-Zugang“[259] bei Anlage eines intravenösen Zuganges hierüber auch aufzuklären. Ebenso bei der Vornahme einer Thoraxentlastungspunktion,[260] denn auch hierbei wird die Haut des Patienten durchstochen. Mit der Verwendung eines Tourniquet sind Komplikationen wie Haut-, Gewebe- und Nervenschäden durch Drucknekrosen oder Gewebsischämie spezifisch verbunden, auch wenn sie selten auftreten.[261] Denn das Tourniquet baut durch Kompression der Weichteile einen so hohen Druck auf, dass das Gefäßlumen der Extremitätenarterie temporär verschlossen wird. Das Gewebe distal[262] des Tourniquets ist dadurch von der Blutzufuhr abgeschnitten. Die Blutung kommt zum Stillstand. Deshalb ist der Patient nach der Standardarbeitsanweisung hierüber auch aufzuklären.[263] Über Risiken, die in der Medizin zwar diskutiert, aber nicht ernstlich in Betracht gezogen werden, muss nicht aufgeklärt werden.[264]

---

254 BGH, VersR 1989, 512; OLG Dresden, MedR 2009, 410 (412).
255 BGH, NJW 1986, 780; NJW 1989, 1533 (1534).
256 BGHZ 126, 386 (389); BGH, NJW 2007, 217 (218); OLG Köln, Urt. v. 21.03.2016 – 5 U 76/14, BeckRS 2016, 5696 Rn. 18; Achterfeld, MedR 2012, 140 (141); Kern in: Laufs/Kern/Rehborn, ArztR-HdB, § 66 Rn. 16.
257 BGH, NJW 1994, 2414.
258 OLG Dresden, MedR 2009, 410 (412).
259 Standardarbeitsanweisungen und Behandlungspfade im Rettungsdienst, S. 20.
260 Standardarbeitsanweisungen und Behandlungspfade im Rettungsdienst, S. 32.
261 Hossfeld/Stöhr, in: Buschmann, Das ABCDE-Schema, S. 94.
262 Distal ist eine anatomische Lagebezeichnung und bedeutet weiter vom Körperzentrum entfernt.
263 Standardarbeitsanweisungen und Behandlungspfade im Rettungsdienst, S. 29.
264 OLG Stuttgart, MedR 2003, 509.

Auch vor der Gabe eines Medikaments muss eine allgemeine Vorstellung von der Schwere des Eingriffs und den spezifisch mit ihm verbundenen Risiken vermittelt werden.[265] Risikoaufklärung über typische Risiken bei einer Arzneimittelbehandlung meint dabei eine Aufklärung über Kontraindikationen, Unverträglichkeiten, schädliche Nebenwirkungen und schädliche Wechselwirkungen.[266] Hierbei ist nicht die „Häufigkeit“ der Komplikation maßgeblich, sondern maßgebend ist, ob das betreffende Risiko dem Eingriff spezifisch anhaftet und bei seiner Verwirklichung die Lebensführung des Patienten besonders belastet.[267] Bei der Arzneimitteltherapie müssen daher aus der Vielzahl der möglichen Arzneimittelrisiken diejenigen ausgewählt werden, die im Rahmen der individuellen Arzneimitteltherapie für den Patienten mit dessen individuellen Eigenschaften relevant sind.[268] In die Abwägung, ob über ein Risiko aufgeklärt werden muss, ist stets der Schweregrad der möglichen Nebenwirkungen einzubeziehen.[269] Die Risiken der Behandlung mit Medikamenten sind nicht nur zu benennen, sondern auch zu bewerten und in ein angemessenes Verhältnis zum Nutzen der Behandlung zu setzen.[270]

Die hier zugrunde gelegten Standardarbeitsanweisungen und Behandlungspfade im Rettungsdienst beinhalten eine Auflistung der spezifischen Risiken der jeweiligen Arzneimitteltherapie, über die Notfallsanitäter den Patienten aufzuklären haben. Dies soll im Folgenden anhand zweier Beispiele veranschaulicht werden:

Bei der Gabe von Glukose ist darüber aufzuklären, dass es neben einer Venenreizung zu Nekrosen kommen kann, wenn es nicht in, sondern neben die Blutgefäße verabreicht wird (Paravasal).[271] Als Nekrose wird der mikroskopisch oder makroskopisch sichtbaren Untergang von Gewebe in einem lebenden Organismus bezeichnet.[272] Eine paravasale Gabe kann daher dazu führen, dass die Funktionsfähigkeit der Extremität beeinträchtigt

---

265 MAH-MedR/Terbille/Feifel, § 1 Rn. 292.

266 BGH, NJW 1963, 393 (394); NJW 1989, 1533 (1534); NJW 2005, 1716 (1717); OLG Nürnberg, MedR 2016, 344; OLG Köln, MedR 2017, 248; Deutsch/Spickhoff, Medizinrecht, Rn. 448; Hart, Arzneimitteltherapie, S. 128; ders., MedR 1991, 300 (306); ders., in: Rieger, Lexikon des Arztrechts, Stichwort 240 Arzneimittelbehandlung, Rn. 14.

267 MAH-MedR/Terbille/Feifel, § 1 Rn. 292.

268 Krudop-Scholz, Arzneibehandlung, S. 134.

269 Spickhoff/Knauer/Brose, Medizinrecht, StGB, § 223 Rn. 30.

270 Krudop-Scholz, Arzneibehandlung, S. 135.

271 Standardarbeitsanweisungen und Behandlungspfade im Rettungsdienst, S. 52.

272 Bertschat/Möller/Zander, Lehrbuch für den Rettungsdienst, S. 190; Pschyrembel, Klinisches Wörterbuch, S. 1188.

wird, wodurch die Lebensführung des Patienten besonders belastet wäre. Bei der Gabe von „Midazolam“[273] ist über das spezifische Risiko einer Atemdepression aufzuklären.[274] Dies beruht darauf, dass die Verwirklichung dieses Risikos zu einer Sauerstoffunterversorgung des Patienten und im weiteren Verlauf zu – irreversiblen – hypoxischen Schäden an Organen führen kann,[275] welche die Lebensführung des Patienten ebenfalls erheblich einschränken würden. Notfallsanitäter müssen demnach über ein umfangreiches pharmakologisches Wissen über das Arzneimittel verfügen, wie beispielsweise dessen Wirkungen, Nebenwirkungen, Kontraindikationen, die Dosis-Wirkungs-Beziehungen, das Wirkungsprofil, die Variabilität der Wirkungen und dessen Risiken.[276] Verfügt ein Notfallsanitäter nicht über dieses Wissen, so kann keine ordnungsgemäße Aufklärung des Patienten durchgeführt werden. Hieraus resultiert, dass keine rechtfertigende Einwilligung erteilt werden kann.

Der Patient muss aber nicht vorab über mögliche Behandlungsfehler aufgeklärt werden, die dem Behandelnden möglicherweise unterlaufen können.[277] Steht im Zeitpunkt der Aufklärung jedoch bereits fest, dass die Heilbehandlung nicht lege artis vorgenommen werden kann – also eine Standardunterschreitung vorliegen wird –, muss der Patient über jede wissentliche Standardabweichung und die damit verbundene Risikoerhöhung aufgeklärt werden.[278] Denn ein Patient ist über Umstände aufzuklären, die das Behandlungsrisiko aus besonderen Gründen steigern.[279] Dies bedeutet, dass Notfallsanitäter den Patienten darüber aufzuklären haben, dass die geplante Heilbehandlung nicht dem medizinischen Standard entsprechen wird.[280] Der Notfallsanitäter muss offenbaren, dass er die durchzuführende Maßnahme nicht sicher beherrscht und dass infolgedessen lediglich eine je

---

[273] Midazolam ist ein Beruhigungsmittel aus der Gruppe der Benzodiazepine und wird vor allem in der Anästhesie eingesetzt, um Patienten vor Eingriffen zu beruhigen und während der Eingriffe ruhigzustellen.

[274] Standardarbeitsanweisungen und Behandlungspfade im Rettungsdienst, S. 58; vgl. auch Bäumel/Hergeth/Bein/Creutzenberg, Pharmakotherapie in der Intensivmedizin, S. 74.

[275] Bertschat/Möller/Zander, Lehrbuch für den Rettungsdienst, S. 195; Pschyrembel, Klinisches Wörterbuch, S. 157, 802.

[276] Giesen, Arzthaftungsrecht, Rn. 264; Hart, Arzneimitteltherapie, S. 74.

[277] BGH, NJW 2005, 888 (890).

[278] BGH, NJW 1971, 241 (242); NJW 1998, 1802; NJW-RR 2021, 886; Kudlich/Neelmeier, NJW 2021, 1185 (1188); MüKoBGB/Wagner, § 630a Rn. 139, § 630e Rn. 25, 33.

[279] BGHZ 88, 248 (251).

[280] BGH, NJW 2007, 2774 (2775); NStZ-RR 2007, 340 (341); NJW 2011, 1088; NJW 2020, 1358 (1360); GuP 2021, 198.

nach Grad der Kenntnis des Notfallsanitäters über diese Maßnahme mehr oder weniger vage Hoffnung auf einen günstigen Eingriffserfolg besteht.[281] Damit der Patient die Vor- und Nachteile eines Eingriffs solcher Art abwägen kann, muss er über seine Situation informiert werden, insbesondere darüber, wann mit dem Eintreffen eines Notarztes zu rechnen ist, sofern in der konkreten Situation hierzu Informationen verfügbar sind. Es besteht aber keine allgemeine Aufklärungspflicht dahingehend, dass dem Patienten mitzuteilen ist, dass die Durchführung bestimmter medizinischer Maßnahmen durch den Ärztlichen Leiter Rettungsdienst an das nichtärztliche Personal delegiert wurde, solange durch hinreichende Überwachungsmaßnahmen stets der rettungsdienstliche Standard gewährleistet wird.[282] Dies wird durch die jährliche Pflichtfortbildung für das nichtärztliche Rettungsdienstpersonal sichergestellt, da die Durchführung medizinischer Maßnahmen gesondert durch den Ärztlichen Leiter Rettungsdienst abgeprüft wird.[283]

dd. Behandlungsalternativen

Zur Wahrung des Selbstbestimmungsrechts des Patienten ist gemäß § 630e Abs. 1 S. 3 BGB eine Aufklärung über alternative Behandlungsmethoden erforderlich, wenn für eine medizinische Therapie mehrere gleichwertige indizierte Behandlungsmöglichkeiten zur Wahl stehen und diese divergierende Risiken und Erfolgschancen erwarten lassen oder zu unterschiedlichen Belastungen für den Patienten führen.[284] Eine entsprechende Pflicht zur Aufklärung über solche Alternativen ist auch in der strafgerichtlichen Rechtsprechung anerkannt.[285] Es muss aber überhaupt eine echte Wahlmöglichkeit bestehen, und eine solche Wahlmöglichkeit besteht nur dann, wenn die Behandlungsmethoden gleichermaßen indiziert und üblich sind.[286] Ferner müssen die Behandlungsalternativen divergierende Belastungs- oder Risikospektren und Erfolgschancen aufweisen, damit eine

[281] Boll, Kompetenzüberschreitung, S. 74; Grahlmann, Heilbehandlung, S. 29.
[282] Vgl. Spickhoff/Knauer/Brose, Medizinrecht, StGB, § 223 Rn. 29.
[283] Enke/Flemming/Hündorf/Knacke/Lipp/Rupp, LPN2, S. 77.
[284] BGHZ 102, 17 (22 f.); BGH, NJW 2004, 3703 (3704); NJW 2005, 1718 (1719); OLG Hamm, MedR 2018, 409 (410 f.); Kern in: Laufs/Kern/Rehborn, ArztR-HdB, § 66 Rn. 34; Kraatz, NStZ-RR 2012, 1 (4); Schelling/Erlinger, MedR 2003, 331.
[285] BGH, MedR 2008, 435.
[286] BGH, NJW 2005, 1718; Deutsch/Spickhoff, Medizinrecht, Rn. 439; Katzenmeier, in: Laufs/Katzenmeier/Lipp, Arztrecht, Kap. V Rn. 34.

diesbezügliche Aufklärungspflicht besteht.[287] Eine Aufklärungspflicht über eine alternative Behandlungsmöglichkeit besteht daher nicht, wenn beide Behandlungsmöglichkeiten grundsätzlich dieselben Risiken aufweisen, es sei denn, das Risikospektrum ist unterschiedlich.[288] Über eine Behandlungsalternative ist ferner nicht aufzuklären, wenn diese im Vergleich zur gewählten Behandlungsmethode risikoreicher ist.[289] Insbesondere dann, wenn eine Diagnose nicht gesichert, sondern nur überwiegend wahrscheinlich ist, ist über alternative Behandlungsmethoden aufzuklären.[290] Die Standardarbeitsanweisungen und Behandlungspfade im Rettungsdienst benennen Behandlungsalternativen für jede einzelne medizinische Maßnahme, wenn eine solche vorhanden ist. So bestehen als Alternative zu einem intravenösen Zugang, ein intramuskulärer oder intraossärer Zugang.[291] Diese drei Maßnahmen weisen dieselben Risiken auf.[292] Aus diesem Grund stehen zur Vornahme einer medikamentösen Therapie grundsätzlich diese drei Applikationsformen gleichrangig zur Verfügung. Allerdings kann sich ein unterschiedliches Risikospektrum aufgrund der praktischen Fähigkeiten des Notfallsanitäters ergeben. Hat ein Notfallsanitäter eine dieser Applikationsmethoden bereits öfter praktiziert, sodass die Wahrscheinlichkeit eines Nichtgelingens niedriger ist als bei den anderen Applikationsmethoden, weisen die Behandlungsalternativen ein differenziertes Risikospektrum auf. Mithin wäre über eine Behandlungsalternative nicht aufzuklären, da diese im Vergleich zur gewählten Behandlungsmethode risikoreicher wäre. Beherrschen Notfallsanitäter hingegen jegliche indizierte Behandlungsalternative gleichermaßen, ist der Patient hierüber aufzuklären.

ee. Einschränkungen

Der konkret notwendige Umfang einer Aufklärung sowie die zu stellenden Anforderungen lassen sich nicht abstrakt festlegen, sondern sind an der

---

287 OLG Karlsruhe, MedR 2003, 229; OLG Naumburg, VersR 2014, 70.

288 OLG Dresden, VersR 2002, 440 (abgelehnt bei Nahlappenplastik anstelle einer Fernlappenplastik nach Verletzung der Fingerkuppe); OLG Koblenz, MedR 2002, 518; OLG Oldenburg, VersR 2000, 61; OLG Stuttgart, VersR 2002, 1286.

289 OLG Nürnberg, ArztRecht 2001, 248.

290 Deutsch/Spickhoff, Medizinrecht, Rn. 438.

291 Siehe beispielsweise Standardarbeitsanweisungen und Behandlungspfade im Rettungsdienst, S. 20.

292 Standardarbeitsanweisungen und Behandlungspfade im Rettungsdienst, S. 20 ff.

vorhandenen Sachlage auszurichten, da jeder einzelne medizinische Notfall separat beurteilt werden muss.[293] Der exakte Umfang ist infolgedessen anhand einer Abwägung aller Umstände des Einzelfalls zu bestimmen, da auch patienten- und behandlungsbezogene Einschränkungen durchgreifen können.[294]

(1) Patientenbezogen

Bei der Bestimmung des Umfangs der Aufklärungspflicht sind die Intelligenz, allgemeine Erkenntnisfähigkeit sowie der Bildungsstand des Patienten zu berücksichtigen.[295] Die eigene Sachkenntnis des Patienten kann gemäß § 630e Abs. 3 BGB die Aufklärungspflichten eines Notfallsanitäters mindern oder gänzlich entfallen lassen.[296] Nach § 630e Abs. 3 BGB bedarf es der Aufklärung des Patienten zudem nicht, wenn dies ausnahmsweise aufgrund besonderer Umstände entbehrlich ist. Exemplarisch genannt werden in diesem Zusammenhang die Unaufschiebbarkeit der Maßnahme sowie der Aufklärungsverzicht des Patienten. Ein Patient kann auf die per se erforderliche Aufklärung oder Teile dieser verzichten.[297] Denn das Selbstbestimmungsrecht des Patienten beinhaltet auch, dass er dem Behandelnden seines Vertrauens mit der Absicht freie Hand geben kann, um sich einer Beunruhigung durch die Einzelheiten der Gefahren des Eingriffs zu ersparen.[298] Jedoch macht nur ein ausdrücklicher Verzicht des Patienten diese entbehrlich. Ein konkludenter Verzicht ist, um ein Unterlaufen der Aufklärungspflicht zu vermeiden, nicht als ausreichend anzusehen.[299] In Bezug auf die Ausdrücklichkeit des Verzichts werden deshalb strenge Anforderungen gestellt. Der Patient muss den Verzicht deutlich, klar und unmissverständlich äußern, § 630e Abs. 3 BGB.[300] Ein Patient muss sich aber bei einem Aufklärungsverzicht sowohl der Erforderlichkeit der Heilbehandlung als auch deren Risiken bewusst sein.[301] Der Aufklärungsverzicht bezieht sich zudem nur auf den für den Patienten vorhersehbaren Umfang

---

[293] Bockelmann, Strafrecht des Arztes, S. 60.
[294] BGH, NJW 1976, 363 (364); VersR 1981, 456 (457 ff.).
[295] BGH, NJW 1976, 363 (364); NJW 1980, 633 (635).
[296] BT-Drs. 17/10488, S. 25.
[297] BGHZ 29, 46 (54); Katzenmeier, DÄBl. 2006, A-1054.
[298] BGH, NJW 1973, 556 (558).
[299] Spickhoff/Spickhoff, Medizinrecht, BGB, § 630e Rn. 11.
[300] BT-Drs. 17/10488, S. 23.
[301] BT-Drs. 17/10488, S. 22, 25; BGH, NJW 1973, 556 (558).

der Behandlung. Geht die Gefahr des Eingriffs über das für ihn erkennbare Maß hinaus, so ist er hierüber aufzuklären.[302] Das Selbstbestimmungsrecht des Patienten verlangt allerdings eine in allen Einzelheiten vollständige Unterrichtung, wenn er die Einwilligung in den Eingriff ausdrücklich von einer solchen Aufklärung abhängig macht.[303]

(2) Dringlichkeit der Behandlung

Die zeitliche und sachliche Dringlichkeit einer Heilbehandlung ist für die Intensität der geschuldeten Aufklärung ebenfalls von Relevanz.[304] Umfang und Maß der Aufklärungspflicht stehen dabei in einem umgekehrten Verhältnis zum Grad der Dringlichkeit einer Heilbehandlung.[305] Es gilt die Faustregel: Je dringlicher der Eingriff, desto geringeren Anforderungen unterliegt die Aufklärung.[306] So darf sich die Aufklärung von Patienten in lebensbedrohlichen Situationen über mögliche Nebenwirkungen der verabreichten hochwirksamen Medikamente darauf beschränken, dem Patienten bestmöglich die Bedrohlichkeit seiner Erkrankung zu verdeutlichen und gegebenenfalls darauf hinzuweisen, dass eine Behandlung mit hochwirksamen und dementsprechend auch mit erheblichen Nebenwirkungspotential behafteten Medikamenten erforderlich ist.[307] Eine derartige Aufklärung setzt jedoch voraus, dass der Patient im Zeitpunkt der Aufklärung in Anbetracht seines Gesundheitszustandes überhaupt in der Lage ist, einem derartigen Aufklärungsgespräch zu folgen.[308]
Es ist jedoch zu berücksichtigen, dass selbst bei einer vitalen Indikation oder bei fehlender Behandlungsalternative die Aufklärung grundsätzlich nicht völlig entbehrlich ist.[309] Das Selbstbestimmungsrecht des Patienten verlangt, dass solche Umstände nur Auswirkungen auf den Grad der Ge-

---

[302] OLG Frankfurt a. M., NJW 1973, 1415 (1416).
[303] BGH, VersR 1964, 614; NJW 1973, 556 (557 f.).
[304] BGH, NJW 1973, 556 (557); NJW 2011, 1088 (1089).
[305] BGH, NJW 1972, 335 (337); NJW 1980, 1905 (1907); NJW 1991, 2349 (2319); NJW 1998, 1784 (1785); NJW 2009, 1209 (1210); Katzenmeier, in: Laufs/Katzenmeier/Lipp, Arztrecht, Kap. V Rn. 28; Spickhoff/Knauer/Brose, Medizinrecht, StGB, § 223 Rn. 38.
[306] OLG Koblenz, NJOZ 2010, 849 (850).
[307] LG Aachen, MedR 2006, 361; Kern, in: Laufs/Kern/Rehborn, ArztR-HdB, § 66 Rn. 16.
[308] Wever, in: Bergmann/Pauge/Steinmeyer, Gesamtes Medizinrecht, § 630e BGB Rn. 27.
[309] OLG Celle, VersR 1984, 89; OLG Düsseldorf, VersR 1985, 480; VersR 1987, 163; Spickhoff/Knauer/Brose, Medizinrecht, StGB, § 223 Rn. 42.

nauigkeit und die Eindringlichkeit der Aufklärung haben, sodass die Aufklärungspflichten lediglich gemindert sein können.[310] Eine Aufklärung kann gemäß § 630e Abs. 3 BGB nur dann vollständig entfallen, wenn eine Heilbehandlung keinen Aufschub duldet und erhebliche Gefahren für die Gesundheit des Patienten drohen, sodass keinerlei Zeit für jedwede Aufklärung besteht.[311] Ein gänzliches Entfallen der Aufklärung hat aber die Ausnahme zu bleiben und ist auf Fälle der sofortigen Lebensrettung beschränkt.
In der präklinischen Notfallmedizin geht es um die medizinische Versorgung von Notfallpatienten, also Patienten, die sich infolge von Verletzung, Krankheit oder sonstiger Umstände entweder in Lebensgefahr befinden oder bei denen schwere gesundheitliche Schäden zu befürchten sind, wenn sie nicht unverzüglich medizinische Hilfe erhalten. Notfallsanitäter agieren daher in einer erheblichen zeitlichen Drucksituation, weshalb sie sich in der Regel mit einer pauschalen Aufklärung begnügen bzw. diese aufgrund der Ausnahmesituation sogar vollständig entfallen lassen können, da es sich bei der rettungsdienstlichen Versorgung um eine unaufschiebbare und lebensrettende medizinische Maßnahme handeln wird, die unverzüglich durchgeführt werden muss.[312] Ein schwerverletztes Unfallopfer, das der Notfallsanitäter nur durch einen sofortigen Eingriff am Leben zu erhalten vermag, braucht demnach nicht aufgeklärt zu werden.[313]

ff. Folgen eines Aufklärungsmangels

Wird der Patient nicht ausreichend aufgeklärt, kann auch eine erteilte Erlaubnis nicht rechtfertigend wirken. Denn gemäß § 630d Abs. 2 BGB setzt die Wirksamkeit der Einwilligung voraus, dass der Patient oder der zur Einwilligung Berechtigte vor der Einwilligung aufgeklärt wurde. Bei fehlerhafter Aufklärung unterliegt der Patient einem Aufklärungsmangel.[314] Uneinigkeit besteht dahingehend, ob dies stets zur Unwirksamkeit der Einwilligung führt:

---

[310] BGHZ 90, 103 (105 f.); BGH, NJW 1980, 2751 (2752 f.); Katzenmeier, in: Laufs/Katzenmeier/Lipp, Arztrecht, Kap. V Rn. 29.
[311] BT-Drs. 17/10488, S. 25.
[312] Vgl. BGHSt 12, 379 (382).
[313] Kern, in: Laufs/Kern/Rehborn, ArztR-HdB, § 66 Rn. 27.
[314] Iversen, HRRS 11/2018, 475 (476).

Nach der weitesten und wohl herrschenden Ansicht, der sich auch die Rechtsprechung zuordnen lässt, bedingt grundsätzlich jeder täuschungsbedingte Irrtum einen relevanten Willensmangel, weshalb ein Aufklärungsmangel zur Unwirksamkeit der Einwilligung führt.[315] Nach anderer Ansicht ist die Einwilligung lediglich bei rechtsgutsbezogenen Irrtümern unwirksam.[316] Ein rechtsgutsbezogener Irrtum liegt vor, wenn sich der Einwilligende über die Folgen, Bedeutung und Tragweite seines Tuns für das verletzte Rechtsgut nicht im Klaren ist.[317] Beachtlich ist daher ein Irrtum über Art und Umfang der Rechtsgutsverletzung oder einer damit verbundenen weitergehenden Gefährdung. Ein solcher Irrtum liegt beispielsweise vor, wenn der Patient bei einem nicht gänzlich ungefährlichen Eingriff den Behandelnden fälschlich für einen Arzt oder zugelassenen Heilkundigen hält.[318] Allerdings ist der Irrtum hinsichtlich der Qualifikation des Behandelnden irrelevant, wenn solche Maßnahmen üblicher- und berechtigterweise von nichtärztlichem Personal vorgenommen werden.[319] Wenn eine medizinische Maßnahme von einem Notfallsanitäter durchgeführt wird, dieser die Maßnahme sicher beherrscht und die Maßnahme iSv § 4 Abs. 2 Nr. 2 lit. c) NotSanG durch den Ärztlichen Leiter Rettungsdienst vorgegeben ist, nimmt ein Notfallsanitäter diese üblicher- und berechtigterweise vor. Mithin wäre ein diesbezüglicher Irrtum irrelevant.

Das Rechtsgut der Körperverletzungsdelikte ist die körperliche Unversehrtheit.[320] Infolgedessen kann ein Patient bei einer unzureichenden Diagnoseaufklärung zwar eine hinreichend genaue Vorstellung davon haben, wie sich der konkrete Eingriff auf seine körperliche Integrität auswirkt,[321] aber ein solcher Irrtum ist als rechtsgutsbezogen zu qualifizieren, da ein

---

[315] BGHSt 4, 113 (118); 16, 309 (310); 32, 267 (269 f.); Amelung, Grundlage von Willensmängeln, S. 20 ff.; Otto, Jura 2004, 679 (680); Rengier, Strafrecht AT, § 23 Rn. 27; LK-StGB/Rönnau, Vor § 32 ff. Rn. 199; ders., JuS 2007, 18 (19).

[316] Arzt, Willensmängel, S. 15 ff; MüKoStGB/Hardtung, § 223 Rn. 90; Mitsch, Rechtfertigung und Opferverhalten, S. 507 ff.; Rengier, Strafrecht AT, § 23 Rn. 26; Rönnau, Willensmängel, S. 287 ff.; Schönke/Schröder/Sternberg-Lieben, StGB, Vor § 32 ff. Rn. 46; ders., Objektive Schranken, S. 532 ff.

[317] Amelung/Eymann, JuS 2001, 937 (943 f.); Bichlmeier, JZ 1980, 53 (55); Brandts/Schlehofer, JZ 1987, 442 (446 f.); Michel, JuS 1988, 8 (11); Müller-Dietz, JuS 1989, 280 (281); Rönnau, Jura 2002, 665 (672 f.); Rudolphi, ZStW 86, 68 (82).

[318] BGH, NStZ 1987, 174 mAnm. Sowada, JR 1988, 123; verneint dagegen von BGHSt 16, 309 für einen „zweifelsfrei“ geringfügigen Eingriff.

[319] BGHSt 16, 309; Bockelmann, JZ 1962, 525; MüKoStGB/Hardtung, § 223 Rn. 104.

[320] MüKoStGB/Hardtung, § 223 Rn. 1; Lackner/Kühl/Heger/Heger, StGB, § 223 Rn. 1.

[321] Gaede, Limitiert akzessorisches Medizinstrafrecht, S. 65.

Patient die körperliche Unversehrtheit nur aufgrund der fehlerhaften Diagnose preisgibt.[322] Auch bei mangelhafter Aufklärung über Risiken sowie Behandlungsalternativen irrt ein Patient nicht über den konkreten Eingriff, jedoch irrt er hinsichtlich der mit diesem Eingriff verbundenen körperlichen Risiken und Belastungen, also hinsichtlich Art und Umfang des Eingriffs, sodass ein diesbezüglicher Irrtum als rechtsgutsbezogener Irrtum zu qualifizieren ist.[323] Mithin führt nach beiden Ansichten eine fehlerhafte Aufklärung zur Unwirksamkeit der Einwilligung. Eine Rechtfertigung durch ausdrückliche Einwilligung würde daher ausscheiden.

Gerade im Bereich einer unsachgemäßen Heilbehandlung liegt ein Aufklärungsmangel nahe, denn Notfallsanitätern, die eine medizinische Maßnahme bereits in der Theorie nicht beherrschen und denen daher die nötige Kenntnis hinsichtlich der aufklärungspflichtigen Risiken fehlt, können keine ordnungsgemäße Aufklärung über eben diese Risiken vornehmen. Aus diesem Grund haben Notfallsanitäter den Patienten dahingehend aufzuklären, dass die Risiken nicht vollumfänglich abschätzbar sind, sondern nur eine je nach Grad der Kenntnis mehr oder weniger vage Hoffnung auf einen günstigen Eingriffserfolg besteht. Dem Patienten werden dadurch die mit dem Eingriff verbundenen erhöhten körperlichen Risiken und Belastungen mitgeteilt, sodass ein Irrtum auszuschließen sein dürfte.

e. Grenzen der rechtfertigenden Einwilligung – Sittenwidrigkeitsklausel

Eine rechtfertigende Einwilligung könnte insbesondere bei unsachgemäßen Heilbehandlungen an der Sittenwidrigkeitsklausel des § 228 StGB scheitern. Hiernach handelt derjenige rechtswidrig, der eine Körperverletzung mit Einwilligung der verletzten Person vornimmt, wenn die Tat gegen die guten Sitten verstößt. Somit ergibt sich eine Schranke aus § 228 StGB.[324]

Maßgeblich für die Sittenwidrigkeit ist nach älterer Rechtsprechung „das Anstandsgefühl aller billig und gerecht Denkenden".[325] Ist der Körperverletzungserfolg für jedermann und nicht nur für einzelne Bevölkerungsteile sittenwidrig, scheidet die Einwilligung als Rechtfertigungsgrund aus.[326]

---

322 Amelung, Grundlage von Willensmängeln, S. 18; Immig, Selbstbestimmungsaufklärung, S. 76.

323 Immig, Selbstbestimmungsaufklärung, S. 77.

324 Spickhoff/Knauer/Brose, Medizinrecht, StGB, § 228 Rn. 1.

325 BGHSt 4, 24 (32); 4, 88 (91); 49, 34; BayObLG, NJW 1999, 372 (373).

326 Spickhoff/Knauer/Brose, Medizinrecht, StGB, § 228 Rn. 3.

Eindeutige Abgrenzungskriterien bestehen dabei nicht, weil keine Erhebungen zu allgemeinen Moralvorstellungen existieren.[327] Angesichts der Unbestimmtheit des Begriffs ist eine enge, verfassungskonforme Auslegung geboten.[328]

Die neuere Rechtsprechung und auch das Schrifttum wenden für die Sittenwidrigkeit objektive Kriterien an.[329] Die rechtfertigende Wirkung einer Einwilligung entfällt, wenn das Opfer der Körperverletzung in eine konkrete Gefahr gebracht worden ist, im Rahmen derer das Risiko, durch die Handlung unmittelbar den Tod herbeizuführen, weder kalkulierbar noch beherrschbar gewesen ist.[330] Darüber hinaus steht es einer Rechtfertigung entgegen, wenn eine konkrete Gefahr gravierender Verletzungen besteht, die in ihrem Gewicht an die in § 226 StGB geregelten erheblichen Beeinträchtigungen heranreichen.[331] Die Sittenwidrigkeit wird demnach nach dem Umfang der Misshandlung oder Gesundheitsschädigung und dem Grad der damit verbundenen Leibes- und Lebensgefahr beurteilt, also nach Art und Gewicht der Verletzung.[332] Für die Bewertung des Gefährlichkeitsgrades ist eine ex-ante-Betrachtung entscheidend, da die Rechtfertigung einer Handlung bereits im Zeitpunkt ihrer Vornahme beurteilbar sein muss.[333]

Im Bereich des Medizinstrafrechts muss daher mit sachverständiger Hilfe geklärt werden, ob unter Zugrundelegung des Erkenntnishorizonts des aufgeklärten Patienten im Einwilligungszeitpunkt prognostisch von einer weder kalkulierbaren noch beherrschbaren, mithin konkreten Gefahr des Todes, oder einer schweren Körperverletzung des Patienten auszugehen war.[334] Aufgrund dessen verstößt eine Maßnahme, die medizinisch indiziert ist und lege artis vorgenommen wird grundsätzlich nicht gegen die

---

[327] Fischer, StGB, § 228 Rn. 11.

[328] Sternberg-Lieben, JuS 2004, 954 (955).

[329] BGHSt 49, 34 (40 ff.); Hardtung, JuS 2008, 960 mwN.

[330] BGHSt 49, 166 (175); 53, 55 (62 f.); 60, 166 (176); BGH, NJW 2009, 1155 (1157); Neelmeier, NJW 2015, 374 (377).

[331] BGH, NJW 2004, 2458 (2459); Spickhoff/Knauer/Brose, Medizinrecht, StGB, § 228 Rn. 4.

[332] BGHSt 49, 34 (43 f.); 49, 166 (169 ff.); BGH, NStZ 2014, 706 (708); NJW 2019, 3253 (3254); Fischer, StGB, § 228 Rn. 9a; LK-StGB/Grünewald, § 228 Rn. 12; Hirsch, FS Amelung, S. 181 (197 f.); Jahn, JuS 2021, 890; Jakobs, FS Schroeder, S. 507; Kühl, FS Jakobs, S. 293 (302 ff.).

[333] MüKoStGB/Hardtung, § 228 Rn. 29.

[334] Neelmeier, NJW 2015, 374 (377).

guten Sitten.[335] Die Vornahme einer indizierten medizinischen Maßnahme nach den Standardarbeitsanweisungen und Behandlungspfaden im Rettungsdienst ist daher als nicht sittenwidrig anzusehen. Hingegen ist die Vornahme einer medizinischen Maßnahme, die vom Notfallsanitäter nicht vollumfänglich beherrscht wird, grundsätzlich als sittenwidrig iSd § 228 StGB anzusehen, da das Risiko des Todeseintritts bzw. einer weitergehenden Gesundheitsschädigung für den Notfallsanitäter weder kalkulierbar noch beherrschbar ist. Allerdings ist im Rahmen medizinischer Behandlungen eine umfassende Abwägung aller Umstände des Einzelfalls erforderlich, bei welcher die Wahrscheinlichkeit berücksichtigt werden muss, wie stark Gesundheit und Leben des Patienten gefährdet wären, wenn die beabsichtigte Behandlung unterbleiben würde.[336] Bei medizinischen Maßnahmen steht vor allem die Verfolgung eines anerkennenswerten Zwecks im Vordergrund, denn auch lebensgefährliche oder sonst besonders folgenreiche medizinische Behandlungen, die der Wiederherstellung der Gesundheit eines Kranken oder der Rettung seines Lebens dienen, sollen der Disposition des Patienten zugänglich sein.[337] Dient die gefahrschaffende Handlung einem billigenswerten Zweck[338] oder ist sie jedenfalls nicht verboten und sittlich neutral, steht § 228 StGB einer wirksamen Risikoeinwilligung nicht entgegen.[339] Stellt die nicht sicher beherrschte medizinische Maßnahme die letzte Rettungschance dar und dient sie der Abwendung des Todes oder des Eintritts einer weitergehenden schweren Gesundheitsschädigung des Patienten, so steht § 228 StGB einer wirksamen Einwilligung ausnahmsweise nicht entgegen.[340] Denn andernfalls müsste das Sterben des Patienten tatenlose hingenommen werden.[341]

---

[335] BGH, NJW 2019, 3253 (3254); Eisele, JuS 2021, 181 (182); Magnus; NStZ 2024, 71 (74).

[336] Spickhoff/Knauer/Brose, Medizinrecht, StGB, § 228 Rn. 4; Neelmeier, NJW 2015, 374 (377) mwN.

[337] BGH, NJW 2019, 3253 (3254); Magnus; NStZ 2024, 71 (74).

[338] Beispielsweise eine riskante Operation zur Abwendung des Todes eines Patienten.

[339] BGHSt 49, 166 (171); Arzt/Weber/Heinrich/Hilgendorf, Strafrecht BT, § 6 Rn. 38; Hardtung, JuS 2008, 960 (961).

[340] LK-StGB/Grünewald, § 228 Rn. 26; Hardtung, JuS 2008, 960.

[341] Roxin/Greco, Strafrecht AT I, § 14 Rn. 104.

f. Zwischenergebnis

Notfallsanitäter haben eine eingehende Beurteilung des Einzelfalles vorzunehmen, um die Wirksamkeitsvoraussetzungen einer rechtfertigenden Einwilligung, insbesondere den erforderlichen Umfang der Aufklärung festzustellen. Grundsätzlich ist über die Diagnose, den Verlauf, die Risiken und die Behandlungsalternativen aufzuklären. Dies erfordert ein umfangreiches Wissen über die durchzuführende medizinische Maßnahme. Im Rahmen der Arzneimitteltherapie haben Notfallsanitäter ein noch umfassenderes Wissen aufzuweisen. Notfallsanitäter müssen über ein umfangreiches pharmakologisches Wissen des zu verwendenden Arzneimittels verfügen, wie beispielsweise dessen Wirkungen, Nebenwirkungen, Kontraindikationen, die Dosis-Wirkungs-Beziehungen, das Wirkungsprofil, die Variabilität der Wirkungen und dessen Risiken.[342] Verfügt ein Notfallsanitäter nicht über dieses Wissen, kann keine ordnungsgemäße Aufklärung des Patienten durchgeführt werden, mit der Folge, dass keine rechtfertigende Einwilligung erteilt werden kann.

Allerdings können Patienten auch in eine von den Standardarbeitsanweisungen und Behandlungspfaden im Rettungsdienst abweichende Heilbehandlung einwilligen. Dies ist von der allgemeinen Handlungsfreiheit des Art. 2 Abs. 1 GG umfasst und daher strafrechtlich zulässig. Für die Wirksamkeit der Einwilligung bedarf es in diesen Fällen aber einer Aufklärung dahingehend, dass dem einwilligenden Patienten nicht nur die mit dem Eingriff verbundenen Chancen und Risiken sowie die Gefahr eines Misserfolgs erläutert werden, sondern er ist ferner darüber aufzuklären, dass die geplante Heilbehandlung nicht dem rettungsdienstlichen Standard entspricht. Dies bedeutet, dass der Notfallsanitäter dem Patienten offenbaren muss, dass er die durchzuführende Maßnahme nicht sicher beherrscht und infolgedessen lediglich eine je nach dem Grad der Kenntnis des Notfallsanitäters über diese Maßnahme mehr oder weniger vage Hoffnung auf einen günstigen Eingriffserfolg besteht. Willigt der Patient in die geplante Behandlung mit all ihren Unwägbarkeiten ein, so rechtfertigt diese den Eingriff. Realisiert sich bei der Behandlung des Patienten ein bekanntes Risiko, über welches ordnungsmäßig aufgeklärt wurde, ist die Körperverletzung durch die erteilte Einwilligung gedeckt.

Zu berücksichtigen ist jedoch, dass eine unsachgemäße Heilbehandlung grundsätzlich der Einwilligungsschranke des § 228 StGB unterliegt, wenn

[342] Giesen, Arzthaftungsrecht, Rn. 264; Hart, Arzneimitteltherapie, S. 74.

der Patient durch diese in eine konkrete Gefahr des Todes oder einer schweren Körperverletzung gebracht wird. Hieraus resultiert dann die Unwirksamkeit der Einwilligung. Dies gilt jedoch ausnahmsweise nicht, wenn es sich bei der nicht beherrschten medizinischen Maßnahme um die letzte Rettungschance handelt und sie der Abwendung des Eintritts einer weitergehenden schweren Gesundheitsschädigung oder des Todes des Patienten dient. Dann steht § 228 StGB einer rechtfertigenden Einwilligung ausnahmsweise nicht entgegen.

2. Mutmaßliche Einwilligung

In der präklinischen Notfallmedizin hat der Rechtfertigungsgrund der mutmaßlichen Einwilligung eine besondere Bedeutung. Patienten können infolge von Bewusstlosigkeit, eines Unfallschocks,[343] bei erheblichen Schmerzen[344] sowie eines neurologischen Defizites – wie Demenzerkrankung oder einem ischämischen Schlaganfall, bei welchem es aufgrund einer Durchblutungsstörung und einer damit verbundenen Sauerstoffunterversorgung des Gehirns zu Bewusstseinsstörungen kommt[345] – nicht einwilligungsfähig sein. Insbesondere ein vital kritischer Zustand erschwert es dem Patienten möglicherweise bzw. macht es ihm gar unmöglich, seine Lage richtig einzuschätzen und das Wesen, die Bedeutung sowie die Tragweite des Eingriffs zu erfassen.[346] Kann der wirkliche, vor Eintritt der Einwilligungsunfähigkeit geäußerte Wille des Patienten nicht ermittelt werden, so ist auf den mutmaßlichen Willen des einwilligungsunfähigen Patienten abzustellen.[347]

Die mutmaßliche Einwilligung ist als eigenständiger Rechtfertigungsgrund anerkannt.[348] Es ist jedoch zu beachten, dass die mutmaßliche Einwilligung

---

343 OLG Frankfurt a. M., MedR 1984, 194; OLG Koblenz, NJW 2015, 79 mBespr. Genske, MedR 2016, 173.

344 BGH, MedR 1987, 234 ff.; OLG Frankfurt a. M., VersR 1984, 289.

345 Enke/Flemming/Hündorf/Knacke/Lipp/Rupp, LPN1, S. 435, 439.

346 BGH, NJW 1993, 2372 (2373); OLG Naumburg, Urt. v. 06.02.2014 – 1 U 45/13, BeckRS 2014, 23328; Burckart/Fürstenwerth, RD 1990, 637 (639); Grahlmann, Heilbehandlung, S. 52; grundlegend auch Geilen, Einwilligung und ärztliche Aufklärung.

347 BGH, NJW 2014, 3572 (3576); Valerius, medstra 2021, 2 (7).

348 BVerfG, NJW 2002, 2164 (2165); RGSt 61, 242 (256); BGHSt 16, 309 (312); 35, 246 (249); 40, 257 (263); 45, 219 (221); OLG Frankfurt a. M., MDR 1970, 694 (695); Otto, Jura 2004, 679 (681); ders., NJW 2006, 2217 (2219 f.); NK-StGB/Paeffgen/Zabel, Vor §§ 32 ff. Rn. 157; LK-StGB/Rönnau, Vor §§ 32 ff. Rn. 214; Roxin, FS Welzel, S. 447;

gegenüber der ausdrücklichen Einwilligung subsidiär ist.[349] Die Erforschung des wirklichen Willens des Patienten hat unbedingten Vorrang vor der Befolgung des nur mutmaßlichen Willens.[350] Aus diesem Grund sind bei einwilligungsunfähigen Patienten die Maßgaben einer Patientenverfügung zu berücksichtigen.[351] Solange ausreichend Zeit und Gelegenheit besteht, muss der Versuch unternommen werden, eine Willensäußerung des Patienten herbeizuführen.[352] Besteht die Möglichkeit, rechtzeitig eine ausdrückliche Einwilligung einzuholen, schließt dies eine Rechtfertigung durch mutmaßliche Einwilligung stets aus.[353] Die Subsidiarität hat darüber hinaus zur Folge, dass eine ohne Befragung vorgenommene Heilbehandlung nicht über die mutmaßliche Einwilligung zu rechtfertigen ist, solange der Patient befragt werden konnte.[354] Eine mutmaßliche Einwilligung kann zudem nicht als Rechtfertigungsgrund herangezogen werden, wenn eine rechtlich zu beachtende Verweigerung einer Heilbehandlung durch den Patienten vorliegt, „denn dann ist sein Wille klar und es bleibt nichts zu mutmaßen".[355]

Kann die Zustimmung zur Behandlung gar nicht oder nur mit einer gesundheits- bzw. lebensgefährlichen Verzögerung eingeholt werden, so darf entsprechend dem mutmaßlichen Willen des Patienten eine Heilbehandlung vorgenommen werden, § 630d Abs. 1 S. 4 BGB. Es ist jedoch erforderlich, dass ohne eine sofortige Heilbehandlung eine erhebliche Gefahr für das Leben oder die Gesundheit des Patienten besteht.[356] In Notfallsituationen wird es auf die Einleitung lebenserhaltender Maßnahmen geradezu ankommen, damit ein Patient sein Bewusstsein überhaupt zurückerlangt, das neurologische Defizit überwunden wird oder die Schmerzen so weit gemindert werden, dass die Einwilligungsfähigkeit wiederhergestellt ist.

---

ders./Greco, Strafrecht AT I, § 18 Rn. 8; Sternberg-Lieben, Objektive Schranken, S. 206 f.; Valerius, medstra 2021, 2 (7).

349 BGHSt 45, 219 (223); Baumann/Weber/Mitsch/Eisele, Strafrecht AT, § 15 Rn. 151; Geppert, JZ 1988, 1024 (1025); Kühl, Strafrecht AT, § 9 Rn. 46; Müller-Dietz, JuS 1989, 280 (282).

350 Baumann/Weber/Mitsch/Eisele, Strafrecht AT, § 15 Rn. 151.

351 Katzenmeier, NJW 2013, 817 (820).

352 Baumann/Weber/Mitsch/Eisele, Strafrecht AT, § 15 Rn. 151; Mitsch, ZJS 2012, 38 (41) mwN.

353 BGHSt 16, 309 (312); LSG Celle, NJW 1980, 1352; Mitsch, ZJS 2012, 38 (41); LK-StGB/Rönnau, Vor § 32 ff. Rn. 222 mwN.

354 Kühl, Strafrecht AT I, § 9 Rn. 46; Roxin/Greco, Strafrecht AT I, § 18 Rn. 10.

355 Roxin/Greco, Strafrecht AT I, § 18 Rn. 23.

356 BT-Drs. 17/10488, S. 24; BGHSt 45, 219 (223); OLG Koblenz, NJW 2006, 2928.

a. Voraussetzungen der mutmaßlichen Einwilligung

Für das Vorliegen einer mutmaßlichen Einwilligung müssen alle Voraussetzungen einer Einwilligung, abgesehen von einer Einwilligungserklärung, vorliegen.[357] Voraussetzung für die mutmaßliche Einwilligung ist die Übereinstimmung der fraglichen Handlung mit dem mutmaßlichen Willen des Patienten sowie die Tatsache, dass seine ausdrückliche Entscheidung nicht oder nicht rechtzeitig erlangt werden kann oder dass er auf seine Befragung mit Sicherheit verzichtet hätte.[358] Zudem muss beim Rechtsgutsträger generell die ausreichende Einsichtsfähigkeit in die Tragweite der Entscheidung vorausgesetzt werden können.[359] Vom rechtfertigenden Notstand unterscheidet sich die mutmaßliche Einwilligung dadurch, dass es für die Rechtfertigung nicht auf eine objektive Interessenabwägung, sondern lediglich auf den hypothetischen Willen des Rechtsgutsträgers ankommt.[360] „Es geht um ein Wahrscheinlichkeitsurteil dahin, dass der Betroffene, wenn er volle Kenntnis der Sachlage besessen hätte, von seinem persönlichen Standpunkt aus in die Handlung eingewilligt hätte".[361] „Es ist also nicht entscheidend, was dem ‚wahren Wohl' des Betroffenen entsprochen, sondern was er vermutlich gewollt hätte, mag dies auch unvernünftig sein."[362]
Die Mutmaßung hat sich auf den Zeitpunkt der Heilbehandlung zu beziehen, die Hoffnung auf spätere Zustimmung ist unerheblich.[363] Hat der Notfallsanitäter unter Abwägung aller heranzuziehenden Umstände eine gewissenhafte Prüfung des mutmaßlichen Willens des Patienten vorgenommen, so greift dieser Rechtfertigungsgrund auch dann ein, wenn der daraus gewonnene hypothetische Wille nicht dem sich später herausstellenden wahren Willen des Patienten entsprochen hat.[364]

---

[357] NK-StGB/Paeffgen/Zabel, Vor § 32 Rn. 160; LK-StGB/Rönnau, Vor § 32 ff. Rn. 220; Schönke/Schröder/Sternberg-Lieben, StGB, Vor § 32 ff. Rn. 54.

[358] Schönke/Schröder/Sternberg-Lieben, StGB, Vor § 32 ff. Rn. 54.

[359] Jescheck/Weigend, Strafrecht AT, § 34 VII 2.

[360] Maurach/Zipf, Strafrecht AT 1, § 28 Rn. 13; Müller-Dietz, JuS 1989, 280 (282); Roxin/Greco, Strafrecht AT I, § 18 Rn. 5.

[361] Mezger, Strafrecht, S. 219 f.

[362] Roxin/Greco, Strafrecht AT I, § 18 Rn. 5 mwN.

[363] LK-StGB/Rönnau, Vor § 32 ff. Rn. 223; Schönke/Schröder/Sternberg-Lieben, StGB, Vor § 32 ff. Rn. 59.

[364] Baumann/Weber/Mitsch/Eisele, Strafrecht AT, § 15 Rn. 151; HK-GS/Dölling, § 228 Rn. 10; Geppert, JZ 1988, 1024 (1026); Maurach/Zipf, Strafrecht AT 1, § 28 Rn. 15; LK-

b. Die Ermittlung des mutmaßlichen Patientenwillens

Fraglich ist, wie der mutmaßliche Wille des Patienten zu ermitteln ist und ob es überhaupt möglich ist, allgemeine Aussagen zu tätigen.
Der mutmaßliche Wille des Patienten ist anhand konkreter Anhaltspunkte zu ermitteln. In diesem Zusammenhang sind insbesondere frühere mündliche oder schriftliche Äußerungen, ethische oder religiöse Überzeugungen und sonstige persönliche Wertvorstellungen des Patienten zu berücksichtigen (vgl. § 1827 Abs. 2 S. 3 BGB).[365] Allgemeine, gruppenspezifische oder regional herrschende Wertvorstellungen sind indes nicht zu berücksichtigen.[366] Objektive Kriterien, wie die Beurteilung der Maßnahme als vernünftig und normal und den Interessen eines verständigen Patienten entsprechend, haben keine eigenständige Bedeutung.[367] Sie können lediglich der Ermittlung des individuellen hypothetischen Willens dienen.[368] Was gemeinhin als vernünftig angesehen wird und üblicherweise den Interessen eines verständigen Patienten entspricht, darf nur dann für die Entscheidung eines Notfallsanitäters bestimmend sein, wenn keinerlei konkrete Anhaltspunkte für einen abweichenden Patientenwillen zu finden sind.[369] Hat ein Patient in einer ähnlichen Situation schon einmal in eine Heilbehandlung durch einen Notfallsanitäter eingewilligt, ist davon auszugehen, dass er in der aktuellen Situation eine gleich gelagerte Einwilligung abgegeben hätte, es sei denn, es existieren Indizien für einen Sinneswandel.[370]
Bei einwilligungsunfähigen Patienten, die unter Betreuung stehen oder einen Bevollmächtigten bestellt haben, obliegt es diesen, den mutmaßlichen Willen des betreuten Patienten festzustellen und auf dieser Grundlage zu entscheiden, § 1827 Abs. 2 S. 1 BGB. Nahen Angehörigen und sonstigen Vertrauenspersonen ist gemäß § 1828 Abs. 2 BGB Gelegenheit zur Äußerung entsprechender Erkenntnisse zu geben, insofern dies mit Blick auf die

---

StGB/Rönnau, Vor § 32 ff. Rn. 217; Schönke/Schröder/Sternberg-Lieben, StGB, Vor § 32 ff. Rn. 58; Wessels/Beulke/Satzger, Strafrecht AT, § 11 Rn. 593 mwN.

[365] BGHSt 35, 246 (249 f.); 37, 376; 40, 257; BGH, JZ 1988, 1021; NJW 2000, 885 (886); Mitsch, ZJS 2012, 38 (42); Ulsenheimer, in: Laufs/Kern/Rehborn, ArztR-HdB, § 149 Rn. 95.

[366] BGH, NJW 1995, 204 (205).

[367] BGHSt 37, 376; 40, 257; BGH, JZ 1988, 1021; NJW 2000, 885 (886); Otto, NJW 2006, 2217 (2220); Ulsenheimer, in: Laufs/Kern/Rehborn, ArztR-HdB, § 149 Rn. 95.

[368] Schroth, in: Roxin/Schroth, Handbuch des Medizinstrafrechts, S. 36.

[369] BGHSt 35, 246 (249 f.); BGH, MedR 2000, 231; Ulsenheimer, in: Laufs/Kern/Rehborn, ArztR-HdB, § 149 Rn. 95.

[370] Mitsch, ZJS 2012, 38 (42).

Dringlichkeit der Behandlung zeitlich möglich ist. Ihre Angaben haben allerdings nur indizielle Wirkung.[371] Sie entscheiden nicht anstelle des Patienten, sondern können lediglich eine Auskunft über seinen mutmaßlichen Willen geben.[372] Ihre Meinung ist daher nicht verbindlich, sondern stellt lediglich einen Abwägungsgesichtspunkt im Rahmen der abverlangten Beurteilung dar.

Bei einer lebensbedrohlichen Situation des Patienten, die eine rechtzeitige Einwilligung unmöglich macht, und in der im Rettungsdienst oftmals auftretenden Situation, dass die Angehörigen nicht bekannt oder nicht erreichbar sind und somit keine Rücksprache mit ihnen möglich ist, um den wirklichen oder mutmaßlichen Willen des Patienten klarzustellen, ist die Heilbehandlung auch ohne Ermittlung von Anhaltspunkten gerechtfertigt und geboten.[373] Es ist deshalb ausreichend, dass alles Notwendige unternommen wurde, um eine Fehleinschätzung der fraglichen Situation nach Möglichkeit auszuschließen.[374] Kann der mutmaßliche Wille des entscheidungsunfähigen Patienten nach Ausschöpfung aller verfügbaren Erkenntnisquellen nicht festgestellt werden, ist entsprechend dem Wohl des Patienten zu entscheiden und dabei dem Schutz seines Lebens Vorrang einzuräumen.[375] Auch ein Patient, von dem man nichts Genaues weiß, wird mit der indizierten Heilbehandlung subjektiv einverstanden sein.[376] Sein subjektiver Wille mit dem übereinstimmt, was gemeinhin als normal und vernünftig angesehen wird.[377] Es muss davon ausgegangen werden, dass er das für sich Beste möchte.[378] Es gilt der Grundsatz: „in dubio pro vita".[379] Aus diesem Grund wird unterstellt, dass medizinisch indizierte Maßnahmen dem objektiven Interesse des Patienten entsprechen. Ein Rückgriff auf die mutmaßliche Einwilligung kommt dabei nicht nur bei einer vitalen Indikation, das heißt zur Beseitigung einer gegenwärtigen Lebensgefahr in

---

[371] Ulsenheimer, in: Laufs/Kern/Rehborn, ArztR-HdB, § 149 Rn. 96.

[372] BGH, VersR 1989, 702; OLG Köln, VersR 1987, 572; Deutsch/Spickhoff, Medizinrecht, Rn. 431.

[373] BGHZ 29, 46 (52); BGHSt 12, 379 (384); BGH, NJW 1966, 1855 (1856) mit Hinweis auf BGH, VersR 1956, 449 (450); ähnlich auch Bockelmann, Strafrecht des Arztes, S. 61.

[374] Schönke/Schröder/Sternberg-Lieben, StGB, Vor § 32 ff. Rn. 19, 58.

[375] BT-Drs. 16/8442, S. 16; BGH, NJW 2016, 3297 (3300 f.); FamRZ 2016, 1671; Grüneberg/Götz, § 1827 Rn. 17.

[376] Deutsch/Spickhoff, Medizinrecht, Rn. 431.

[377] BGH, NJW 2000, 885 (886); Mitsch, ZJS 2012, 38 (43).

[378] BGHSt 35, 246 (250); Baumann/Weber/Mitsch/Eisele, Strafrecht AT, § 15 Rn. 154; HK-GS/Dölling, § 228 Rn. 10; Kühl, Strafrecht AT, § 9 Rn. 47.

[379] OLG München, MedR 2018, 317 (321); Wachter, medstra 2021, 30.

Betracht,[380] sondern auch dann, wenn ein hohes gesundheitliches Risiko zwar noch durch eine spätere (not-)ärztliche Behandlung abgewendet werden kann, die den Patienten aber gesundheitlich zusätzlich belasten würde[381] – eine erhebliche Gefährdung von Leben oder Gesundheit des Patienten ohne den sogleich oder später vorgenommenen Eingriff vorausgesetzt.[382]

Es ist demnach anzunehmen, dass ein Patient zum einen die wirksamste Behandlung, zum anderen aber das geringstmögliche Risiko eingehen möchte. Ist eine hocheffektive Therapie nur wenig riskanter als eine nicht invasive und wäre sie als ärztliche Maximaltherapie bei dem Krankheitsbild indiziert und wird vom Notfallsanitäter in der Durchführung beherrscht, ist davon auszugehen, dass ein Patient diese Maßnahme auch wünscht. Wenn sich durch die Vornahme der Handlung durch einen Notfallsanitäter kein erhöhtes Risiko gegenüber dem später eintreffenden Notarzt ergibt, ist es im Interesse des Patienten, dass eine Maßnahme zum frühestmöglichen Zeitpunkt erfolgt, weil dies seine Chancen auf einen Erfolg der Therapie und ein gesundes Überleben erhöht und ihn somit vor weiteren gesundheitlichen Belastungen bewahrt. Als Beispiele können hier die Elektrodefibrillation einerseits sowie die Therapie eines Schocks[383] andererseits genannt werden. Die frühzeitige Behandlung von Schockpatienten mit invasiven Maßnahmen, namentlich der Schaffung ausreichender venöser Zugänge und der Verabreichung von Elektrolytlösungen sowie der großzügigen Indikation zur Intubation, sofern ein Patient polytraumatisiert und bewusstlos ist, können die Überlebenschancen wesentlich verbessern.[384]

Überdies wird die Gabe von Medikamenten umso eher dem Interesse des Patienten entsprechen, wenn sie eine invasiv schwerere medizinische Maßnahme hinauszögern kann, wie beispielsweise die Gabe von Glukokortikoiden, Antihistaminika und Adrenalin, um ein Zuschwellen der oberen Atemwege bei einer akuten allergischen Reaktion zu verringern, anstatt der

---

[380] BGH, NJW 1988, 2310.

[381] BGH, NJW 2000, 885 (886).

[382] Valerius, medstra 2021, 2 (7).

[383] Ein Schock ist definiert als eine akute, generalisierte, kritische Verminderung der peripheren Gewebedurchblutung mit daraus folgendem Sauerstoffmangel lebenswichtiger Organe, der zu Störungen des Zellstoffwechsels bis hin zum Zelltod sowie zum gleichzeitigen Anstieg toxischer Substanzen im Blut führt, Enke/Flemming/Hündorf/Knacke/Lipp/Rupp, LPN1, S. 333.

[384] Enke/Flemming/Hündorf/Knacke/Lipp/Rupp, LPN1, S. 341 ff.

ansonsten nötigen Koniotomie,[385] oder die medikamentöse Therapie eines Herzinfarktes, um schwerere Störungen bis hin zur Reanimations- bzw. Defibrillationspflichtigkeit des Patienten zu verhindern.
Resümierend kann festgehalten werden, dass dem Interesse des Patienten grundsätzlich die schnellstmögliche, effektivste, aber auch die am wenigsten riskante Hilfeleistung entsprechen wird. Notfallsanitäter dürfen daher alle invasiven Maßnahmen ergreifen, wenn sie indiziert sind und in einem Maße beherrscht werden, dass allein durch die Tatsache, dass nicht auf ein Eintreffen des Notarztes gewartet wird, das Risiko für den Patienten im Vergleich zu den Vorteilen, die eine frühzeitige Behandlung bietet, nicht vergrößert wird. Hieraus ergibt sich auch, dass es in der Regel nicht dem Interesse des Patienten entspricht, gänzlich ohne Notarzt behandelt zu werden, sodass eine zeitnahe Nachalarmierung des Notarztes seinem Interesse entsprechen wird. Ein Patient möchte im Zweifel die bestmögliche Überbrückung, aber keinen gänzlichen Verzicht auf einen Notarzt, solange dieser per se verfügbar ist. Nicht indizierte Maßnahmen werden aber niemals dem Interesse des Patienten entsprechen, sodass diese zu unterlassen sind.
Ein erkennbar entgegenstehender Wille – mag er auch bei objektiver Betrachtung noch so unvernünftig erscheinen – ist jedoch stets zu beachten und rechtfertigt ein davon abweichendes Verhalten nicht.[386] Bei einwilligungsunfähigen Minderjährigen ist auf den mutmaßlichen Willen der gesetzlichen Vertreter abzustellen, wobei auch hierfür die dargestellten Grundsätze gelten.

c. Mutmaßlicher Patientenwille hinsichtlich einer unsachgemäßen Heilbehandlung

Im Rahmen einer Rechtfertigung aufgrund des mutmaßlichen Willens des Patienten erscheint jedoch problematisch, ob ein risikoreicher, hochgefährlicher und unsachgemäßer Eingriff noch dem Interesse des Patienten entspricht. Trotz fehlender Kenntnis des Notfallsanitäters bezüglich der konkreten Heilbehandlung ist dies zu bejahen. Dem Interesse des Patienten

---

[385] Unter einer Koniotomie (umgangssprachlich auch Luftröhrenschnitt genannt) versteht man das Eröffnen der Atemwege in Höhe des Kehlkopfes, Enke/Flemming/Hündorf/Knacke/Lipp/Rupp, LPN1, S. 349 ff.
[386] BGH, NJW 2019, 3089 (3091); MAH-MedR/Sommer/Tsambikakis, § 3 Rn. 40; Schönke/Schröder/Sternberg-Lieben, StGB, Vor § 32 ff. Rn. 57; Ulsenheimer, in: Laufs/Kern/Rehborn, ArztR-HdB, § 149 Rn. 105.

entspricht es eher, auch die letzte Maßnahme noch zu ergreifen, die eine kalkulierbare Rettungschance bietet, denn die einzige Alternative wäre das tatenlose Hinnehmen seines Sterbens.[387] Dem Patienten kann in der konkreten Situation nicht mehr geboten werden als eine geringere Rettungschance oder ein Hoffnungsschimmer durch eine therapeutische Maßnahme, die hochriskant ist und nicht sicher beherrscht wird, sodass für ihn die Wahrnehmung dieser letzten Chance das kleinere Übel darstellt. Demzufolge wird sein Interesse dahin gehen, dass ein Notfallsanitäter zu seinen Gunsten auch ein unsachgemäßes Handeln ergreift.[388] Es erscheint für den Patienten besser, wenn ein Notfallsanitäter nicht nur mit den von ihm voll beherrschten Maßnahmen den Patienten am Leben erhält und ihm hierdurch nur ein kurzfristiges Weiterleben ermöglicht, sondern es ist vorteilhafter für den Patienten, wenn sofort gehandelt wird und somit die Chance auf ein längerfristiges, normales Weiterleben zeitlich gesehen optimal wahrgenommen wird, auch wenn aufgrund der mangelnden Fähigkeiten und Kenntnisse des Notfallsanitäters das Risiko einer lebensgefährlichen Fehlbehandlung auftreten kann. Voraussetzung ist jedoch, dass das Eintreffen eines Notarztes nicht abgewartet werden kann. Denn es liegt freilich im Interesse des Patienten, dass auf den Notarzt gewartet wird, wenn die medizinische Maßnahme vom Notfallsanitäter nicht voll beherrscht wird. Ist mit dem Eintreffen eines Notarztes zu rechnen, dessen spätere Hilfe noch ausreichende Rettungschancen mit sich bringt, ist anzunehmen, dass ein Patient kein unnötiges Risiko durch einen unsachgemäßen Eingriff eingehen, sondern die notärztliche Hilfe abwarten möchte. Notfallsanitäter haben dabei eine Abwägung durchzuführen bezüglich der zu erwartenden Eintreffzeit des Notarztes, wie gut die indizierte Maßnahme beherrscht wird, wie groß die (langfristigen) Überlebenschancen dieses konkreten Patienten in dieser Situation sind und wie lange dieser Patient allein mit den beherrschten Maßnahmen am Leben erhalten werden kann. Letztlich ist abzuwägen, wie lange längstens bis zum Eintreffen des Notarztes abgewartet werden kann. Ist unklar, ob ein rechtfertigendes Verhältnis der Chancen und Risiken bestanden hat und ob dementsprechend eine mutmaßliche Einwilligung vorlag, so ist im Zweifel anzunehmen, dass sein Verhalten durch mutmaßliche Einwilligung gedeckt ist.[389]

---

[387] Roxin/Greco, Strafrecht AT I, § 18 Rn. 23.
[388] Boll, Kompetenzüberschreitung, S. 102, Tachezy, Mutmaßliche Einwilligung, S. 91.
[389] Maiwald, FS Jescheck, S. 405 (418).

d. Zwischenergebnis

Es kann festgehalten werden, dass die Durchführung medizinisch indizierter Maßnahmen grundsätzlich dem mutmaßlichen Willen des Patienten entspricht, wenn sich dieser in akuter Lebensgefahr befindet, es sei denn, ein entgegenstehender Wille wurde klar geäußert oder die Behandlung wäre sinnlos für die Lebensrettung. Voraussetzung hierfür ist grundsätzlich, dass die medizinisch indizierte Maßnahme sicher beherrscht wird, also zum einen über das theoretische Wissen bezüglich Indikationen, Kontraindikationen, Nebenwirkungen und Risiken, zum anderen aber auch über die praktischen Fähigkeiten für eine ordnungsgemäße Durchführung verfügt wird.[390] Zu berücksichtigen ist jedoch, dass in Ausnahmesituationen auch eine nicht sicher beherrschte Heilbehandlung dem mutmaßlichen Patientenwillen entsprechen kann.
In subjektiver Hinsicht müssen Notfallsanitäter die Vorstellung der Dringlichkeit und der Übereinstimmung der Tat mit dem mutmaßlichen Willen des Patienten haben, dabei muss dieses Bewusstsein das Resultat einer pflichtgemäßen Prüfung sein.[391] Stimmt die Tat mit dem mutmaßlichen Willen des Patienten überein, obwohl der Notfallsanitäter sich dies nicht vorstellt, ist er wegen Versuchs strafbar.[392] Wurde keine pflichtgemäße Prüfung unternommen und stimmt die Heilbehandlung nicht mit dem mutmaßlichen Willen des Patienten überein, machen sich Notfallsanitäter wegen vollendeter Körperverletzung strafbar.[393]

3. Rechtfertigender Notstand

Ein weiterer zu berücksichtigender Rechtfertigungsgrund für die von Notfallsanitätern durchgeführte Heilbehandlung ist der rechtfertigende Notstand gemäß § 34 StGB. Allerdings spielt dieser Rechtfertigungsgrund im Medizinstrafrecht eine eher untergeordnete Rolle, da mit Blick auf das Selbstbestimmungsrecht des Patienten dessen Einwilligung oder mutmaßliche Einwilligung vorrangig sind.[394]

---

390 Giesen, Arzthaftungsrecht, Rn. 264; Hart, Arzneimitteltherapie, S. 74.
391 Mitsch, ZJS 2012, 38 (43).
392 Roxin/Greco, Strafrecht AT I, § 14 Rn. 104.
393 Mitsch, ZJS 2012, 38 (43); Roxin, FS Welzel, S. 447 (460).
394 Müller-Dietz, JuS 1989, 280 (281).

Nach § 34 StGB handelt derjenige gerechtfertigt, der in einer gegenwärtigen, nicht anders abwendbaren Gefahr für Leben, Leib, Freiheit, Ehre, Eigentum oder ein anderes Rechtsgut eine Tat begeht, um die Gefahr von sich oder einem anderen abzuwenden, wenn bei Abwägung der widerstreitenden Interessen, namentlich der betroffenen Rechtsgüter und des Grades der ihnen drohenden Gefahren, das geschützte Interesse das beeinträchtigte wesentlich überwiegt.
Eine Rechtfertigung gemäß § 34 StGB ist auf eine Interessenkollision von verschiedenen Rechtsgütern verschiedener Rechtsgutsträger zugeschnitten, während in der präklinischen Notfallmedizin stets eine Kollision zwischen Leben und Gesundheit ein und desselben Rechtsgutsträgers vorliegt.[395] Aus diesem Grund bedarf es einer eingehenderen Untersuchung der Frage, inwieweit § 34 StGB zur Rechtfertigung von medizinischen Eingriffen am Patienten eingreifen kann. Darüber hinaus müssen bei der konkreten Anwendung von § 34 StGB in der präklinischen Notfallmedizin zahlreiche weitere Probleme bedacht werden, bevor generelle Aussagen dahingehend getroffen werden können, ob und wann § 34 StGB hier rechtfertigend wirken kann.

a. Notstandslage und Notstandshandlung

Für eine Notstandslage ist das Bestehen einer Interessenkollision derart wesentlich, dass eine gegenwärtige Gefahr für das Erhaltungsgut nur durch die in der Inanspruchnahme des Eingriffsguts liegenden Verletzungen anderer rechtlich geschützter Interessen abgewendet werden kann.[396] Gefahr ist ein Zustand, in dem nach den konkreten Umständen der Eintritt eines Schadens naheliegt.[397] Gegenwärtig ist die Gefahr dann, wenn sich die Wahrscheinlichkeit des Schadenseintritts nach einem objektiven Urteil aus der ex-ante-Sicht so verdichtet hat, dass die zum Schutz des bedrohten Rechtsguts notwendigen Maßnahmen sofort eingeleitet werden müssen, um den Eintritt des Schadens sicher zu verhindern.[398] In den zu untersuchenden Fallkonstellationen kann eine Gefahr für das Leben und die Gesundheit des Patienten nur durch einen Eingriff in seine Autonomie oder durch

[395] Lissel, Strafrechtliche Verantwortung, S. 85.
[396] Schönke/Schröder/Perron, StGB, § 34 Rn. 8.
[397] Lackner/Kühl/Heger/Heger, StGB, § 34 Rn. 2; Timpe, ZJS 2009, 170 (176).
[398] BGHSt 48, 255 (259); BGH, NJW 1989, 176; NStZ-RR 2006, 200 (201); NJW 2016, 2818; Fischer, StGB, § 34 Rn. 7; Küper, FS Rudolphi, S. 151; Otto, Jura 1999, 552.

eine Körperverletzung in Form der Durchführung einer medizinisch invasiven Maßnahme gebannt werden. Eine Notstandslage ist somit grundsätzlich zu bejahen, sodass ein Notfallsanitäter eine medizinische Maßnahme vornehmen darf, die zur Abwehr dieser Gefahr erforderlich, verhältnismäßig und angemessen ist. Im Folgenden soll zunächst das Problem der Anwendbarkeit von § 34 StGB bei einer auf denselben Rechtsgutsträger beschränkten Güterkollision näher betrachtet werden.

b. Anwendbarkeit von § 34 StGB bei Personenidentität

Es ist umstritten, ob § 34 StGB anwendbar ist, wenn Eingriffs- und Erhaltungsgut demselben Rechtsgutsträger zustehen.[399]
Teilweise wird die Anwendbarkeit von § 34 StGB mit der Begründung abgelehnt, dass niemand sich selbst eine „Mindestsolidarität“ schulde, auf die sich der Zwang stützen ließe, eine Beeinträchtigung hinzunehmen, um einer anderen zu entgehen.[400] Bei Personenidentität solle daher nur das Institut der (mutmaßlichen) Einwilligung Anwendung finden, um dem Grundsatz der Autonomie des Rechtsgutsinhabers zu entsprechen.[401] Eine Rechtfertigung könne nicht von einer objektiven Abwägung der widerstreitenden Interessen abhängen, sondern maßgeblich sei ausschließlich die (hypothetische) Willensentscheidung des Betroffenen, die nicht durch einen Rückgriff auf den objektivierenden Maßstab des § 34 StGB überspielt werden dürfe.[402] Lediglich in den Fällen, in denen der Rechtsgutsträger einwilligungsunfähig sei oder über das gefährdete Individualrechtsgut nicht verfügen könne, komme eine Rechtfertigung gemäß § 34 StGB bei Personenidentität in Betracht.[403]
Nach anderer Ansicht findet § 34 StGB bei Personenidentität grundsätzlich Anwendung.[404] Allerdings werde der rechtfertigende Notstand aufgrund

---

[399] Kühl, Strafrecht AT, § 8 Rn. 34; Lackner/Kühl/Heger/Heger, StGB, § 34 Rn. 4; Schönke/Schröder/Perron, StGB, § 34 Rn. 8a.
[400] MüKoStGB/Erb, § 34 Rn. 33.
[401] NK-StGB/Neumann, § 34 Rn. 32; Roxin/Greco, Strafrecht AT I, § 16 Rn. 101.
[402] NK-StGB/Neumann, § 34 Rn. 32; Schönke/Schröder/Perron, StGB, § 34 Rn. 8a; Renzikowski, Notwehr und Notstand, S. 65; Roxin/Greco, Strafrecht AT I, § 16 Rn. 101.
[403] Roxin/Greco, Strafrecht AT I, § 16 Rn. 102.
[404] BGH, MDR 1971, 361; Lackner/Kühl/Heger/Heger, StGB, § 34 Rn. 4; Spickhoff/Knauer/Brose, Medizinrecht, StGB, § 223 Rn. 12; Kühl, Strafrecht AT, § 8 Rn. 34; Müller-Dietz, JuS 1989, 280 (281); Schönke/Schröder/Perron, StGB, § 34 Rn. 8a; Stratenwerth/Kuhlen, Strafrecht AT, § 9 Rn. 104; Wessels/Beulke/Satzger, Strafrecht AT, § 9 Rn. 489; LK-StGB/Zieschang, § 34 Rn. 9, 99, 111.

des Vorrangs von Einwilligung und mutmaßlicher Einwilligung grundsätzlich verdrängt, denn dem Selbstbestimmungsrecht des Patienten gebühre die oberste Priorität.[405] Eine Rechtfertigung lasse sich im Einklang mit dem Selbstbestimmungsrecht des Patienten nicht beliebig durch den Rückgriff auf die objektiven Kriterien des § 34 StGB substituieren.[406]
Der zuletzt genannten Ansicht ist zuzustimmen. Denn dem Selbstbestimmungsrecht des Patienten kann nur dann entsprochen werden, wenn überhaupt konkrete Anhaltspunkte dahingehend vorliegen, was er in der jeweiligen Notfallsituation wollen würde. Es darf hierbei nicht vergessen werden, dass in vielen lebensbedrohlichen Situationen im Rahmen rettungsdienstlicher Einsätze oftmals keine Anhaltspunkte für die Ermittlung des mutmaßlichen Willens des Patienten gegeben sein werden, weshalb in diesem Falle gar keine andere Alternative besteht, als nach objektiven Kriterien zu entscheiden. Liegen in einer Notfallsituation allerdings Anhaltspunkte vor, die Schlüsse auf den mutmaßlichen Willen eines Patienten zulassen, ist freilich auf die mutmaßliche Einwilligung abzustellen, da ansonsten bei Anwendung von § 34 StGB, der allein auf objektive Kriterien abstellt und den Patientenwillen unberücksichtigt lässt, ein Patient bevormundet werden würde.[407] Liegen hingegen keine Anhaltspunkte für den mutmaßlichen Willen des Patienten vor, muss auch bei der Ermittlung des mutmaßlichen Willens auf objektive Kriterien abgestellt werden, indem im Wege der Fiktion angenommen wird, dass ein Patient die bestmöglichste Behandlung für sich möchte.[408] Der Aspekt der Gefahr einer Bevormundung verliert an Bedeutung, denn auf den Willen des Patienten kann nur dann eingegangen werden, wenn sich dieser irgendwie feststellen lässt. Weiterhin ist der Fall denkbar, dass zwar eine ausdrückliche Einwilligung des Patienten vorliegt, die medizinische Maßnahme jedoch gegen die Sittenwidrigkeitsklausel des § 228 StGB verstößt, sodass keine rechtfertigende Einwilligung vorliegen kann. Die Durchführung der medizinischen Maßnahme kann aber, wenn die Voraussetzungen erfüllt sind, nach § 34 StGB gerechtfertigt sein und würde dann sogar dem Willen des Patienten entsprechen, weshalb das Selbstbestimmungsrecht des Patienten nicht be-

---

405 Spickhoff/Knauer/Brose, Medizinrecht, StGB, § 223 Rn. 12; Müller-Dietz, JuS 1989, 280 (281); Schönke/Schröder/Perron, StGB, § 34 Rn. 8a; LK-StGB/Zieschang, § 34 Rn. 9.
406 Boll, Kompetenzüberschreitung, S. 108.
407 Spickhoff/Knauer/Brose, Medizinrecht, StGB, § 223 Rn. 12.
408 Vgl. Zweites Kap. A. III. 2 b.

einträchtigt wäre. Die Rechtfertigungsgründe sind grundsätzlich voneinander unabhängig,[409] daher sind § 34 StGB und die (mutmaßliche) Einwilligung nebeneinander anwendbar.
Die erstgenannte Ansicht ist zudem nicht überzeugend, da in Situationen, in denen auch nach ihrer Auffassung eine (mutmaßliche) Einwilligung zur Rechtfertigung nicht ausreicht und ein Rückgriff auf § 34 StGB notwendig ist, eine Rechtfertigung an der Personenidentität scheitert.[410] Eine Rechtfertigung wäre ausgeschlossen mit der Folge, dass Notfallsanitäter zur Vermeidung einer Strafbarkeit den Patienten nicht behandeln könnten.
Mithin ist der rechtfertigende Notstand auch bei Personenidentität anwendbar, allerdings ist er aufgrund der Wahrung des Selbstbestimmungsrechts des Patienten subsidiär gegenüber der (mutmaßlichen) Einwilligung. Es stellt sich daher die Frage, inwieweit die Vornahme einer medizinischen Maßnahme durch einen Notfallsanitäter erforderlich, verhältnismäßig und angemessen ist.

c. Erforderlichkeit, Geeignetheit

§ 34 StGB setzt voraus, dass die Gefahr für das geschützte Rechtsgut nicht anders abwendbar sein darf. Dies bedeutet, dass die Notstandshandlung erforderlich sein muss.[411] Die Erforderlichkeit setzt wiederum voraus, dass die Handlung zur Gefahrabwendung geeignet und unter Berücksichtigung aller ex-ante erkennbaren Umstände aus der Sicht eines sachkundigen Beobachters als der sicherste Weg zur Erhaltung des gefährdeten Rechtsgutes erscheint.[412] Unter mehreren geeigneten Mitteln ist das relativ mildeste zu wählen.[413] Sollte kein milderes Mittel verfügbar sein, so ist die Tat zur Abwehr der Gefahr schon dann erforderlich, wenn sie hierzu geeignet ist.[414] Eine Rettungshandlung setzt demnach voraus, „dass der Retter unter mehreren Möglichkeiten die wählt, die die größte Rettungschance enthält".[415]

---

[409] Gropengießer, Jura 2000, 262 (263).
[410] NK-StGB/Neumann, § 34 Rn. 32 ff.; Thiel, Konkurrenz von Rechtfertigungsgründen, S. 95.
[411] Lackner/Kühl/Heger/Heger, StGB, § 34 Rn. 3; Schönke/Schröder/Perron, StGB, § 34 Rn. 18.
[412] BGHSt 2, 242 (245); Fischer, StGB, § 34 Rn. 9.
[413] BGH, medstra 2016, 354 (356); Lackner/Kühl/Heger/Heger, StGB, § 34 Rn. 3.
[414] Lenckner, FS Lackner, S. 95 (97).
[415] Maiwald, FS Jescheck, S. 405 (418).

Notfallsanitäter haben unter mehreren Möglichkeiten infolgedessen diejenige zu wählen, die mit dem minimal-invasivsten Eingriff zum Erfolg führen kann.[416] Hierbei ist oftmals unklar, ob das Leben des Patienten möglicherweise auf weniger gefährliche Weise hätte gerettet werden können.[417] In der rettungsdienstlichen Praxis dürfte hier vor allem die Unsicherheit darüber, wann ein Notarzt eintreffen wird, eine ganz erhebliche Rolle spielen. Die Durchführung einer medizinischen Maßnahme durch Notfallsanitäter ist nämlich nur dann erforderlich, wenn das Eintreffen eines Notarztes nicht abgewartet werden kann.[418] Das Warten auf einen Notarzt stellt das mildere Mittel dar, da dieser eine höhere Qualifikation innehat. Aufgrund dieser Unsicherheit stellt sich die vorzunehmende Abwägung als äußerst schwierig dar. Sind die Rettungschancen für den Patienten größer, wenn der Notfallsanitäter sofort handelt oder ist es für den Patienten besser, wenn eine mehr oder weniger ungewisse Zeit auf einen Notarzt gewartet wird, in dem Bewusstsein, dass je nach indizierter Maßnahme mit jeder Minute die Rettungschancen beträchtlich sinken? Letzteres ist etwa bei einer indizierten Elektrodefibrillation oder der Behandlung eines anaphylaktischen Schocks, bevor die oberen Atemwege zugeschwollen sind, der Fall. Vorliegend geht es um das Patientenleben, ein Satz wie „so spät wie möglich, so früh wie nötig" ist nicht hilfreich. Bei einer abnehmenden Rettungschance kann eine solche Antwort aber niemals gegeben werden. Vielmehr ist die Durchführung einer medizinischen Maßnahme durch Notfallsanitäter dann erforderlich, wenn aus ex-ante-Sicht in der konkreten Situation nicht mit dem rechtzeitigen Eintreffen des Notarztes zu rechnen war. Fraglich ist, ob sich das Kriterium des Beherrschens der jeweiligen Heilbehandlung mit den Tatbestandsmerkmalen begründen lässt. Dies könnte an der Erforderlichkeit festzumachen sein, die zur Begründung einer Verhältnismäßigkeitsprüfung herangezogen wird. Um eine Maßnahme zu beherrschen, muss sie regelmäßig nicht nur in der Theorie geübt, sondern auch unter den Stressbedingungen der Notfallsituation praktiziert werden. Ein sicheres Beherrschen kann somit umso eher gewährleistet sein, je geringer die Anforderungen an die Erforderlichkeit sind, weil ein Notfallsanitäter die konkrete Aufgabe häufiger ausführt. Wird jedoch die Erforderlichkeit beschränkt, so dürfen an das Beherrschen keine zu hohen Anforderungen gestellt werden. Daraus folgt zugleich, dass sich das Beherrschen keinem

---

[416] Brose, VersR 2014, 1172 (1177); Maiwald, FS Jescheck, S. 405 (408).

[417] Maiwald, FS Jescheck, S. 405 (418).

[418] Brose, VersR 2014, 1172.

Tatbestandsmerkmal des § 34 StGB unterordnen lässt. Denn auch eine medizinische Maßnahme, die nicht sicher beherrscht wird, kann erforderlich sein.[419] Die Erforderlichkeit bezieht sich ausschließlich darauf, dass die Gefahr nicht anders abwendbar sein darf als durch die Tat. Sie besagt nichts über die Qualität der Handlung an sich. Auch in der Interessenabwägung oder Angemessenheitsprüfung lässt sich das Kriterium des Beherrschens nicht verankern, da es hier um geschützte Rechtsgüter in ihrer abstrakten und konkreten Wertigkeit geht und wiederum nicht um die Fachkompetenz von Notfallsanitätern.
In den Fällen, in denen Notfallsanitäter eine medizinische Maßnahme ergreifen, die nicht voll beherrscht wird und dadurch besonders gefährlich ist, die aber in der konkreten Situation die einzige noch denkbare Rettungschance für das Leben des Patienten darstellt, drängt sich im Hinblick auf die Frage der Geeignetheit einer Maßnahme als Notstandshandlung im Rahmen von § 34 StGB allerdings das Problem auf, dass für das bedrohte Rechtsgut durch den Eingriff in Rettungsabsicht auch noch eine neue Gefahr geschaffen wird. Es stellt sich die Frage, welche Anforderungen eine Notstandshandlung erfüllen muss, damit von einer geeigneten Maßnahme gesprochen werden kann bzw. wann nicht länger eine Geeignetheit vorliegt.[420] Nach dem Grundgedanken des rechtfertigenden Notstandes entscheidet letztlich die Interessenabwägung darüber, wie hoch das Risiko des Misslingens des Eingriffs im Einzelfall sein darf.[421] Somit zeigt sich, dass sich in den Fällen einer drohenden Patientenschädigung die Frage, wann eine Maßnahme als Notstandshandlung geeignet ist, nicht isoliert betrachten lässt, sondern im Zusammenhang der gesamten Interessenabwägung beantwortet werden muss.[422]

d. Interessenabwägung

§ 34 StGB setzt eine Interessenskollision voraus, namentlich eine Kollision von Rechtsgütern bei Verletzung des einen zur Rettung des anderen. Eine Abwägung muss ergeben, dass das Interesse, zu dessen Gunsten der Täter handelt, das beeinträchtigte Interesse wesentlich überwiegt. Für die Interessenabwägung ist nicht allein entscheidend, ob das durch die Tat

[419] Boll, Kompetenzüberschreitung, S. 113.
[420] Boll, Kompetenzüberschreitung, S. 112.
[421] Lenckner, FS Lackner, S. 95 (99).
[422] Boll, Kompetenzüberschreitung, S. 114.

geschützte Rechtsgut seinem absoluten Rang nach höherwertig ist, sondern ob es in der konkreten Situation schutzwürdiger ist.[423] „Das abstrakte Rangverhältnis der betreffenden Rechtsgüter ist danach nur ein Abwägungsfaktor innerhalb eines komplexen Gefüges positiver und negativer Vorzugstendenzen."[424] Der rechtfertigende Notstand kann daher auch dann eingreifen, wenn nur ein und dasselbe Rechtsgut tangiert ist, obwohl der Wortlaut des § 34 StGB von kollidierenden Rechtsgütern, mithin von wenigstens zwei betroffener Rechtsgüter ausgeht. Dies ergibt sich aus dem Argument, dass wenn schon in ein unbeteiligtes Rechtsgut eingegriffen werden kann, dann doch erst recht in das konkret bedrohte Rechtsgut.[425] Für ein Eingreifen des rechtfertigenden Notstandes ist es daher kein Hindernis, wenn Erhaltungs- und Eingriffsgut gleichwertig oder identisch sind (die physische Gesundheit des Patienten soll bewahrt werden, gleichzeitig wird durch eine Heilbehandlung in die körperliche Unversehrtheit eingegriffen). Darüber hinaus greift der rechtfertigende Notstand sogar dann, wenn zum Schutze eines geringwertigeren Rechtsguts in ein höherrangiges Rechtsgut eingegriffen werden soll.[426] Bei der Abwägung der widerstreitenden Interessen sind demnach sämtliche für die Bewertung bedeutsamen Umstände zu würdigen.[427] Diese Bewertung muss nach objektiven Maßstäben ein wesentliches Übergewicht des vom Täter verfolgten Interesses ergeben.[428] Wichtige Hinweise bei der Abwägung geben die objektiv-rechtlichen Wertentscheidungen der Verfassung und die Reihenfolge der in § 34 StGB genannten Rechtsgüter.[429] Es ist von einer Hierarchie auszugehen, wobei Eigentum und Vermögen von geringerem Gewicht sind als Persönlichkeitswerte, von denen wiederum das Leben den höchsten Rang einnimmt, gefolgt von Gesundheit, persönlicher Freiheit und sonstigen Persönlichkeitswerten.[430] Zudem ist der Grad der drohenden Gefahren für das geschützte und für das beeinträchtigte Rechtsgut miteinander abzuwägen.[431] In die Abwägung einzubeziehen sind zum einen sowohl das Aus-

---

[423] Schönke/Schröder/Perron, StGB, § 34 Rn. 25.
[424] Küper, JZ 1980, 755 (756).
[425] LK-StGB/Zieschang, § 34 Rn. 111.
[426] Küper, JZ 1980, 755 (756); Lenckner, GA 1985, 295 (298).
[427] Roxin, JuS 1976, 505 (511); LK-StGB/Zieschang, § 34 Rn. 100 ff.
[428] Fischer, StGB, § 34 Rn. 12.
[429] Fischer, StGB, § 34 Rn. 13.
[430] MüKoStGB/Erb, § 34 Rn. 139.
[431] Lackner/Kühl/Heger/Heger, StGB, § 34 Rn. 6.

maß als auch die Nähe der Gefahr und zum anderen der Grad der Wahrscheinlichkeit des Schadenseintritts sowie die Chance der Gefahrabwendung, namentlich bei riskanten Rettungshandlungen.[432]
Im Schrifttum wird die Interessenabwägung höchst heterogen getroffen, je nachdem, ob eine Anwendbarkeit des § 34 StGB neben oder statt der mutmaßlichen Einwilligung befürwortet wird. Im Rahmen der Interessenabwägung ist dabei strittig, ob diese einstufig im Sinne einer umfassenden Abwägung oder zweistufig vorgenommen werden müsse.[433] Eine zweistufige Prüfung wird damit begründet, dass § 34 StGB ein wesentliches Überwiegen erfordert.[434] Danach werde zuerst eine schlichte Feststellung des Bestehens eines Interessensübergewichts getroffen, anschließend solle eine qualifizierte Feststellung dahingehend stattfinden, ob dieses Überwiegen den Grad eines wesentlichen Überwiegens erreiche.[435] Eine andere Ansicht fordert indes lediglich eine zweifelsfreie Wertdifferenz, nach der ein einfaches Überwiegen zugunsten des geschützten Interesses genüge.[436] Sie nimmt daher die Interessenabwägung nur einstufig vor. Korrekturen werden über die ebenfalls umstrittene Angemessenheitsklausel vorgenommen. Diese Ansicht führt zu ihrer Begründung an, dass § 34 S. 1 StGB in der Sache nichts anderes sein könne als die Wiedergabe des allgemeinen Rechtfertigungsprinzips des überwiegenden Interesses.[437] Ergebe die Abwägung aller Umstände eine höhere Schutzwürdigkeit der verteidigten Interessen gegenüber den beeinträchtigten, müsse eine Rechtfertigung auch dann eintreten, wenn die Schutzwürdigkeit nicht in gesteigertem Maße höher sei.[438]
Befand sich der Patient zuvor in einer akuten vitalen Bedrohung und wurde er durch eine medizinische Maßnahme des Notfallsanitäters gerettet, standen sich die Rechtsgüter Leben und Leib gegenüber. Das zu erhaltende

---

[432] Fischer, StGB, § 34 Rn. 23; Wessels/Beulke/Satzger, Strafrecht AT, § 9 Rn. 470; LK-StGB/Zieschang, § 34 Rn. 100, 113, 116 und 118.
[433] Schönke/Schröder/Perron, StGB, § 34 Rn. 46.
[434] Bergmann, JuS 1989, 109 (111); Renzikowski, Notwehr und Notstand, S. 240 f.; Stratenwerth/Kuhlen, Strafrecht AT I, § 9 Rn. 110; LK-StGB/Zieschang, § 34 Rn. 102.
[435] Bergmann JuS 1989, 109 (111); Engländer, GA 2010, 15; Hoyer, FS Küper, S. 173 (180 f.); NK-StGB/Neumann, § 34 Rn. 21b, 67; LK-StGB/Zieschang, § 34 Rn. 102.
[436] Lackner/Kühl/Heger/Heger, StGB, § 34 Rn. 6; Jescheck/Weigend, Strafrecht AT, § 33 IV 3 c; Roxin/Greco, Strafrecht AT I, § 16 Rn. 90.
[437] Schönke/Schröder/Perron, StGB, § 34 Rn. 45 mwN.
[438] Roxin/Greco, Strafrecht AT I, § 16 Rn. 89.

Rechtsgut Leben überwiegt selbstverständlich das beeinträchtigte Rechtsgut Leib. Im Falle eines Nichthandelns seitens des Notfallsanitäters wäre die Wahrscheinlichkeit des Schadeneintritts in Form des Versterbens des Patienten bei einer akuten vitalen Bedrohung des Patienten sehr hoch. Beherrscht der Notfallsanitäter nun die erforderliche medizinische Maßnahme, stehen die Chancen der Gefahrenabwendung wiederum sehr hoch, sodass die Durchführung einer medizinischen Maßnahme der Interessenabwägung gemäß § 34 S. 1 StGB standhält. Auch die in der Literatur vertretenen Ansichten kommen zu keinem anderen Ergebnis.

Bei Vornahme einer nicht sicher beherrschten Maßnahme ist im Rahmen der Interessenabwägung zu berücksichtigen, dass das Risiko eines Misslingens umso höher sein darf, je größer die Gefahr und je schutzwürdiger das Erhaltungsgut ist.[439] Entsprechend muss das geschützte Interesse umso höher zu veranschlagen sein, je größer das Risiko weiterer Opfer auf der Eingriffsseite ist. Eine Frage der Interessenabwägung ist es auch, ob und inwieweit das Risiko eingegangen werden darf, dass die weniger gravierende Maßnahme nicht zum gewünschten Erfolg führt.[440] Dies ist umso eher zu bejahen, je geringer die Gefahr und je unbedeutender das bedrohte Gut ist.[441] An die Stelle der Güterabwägung tritt bei solchen Sachverhalten eine Chancen- bzw. Risikoabwägung für das betroffene Rechtsgut.[442] Eine Rechtfertigung nach § 34 StGB kommt demnach in Betracht, wenn nach dieser Abwägung die mit der Rettungshandlung verbundenen Risiken geringer sind als diejenigen Gefahren, denen das bedrohte Rechtsgut bei Unterlassen der Rettungshandlung ausgesetzt wäre.[443] Je höher die Wahrscheinlichkeit ist, dass der Patient ohne eine wirksame Heilbehandlung sterben wird, desto eher dürfen Notfallsanitäter handeln. Die Größe der Rettungschance ist dabei von den Fähigkeiten des Notfallsanitäters abhängig. Der Eingriff kann unnütz und nicht zu rechtfertigen sein, wenn der Notfallsanitäter keinerlei Kenntnisse über dessen Durchführung aufweist

---

[439] OLG Hamm, VRS 20, 232; Fischer, StGB, § 34 Rn. 23, Kühl; Strafrecht AT, § 8 Rn. 124; NK-StGB/Neumann, § 34 Rn. 80; Schönke/Schröder/Perron, StGB, § 34 Rn. 29; Rudolphi, GS Kaufmann, S. 371 (390); LK-StGB/Zieschang, § 34 Rn. 118.

[440] LK-StGB/Zieschang, § 34 Rn. 98 mwN.

[441] Schönke/Schröder/Perron, StGB, § 34 Rn. 29.

[442] Lackner/Kühl/Heger/Heger, StGB, § 34 Rn. 4; Ulsenheimer, JuS 1972, 252 (255); LK-StGB/Zieschang, § 34 Rn. 112.

[443] NK-StGB/Neumann, § 34 Rn. 80; Schönke/Schröder/Perron, StGB, § 34 Rn. 29; LK-StGB/Zieschang, § 34 Rn. 112.

und ein Rettungsversuch daher als offensichtlich unsinnig erscheint.[444] Ungeeignet sind dabei solche Rettungsmaßnahmen, über die der Notfallsanitäter keine näheren theoretischen oder praktischen Kenntnisse und Erfahrungen besitzt, die er daher nicht einmal ansatzweise beherrscht und die aus diesem Grunde keine Erfolgschance auf die Rettung des Patienten bieten.

Different verhält es sich, wenn der Notfallsanitäter einige Kenntnisse über eine medizinische Maßnahme besitzt und beispielsweise nur die Überprüfung durch den Ärztlichen Leiter Rettungsdienst mit einem knappen Ergebnis nicht bestanden hat, oder wenn er schon häufig einem Notarzt dabei assistiert oder diese sogar schon auf Anweisung und unter der Aufsicht eines Arztes selbst durchgeführt wurde. Hier kann nicht geleugnet werden, dass eine Chance auf einen gelingenden Eingriff besteht, auch wenn die Kenntnisse und Erfahrungen des Notfallsanitäters es nicht zulassen, von einem sicheren Beherrschen zu sprechen. Daher muss eine Differenzierung innerhalb des Bereichs einer nicht sicher beherrschten Maßnahme stattfinden, um die dem rechtfertigenden Notstand zugrundeliegende Interessenabwägung sachgerecht und unter Berücksichtigung aller maßgeblichen Einzelheiten durchzuführen. Es ist auf den Kenntnis- und Erfahrungsstand des einzelnen Notfallsanitäters abzustellen. Im Einzelfall kann deshalb eine Geeignetheit der als Notstandshandlung durchgeführten Maßnahme trotz nicht sicheren Beherrschens der Maßnahme angenommen werden. Dies gilt dann, wenn zum einen für den Patienten eine lebensbedrohliche Situation besteht und kein Notarzt erreichbar ist und zum anderen der Notfallsanitäter bezüglich der durchzuführenden Maßnahme wenigstens gewisse theoretische und/oder auch praktische Kenntnisse aufweist, die eine gewisse Wahrscheinlichkeit begründen, dass ein solcher Eingriff trotz des Qualifikationsmangels der ihn durchführenden Person Erfolg haben kann.

Es ist daher möglich, dass im Falle einer vom Notfallsanitäter durchzuführenden, von ihm aber nicht voll beherrschten medizinischen Maßnahme zur Lebensrettung als Ergebnis der objektiven Interessenabwägung im Rahmen von § 34 StGB ein Übergewicht zugunsten der Durchführung des riskanten Eingriffs und eine damit einhergehende Geeignetheit dieses Eingriffs als Notstandshandlung besteht, wenn der Zustand des Patienten entsprechend kritisch ist und keinerlei Alternativen zur Vornahme dieser

[444] Boll, Kompetenzüberschreitung, S. 116.

Handlung bestehen.[445]

e. Angemessenheit

Die Angemessenheitsklausel des § 34 S. 2 StGB wurde der Interessenabwägungsklausel angefügt, um ein zusätzliches Korrektiv zu gewinnen.[446] Es soll sicherstellen, dass eine Rechtfertigung nur dann angenommen wird, wenn das Verhalten des Notstandstäters auch nach den anerkannten Wertvorstellungen der Allgemeinheit als eine sachgemäße und dem Recht entsprechende Lösung der Konfliktlage erscheint.[447] Es soll also in einem zweiten Schritt nach der Interessenabwägung eine „sozialethische Gesamtwertung" vorgenommen werden.[448] Ob diese Wertung isoliert von der Interessenabwägung stattfinden kann, ist umstritten. Einige Autoren im Schrifttum erachten die Angemessenheitsklausel als überflüssig.[449] In der Praxis und nach der Intention des Gesetzgebers läuft sie darauf hinaus, dass sie als Sammelbecken für all die Grenzfälle fungiert, die zwar die Interessenabwägung bestehen, aber dennoch als nicht gerechtfertigt erscheinen.[450] Sie soll sicherstellen, dass alle normativen Aspekte berücksichtigt werden und die Notstandshandlung nicht gegen die Menschenwürde verstößt, da Menschenwürdeverstöße niemals angemessene Mittel der Interessenwahrung sein können.[451] Gegen die Menschenwürde verstoßende Handlungen können daher auch dann nicht gerechtfertigt sein, wenn dies zur Rettung eines im Übrigen wesentlich überwiegenden Erhaltungsguts führen würde.[452]

Für ein Scheitern einer Rechtfertigung nach § 34 StGB aus sozialethischen Gründen mangelt es in den hier behandelten Notfallsituationen an denkbaren Anlässen, sodass auf den Streit um die Angemessenheitsklausel

---

445 LK-StGB/Zieschang, § 34 Rn. 112.

446 Schönke/Schröder/Perron, StGB, § 34 Rn. 46 mwN.

447 Begründung zu § 39 E 62, S. 159; BT-Drs. V/4095, S. 15; BGH, NJW 1976, 680 mAnm. Kienapfel, JR 1977, 27; Lackner/Kühl/Heger/Heger, StGB, § 34 Rn. 6; Küper, JZ 1976, 515 (517); Maurach/Zipf, Strafrecht AT 1, § 27 Rn. 38; NK-StGB/Neumann, § 34 Rn. 21a; Schönke/Schröder/Perron, StGB, § 34 Rn. 46; Renzikowski, Notwehr und Notstand, S. 251 ff., Stratenwerth/Kuhlen, Strafrecht AT I, § 9 Rn. 116; Wessels/Beulke/Satzger, Strafrecht AT, § 9 Rn. 484; LK-StGB/Zieschang, § 34 Rn. 153.

448 Maurach/Zipf, Strafrecht AT 1, § 27 Rn. 38.

449 Schönke/Schröder/Perron, StGB, § 34 Rn. 46 f. mwN.

450 Maurach/Zipf, Strafrecht AT 1, § 27 Rn. 38.

451 BeckOK StGB/Momsen/Savic, § 34 Rn. 19.

452 BeckOK StGB/Momsen/Savic, § 34 Rn. 19.

nicht näher eingegangen werden muss. Diese Klausel steht hier jedenfalls einer Rechtfertigung gemäß § 34 StGB nicht entgegen.

f. Subjektive Rechtfertigungsvoraussetzung

In subjektiver Hinsicht erfordert § 34 StGB ein Handeln mit Rettungswillen.[453] Der Rettungswille wird bei Notfallsanitätern, die eine Heilbehandlung zur Rettung des Patientenlebens vornehmen, stets vorliegen.

4. Hypothetische Einwilligung

Möglicherweise können sich Notfallsanitäter auch auf das Rechtsinstitut der hypothetischen Einwilligung berufen.
Nach dem Rechtsinstitut der hypothetischen Einwilligung ist die Haftung eines Arztes aufgrund eines Aufklärungsmangels ausgeschlossen, wenn der Patient auch bei einer pflichtgemäßen Aufklärung in die konkret erfolgte Heilbehandlung eingewilligt hätte.[454] Dieses Rechtsinstitut stammt aus der zivilrechtlichen Judikatur.[455] Der Anwendungsbereich der hypothetischen Einwilligung ist in der zivilrechtlichen Praxis auf den Bereich der Arzthaftung beschränkt.[456]
Die Entwicklung des Rechtsinstituts der hypothetischen Einwilligung beruht auf den kaum überschaubaren und extensiver werdenden Anforderungen an die Aufklärungspflicht[457] sowie auf einer missbräuchlichen Berufung von Patienten auf Aufklärungsfehler, weil der Patient Aufklärungsmängel, im Gegensatz zu Behandlungsfehlern, im Zivilrecht nur glaubhaft machen, nicht aber vollumfänglich beweisen muss.[458] Dieses Rechtsinstitut soll daher die Haftungssituation der Ärzte wegen Aufklärungsfehler auf

---

[453] Fischer, StGB, § 34 Rn. 27; Schönke/Schröder/Perron, StGB, § 34 Rn. 48.
[454] BGH, NJW 1990, 2928 (2929); NJW 1991, 1543 (1544); NJW-RR 2021, 886 (887); OLG Dresden, Beschl. v. 02.10.2019 – 4 U 1141/18 -, juris Rn. 11; Katzenmeier, in: Laufs/Katzenmeier/Lipp, Arztrecht, Kap. V Rn. 70; Kern, in: Laufs/Kern/Rehborn, ArztR-HdB, § 112 Rn. 20; Kraatz, Arztstrafrecht, Rn. 79; SSW-StGB/Momsen-Pflanz/Momsen/Leszczynska, § 223 Rn. 48.
[455] BGH, NJW 1980, 1333 (1334); NJW 1984, 1397 (1399); NJW 1990, 2928 (2929); NJW 1991, 1543 (1544); Jansen, ZJS 2011, 482.
[456] Hengstenberg, Hypothetische Einwilligung, S. 375.
[457] Rosenau, FS Maiwald, S. 683 (698); Schöch, in: Roxin/Schroth, Handbuch des Medizinstrafrechts, S. 55.
[458] Swoboda, ZIS 2013, 18 (19); zur beweisrechtlichen Grundproblematik: BVerfGE 52, 131 (158, 162 f.); BGH, NJW 1980, 1333.

ein erträgliches Maß herabsetzen.[459] Die zivilrechtliche Judikatur hat hinsichtlich des Nachweises der hypothetischen Einwilligung ein spezielles, ausdifferenziertes System der Beweislastverteilung entwickelt. Die Beweislast verbleibt grundsätzlich beim Behandelnden, der im Prozess den Einwand der hypothetischen Einwilligung erheben muss.[460] Der Patient hat daraufhin plausibel darzulegen, dass er bei ordnungsgemäßer Aufklärung in einen Entscheidungskonflikt hinsichtlich der Frage, ob er eingewilligt hätte, geraten wäre.[461] Die hypothetische Einwilligung ist nunmehr in § 630h Abs. 2 S. 2 BGB normiert. Dogmatisch handelt es sich zivilrechtlich um einen Anwendungsfall des rechtmäßigen Alternativverhaltens, das den Zurechnungszusammenhang zwischen Aufklärungsmangel und schädigendem Rechtsgutseingriff betrifft.[462]
Das Rechtsinstitut der hypothetischen Einwilligung ist von der strafrechtlichen Rechtsprechung übernommen worden, um den Arzt auch strafrechtlich davor zu bewahren, sich bei jedem noch so entfernten Aufklärungsmangel wegen einer Körperverletzung strafbar zu machen, denn das ärztliche Handeln soll trotz eines Aufklärungsmangels und einer daraus resultierenden Unwirksamkeit der den Eingriff legitimierenden Patienteneinwilligung nicht stets als strafbare Körperverletzung bewertet werden.[463] Ferner soll ein Auseinanderfallen von zivilrechtlicher Haftung und strafrechtlicher Bestrafung verhindert werden.[464] Die Rechtswidrigkeit der Heilbehandlung entfällt demnach, wenn der Patient bei ordnungsgemäßer Aufklärung in die tatsächlich durchgeführte medizinische Maßnahme eingewilligt hätte.[465] Ein Aufklärungsmangel kann demnach nur dann zur Strafbarkeit wegen Körperverletzung führen, wenn bei ordnungsgemäßer Aufklärung die Einwilligung des Patienten unterblieben wäre.[466] Bei einem dringend indizierten Eingriff ist die hypothetische Einwilligung allerdings

---

[459] BGH, NJW 1984, 1397 (1399); Hengstenberg, Hypothetische Einwilligung, S. 375; Jansen, ZJS 2011, 482; Swoboda, ZIS 2013, 18 (19); Valerius, medstra 2021, 2 (7).
[460] Sternberg-Lieben, MedR 2019, 185.
[461] BGH, NJW 1984, 1397 (1399); NJW 1990, 2928 (2929); NJW 1991, 1543 (1544); NJW 1993, 2378 (2379); NJW 2005, 1364; NJW 2007, 2771; NJW 2010, 3230 (3232); NJW 2015, 75 (76); NJW 2019, 3072 (3074).
[462] BeckOK BGB/Katzenmeier, § 630h Rn. 36; ders., in: Laufs/Katzenmeier/Lipp, Arztrecht, Kap. V Rn. 70.
[463] Hengstenberg, Hypothetische Einwilligung, S. 377.
[464] BGH, NStZ 1996, 34 (35); StV 2004, 376 (377) mAnm. Rönnau, JZ 2004, 801; Puppe, GA 2003, 764 (775); Sowada, NStZ 2012, 1 (8 f.); Swoboda, ZIS 2013, 18 (19).
[465] BGH, NStZ-RR 2004, 16 (17).
[466] BGHR StGB § 223 I Heileingriff 2; BGH, NStZ 1996, 34 (35); NStZ-RR 2004, 16 (17).

grundsätzlich zu bejahen.[467] Im Schrifttum wird die Übertragung der hypothetischen Einwilligung teilweise befürwortet.[468]

Beweisrechtlich unterscheidet sich die hypothetische Einwilligung im Strafrecht von ihrem zivilrechtlichen Äquivalent dadurch, dass im Strafprozess spezielle Regeln der Beweislastumkehr aufgrund des dort geltenden Instruktionsprinzips und des „in dubio pro reo"-Grundsatzes nicht zur Verfügung stehen.[469] Vielmehr muss zur Überzeugung des Gerichts feststehen, dass der Patient auch bei einer ordnungsgemäßen Aufklärung in den Eingriff eingewilligt hätte.[470]

Der Anwendungsbereich der hypothetischen Einwilligung wurde kontinuierlich erweitert. Zunächst wurde dieses Rechtsinstitut nur bei fahrlässigen Aufklärungspflichtverletzungen herangezogen,[471] später dann bei vorsätzlicher Verletzung der Aufklärungspflicht.[472] Die Rechtsprechung erachtet die hypothetische Einwilligung für möglich, obgleich eine Aufklärung gänzlich fehlt.[473]

Das Rechtsinstitut der hypothetischen Einwilligung ist gleichermaßen auf den Fall einer nicht medizinisch indizierten Maßnahme anwendbar, die nicht den Regeln der ärztlichen Kunst entspricht.[474] Bei entsprechender Aufklärung und bei Vorliegen der sonstigen Einwilligungsvoraussetzungen ist eine wirksame tatsächliche Einwilligung in eine nicht medizinisch indizierte sowie in eine nicht lege artis durchgeführte medizinische Behandlung grundsätzlich möglich, und infolgedessen muss auch eine hypothetische Einwilligung möglich sein. Zu beachten ist jedoch, dass die hypothetische Einwilligung eines Patienten nur dann bejaht werden kann, wenn der Patient bei einer weitergehenden Aufklärung über die Abweichung vom rettungsdienstlichen Standard in die Durchführung der medizinischen Maßnahme eingewilligt hätte.

---

467 LG Cottbus, MedR 2004, 231 (232); Kern, in: Laufs/Kern/Rehborn, ArztR-HdB, § 112 Rn. 27.

468 Beulke, medstra 2015, 67 (72 ff.); Frister/Lindemann/Peters, Arztstrafrecht, 1. Kap. Rn. 39 f.; Gercke/Leimenstoll/Stirner, Handbuch Medizinstrafrecht, Rn. 107; Kraatz, Arztstrafrecht, Rn. 82; Kühl, Strafrecht AT, § 9 Rn. 47a; Rosenau, FS Maiwald, S. 683 ff.

469 Hengstenberg, Hypothetische Einwilligung, S. 377.

470 BGH, NStZ-RR 2004, 16 (17); NStZ 2012, 205 (206); Hirsch/Weißauer, MedR 1983, 41 (44).

471 BGHR StGB § 223 Abs. 1 Heileingriff 2; BGHR StGB § 223 Abs. 1 Heileingriff 4.

472 BGH, NStZ-RR 2004, 16 (17).

473 BGH, NStZ 2012, 205 (206).

474 BGH, NStZ-RR 2007, 340 (341).

Die Anerkennung der hypothetischen Einwilligung durch die strafrechtliche Rechtsprechung wird im Schrifttum jedoch verbreitet abgelehnt.[475]

a. Unvereinbarkeit mit dem Selbstbestimmungsrecht des Patienten

Das häufigste Argument, das gegen die Rechtsfigur der hypothetischen Einwilligung im Strafrecht angeführt wird, ist ihre Unvereinbarkeit mit dem Selbstbestimmungsrecht des Patienten.[476] Es wird kritisiert, dass durch die Anerkennung der hypothetischen Einwilligung die Strafbarkeit eigenmächtiger Heilbehandlungen unterlaufen werde.[477] Jeder medizinische Heileingriff, der ohne eine wirksame Einwilligung durchgeführt werde, stelle unabhängig vom Vorliegen oder Nichtvorliegen einer hypothetischen Einwilligung eine Verletzung des vom Schutz der §§ 223 ff. StGB mitumfassten Selbstbestimmungsrechts des Patienten dar.[478] Diese Verletzung könne nicht durch die Annahme einer hypothetischen Einwilligung wieder „geheilt" werden, da die durch das Erfordernis einer umfassenden Aufklärung geschützte Patientenautonomie als höchstpersönliche Entscheidungsbefugnis nicht nachträglich herstellbar sei.[479] Der hinter der hypothetischen Einwilligung stehende Gedanke des rechtmäßigen Alternativverhaltens greife nicht, da das Selbstbestimmungsrecht gerade nicht verletzt worden wäre, wenn der Behandelnde seinen Patienten ordnungsgemäß aufgeklärt hätte.[480] Es bestehe darüber hinaus die Gefahr, dass sich der Behandelnde im Vertrauen auf das Vorliegen einer hypothetischen Einwilligung nicht mehr sorgfältig um eine wirksame Einwilligung bemühe, wodurch die im Interesse des Selbstbestimmungsrechts bewusst streng gehaltenen Voraussetzungen der rechtfertigenden Einwilligung, wie insbesondere die Aufklärungspflicht, umgangen würden.[481] Dieser Kritik ist

---

[475] Böcker, JZ 2005, 925 (932); Böse, ZIS 2016, 495 ff.; Duttge, FS Schroeder, S. 179 ff.; Eisele, FS Strätz, S. 163 ff.; Gropp, FS Schroeder, S. 197 ff.; Jäger, FS Jung, S. 345 ff.; Merkel, JZ 2013, 975 ff.; Mitsch, JZ 2005, 279 ff.; Rönnau, JuS 2014, 882 ff.; Sowada, NStZ 2012, 1 (5); Sternberg-Lieben, StV 2008, 190 (191).

[476] Duttge, FS Schroeder, S. 179 (188); Eisele, JA 2005, 252 (254); Kühl, Strafrecht AT, § 9 Rn. 47a; Riedelmeier, Ärztlicher Heileingriff, S. 82 ff.; Sowada, NStZ 2012, 1 (7 f.).

[477] Rosenau, FS Maiwald, S. 683 (695 f.).

[478] Kühl, Strafrecht AT, § 9 Rn. 47a.

[479] Giesen, Arzthaftungsrecht, Rn. 234; Jäger, FS Jung, S. 345 (347); Katzenmeier, in: Laufs/Katzenmeier/Lipp, Arztrecht, Kap. V Rn. 99; Otto, Jura 2004, 679 (683); Puppe, JR 2004, 470 (471); Sternberg-Lieben, StV 2008, 190 (192).

[480] Hengstenberg, Hypothetische Einwilligung, S. 354.

[481] Duttge, FS Schroeder, S. 179 (184); Puppe, GA 2003, 764 (769 f.).

zwar zuzugestehen, dass dem Patienten aufgrund einer fehlerhaften oder unvollständigen Aufklärung die Möglichkeit genommen wird, vor dem Beginn der Heilbehandlung eine selbstbestimmte Entscheidung zu treffen.[482] Dem wird jedoch entgegengehalten, dass die Gewährleistung des Selbstbestimmungsrechts nur dort eingeschränkt sei, wo der Schutz des Rechtsguts auch durch eine sorgfältige Aufklärung nicht hätte erreicht werden können.[483] Der aufklärungspflichtige Umstand erweise sich als bedeutungslos für das Treffen einer selbstbestimmten Entscheidung des Patienten, wenn dieser gleichermaßen bei ordnungsgemäßer Aufklärung seine Einwilligung erteilt hätte.[484] Die fehlerhafte Aufklärung wirke sich daher bei Vorliegen der hypothetischen Einwilligung nicht auf die Ausübung des Selbstbestimmungsrechts aus.[485] Das Selbstbestimmungsrecht des Patienten werde dadurch respektiert, dass bei der Ermittlung der hypothetischen Einwilligung nicht nach der allgemeinen Lebenserfahrung oder dem Urteil einer objektiv vernünftigen Maßstabsfigur, sondern nach der Entscheidung des konkret betroffenen Patienten im Falle einer hinreichenden Aufklärung gefragt werde.[486] Hierbei müsse die Würdigung des Gerichts erkennen lassen, dass die Angaben des Patienten zu seiner hypothetischen Entscheidung eine nachvollziehbare und mögliche Schlussfolgerung darstellen.[487] Das Gericht trete dabei nicht an die Stelle des Patienten und verdränge nicht das Selbstbestimmungsrecht, indem es nach eigenen Vorstellungen judiziere.[488] Vielmehr stelle es fest, ob der betroffene Patient mit seinen individuellen Eigenschaften und Wesensmerkmalen zum damaligen Zeitpunkt unter den dort gegebenen Bedingungen eingewilligt hätte.[489] Hierzu finde, im Rahmen des Möglichen, eine persönliche Anhörung des Patienten statt,

[482] Hengstenberg, Hypothetische Einwilligung, S. 355.
[483] Tag, Körperverletzungstatbestand, S. 399.
[484] Tag, Körperverletzungstatbestand, S. 399.
[485] Tag, Körperverletzungstatbestand, S. 399.
[486] BGH, NJW 2005, 1718 (1719); NJW 2010, 3230 (3232); Hengstenberg, Hypothetische Einwilligung, S. 357; BeckOK BGB/Katzenmeier, § 630h Rn. 37; Spickhoff/Knauer/Brose, Medizinrecht, StGB, § 223 Rn. 88; Rönnau, JZ 2004, 801 (802).
[487] BGH, NStZ-RR 2004, 16 (17); in einer jüngeren Entscheidung führt der BGH aus, dass sich von einer im sedierten Zustand abgegebenen Einwilligungserklärung wegen der fehlenden Einwilligungsfähigkeit des Patienten nicht darauf schließen lasse, dass er auch dann eingewilligt hätte, wenn er in nüchternem Zustand aufgeklärt worden wäre, BGH, NStZ 2012, 205 (206).
[488] Katzenmeier, in: Laufs/Katzenmeier/Lipp, Arztrecht, Kap. V Rn. 101.
[489] Katzenmeier, in: Laufs/Katzenmeier/Lipp, Arztrecht, Kap. V Rn. 101; Nüßgen, FS Hauß, S. 287 (293).

wobei der dabei erlangten Äußerung eine erhebliche Indizwirkung zukomme.[490] Habe der Patient beispielsweise früheren gleichartigen Behandlungen zugestimmt, so kann dies ein Indiz dafür sein, dass der Einwand der hypothetischen Einwilligung berechtigt sei, wenn diesen Behandlungen eine ordnungsgemäße Aufklärung vorausgegangen sei.[491] Die Rechtsprechung versucht demnach durch eine möglichst strenge Ausrichtung am individuellen Patienten bei der Ermittlung der hypothetischen Einwilligung der Gefahr einer Überspielung des Selbstbestimmungsrechts zu begegnen.[492] Hat der Patient eine ausdrückliche Einwilligung klar abgelehnt, scheidet eine Berufung auf das Rechtsinstitut der hypothetischen Einwilligung aber von vornherein aus.[493]

b. Tatsächliche Schwierigkeit oder gar Unmöglichkeit des Nachweises der hypothetischen Entscheidung

Weiterhin sieht sich das Rechtsinstitut der hypothetischen Einwilligung der Kritik ausgesetzt, dass sich praktische Schwierigkeiten bezüglich der Frage ergeben, welche Entscheidung der Patient bei einer in gebotenem Umfang erfolgten Aufklärung getroffen hätte.[494] Erkenntnisse hierüber könne nur der als Zeuge vernommene Patient zur Verfügung stellen, dessen Aussagesituation sich grundlegend von der Entscheidungssituation vor dem Eingriff unterscheiden könne.[495] Die nachträgliche Aussage des Patienten darüber, wie er sich bei ordnungsgemäßer Aufklärung entschieden hätte, könne nicht als ein Indiz für das Vorliegen oder Nichtvorliegen einer hypothetischen Einwilligung herangezogen werden.[496] Dem Patienten, der den Ablauf und die Folgen des Eingriffs kenne, sei es unmöglich, einen neutralen Standpunkt hinsichtlich seiner hypothetischen Entscheidung ohne Einbeziehung dieser nachträglich gewonnenen Erkenntnisse einzunehmen.[497] Es bestehe die Gefahr, dass die Äußerungen des Patienten

---

[490] Biermann, in: Ulsenheimer/Gaede, Arztstrafrecht, Rn. 498.
[491] BGH, NJW 2006, 2108 (2110); OLG Koblenz, MedR 2004, 502 (503).
[492] BGH, JR 2004, 251 (252); Hengstenberg, Hypothetische Einwilligung, S. 357.
[493] BGH, NJW 2000, 885 (886).
[494] Albrecht, Hypothetische Einwilligung, S. 370; Riedelmeier, Ärztlicher Heileingriff, S. 80 f.
[495] Sternberg-Lieben, StV 2008, 190 (192).
[496] Edlbauer, Hypothetische Einwilligung, S. 425 ff.; Gropp, FS Schroeder, S. 194 (200); Heilmann, NJW 1990, 1513 (1518); Puppe, JR 2004, 470 f.
[497] Bosch, JA 2008, 70 (72); Yamanaka, FS Maiwald, S. 865 (870).

durch eine Vielzahl von Faktoren, vor allem durch den Erfolg oder Misserfolg der Behandlung,[498] das Verhalten und Auftreten des Arztes, ein sich im Nachhinein ergebendes Schadensersatzverlangen oder sonstige Motive beeinflusst seien.[499] Es werde vom Patienten verlangt, sich derart in die Entscheidungssituation vor dem Eingriff zu versetzen, dass er nur die Möglichkeit des Risikoeintritts, nicht aber eine tatsächlich erfolgte Realisierung des Risikos selbst berücksichtigen dürfte.[500] Die strafrechtliche Rechtsprechung verlange demnach „einen rational denkenden Menschen, der sein innerstes Seelenleben bei der Beschreibung seines Entscheidungsverhaltens außen vor lässt".[501] Die nachträgliche Befragung des Patienten stelle mithin keine hinreichend verlässliche Methode dar, um die individuelle Entscheidungssituation des Patienten zu rekonstruieren.[502] Zudem lasse sich der Wahrheitsgehalt einer nachträglichen Aussage kaum überprüfen, sodass die Rechtsfigur der hypothetischen Einwilligung sehr missbrauchs- und manipulationsanfällig sei.[503] Zum einen könne sich der Patient seine Aussage über die hypothetische Einwilligung durch eine entsprechende Gegenleistung „abkaufen" lassen, da für den Betroffenen bei einem solchen Strafverfahren – in persönlicher, vor allem aber in beruflicher Hinsicht – viel auf dem Spiel stehe.[504] Ferner könne sich der Patient in seiner Entscheidungsfindung durch ein besonders einsichtiges und reuevolles Verhalten des Behandelnden oder durch die Einmischung von Dritten manipulieren lassen.[505] Die Strafbarkeit des Behandelnden stehe daher zur

---

[498] OLG Stuttgart, MedR 1986, 41 (43): „(…) der Kläger vielmehr erst unter dem Eindruck seines unglücklichen und schweren Schicksals meint, seine Zustimmung in Kenntnis der Risiken nicht gegeben zu haben".

[499] Gropp, FS Schroeder, S. 194 (200); Rönnau, JZ 2004, 801 (804); Schwartz, Hypothetische Einwilligung, S. 47.

[500] Hengstenberg, Hypothetische Einwilligung, S. 364; Riedelmeier, Ärztlicher Heileingriff, S. 80.

[501] Albrecht, Hypothetische Einwilligung, S. 366.

[502] Bosch, JA 2008, 70 (72); Riedelmeier, Ärztlicher Heileingriff, S. 80.

[503] Albrecht, Hypothetische Einwilligung, S. 370; Gropp, FS Schroeder, S. 194 (200).

[504] Böcker, JZ 2005, 925 (930); Gropp, FS Schroeder, S. 194 (200); zu den existenzgefährdenden, zum Teil sogar existenzvernichtenden Folgen eines Strafverfahrens für den beschuldigten Arzt siehe Ulsenheimer, in: Eser/Just/Koch, Medizinrecht, S. 71 ff.

[505] Albrecht, Hypothetische Einwilligung, S. 369 f., der als weitere Manipulationsmöglichkeit die Einmischung von dritter Seite in die Entscheidungsfindung des Patienten durch „wissenschaftliche Diskussionen, Überredung oder Überzeugung bis hin zur kommerziellen Verhandlung über den Strafanspruch oder der kriminellen Beeinflussung des Zeugen" nennt; Hengstenberg, Hypothetische Einwilligung, S. 366.

Disposition des Patienten.[506]
Dem ist zunächst entgegenzuhalten, dass es sich im Hinblick auf das bestehende Missbrauchs- und Manipulationsrisiko bezüglich der Zeugenaussage des Patienten um ein allgemeines Prozessrisiko handelt.[507]
Ein besonderes Beweisproblem ergibt sich indes bei komatösen, infolge der Behandlung verstorbenen oder aus anderen Gründen nicht (mehr) aussagefähigen Patienten. Endet eine Heilbehandlung für den Patienten tödlich oder führt diese zu irreversiblen schweren Gesundheitsschäden, so ist die Möglichkeit, den Patienten nachträglich zu seiner hypothetischen Entscheidung persönlich anzuhören, nicht mehr gegeben. In diesem Fall mangelt es an einem wesentlichen Indiz für oder gegen das Vorliegen einer hypothetischen Einwilligung.[508] Das Gericht kann dann bei der Ermittlung der hypothetischen Entscheidung nur auf die Leitfigur eines vernünftigen Patienten abstellen.[509] Nichts anderes geschieht aber bei der Ermittlung des mutmaßlichen Patientenwillens, wenn keinerlei Anhaltspunkte für dessen Willen vorliegen.[510] In diesen Fällen wird das Selbstbestimmungsrecht des Patienten ebenfalls nicht verletzt.
Ist der Patient infolge der Heilbehandlung in ein Koma gefallen, kann dieser erst nach Wochen, Monaten oder gar Jahren persönlich angehört werden.[511] Die endgültige Entscheidung über das Vorliegen oder Nichtvorliegen einer hypothetischen Einwilligung kann erst durch eine nachträgliche Befragung des Patienten geklärt werden. Es wird daher kritisiert, dass in dem Zeitraum zwischen Tatbegehung und nachträglicher Befragung ein Schwebezustand eintrete, der Unklarheit dahingehend schaffe, ob und wie der Behandelnde aufgrund seines eigenmächtigen Vorgehens zu bestrafen sei.[512] Erst die Aussage des Patienten nach seinem Erwachen aus dem Koma sorge für Klarheit und beende den Schwebezustand.[513] Die Rechtsfigur der hypothetischen Einwilligung laufe folglich auf eine Rückwirkungsfiktion bzw. Genehmigung hinaus, die mit den Grundsätzen des Strafrechts

---

506 Schwartz, Hypothetische Einwilligung, S. 230 ff.
507 Diesem Risiko wird aber stückweit durch die in den § 153 ff. StGB vorgesehene Strafandrohung vorgebeugt.
508 Hengstenberg, Hypothetische Einwilligung, S. 366.
509 Sternberg-Lieben, StV 2008, 190 (192).
510 Vgl. Zweites Kap. A. III. 2. c.
511 Jäger, FS Jung, S. 345 (355); Paeffgen, FS Rudolphi, S. 187 (209).
512 Albrecht, Hypothetische Einwilligung, S. 367 ff.; Schwartz, Hypothetische Einwilligung, S. 236 f.
513 Hengstenberg, Hypothetische Einwilligung, S. 366.

nicht zu vereinbaren sei.[514] Diesem Aspekt ist indes entgegenzuhalten, dass im Strafrecht die Bedingungen für eine Strafbarkeit nach Inhalt und Umfang bereits im Zeitpunkt der Tat nach § 8 StGB feststehen müssen. Aus diesem Grunde vermag ihr Vorliegen auch keine Rückwirkungsfiktion zu entfalten. Die Rechtswidrigkeit bzw. Rechtmäßigkeit der Tat steht vielmehr bereits zum Tatzeitpunkt fest und wird von der nachträglichen Äußerung des Patienten nicht tangiert.[515] Es tritt somit zu keinem Zeitpunkt ein Schwebezustand ein.

c. Geltung des „in dubio pro reo"-Grundsatzes

Als äußerst bedenklich hinsichtlich des Selbstbestimmungsrechts des Patienten wird die Anwendung des Grundsatzes „in dubio pro reo" auf die hypothetische Einwilligung eingestuft.[516] Die Rechtsprechung verlangt, dass dem Behandelnden der Umstand, dass der Patient bei ordnungsgemäßer Aufklärung nicht eingewilligt hätte, nachgewiesen werden muss. Verbleiben dahingehend Zweifel, so ist nach dem Grundsatz „in dubio pro reo" zugunsten des Behandelnden davon auszugehen, dass die Einwilligung auch bei ordnungsgemäßer Aufklärung erfolgt wäre.[517] Die Frage, ob der Patient unter veränderter Ausgangsbedingung hypothetisch eingewilligt hätte, lasse sich aber kaum je zweifelsfrei beantworten.[518] Es bestehe stets die Möglichkeit, dass sich der Patient spontan entgegen seiner sonstigen Überzeugung für die Heilbehandlung entschieden hätte, dies bewirke die Anwendung des Zweifelsgrundsatzes.[519] In einem Strafverfahren gebe es daher keine oder jedenfalls nur sehr wenige Fälle, in denen hinreichend sicher ausgeschlossen werden könne, dass der Patient bei ordnungsgemäßer Aufklärung in eine Heilbehandlung eingewilligt hätte.[520] Bei konsequenter Anwendung des Zweifelsgrundsatzes werde die Rechtsfigur der hypothetischen Einwilligung daher nahezu immer zur Straflosigkeit des

---

[514] Albrecht, Hypothetische Einwilligung, S. 367 ff.; Eisele, FS Strätz, S. 163 (171, 182); Gropp, FS Schroeder, S. 197 (205); Jäger, FS Jung, S. 345 (354 f.).
[515] Hengstenberg, Hypothetische Einwilligung, S. 372.
[516] Puppe, GA 2003, 764 (774); dies., JR 2004, 470 (471); Riedelmeier, Ärztlicher Heileingriff, S. 81; Sternberg-Lieben, StV 2008, 190 (192).
[517] BGH, NStZ-RR 2004, 16 (17); NJW 2013, 1688 (1689); Spickhoff/Knauer/Brose, Medizinrecht, StGB, § 223 Rn. 88; Ulsenheimer, NStZ 1996, 132.
[518] Otto, Jura 2004, 679 (683); Puppe, GA 2003, 764 (773).
[519] Riedelmeier, Ärztlicher Heileingriff, S. 83 ff.
[520] Puppe, GA 2003, 764 (773 ff.); Riedelmeier, Ärztlicher Heileingriff, S. 83 ff.

Behandelnden führen, wodurch die strafrechtlichen Folgen von Aufklärungsfehlern erheblich relativiert werden und das Aufklärungserfordernis letztlich ad absurdum geführt werde.[521] Der Behandelnde könne seinem Patienten straffrei jede noch im Rahmen der lex artis liegende Heilmethode durch wahrheitswidrige oder unvollständige Aufklärung aufzwingen.[522] Gegen diese im Schrifttum vorgebrachte Kritik lässt sich jedoch einwenden, dass sich die Frage, ob der Patient bei ordnungsgemäßer Aufklärung gleichwohl in den konkreten Eingriff eingewilligt hätte, sehr wohl vernünftig und mit einer den Beweisanforderungen der Rechtsordnung genügenden Bestimmtheit beantworten lässt. Denn der Tatrichter ist zu einer Würdigung der Angaben des Patienten verpflichtet, und diese muss erkennen lassen, dass die Angaben des Patienten zu seiner hypothetischen Entscheidung eine nachvollziehbare und mögliche Schlussfolgerung darstellen.[523] Die Anhörung des Patienten wird zu eindeutigen und plausiblen Ergebnissen führen. War die Heilbehandlung weder medizinisch indiziert noch eilbedürftig und liegt die Art und Weise der Durchführung an den Grenzen oder gar jenseits der lex artis, wird kaum angezweifelt werden können, dass der Patient bei zutreffender Aufklärung über die Umstände nicht eingewilligt hätte.[524] Dass der Nachweis über das Vorliegen oder Nichtvorliegen einer hypothetischen Einwilligung nicht nur theoretisch, sondern auch praktisch möglich ist, belegen die von der Rechtsprechung bislang im Zusammenhang mit der hypothetischen Einwilligung entschiedenen Fälle.[525] Der Grundsatz „in dubio pro reo" ist bei der richterlichen Beweiswürdigung iSv § 261 StPO im Übrigen nur dann anzuwenden, wenn vernünftige Zweifel, also Zweifel, die sich auf konkrete Anhaltspunkte[526] stützen, bestehen.[527] Eine bloß gedankliche Möglichkeit oder rein abstrakt-theoretische Zweifel sind nicht ausreichend.[528] Ferner ist zu bedenken, dass der Zweifelssatz nicht in die Beweiswürdigung selbst eingreift, sondern erst

---

521 Frister/Lindemann/Peters, Arztstrafrecht, 1. Kap. Rn. 39.

522 AG Moers, Urt. v. 22.10.2015 – 601 Ds 44/15 -, juris Rn. 27; Böcker, JZ 2005, 925 (930); Otto, Jura 2004, 679 (683); Puppe, JR 2004, 470 (471).

523 BGH, NStZ-RR 2004, 17.

524 BGH, StV 2008, 189 f.; StV 2008, 464 f.

525 BGH, JR 2004, 469 f.; StV 2008, 464 (465); Rosenau, FS Maiwald, S. 683 (692), wonach der BGH im Hinblick auf die hypothetische Einwilligung bislang keine „in dubio pro reo"-Entscheidung getroffen hat.

526 Diese können sich etwa aus der Interessenlage oder den Willensbekundungen des Betroffenen ergeben, Kuhlen, JR 2004, 227 (229).

527 Kuhlen, FS Müller-Dietz, S. 431 (435 f.); Rönnau, JZ 2004, 801 (804).

528 Dreher, Erfolgszurechnung, S. 83 f.

bei einem non liquet anwendbar ist, wenn also der erkennende Richter nach Ausschöpfung und Würdigung aller erkennbaren Beweise nicht von der Verwirklichung überzeugt ist.[529]

Ist der Patient infolge der Heilbehandlung verstorben oder beispielsweise aufgrund schwerer Hirnschäden aussageunfähig, so kommen als mögliche Anhaltspunkte für die hypothetische Entscheidung des Betroffenen frühere Äußerungen desselben oder sonstige (äußere) Umstände im Vorfeld der Heilbehandlung in Betracht. In diesen Fällen ist daher nicht zwangsläufig „in dubio pro reo“ von einer hypothetischen Einwilligung auszugehen.[530]

Es ist folglich nicht zu befürchten, dass die Rechtsfigur der hypothetischen Einwilligung wegen des auf sie anwendbaren Grundsatzes „in dubio pro reo“ zu einer zu weitgehenden Einschränkung der Strafbarkeit des Behandelnden und faktischen Aufhebung des zur Wahrung des Selbstbestimmungsrechts bestehenden Gebots umfassender Patientenaufklärung führt.

d. Stellungnahme

Würde die Rechtsfigur der hypothetischen Einwilligung im Strafrecht abgelehnt werden, so würde der Sanktionsbereich des Strafrechts die Haftung des Zivilrechts überschreiten. Der Behandelnde würde zwar zivilrechtlich von der Haftung freigestellt, bliebe aber strafrechtlich verantwortlich. Dies liefe der „ultima ratio“-Funktion des Strafrechts zuwider.[531] Überdies hätte die Ablehnung der Rechtsfigur im Strafrecht wiederum Rückwirkungen auf die zivilrechtliche Haftung. Über § 823 Abs. 2 BGB iVm §§ 223 ff. StGB als Schutzgesetze käme man unter Umständen letztlich doch zu einer zivilrechtlichen Haftung, sodass das dort anerkannte Haftungskorrektiv der hypothetischen Einwilligung ausgehöhlt würde.[532]

Das Rechtsinstitut der hypothetischen Einwilligung sollte jedoch nur bei fahrlässigen Aufklärungsmängeln Anwendung finden. Ist dem Behandelnden im Einzelfall der genaue Umfang der zu leistenden Aufklärung bewusst und kommt er seiner Aufklärungspflicht vorsätzlich nicht nach, ist er, anders als bei einer nur fahrlässigen Aufklärungspflichtverletzung, nicht als schutzwürdig anzusehen.[533] In diesen Fällen wird sich bewusst

---

[529] Mayer, Strafrechtliche Produktverantwortung, S. 144 f.

[530] Hengstenberg, Hypothetische Einwilligung, S. 372.

[531] Eisele, FS Strätz, S. 163 (180); Sternberg-Lieben, StV 2008, 190 (192).

[532] Böcker, JZ 2005, 925 (928 f.).

[533] Hengstenberg, Hypothetische Einwilligung, S. 389.

gegen eine mögliche ordnungsgemäße Aufklärung entschieden, sodass sie nicht dem Zweck dient, eine selbstbestimmte Entscheidung des Patienten zu ermöglichen.[534] Der Behandelnde missbraucht dabei das ihm vonseiten des Patienten entgegengebrachte Vertrauen. Es erscheint daher nicht sachgerecht, wenn er sich zu seinen Gunsten im Nachhinein auf ein rechtmäßiges Verhalten berufen können soll.
Das Rechtsinstitut der hypothetischen Einwilligung wurde bisher nur in Arztstrafprozessen angewandt. Fraglich ist, ob dieses Rechtsinstitut auch beim nichtärztlichen Rettungsdienstpersonal in Betracht kommt. Es ist nicht ersichtlich, weshalb das Rechtsinstitut der hypothetischen Einwilligung nur den Arzt vor einer Strafbarkeit schützen sollte. Führen ein Arzt und ein Notfallsanitäter dieselbe medizinische Maßnahme aus und würde in beiden Fällen eine hypothetische Einwilligung vorliegen, so muss das Rechtsinstitut für beide Anwendung finden. Eine Besserstellung des Arztes ist weder zu begründen noch nachvollziehbar. Mithin können sich auch Notfallsanitäter auf das Rechtsinstitut der hypothetischen Einwilligung in einem Strafprozess berufen, wenn ein fahrlässiger Aufklärungsmangel vorliegt.

IV. Entschuldigungsgründe

Die Frage nach Entschuldigungsgründen stellt sich regelmäßig dann, wenn weder eine (mutmaßliche) Einwilligung noch der rechtfertigende Notstand eingreifen. Dies kann in der Praxis beispielsweise dann der Fall sein, wenn der einwilligungsfähige Patient seine Ablehnung gegenüber einer vom Notfallsanitäter beabsichtigten Heilbehandlung bekundet hat, dieser aber dennoch – unter Missachtung des Patientenwillens – zum Zwecke der Lebensrettung eine medizinische Maßnahme vornimmt. Als mögliche Entschuldigungsgründe sind der entschuldigende Notstand sowie der übergesetzliche Notstand zu betrachten.

1. Entschuldigender Notstand

Gemäß § 35 Abs. 1 S. 1 StGB handelt ohne Schuld, wer in einer gegenwärtigen, nicht anders abwendbaren Gefahr für Leben, Leib oder Freiheit eine rechtswidrige Tat begeht, um die Gefahr von sich, einem Angehörigen oder einer anderen ihm nahestehenden Person abzuwenden. Zum Kreis der

---

[534] Eisele, FS Strätz, S. 163 (176).

Angehörigen zählen nach § 11 Abs. 1 Nr. 1 StGB Verwandte und Verschwägerte gerader Linie, der Ehegatte, der Lebenspartner, der Verlobte, Geschwister, Ehegatten oder Lebenspartner der Geschwister, Geschwister der Ehegatten oder Lebenspartner, und zwar auch dann, wenn die Ehe oder die Lebenspartnerschaft, welche die Beziehung begründet hat, nicht mehr besteht oder wenn die Verwandtschaft oder Schwägerschaft erloschen ist sowie Pflegeeltern und Pflegekinder. „Der Begriff der ‚nahestehenden Person' setzt, wie sich aus der Gleichstellung mit den Angehörigen ergibt, das Bestehen eines auf gewisse Dauer angelegten zwischenmenschlichen Verhältnisses voraus, das ähnliche Solidaritätsgefühle wie (idR) unter Angehörigen hervorruft und das deshalb im Notfall auch zu einer vergleichbaren psychischen Zwangslage führt".[535] In Betracht kommen dabei insbesondere eheähnliche Beziehungen, langjährige Wohngemeinschaften sowie enge Freundschaften,[536] nicht aber „den sympathiegetragenen gesellschaftlichen Umgang mit Sports- und Parteifreunden oder Berufskollegen und Nachbarn"[537]. Aus diesem Grund wird angesichts einer fehlenden persönlichen Nähebeziehung iSv § 35 StGB ein entschuldigender Notstand in der präklinischen Notfallmedizin in aller Regel ausscheiden.

2. Übergesetzlicher entschuldigender Notstand

Ein übergesetzlicher entschuldigender Notstand wird, konträr zur vorherrschenden Meinung im Schrifttum, von der Rechtsprechung bisher nicht als Entschuldigungsgrund ausdrücklich anerkannt.[538] Nach der im Schrifttum vertretenen Ansicht[539] sei die Berufung auf einen übergesetzlichen Notstand in Fällen möglich, in denen aufgrund einer absoluten Ausnahmesituation quantitativ betrachtet mehr Menschenleben gerettet als geopfert werden und das Handeln des aus einem Gewissenskonflikt heraus tötenden Täters verzeihlich erscheint.

---

[535] Schönke/Schröder/Perron, StGB, § 35 Rn. 15; vgl. auch MüKoStGB/Müssig, § 35 Rn. 20; NK-StGB/Neumann, § 35 Rn. 18.

[536] OLG Koblenz, NJW 1988, 2316 (2317); NK-StGB/Neumann, § 35 Rn. 18.

[537] MüKoStGB/Müssig, § 35 Rn. 20 mwN.

[538] Offengelassen von BGH, NJW 1989, 912 (913); Hoven, JZ 2020, 449 (454).

[539] Matt/Renzikowski/Engländer, StGB, § 35 Rn. 19; NK-StGB/Neumann, § 35 Rn. 54; Schönke/Schröder/Sternberg-Lieben, StGB, Vor § 32 ff. Rn. 117a; Waßmer, JA 2021, 298 (302).

Auch wenn man diese Konstruktion grundsätzlich anzuerkennen bereit ist, wäre eine Entschuldigung in der rettungsdienstlichen Tätigkeit ausgeschlossen. Der einzelne Notfallsanitäter kann im Rahmen eines Einsatzes aufgrund seiner beschränkten Ressourcen nie eine größere Zahl von Menschenleben gleichzeitig retten. Er kann stets nur einen Patienten behandeln. Auch in den Fällen, in denen der Notfallsanitäter die Behandlung eines Patienten zugunsten eines anderen Patienten beendet, beschränkt sich das Verhalten des Notfallsanitäters darauf, die Person des Geretteten auszutauschen, um hiermit für den anderen Hilfsbedürftigen eine höhere Rettungschance zu eröffnen.[540] Hierbei ist zwar zu berücksichtigen, dass sich die klinischen Erfolgsaussichten der Patienten unterscheiden und damit insoweit eine quantitative Differenz vorliegen kann, wobei sich aber die klinischen Erfolgsaussichten evident und wesentlich unterscheiden müssen, da erst dann die Konfliktlage derart groß ist, dass die Rechtsordnung dem Notfallsanitäter Nachsicht entgegenbringen könnte.[541]
Allerdings ist die Rechtsfigur des entschuldigenden Notstandes im Ergebnis für die präklinische Notfallversorgung abzulehnen, da diese Rechtsfigur auf die individuelle Schuld in existenziellen Ausnahmesituationen zugeschnitten ist, und somit nicht zur Entschuldigung eines auf Wiederholung angelegten rechtswidrigen Selektionsmechanismus im regulären medizinischen Alltagsbetrieb dienen kann.[542]

V. Irrtumsfälle

Angesichts der Möglichkeit für das Eingreifen von Rechtsfertigungsgründen, die sich im Laufe dieser Untersuchung gezeigt haben, sollen an dieser Stelle kurz einige Anmerkungen zu denkbaren Irrtumsfällen gemacht werden. Angesichts der Vielzahl denkbarer Irrtümer muss sich diese Darstellung auf eine Auswahl von Fällen beschränken, die in der Praxis als naheliegend erscheinen.

1. Erlaubnistatbestandsirrtum

Nimmt ein Notfallsanitäter irrtümlich Tatumstände an, bei deren Vorliegen

---

[540] Rönnau/Wegner, JuS 2020, 403 (405); Sowada, NStZ 2020, 452 (459).
[541] Waßmer, JA 2021, 298 (302 f.).
[542] Rönnau/Wegner, JuS 2020, 403 (406).

er gerechtfertigt gewesen wäre, so unterliegt er einem Erlaubnistatbestandsirrtum.[543] Dies ist im Bereich der Einwilligung unter anderem der Fall, wenn fälschlich angenommen wird, der Patient sei einwilligungsfähig trotz nicht vorhandener Urteilsfähigkeit oder fehlendem Verständnis.[544] Ferner bei der Vorstellung, die Aufklärung sei ordnungsgemäß erfolgt, obwohl dies aufgrund fehlender Kenntnis von aufklärungspflichtigen Risiken nicht der Fall ist.[545] Denn wäre eine ausdrückliche Einwilligung aufgrund ordnungsgemäßer Aufklärung gegeben, würde ein Rechtfertigungsgrund eingreifen. Darüber hinaus ist eine erteilte Einwilligung unwirksam, wenn sie mit einem wesentlichen Willensmangel behaftet ist. Eine falsche Einschätzung aufseiten des Notfallsanitäters hinsichtlich seiner Fähigkeiten wirkt sich zwangsläufig auf die Aufklärung eines Patienten aus. In diesem Falle unterbleibt die Aufklärung eines Patienten über die mangelnde Qualifikation. Da die Fähigkeit eines Notfallsanitäters, die indizierte medizinische Maßnahme kunstgerecht durchzuführen, einen entscheidenden Aspekt für die Einwilligungserteilung darstellt, ist die irrtümliche Annahme eines Patienten, die medizinische Maßnahme werde sicher beherrscht, als ein wesentlicher Willensmangel anzusehen. Folglich ist in diesem Fall die erteilte Einwilligung nicht wirksam.

Von Interesse ist vorliegend noch die Frage, wie die irrige Annahme, die Tat verstoße nicht gegen die guten Sitten, zu werten ist. Sie wird teilweise als Irrtum über ein normatives Tatbestandsmerkmal eines Rechtfertigungsgrundes angesehen und dem Tatbestandsirrtum zugeordnet, teilweise jedoch auch als Verbotsirrtum behandelt.[546] Da es sich bei der Beurteilung einer Tat als sittenwidrig um eine Bewertung der Gesamttat und nicht um die Bewertung einzelner tatbestandlicher Voraussetzungen handelt, sind grundsätzlich die Regeln über den Verbotsirrtum anwendbar.[547] Different verhält es sich jedoch, wenn die Vornahme medizinischer Maßnahmen trotz der Einwilligung des Patienten aufgrund einer konkreten Lebensgefahr sitten- und damit rechtswidrig ist und der Notfallsanitäter diese Gefahr

---

[543] Christoph, JA 2016, 32 (34); Fahl, JA 2017, 481; Gasa, JuS 2005, 890; Hecker, JuS 2012, 263; Herzberg/Scheinfeld, JuS 2002, 649; BeckOK StGB/Kudlich, § 16 Rn. 21; NK-StGB/Puppe, § 16 Rn. 124; Schneider, JuS 2020, 939 (940); Wessels/Beulke/Satzger, Strafrecht AT, § 14 Rn. 743, 739.

[544] OLG Koblenz, MedR 2012, 193.

[545] BGH, NJW 2010, 3230 (3231); NJW 2011, 375.

[546] Engisch, ZStW 70, 566 (585).

[547] BGHSt 17, 6; 49, 44.

nicht erkennt. In diesem Fall irrt er nicht über die sittliche und damit rechtliche Bewertung der Tat nach § 228 StGB, sondern über die tatsächlichen Voraussetzungen eines Rechtfertigungsgrundes, weshalb die Fehlvorstellung als Erlaubnistatbestandsirrtum zu beurteilen ist.[548] In Betracht kommt ein Erlaubnistatbestandsirrtum auch bei einem vermeintlich wirksamen Aufklärungsverzicht.[549]

Im Bereich der mutmaßlichen Einwilligung fallen unter den Erlaubnistatbestandsirrtum diejenigen Fälle, in denen ein Notfallsanitäter über die Dringlichkeit der Behandlung irrt, mithin in der irrigen Annahme eines lebensbedrohlichen Zustandes handelt – der ein Abwarten auf einen Notarzt nicht zulässt – und so verfährt, wie es bei einem solchen Zustand erlaubt wäre, da im Falle des tatsächlichen Vorliegens dieser Voraussetzung ein Rechtfertigungsgrund eingreifen würde.[550] Ebenso verhält es sich, wenn ein Notfallsanitäter eine Behandlungserweiterung im Interesse des Patienten für geboten hält und dabei irrigerweise annimmt, der Betroffene hätte bei rechtzeitiger Befragung seine Zustimmung dazu gegeben.[551] Weiterhin liegt ein Erlaubnistatbestandsirrtum vor, wenn der Notfallsanitäter weiß, dass er die Maßnahme nicht voll beherrscht, aber dennoch glaubt, sie besser zu beherrschen als dies tatsächlich der Fall ist, und dementsprechend die tatsächlichen Voraussetzungen der mutmaßlichen Einwilligung oder des rechtfertigenden Notstandes für gegeben erachtet, obwohl seine Fähigkeiten in Wahrheit zu keiner Rechtfertigung durch diese Rechtfertigungsgründe geführt hätten. Auch die Unkenntnis einer Patientenverfügung oder sonstiger Umstände, die auf einen anderen als den angenommenen mutmaßlichen Willen hinweisen, stellt einen Erlaubnistatbestandsirrtum dar.[552] Wie ein derartiger Irrtum rechtlich zu behandeln ist, ist umstritten:

Die Lehre von den negativen Tatbestandsmerkmalen geht von einem zweistufigen Deliktsaufbau – Unrechtstatbestand und Schuld – aus. Sie erblickt in den Rechtfertigungsgründen Bestandteile eines Gesamtunrechtstatbestandes und in den einzelnen Rechtfertigungsvoraussetzungen negative

---

548 BGH, JR 2004, 387 (390) mAnm. Mosbacher; Sternberg-Lieben, JuS 2004, 954 (956).

549 Gercke/Leimenstoll/Stirner, Handbuch Medizinstrafrecht, Rn. 120.

550 Zur Frage der Dringlichkeit: BGH, NStZ 2012, 205 (206).

551 BGH, Beschl. v. 25.03.1988 – 2 StR 93/88, BeckRS 1988, 434.

552 Gercke/Leimenstoll/Stirner, Handbuch Medizinstrafrecht, Rn. 120.

Tatbestandsmerkmale.[553] Eine separate Ebene der Rechtswidrigkeit existiere nicht. Diese Lehre gelangt zu einer direkten Anwendung des § 16 Abs. 1 S. 1 StGB, da sich die den Erlaubnistatbestandsirrtum auslösende Vorstellung des Vorliegens rechtfertigender Umstände unmittelbar auf ein (negatives) Tatbestandsmerkmal bezieht.[554] Demnach schließt die irrige Annahme der tatsächlichen Voraussetzungen eines Rechtfertigungsgrundes die Vorsatzbestrafung aus.

Teleologisch überzeugt die Lehre von den negativen Tatbestandsmerkmalen nicht. Sie „geht davon aus, dass es für die Beurteilung eines objektiven Sachverhalts als rechtmäßig keinen Unterschied macht, ob eine tatsächliche Voraussetzung des Tatbestands fehlt oder die tatsächlichen Voraussetzungen eines Rechtfertigungsgrunds gegeben sind".[555] Dies hat auf die Behandlung eines Irrtums gravierende Folgen, denn die Gründe dieser Annahme des Täters und damit ihre rechtliche Bewertung können nicht berücksichtigt werden.[556] Begünstigt wird jeder Täter, der die Voraussetzungen eines Rechtfertigungsgrundes aus irgendwelchen Gründen für gegeben hält. Hieraus folgt, dass auch der Täter, dessen Irrtum auf rechtsfeindlichen und daher für die Rechtsordnung nicht akzeptablen Gründen beruht, nach der Lehre von den negativen Tatbestandsmerkmalen begünstigt wird.

Nach der strengen Schuldtheorie findet § 17 StGB Anwendung, da ein Irrtum über einen Rechtfertigungsgrund den Täter daran hindere, das Unrecht seiner Tat einzusehen.[557] Die irrige Vorstellung der tatsächlichen Voraussetzungen eines Rechtfertigungsgrundes ändere nichts daran, dass der Täter um die Tatbestandsverwirklichung und damit um die Rechtsgutsverletzung wisse, weshalb der Täter – ungeachtet seiner Fehlvorstellung – vorsätzlich handele.[558] Bei Vorsatzdelikten besteht die Konsequenz darin, dass der Täter bei einem aus tatsächlichen Gründen unvermeidbaren Irrtum straflos bleibt.[559] Der aus tatsächlichen Gründen vermeidbare Irrtum führt hingegen zu einer Strafbarkeit der vorsätzlichen Handlung unter der Norm

---

[553] Eisele, JuS 2020, 985 (986); Heuser, ZStW 132, 330 (340); Schünemann, GA 1985, 341 (351).
[554] Heuchemer, JuS 2012, 795 (797).
[555] Puppe, FS Stree und Wessels, S. 183 (188).
[556] Heuchemer, JuS 2012, 795 (797).
[557] Heuser, ZStW 132, 330 (336 f.); NK-StGB/Puppe, § 16 Rn. 127 ff. mwN.
[558] MüKoStGB/Kulhanek, § 16 Rn. 149; NK-StGB/Puppe, § 16 Rn. 128; Schönke/Schröder/Sternberg-Lieben/Schuster, StGB, § 16 Rn. 15.
[559] Heuser, ZStW 132, 330 (337).

des Vorsatzdeliktes. Bei Vermeidbarkeit kann lediglich eine Strafmilderung nach § 49 Abs. 1 StGB eingreifen, § 17 S. 2 StGB. Vermeidbar ist ein Verbotsirrtum, wenn dem Täter sein Vorhaben unter Berücksichtigung seiner Fähigkeiten und Kenntnisse hätte Anlass geben müssen, über dessen mögliche Rechtswidrigkeit nachzudenken oder sich in zumutbarer Weise zu erkundigen, und er auf diesem Wege zur Unrechtseinsicht gekommen wäre.[560]

Die strenge Schuldtheorie ist jedoch abzulehnen, weil es wertungsmäßig keinen Unterschied machen kann, ob sich der Täter über den Sachverhalt auf Ebene des Tatbestands oder auf Ebene der Rechtfertigung irrt. Es handelt sich nämlich nicht um einen bloßen Irrtum über das „Verbotensein" einer Handlung gemäß § 17 StGB. Denn dem im Erlaubnistatbestandsirrtum Handelnden kann nicht vorgeworfen werden, dass er die Rechtsordnung zu seinen Gunsten ausdehnt, denn er würde sich im Rahmen des geltenden Rechts bewegen, wenn seine Vorstellungen der Wahrheit entsprächen.[561] Der Täter möchte – trotz seiner Fehlvorstellung – rechtstreu handeln, indem er eine Rechtfertigung anstrebt.[562] Er irrt sich also nicht über das bloße Verbotensein, sondern über Umstände, die dazu führen würden, dass er überhaupt keine rechtswidrige Tat begehen würde.

Die ganz überwiegende Lehre und auch die Rechtsprechung vertreten die eingeschränkte Schuldtheorie und wenden auf den Erlaubnistatbestandsirrtum § 16 StGB an. Demnach ist im Ergebnis davon auszugehen, dass ein Irrtum über die tatsächlichen Voraussetzungen von den Rechtsfolgen her oder unmittelbar wie ein Tatbestandsirrtum zu behandeln ist. Beruht der Irrtum auf Fahrlässigkeit und kann dem Täter dieser Vorwurf gemacht werden, so kann eine Bestrafung aus dem entsprechenden Fahrlässigkeitsdelikt erfolgen.[563]

Die vorsatzausschließende eingeschränkte Schuldtheorie gelangt über die analoge Anwendung des § 16 Abs. 1 S. 1 StGB zum Ausschluss des Vorsatzes, da der Erlaubnistatbestandsirrtum das Vorsatzunrecht entfallen lasse.[564] Dies wird damit begründet, dass dem Täter wegen des Irrtums der subjektive Handlungsunwert fehle.[565] Nach der rechtsfolgenverweisenden

---

[560] Dürre/Wegerich, JuS 2006, 712 (717).
[561] BGHSt 3, 105 (107); Christoph, JA 2016, 32 (35) mwN.
[562] BGHSt 3, 105 (107); Eisele, JuS 2020, 985 (986); Schneider, JuS 2020, 939 (943).
[563] BGH, NStZ 2012, 272 (274).
[564] Christoph, JA 2016, 32 (35); Geppert, Jura 1997, 299 (303); MüKoStGBKulhanek, § 16 Rn. 147; Schönke/Schröder/Sternberg-Lieben/Schuster, StGB, § 16 Rn. 18.
[565] Stark, JuS 2023, 234 (240).

eingeschränkten Schuldtheorie[566] sei der Irrtum über die Voraussetzungen eines Rechtfertigungsgrundes hinsichtlich der Rechtsfolgen dem in § 16 Abs. 1 S. 1 StGB geregelten Tatbestandsirrtum gleichzustellen. Hiernach lässt der Irrtum über die Voraussetzungen eines Rechtfertigungsgrundes zwar nicht den Tatbestandsvorsatz entfallen, wohl aber die Vorsatzschuld, weshalb der Täter in der Rechtsfolge wie bei einem Fahrlässigkeitsdelikt zu behandeln sei. Diese Ansicht lässt die Vorsatzschuld mit der Begründung entfallen, dass dem Vorsatzelement im Deliktaufbau eine Doppelfunktion zukomme, also im Tatbestand und in der Schuld, sodass der Täter ohne Schuld handele.
Eine Entscheidung zwischen den eingeschränkten Schuldtheorien ist grundsätzlich nicht erforderlich, da sie zum selben Ergebnis gelangen, es sei denn, eine Teilnehmerbestrafung ist zu prüfen. Einzig die rechtsfolgenverweisende eingeschränkte Schuldtheorie ermöglicht eine Teilnehmerstrafbarkeit, wenn beim Haupttäter ein Erlaubnistatbestandsirrtum vorliegt, da nach dieser Ansicht der Vorsatz unangetastet bleibt und nur die Vorsatzschuld entfällt. Es verbleibt daher eine vorsätzlich begangene rechtswidrige Haupttat als Anknüpfungspunkt.[567] Somit ist der rechtsfolgenverweisenden eingeschränkten Schuldtheorie zu folgen, da keine Strafbarkeitslücken verbleiben.
Unterliegen Notfallsanitäter einem Erlaubnistatbestandsirrtum, entfällt eine Strafbarkeit wegen vorsätzlicher Tat. Es kann gemäß § 16 Abs. 1 S. 2 StGB analog aber ein Fahrlässigkeitsvorwurf bestehen, wenn der Irrtum über die angenommene Lage bei sorgfaltsgemäßer Prüfung hätte erkannt werden können.[568] In diesem Fall kommt eine Strafbarkeit wegen fahrlässiger Körperverletzung nach § 229 StGB in Betracht.

2. Verbotsirrtum

Ein Verbotsirrtum iSd § 17 StGB liegt vor, wenn Notfallsanitäter in voller Kenntnis der tatsächlichen Umstände aufgrund fehlender Rechtskenntnis davon ausgehen, dass ihr Verhalten nicht den Tatbestand der Körperverletzung erfüllt (direkter Verbotsirrtum)[569] oder wenn sie die Grenzen eines

---

566 BGHSt 3, 105; BGH, NStZ 1983, 500; NStZ 2012, 272 (273 f.); OLG Hamm, NJW 1987, 1034 (1035); Fischer, StGB, § 16 Rn. 38; Schneider, JuS 2020, 939 (943); Wessels/Beulke/Satzger, Strafrecht AT, § 14 Rn. 759.
567 Christoph, JA 2016, 32 (36).
568 BGH, NStZ 2012, 272 (274).
569 Lackner/Kühl/Heger/Heger, StGB, § 17 Rn. 19; NK-StGB/Neumann, § 17 Rn. 47.

rechtlich anerkannten Rechtfertigungsgrundes verkennen (indirekter Verbotsirrtum)[570].
In der rettungsdienstlichen Praxis könnte daher beispielsweise ein Verbotsirrtum in Betracht zu ziehen sein, wenn ein Notfallsanitäter „das fehlende Einverständnis des Patienten erkennt oder zumindest für möglich hält, aber gleichwohl einen körperlichen Eingriff für rechtlich zulässig erachtet, weil ihm dieser aus medizinischer Sicht sinnvoll und geboten erscheint".[571] Ebenso kann sich die Annahme, eine Aufklärung sei grundsätzlich deshalb verzichtbar, weil die Kenntnis der Risiken dem Patienten mehr schade als nütze, als Verbotsirrtum darstellen.[572] Auch eine Fehlbeurteilung der Fragestellung einer vitalen Indikation und damit der Unaufschiebbarkeit einer Maßnahme in Kenntnis der tatsächlichen Tatumstände stellt sich als Überdehnung des Rechtfertigungsgrundes der mutmaßlichen Einwilligung dar.[573] Ein Verbotsirrtum ist außerdem gegeben, wenn irrtümlich davon ausgegangen wird, dass ein (erkannt) einwilligungsunfähiger Minderjähriger einer Heilbehandlung wirksam zustimmen könne.[574] Schließlich liegt auch dann ein Verbotsirrtum vor, wenn die Sittenwidrigkeit iSd § 228 StGB der geplanten Maßnahme unzutreffend beurteilt wird.[575] Ein solcher Irrtum würde vorliegen, wenn der Notfallsanitäter irrig davon ausgeht, dass er die durchzuführende medizinische Maßnahme vollumfänglich beherrscht. Denn die Durchführung einer nicht vollumfänglich beherrschten Maßnahme ist grundsätzlich als sittenwidrig iSd § 228 StGB anzusehen, es sei denn sie stellt die letzte verbleibende Rettungschance dar.[576]
Sollte einem Notfallsanitäter infolge einer solchen Fehlvorstellung die Einsicht fehlen Unrecht zu tun, so würde er ohne Schuld handeln, wenn er diesen Irrtum nicht vermeiden konnte. Bei Vermeidbarkeit des Irrtums bleibt hingegen ein Schuldvorwurf bestehen, jedoch kann die Strafe nach § 49 Abs. 1 StGB gemildert werden.[577] Die Tat bleibt aber als vorsätzliche

---

[570] Frister/Lindemann/Peters, Arztstrafrecht, 1. Kap. Rn. 78; Lackner/Kühl/Heger/Heger, StGB, § 17 Rn. 19; NK-StGB/Neumann, § 17 Rn. 47.
[571] BGH, NJW 2000, 885 (887).
[572] Frister/Lindemann/Peters, Arztstrafrecht, 1. Kap. Rn. 79; Gercke/Lindemann/Stirner, Handbuch Medizinstrafrecht, Rn. 123.
[573] Geppert, JZ 1988, 1024 (1028); Kraatz, Arztstrafrecht, Rn. 91; beachte aber insoweit BGHSt 35, 246 (250), ausgehend von einem Erlaubnistatbestandsirrtum.
[574] Kraatz, Arztstrafrecht, Rn. 91.
[575] BGHSt 49, 34 (44); Fischer, StGB, § 228 Rn. 26.
[576] Vgl. Zweites Kap. A. III. 1. e.
[577] Schönke/Schröder/Sternberg-Lieben/Schuster, StGB, § 17 Rn. 24.

Körperverletzung strafbar.[578]

An die Unvermeidbarkeit eines Verbotsirrtums stellt die Rechtsprechung hohe Anforderungen.[579] Handelt es sich um Delikte, die für einen bestimmten Berufskreis bedeutsam sind, wird verlangt, dass man sich über die für die Berufsausübung relevanten rechtlichen Regelungen hinreichend informiert.[580] Demnach dürfte ein Verbotsirrtum für Notfallsanitäter in aller Regel vermeidbar sein, denn es kann angenommen werden, dass Notfallsanitäter die Tragweite des § 223 Abs. 1 StGB sowie die einzelnen Voraussetzungen der Rechtfertigungsgründe aufgrund ihrer Berufsausbildung zu erkennen vermögen.[581]

VI. Zwischenergebnis

Nach dem bisherigen Stand der Untersuchung kommt sowohl für die lege artis als auch für die unsachgemäß ausgeführte Heilbehandlung in der präklinischen Notfallmedizin eine Rechtfertigung unter dem Gesichtspunkt der Einwilligung in Betracht, wenn ein Patient einwilligungsfähig ist und ordnungsgemäß über den bevorstehenden Eingriff aufgeklärt wurde. Bei nicht einwilligungsfähigen Patienten bedarf es der Einwilligung der gesetzlichen Vertreter.

Typischerweise kann es an einer wirksamen Einwilligung fehlen, falls die in der konkreten Notfallsituation erforderliche Aufklärung nicht in ausreichendem Umfang stattgefunden hat. Ist ein Patient von einem Notfallsanitäter bezüglich entscheidender Umstände fehlerhaft aufgeklärt worden, so ist die daraufhin abgegebene Einwilligung unwirksam.

Eine ordnungsgemäße Aufklärung umfasst dabei insbesondere Erläuterungen bezüglich der mit dem Eingriff verbundenen Chancen und Risiken sowie der Gefahr eines Misserfolgs. Für die Wirksamkeit einer Einwilligung in eine unsachgemäße Heilbehandlung bedarf es zudem einer Aufklärung dahingehend, dass die durchzuführende Maßnahme nicht sicher beherrscht wird und infolgedessen lediglich eine mehr oder weniger vage Hoffnung auf einen günstigen Eingriffserfolg besteht. Willigt der Patient in die geplante Behandlung mit all diesen Unwägbarkeiten ein, so rechtfertigt die

---

[578] Gercke/Lindemann/Stirner, Handbuch Medizinstrafrecht, Rn. 122.
[579] BGHSt 45, 219 (225).
[580] Fischer, StGB, § 17 Rn. 12; Frister/Lindemann/Peters, Arztstrafrecht, 1. Kap. Rn. 80.
[581] Vgl. Lehrplan für die Berufsfachschule für Notfallsanitäter des Bayrischen Staatsministeriums für Unterricht und Kultus, S. 17 und 27, wonach das StGB Teil des theoretischen Unterrichts ist.

Einwilligung den Eingriff. Die Sittenwidrigkeitsklausel des § 228 StGB steht einer Einwilligung in eine nicht sicher beherrschte Maßnahme ausnahmsweise nicht entgegen, wenn es sich um die letzte Rettungschance handelt und sie der Abwendung des Todes oder des Eintritts einer weitergehenden schweren Gesundheitsschädigung des Patienten dient. Liegt eine Patientenverfügung vor, deren Festlegungen auf die aktuelle Lebens- und Behandlungssituation zutreffen, so ist dem dort niedergelegten Willen des Betroffenen Folge zu leisten.

Kann keine wirksame Einwilligung des Patienten eingeholt werden, ist aber sofortiges medizinisches Eingreifen ohne ein weiteres Abwarten geboten, so kommt eine Rechtfertigung nach den Grundsätzen der mutmaßlichen Einwilligung in Betracht. Dabei entspricht auch ein risikoreicher, hochgefährlicher Eingriff, welcher nicht dem rettungsdienstlichen Standard entspricht, noch dem Interesse des Patienten, insofern dieser eine kalkulierbare Rettungschance bietet. Grundsätzlich müssen zunächst Anhaltspunkte für den mutmaßlichen Willen des Patienten ermittelt werden, es sei denn, es liegt eine lebensbedrohliche Situation vor, die es unmöglich macht, rechtzeitig etwa durch Rücksprache mit den Angehörigen oder Lesen einer Patientenverfügung den mutmaßlichen Willen des Patienten klarzustellen. In diesen Fällen entfällt die Pflicht zur Indiziensuche. Fehlen jegliche Anhaltspunkte für den mutmaßlichen Willen des Patienten, so kann angenommen werden, dass er die bestmögliche Behandlung für sich wünscht. Es wird unterstellt, dass der Patient eine nach objektiven Maßstäben vernünftige Entscheidung getroffen hätte. Es gilt der Grundsatz „in dubio pro vita". Etwas anderes gilt nur dann, wenn ein entgegenstehender Wille klar geäußert wurde oder die Behandlung sinnlos für die Lebensrettung wäre.

Ferner kommt eine Rechtfertigung nach Maßgabe des rechtfertigenden Notstandes gemäß § 34 StGB in Betracht. Die Durchführung medizinisch indizierter Maßnahmen durch einen Notfallsanitäter zur Rettung des Patienten ist nach Maßgabe des rechtfertigenden Notstandes gerechtfertigt, wenn das Eintreffen eines Notarztes nicht abgewartet werden kann, ohne den Patienten schwerwiegenden Gefahren auszusetzen, und wenn die Maßnahmen in der konkreten Situation erforderlich sind. Dabei kann auch eine medizinische Maßnahme, die nicht sicher beherrscht wird, erforderlich sein. Bei der Interessenabwägung einer unsachgemäß durchführbaren Maßnahme tritt an die Stelle der Güterabwägung mit den typischerweise zu erwartenden Unwägbarkeiten und Ungewissheiten in Bezug auf die bei der Abwägung einzubeziehender Faktoren (zB etwaige Ungewissheit über den Zeitpunkt des Eintreffens eines Notarztes und den Grad der eigenen Kenntnisse des Notfallsanitäters zu dieser medizinischen Maßnahme; daraus folgende Ungewissheit über das Verhältnis der Chancen und Risiken zueinander) eine Chancen- bzw. Risikoabwägung für das betroffene Rechtsgut. Eine Rechtfertigung nach § 34 StGB kommt daher in Betracht, wenn nach Abwägung die mit der Rettungshandlung verbundenen Risiken geringer sind als diejenigen Gefahren, denen das bedrohte Rechtsgut bei Unterlassen der Rettungshandlung ausgesetzt wäre. Je höher die Wahrscheinlichkeit ist, dass der Patient ohne eine wirksame Heilbehandlung sterben wird, desto eher darf der Notfallsanitäter handeln. Erforderlich hierfür ist allerdings, dass der handelnde Notfallsanitäter gewisse theoretische und/oder auch praktische Kenntnisse besitzt, die Anlass zu der Erwartung geben, dass immerhin eine gewisse Wahrscheinlichkeit besteht, dass die Durchführung der medizinischen Maßnahme trotz der Qualifikationsmängel Erfolg haben kann.

Ist der Patient einwilligungsfähig und in der Lage, eine Einwilligung zu erteilen, so bleibt für eine mutmaßliche Einwilligung oder den rechtfertigenden Notstand kein Raum, da seine Entscheidung, wie auch immer diese ausfällt, dann unter dem Gesichtspunkt seines Selbstbestimmungsrechts Berücksichtigung verlangt. In der präklinischen Notfallmedizin kann allerdings oftmals Unklarheit darüber bestehen, ob der Patient noch oder nicht mehr einwilligungsfähig ist, wenn er eine medizinische Maßnahme ohne jede Form von Widerspruch über sich ergehen lässt. Unter diesem Aspekt wird es in der Praxis zu einer Art fließendem Übergang zwischen konkludent erteilter und mutmaßlicher Einwilligung kommen. Da jedoch sowohl im Falle der Einwilligung als auch bei der mutmaßlichen Einwilligung eine Rechtfertigung in den hier interessierenden Fällen möglich ist, werden sich aus diesem fließenden Übergang keine besonderen Probleme ergeben. Juristisch muss indes klar zwischen tatsächlicher und mutmaßlicher Einwilligung differenziert werden, denn es muss zunächst versucht werden, die tatsächliche Einwilligung herbeizuführen, bevor auf die mutmaßliche Einwilligung abgestellt werden darf.

Für die praktische Anwendung der Rechtfertigungsgründe der mutmaßlichen Einwilligung und des rechtfertigenden Notstandes ergibt sich Folgendes:

Liegen in einer Notfallsituation Indizien vor, die Schlüsse auf den mutmaßlichen Willen des Patienten zulassen, so scheidet eine Anwendbarkeit des rechtfertigenden Notstandes aus. In diesem Fall kommt ausschließlich die mutmaßliche Einwilligung als Rechtfertigungsgrund in Betracht, da andernfalls die Gefahr besteht, dass der Patient bei Anwendung des § 34 StGB, der den Patientenwillen unberücksichtigt lässt, bevormundet würde. Dies ist mit dem Leitgedanken der Patientenautonomie unvereinbar. Liegen hingegen keine Indizien vor, so muss auch bei der Ermittlung des mutmaßlichen Willens des Patienten auf objektive Kriterien abgestellt werden. Bestehen keine Anhaltspunkte für den Willen des Patienten, so verliert der Aspekt der Gefahr einer Bevormundung desselben an Bedeutung, denn auf den Willen des Patienten kann nur dann eingegangen werden, wenn sich dieser irgendwie feststellen lässt. In diesem Fall sind die mutmaßliche Einwilligung und der rechtfertigende Notstand unabhängig voneinander und nebeneinander anwendbar.

Für Notfallsanitäter ergibt sich die Gefahr einer Bestrafung nach § 223 Abs. 1 StGB demnach dann, wenn keiner der vorgenannten Rechtfertigungsgründe zu bejahen ist.

Die Untersuchung hat gezeigt, dass es für die Rechtfertigung einer Heilbehandlung darauf ankommt, dass in der zur Rettung verbleibenden Zeitspanne kein Notarzt am Einsatzort verfügbar ist und auch nicht auf dessen Eintreffen gewartet werden kann. Bei dem Aspekt der Ungewissheit über die voraussichtliche Zeitspanne bis zum Eintreffen eines Notarztes handelt es sich um einen näher zu betrachtenden Aspekt, denn ein Patient wird stets eine Behandlung durch einen Notarzt bevorzugen, auch wenn ein Notfallsanitäter die indizierten medizinischen Maßnahmen beherrscht. Notfallsituationen, bei denen ein Patient zwar ohne die Durchführung der indizierten Maßnahmen für eine gewisse Zeit bis zum erwarteten Eintreffen des Notarztes am Leben erhalten werden kann, in denen aber gleichzeitig mit längerem Zuwarten trotz Erhaltung des Patientenlebens die Chancen auf ein längerfristiges Weiterleben deutlich sinken kann, stellen sich als eine besondere Schwierigkeit dar. Diese besteht darin wie lange abgewartet werden kann und muss, um etwa die „letzte" aussichtsreiche Rettungschance nicht zu verpassen, aber auch nach dem Gesagten nicht früher als nötig mit der erforderlichen, aber (nicht) beherrschten Maßnahme zu beginnen, weil das Warten auf den Notarzt noch Erfolg versprechend erscheint. Vorliegend geht es um das Patientenleben, ein Satz wie „so spät wie möglich, so früh wie nötig" ist nicht hilfreich. Bei einer abnehmenden Rettungschance kann eine solche Antwort niemals gegeben werden. Vielmehr ist die Durchführung einer medizinischen Maßnahme

durch Notfallsanitäter dann erforderlich, wenn aus ex-ante-Sicht in der konkreten Situation nicht mit dem rechtzeitigen Eintreffen des Notarztes zu rechnen war.
Resümierend kann festgehalten werden, dass ein Notfallsanitäter eine medizinische Maßnahme dann durchführen darf, wenn aus ex-ante-Sicht in der konkreten Situation nicht mit dem zeitigen Eintreffen eines Notarztes zu rechnen war. Ist unklar, ob ein rechtfertigendes Verhältnis der Chancen und Risiken bestanden hat und ob dementsprechend eine mutmaßliche Einwilligung oder der rechtfertigende Notstand vorlag, ist mit Maiwald[582] im Zweifel anzunehmen, dass sein Verhalten durch einen dieser Rechtfertigungsgründe gedeckt war.
Im Übrigen können sich Notfallsanitäter bei fahrlässigen Aufklärungsmängeln auf das Rechtsinstitut der hypothetischen Einwilligung berufen, wenn der Patient bei ordnungsgemäßer Aufklärung in die Durchführung der medizinischen Maßnahme eingewilligt hätte. Dies gilt sowohl für die lege artis durchgeführte als auch für die unsachgemäße Heilbehandlung.
Nimmt ein Notfallsanitäter irrig die Voraussetzungen eines Rechtfertigungsgrundes an und unterliegt demnach einem Erlaubnistatbestandsirrtum, entfällt eine Strafbarkeit wegen vorsätzlicher Tat. Es kann jedoch eine Strafbarkeit aus dem entsprechenden Fahrlässigkeitsdelikt verbleiben, wenn der Irrtum über die angenommene Lage bei sorgfaltsgemäßer Prüfung hätte erkannt werden können.

B. Qualifikationstatbestände

Ist eine Heilbehandlung als Körperverletzung iSd § 223 StGB zu bewerten, kommt nach herrschender Meinung[583] auch eine Strafbarkeit nach § 224 StGB in Betracht, da der Wortlaut keine Einschränkungen vorsieht.[584] Der Qualifikationstatbestand des § 224 Abs. 1 Nr. 1 - 5 StGB erfasst mehrere, allgemein als besonders gefährlich geltenden Begehungsweisen.[585]
In der präklinischen Notfallmedizin finden nach den Standardarbeitsanweisungen und Behandlungspfaden im Rettungsdienst 24 verschiedene

---

[582] Maiwald, FS Jescheck, S. 405 (418).
[583] MüKoStGB/Hardtung, § 224 Rn. 50; Kraatz, Arztstrafrecht, Rn. 94; a.A. SK-StGB/Wolters, § 224 Rn. 54, 57.
[584] Waßmer, Medizinstrafrecht, § 4 Rn. 19.
[585] BGHSt 19, 352 (353).

Medikamente Anwendung.[586] Darüber hinaus werden diverse medizinische Instrumente bei der Behandlung von Patienten verwendet. Dazu zählen unter anderem die Venenverweilkanüle, Spritzen und das Skalpell, sodass ein Blick auf die Qualifikationstatbestände des § 224 Abs. 1 StGB von Interesse ist.

I. Gift oder anderer gesundheitsschädlicher Stoff

§ 224 Abs. 1 Nr. 1 StGB erfasst die Begehung der Körperverletzung durch Beibringung von Gift oder anderen gesundheitsschädlichen Stoffen. Notfallsanitäter könnten daher die Qualifikation des § 224 Abs. 1 Nr. 1 StGB verwirklichen, indem sie Patienten Medikamente verabreichen.
Die Qualifikation des § 224 Abs. 1 Nr. 1 StGB ist erfüllt, wenn das Gift oder der andere gesundheitsschädliche Stoff nach Art und eingesetzter Menge im konkreten Fall dazu geeignet ist, ernsthafte gesundheitliche Schäden zu verursachen.[587] Unter Gift ist jeder organische oder anorganische Stoff zu verstehen, der unter bestimmten Bedingungen durch chemische oder chemisch-physikalische Wirkung geeignet ist, ernsthafte gesundheitliche Schäden zu verursachen. Andere gesundheitsschädliche Stoffe sind Substanzen, die auf mechanischem oder thermischem Weg zu einer Verletzung oder Gesundheitsschädigung führen können.[588] Die Gesundheitsschädlichkeit kann sich aus der Art der Anwendung oder Zuführung des Stoffes, seiner Menge oder Konzentration, aber auch aus der Konstitution des Verletzten oder dem Ort der Einwirkung ergeben.[589] Die Unterscheidung zwischen Gift und anderen gesundheitsschädlichen Stoffen erfolgt nach der Wirkungsweise, sodass eine Unterscheidung als Gift oder anderer Stoff im Ergebnis dahingestellt bleiben kann, sofern die Gesundheitsschädigung vom Stoff selbst ausgeht. Entscheidend ist, ob das verwendete Medikament im konkreten Fall dazu geeignet ist, ernsthafte gesundheitliche Schäden zu verursachen.
Eine lege artis durchgeführte Medikamententherapie erfüllt diese Voraussetzung nicht, da die Verwendung eines indizierten Medikaments in der

---

[586] Vgl. das Inhaltsverzeichnis der Standardarbeitsanweisungen und Behandlungspfade im Rettungsdienst, S. 5.
[587] Fischer, StGB, § 224 Rn. 6; MüKoStGB/Hardtung, § 224 Rn. 5 ff.; Lackner/Kühl/Heger/Heger, StGB, § 224 Rn. 1a.
[588] Spickhoff/Knauer/Brose, Medizinrecht, StGB, § 224 Rn. 2 mwN.
[589] Fischer, StGB, § 224 Rn. 6.

dafür vorgesehenen Dosierung keine gesundheitlichen Schäden verursacht, sondern den Gesundheitszustand des Patienten verbessert.[590] Verabreichen Notfallsanitäter hingegen ein (nicht indiziertes) Medikament in nicht indizierter Dosis, so kann das konkret verabreichte Medikamente nach Art und eingesetzter Menge im konkreten Fall dazu geeignet sein, ernsthafte gesundheitliche Schäden zu verursachen, sodass die Qualifikation des § 224 Abs. 1 Nr. 1 StGB erfüllt wird.[591] So kann beispielsweise eine Überdosierung von Esketamin zu vital bedrohlichen Symptomen in Form von Krämpfen, Herzrhythmusstörungen und Atemstillstand führen.[592] Zudem kann ein verabreichtes Medikament bei bestehender Allergie des Patienten zu einem anaphylaktischen Schock führen. Bei einem anaphylaktischen Schock kommt es durch eine Weitstellung der Blutgefäße zu einem starken Blutdruckabfall, außerdem tritt Flüssigkeit aus den Gefäßen in das umliegende Gewebe aus. Aufgrund des Blutdruckabfalls kommt es zu einer verminderten Durchblutung lebenswichtiger Organe.[593] Mithin wären ernsthafte gesundheitliche Schäden beim Patienten zu bejahen.

II. Gefährliches Werkzeug

Ferner kommt die Verwirklichung des § 224 Abs. 1 Nr. 2 StGB in Betracht, wenn Notfallsanitäter medizinische Instrumente bei der Heilbehandlung verwenden. Ein gefährliches Werkzeug ist jeder Gegenstand, der bei der konkreten Art der Benutzung und des Körperteils, gegen den er gewendet wird, geeignet ist, erhebliche Verletzungen hervorzurufen.[594] Das Skalpell

---

[590] Frister/Lindemann/Peters, Arztstrafrecht, 1. Kap Rn. 10; Waßmer, Medizinstrafrecht, § 4 Rn. 22.

[591] Fischer, StGB, § 224 Rn. 6; MüKoStGB/Hardtung, § 224 Rn. 8, welcher bereits die „Eignung zu einer erheblichen Gesundheitsschädigung“ genügen lässt; Nussbaum, JR 2023, 57 (62); Waßmer, Medizinstrafrecht, § 4 Rn. 22.

[592] Bäumel/Hergeth/Bein/Creutzenberg, Pharmakotherapie in der Intensivmedizin, S. 72; Reitgruber/Auer, Internistische Intensivmedizin für Einsteiger, S. 439.

[593] Bertschat/Möller/Zander, Lehrbuch für den Rettungsdienst, S. 197.

[594] BGHSt 14, 152 (155); MüKoStGB/Hardtung, § 224 Rn. 20; ders., JuS 2008, 960 (961); Lackner/Kühl/Heger/Heger, StGB, § 224 Rn. 4 f.; NK-StGB/Paeffgen/Böse/Eidam, § 224 Rn. 14; SK-StGB/Wolters, § 223 Rn. 15.

bei einem chirurgischen Eingriff[595] oder die Venenverweilkanüle zur Injektion von Medikamenten[596] könnten demnach ein gefährliches Werkzeug darstellen.[597]

Namentlich im Bereich des Medizinstrafrechts hat die Rechtsprechung das Kriterium geschaffen, das gefährliche Werkzeug müsse zu Angriffs- oder Verteidigungszwecken eingesetzt werden. Dies sei nicht gegeben, wenn der Täter in befugter Weise den Heileingriff vornehme, also die erforderliche Prüfung erfolgreich abgelegt habe und damit zu der Heilbehandlung qualifiziert sei.[598] Das maßgebliche Unterscheidungskriterium für die strafrechtliche Beurteilung liegt damit im unterschiedlichen Maß der Gefährlichkeit der Handlung eines Heilkundigen auf der einen Seite und eines unzureichend Qualifizierten auf der anderen Seite.[599] Allein der Umstand der nicht vorliegenden nötigen Ausbildung genüge dabei für die Bejahung des Einsatzes eines gefährlichen Werkzeugs, weil eine nicht ordnungsgemäß ausgebildete Person eine erhöhte Gefährlichkeit im Vergleich zu einem ausgebildeten Heilkundigen aufweise.[600] Demnach kann nicht von einem gefährlichen Werkzeug gesprochen werden, wenn ausgebildete Notfallsanitäter Heilbehandlungen mit den dazugehörigen Instrumenten lege artis ausführen, da das Instrument weder in Bezug auf das betroffene Körperteil, noch nach der konkreten Art seiner Verwendung geeignet ist, erhebliche Verletzungen herbeizuführen.[601]

Die Rechtsprechung verneint den Qualifikationstatbestand im Wege einer teleologischen Reduktion aber auch in den Fällen, in denen der Behandelnde nicht entsprechend der lex artis handelt, da das medizinische Instrument auch in diesen Fällen nicht zu Angriffs- oder Verteidigungszwecken eingesetzt werde.[602]

Damit stellt die Rechtsprechung auf den Zweck der Heilbehandlung ab, obwohl sie bei der Frage, ob diese tatbestandlich eine Körperverletzung darstellt, den Zweck ausklammert. Das ist inkonsequent, da medizinische

---

[595] NK-StGB/Paeffgen/Böse/Eidam, § 224 Rn. 17 mwN.

[596] StA Mainz, NJW 1987, 2946; Janker, NJW 1987, 2897 (2899).

[597] NK-StGB/Paeffgen/Böse/Eidam, § 224 Rn. 17.

[598] BGH, Urt. v. 23.12.1986 – 1 StR 598/86 -, juris Rn. 5.

[599] BGH, Urt. v. 23.12.1986 – 1 StR 598/86 -, juris Rn. 5; zustimmend Sowada, JR 1988, 123.

[600] BGH, NStZ 1987, 174; Edsen, Der Begriff des gefährlichen Werkzeugs, S. 53.

[601] Edsen, Der Begriff des gefährlichen Werkzeugs, S. 56; LK-StGB/Grünewald, § 224 Rn. 22.

[602] BGH, NStZ 1987, 174; Eisele, JuS 2021, 181 (182).

Instrumente und Hilfsmittel stets ganz erhebliche Verletzungen herbeiführen können:
So wird bei Durchführung einer Thoraxentlastungspunktion mit einem Skalpell in die Haut über dem Zwischenrippenraum gestochen. Über diese Öffnung wird mit einer Schere oder auch mit dem bloßen Finger die Muskulatur zwischen den Rippen auseinandergeschoben und das Brustfell eröffnet. Dies geschieht entlang der Oberkante einer Rippe, da an der Unterkante Nerven und Blutgefäße verlaufen, die sehr leicht verletzt werden können.[603] Wird demnach die Thoraxentlastungspunktion unsachgemäß an der Unterkante der Rippe durchgeführt, so besteht die Gefahr, die dort verlaufenden Gefäße und Nerven zu verletzen. Mögliche Folgen sind Blutungen oder dauerhafte Missempfindungen beziehungsweise Taubheit in dem vom entsprechenden Nerv versorgten Hautbereich. Darüber hinaus kann beim Einführen des Thoraxdrainage-Schlauches der metallene Führungsstab Organe in der direkten Umgebung verletzen. Dazu zählen das Herz, die Lunge, die Speise- und die Luftröhre, die Leber und das Zwerchfell, aber auch die große Hauptschlagader.
Aus diesem Grund ist stets auf den Einzelfall abzustellen. Es kann nur auf die objektiv situationsspezifische Gefährlichkeit des Werkzeugs ankommen und nicht auf das Vorliegen oder Fehlen von Ausbildungszeugnissen.[604] Allein das Bestehen einer – staatlich geforderten – Prüfung macht noch niemanden zu einem besonders guten oder wissenden Heilkundigen.[605] Deshalb kommt es im Ergebnis maßgeblich auf die konkrete Art und Weise der Verwendung des Gegenstands im Einzelfall sowie auf die Kenntnisse und Fähigkeiten des Durchführenden an.
Deshalb stellt die Verwendung einer Spritze bzw. einer Venenverweilkanüle grundsätzlich kein gefährliches Werkzeug dar, denn das hierdurch verursachte Loch in der Haut im Quadratmillimeterbereich ist nicht gefährlich.[606] Etwas anderes mag gelten, wenn der Einstichbereich besonders sen-

---

[603] Bertschat/Möller/Zander, Lehrbuch für den Rettungsdienst, S. 33; Kurz, in: Buschmann, Das ABCDE-Schema, S. 57.
[604] OLG Karlsruhe, NStZ 2022, 687; LK-StGB/Grünewald, § 224 Rn. 22; NK-StGB/Paeffgen/Böse/Eidam, § 224 Rn. 17.
[605] Edsen, Der Begriff des gefährlichen Werkzeugs, S. 53; NK-StGB/Paeffgen/Böse/Eidam, § 224 Rn. 17, wonach eine erfahrene Krankenschwester idR komplikationsloser spritzen kann als ein junger Arzt oder ein medizinischer Lehrstuhlinhaber.
[606] OLG Karlsruhe, NStZ 2022, 687 (688) mAnm. Vogel.

sibel ist, beispielsweise bei Spritzen in das Rückenmark. In der präklinischen Notfallversorgung wird eine Venenverweilkanüle jedoch hauptsächlich am Handrücken angelegt.
Mithin können Notfallsanitäter den Qualifikationstatbestand des § 224 Abs. 1 Nr. 2 StGB erfüllen, wenn sie medizinische Instrumente bei der Heilbehandlung verwenden und diese im Einzelfall – beispielsweise aufgrund mangelnder Fähigkeiten bei der Durchführung – geeignet sind, erhebliche Verletzungen hervorzurufen. Dies trifft jedoch nicht auf alle in der präklinischen Notfallversorgung verwendeten Instrumente zu.

III. Lebensgefährdende Behandlung

Schließlich könnten Notfallsanitäter eine lebensgefährdende Behandlung nach § 224 Abs. 1 Nr. 5 StGB begehen. Für eine Tatbegehung mittels einer das Leben gefährdenden Behandlung, lässt die herrschende Meinung[607] mit Blick auf die Intention des Gesetzgebers[608] eine abstrakte Lebensgefahr ausreichen. Es genügt ein Verhalten, das nach den konkreten Umständen (Art, Dauer und Stärke der Einwirkung) generell geeignet ist, das Leben des Patienten zu gefährden.[609] Nicht von Bedeutung ist, wie schwerwiegend der tatsächlich eingetretene Körperverletzungserfolg ist, solange eine Handlungsgefährlichkeit für das Leben des Patienten bestand.[610] Die Gefahr muss sich dabei nicht mal realisiert haben.[611] Es kommt demnach ausschließlich auf die abstrakte Gefährlichkeit der Behandlung, nicht auf diejenige einer eingetretenen Verletzung an.[612] Deshalb ist eine lebensgefährdende Behandlung nicht schon deshalb gegeben, wenn es in Folge einer Heilbehandlung sehr selten zu Komplikationen kommen kann.[613]

---

[607] BGH, NStZ 2007, 339; NStZ-RR 2010, 176 (177); LK-StGB/Grünewald, § 224 Rn. 34; Spickhoff/Knauer/Brose, Medizinrecht, StGB, § 224 Rn. 7; Schönke/Schröder/Sternberg-Lieben, StGB, § 224 Rn. 12.
[608] BT-Drs. 13/8587, S. 83.
[609] BGHSt 2, 160 (163); BGH, NStZ 2010, 276; NStZ 2021, 107; NStZ 2021, 494 (497); NStZ-RR 2021, 109 (110); NStZ-RR 2021, 211; NStZ-RR 2022, 205; OLG Köln, NJW 1983, 2274; Fischer, StGB, § 224 Rn. 27; MüKoStGB/Hardtung, § 224 Rn. 42; Jahn, JuS 2021, 368 (369); Schönke/Schröder/Sternberg-Lieben, StGB, § 224 Rn. 12; Waßmer, Medizinstrafrecht, § 4 Rn. 31.
[610] Hotz, NStZ 2020, 320 (325).
[611] BGHSt 2, 160 (163); 36, 1 (9); 36, 262 (265).
[612] BGH, NStZ 2012, 345; Fischer, StGB, § 224 Rn. 27.
[613] BGH, NStZ-RR 2021, 109 (110).

Nach der in der Literatur vertretenen Gegenauffassung ist hingegen die positive Feststellung einer konkreten Lebensgefahr anhand einer objektiven ex-post-Betrachtung zu fordern.[614] Hierdurch würde sich die Qualifikation der Nr. 5 aber stark an ein versuchtes Tötungsdelikt annähern und sich hinsichtlich ihres Unrechtsgehalts zu weit von den weiteren Varianten des § 224 Abs. 1 StGB entfernen.[615] Denn die Nr. 1 - 4 verlangen keine Gefahr für das Leben oder auch nur die Gefahr einer schweren Gesundheitsschädigung. Ausreichend ist somit die Gefährlichkeit der Heilbehandlung.
Als lebensgefährliche Behandlungen sind beispielsweise die Verabreichung von Medikamenten in entsprechender Dosierung oder Verletzungen mit elektrischem Strom angesehen worden, sodass eine nicht indizierte Defibrillation den Tatbestand erfüllt.[616] Hingegen stellt eine medizinisch indizierte und lege artis vorgenommene Reanimation des Patienten keine lebensgefährdende Behandlung dar, auch wenn mittels eines Defibrillators ein Stromstoß an den Patienten abgegeben wird, da dies nicht lebensgefährdend, sondern lebensrettend für den Patienten ist.

IV. Subjektiver Tatbestand

Für eine Strafbarkeit nach § 224 Abs. 1 StGB müssen Notfallsanitäter vorsätzlich handeln. Hierzu genügt bedingter Vorsatz.[617] Der Vorsatz des Notfallsanitäters muss sich auf die für die Qualifikation maßgeblichen Umstände erstrecken, also bei Nr. 1 die Gesundheitsschädlichkeit des Medikamentes[618] und bei Nr. 2 die besondere Gefährlichkeit des medizinischen Instruments[619]. Bei Nr. 5 müssen nach der Rechtsprechung in subjektiver Hinsicht die Umstände erkannt werden, aus denen sich die allgemeine Ge-

---

[614] NK-StGB/Paeffgen/Böse/Eidam, § 224 Rn. 28; Schröder, JZ 1967, 522; Stree, Jura 1980, 281 (291 f.)
[615] Hotz, NStZ 2020, 320 (325); Waßmer, Medizinstrafrecht, § 4 Rn. 31.
[616] Fischer, StGB, § 224 Rn. 30; Gercke/Leimenstoll/Stirner, Handbuch Medizinstrafrecht, Rn. 143.
[617] Gercke/Leimenstoll/Stirner, Handbuch Medizinstrafrecht, Rn. 144.
[618] BGHSt 19, 352 (353 f.); 36, 1 (15); BGH, NJW 2013, 2133 (2135); NStZ-RR 2013, 342; NStZ-RR 2015, 172 (174); OLG Bamberg, StV 2016, 296; Fischer, StGB, § 224 Rn. 32; MüKoStGB/Hardtung, § 224 Rn. 52; Lackner/Kühl/Heger/Heger, StGB, § 224 Rn. 9; Kraatz, Arztstrafrecht, Rn. 107; SK-StGB/Wolters, § 224 Rn. 12, 22, 37.
[619] Fischer, StGB, § 224 Rn. 32.

fährlichkeit des Handelns in der konkreten Situation für das Leben des Patienten ergibt.[620] Eine eigene Bewertung dieser Umstände als lebensgefährdend müsse nicht vorgenommen werden.[621] Nach der in der Literatur vertretenen Gegenauffassung müsse die Lebensgefährdung nach einer Parallelwertung in der Laiensphäre zumindest für möglich gehalten und billigend in Kauf genommen werden.[622] Im Falle einer nicht indizierten Dosierung eines Medikaments oder einer Defibrillation dürfte ausgebildeten Notfallsanitätern das Risiko einer Lebensgefährdung allgemein bekannt sein.
Mithin verwirklicht ein Notfallsanitäter den subjektiven Tatbestand, wenn ihm bewusst ist, dass keine Indikation für das Medikament bzw. die verabreichte Dosis oder Defibrillation vorliegt. Ist dem Notfallsanitäter bewusst, dass es ihm an den erforderlichen Kenntnissen und Fähigkeiten beim Umgang mit einem medizinischen Instrument mangelt, wodurch es bei der konkreten Art und Weise der Verwendung des Gegenstandes zu erheblichen Verletzungen kommen kann, so ist ein vorsätzliches Handeln zu bejahen.
Irrt der Notfallsanitäter allerdings über die Indikation bzw. die indizierte Dosis des Medikaments oder über den Stand seiner Kenntnisse und Fähigkeiten beim Umgang mit dem eingesetzten medizinischen Instrument, so handelt er nach § 16 Abs. 1 S. 1 StGB nicht vorsätzlich. Denn in diesen Fällen sind ihm die Umstände, aus denen sich die Gesundheitsschädlichkeit des Medikamentes, die besondere Gefährlichkeit des medizinischen Instruments oder die Lebensgefährlichkeit der Heilbehandlung ergibt, nicht bekannt.

V. Zwischenergebnis

Es lässt sich somit festhalten, dass Notfallsanitäter verschiedene Qualifikationstatbestände des § 224 Abs. 1 StGB bei der Behandlung eines Patienten verwirklichen können. Eine Strafbarkeit nach § 224 StGB scheidet jedoch aus, wenn der Grundtatbestand der Körperverletzung nach § 223

---

620 BGH, NJW 2013, 2133 (2135); NStZ 2013, 342; NStZ 2014, 618; NStZ-RR 2015, 172 (173), NStZ 2021, 107 (108).
621 BGHSt 2, 160 (163); 19, 352; 36, 1 (15); Fischer, StGB, § 224 Rn. 32.
622 MüKoStGB/Hardtung, § 224 Rn. 52; Lackner/Kühl/Heger/Heger, StGB, § 224 Rn. 9; NK-StGB/Paeffgen/Böse/Eidam, § 224 Rn. 35.

Abs. 1 StGB gerechtfertigt ist oder der Vorsatz aufgrund eines Erlaubnistatbestandsirrtums entfällt.

C. Körperverletzung mit Todesfolge

Eine Strafbarkeit nach § 227 Abs. 1 StGB kommt in Betracht, wenn eine vorsätzliche Körperverletzung den Tod des Patienten zurechenbar verursacht. Es handelt sich hierbei um ein erfolgsqualifiziertes Delikt, sodass dem Täter gemäß § 18 StGB hinsichtlich der Verursachung des Todes „wenigstens Fahrlässigkeit" zur Last fallen muss.[623] Hierbei gelten die allgemeinen Fahrlässigkeitsregeln.[624] Erforderlich ist zum einen Fahrlässigkeit und zum anderen ein Pflichtwidrigkeitszusammenhang zwischen der Fahrlässigkeit und der besonderen Folge.[625] Für eine Strafbarkeit nach § 227 Abs. 1 StGB muss Fahrlässigkeit bei Begehung des Grunddeliktes vorliegen, denn ein Erfolgsqualifikationstatbestand beschreibt kein weiteres Tatverhalten als das Grunddelikt.[626]
Die praktische Bedeutung des § 227 StGB ist allerdings gering, da es stets einer vorsätzlichen und rechtswidrigen Körperverletzung bedarf. Eine solche kommt bei Behandlungen in Betracht, die ohne wirksame Einwilligung erfolgten oder bei denen die Einwilligung auf einer Täuschung beruhte.[627]

I. Spezifischer Gefahrzusammenhang

§ 227 Abs. 1 StGB setzt voraus, dass der Täter durch die Körperverletzung den Tod „verursacht" hat. Demnach muss ein spezifischer Gefahrzusammenhang bestehen, im Tod des Patienten muss sich gerade die in der Begehung des Grunddelikts liegende typische Gefahr verwirklicht haben.[628] Hierbei ist umstritten, auf welchen Anknüpfungspunkt sich die spezifische Gefahr beziehen muss. Im Schrifttum wird verbreitet gefordert, der Tod

---

[623] Vgl. im Einzelnen zur Fahrlässigkeit Zweites Kap. F. I. 1.
[624] LK-StGB/Grünewald, § 226 Rn. 29 und § 227 Rn. 5; MüKoStGB/Hardtung, § 18 Rn. 17.
[625] MüKoStGB/Hardtung, § 18 Rn. 17.
[626] MüKoStGB/Hardtung, § 18 Rn. 18; LK-StGB/Bülte, § 18 Rn. 61 mwN.
[627] Waßmer, Medizinstrafrecht, § 4 Rn. 67.
[628] BGH, NStZ 2016, 211 (214); MüKoStGB/Hardtung, § 227 Rn. 9; BeckOK StGB/Kudlich, § 18 Rn. 15; Kuhli, JuS 2020, 289 (290); Schönke/Schröder/Sternberg-Lieben/Schuster, StGB, § 18 Rn. 4.

müsse gerade aus dem vorsätzlich zugefügten Körperverletzungserfolg resultieren. So muss nach der strengen Auffassung[629] die Körperverletzung als solche aus sich heraus in einem pathologischen Prozess einen tödlichen Ausgang nehmen können (Verletzungs-Letalitätstheorie). Nach anderer Auffassung[630] genügt es, dass der Körperverletzungserfolg erst mit typischen Komplikationen zum Tod führt (Erfolgs-Letalitätstheorie). Für beide Auffassung spricht neben dem Wortlaut die gebotene Restriktion des Tatbestandes.[631] Die herrschende Meinung[632] lässt es hingegen genügen, dass die Körperverletzungshandlung ein Risiko beinhaltet, das sich im Tod des Opfers realisiert (Handlungs-Letalitätstheorie). Hierdurch erfasst sie Fälle, in denen der Tod aus typischen Risikofaktoren resultiert, die mit der Körperverletzungshandlung verbunden sind. Für diese Sichtweise spricht, dass § 223 Abs. 1 StGB darauf abstellt, dass der Täter eine andere Person körperlich „misshandelt“ oder an der Gesundheit „schädigt“, also die „Körperverletzung“ zugleich die Handlung charakterisiert. Zudem kann auch eine Körperverletzungshandlung lebensgefährlich sein und den Tod bewirken. Darüber hinaus bezieht § 227 Abs. 1 StGB ausdrücklich die §§ 223 - 226a StGB mit ihren Versuchsregelungen ein, womit das Handlungsstadium erfasst ist.[633] Den Vorzug verdient jedoch eine vermittelnde Auffassung,[634] die restriktiv nur solche Körperverletzungshandlungen einbezieht, die eine lebensgefährdende Behandlung iSd § 224 Abs. 1 Nr. 5 StGB darstellen (Lebensgefährdungstheorie). Hierfür spricht, dass hiermit die Strafbarkeit auf diejenigen Fälle begrenzt werden kann, in denen sich eine vorhersehbare Lebensgefahr realisiert.[635] Konsequenzen hat der Streit für den erfolgsqualifizierten Versuch, bei dem die Körperverletzung nur versucht wird, aber dennoch der Tod eintritt. Sowohl die Verletzungs- als auch die Erfolgs-Letalitätstheorie setzen einen Körperverletzungserfolg und damit ein vollendetes Grunddelikt voraus, sodass der erfolgsqualifizierte Versuch des § 227 StGB nicht strafbar wäre. Nach der Handlungs-Letalitäts-

---

[629] BeckOK StGB/Eschelbach, § 227 Rn. 6; NK-StGB/Paeffgen/Böse/Eidam, § 227 Rn. 14 f.; Schönke/Schröder/Sternberg-Lieben, StGB, § 227 Rn. 5.
[630] MüKoStGB/Hardtung, § 227 Rn. 11.
[631] Waßmer, Medizinstrafrecht, § 4 Rn. 69.
[632] BGH, NJW 1960, 683 (684); NJW 1982, 2831; JuS 2003, 503 (504); NStZ 2008, 686; Rönnau, JuS 2020, 108 (111).
[633] BGH, JuS 2003, 503 (504).
[634] Kraatz, Arztstrafrecht, Rn. 124 mwN; Sowada, Jura 2003, 549 (555).
[635] Waßmer, Medizinstrafrecht, § 4 Rn. 69.

theorie genügt dagegen, dass der Täter zur Körperverletzungshandlung unmittelbar ansetzt.[636] Nach der Lebensgefährdungstheorie ist ein erfolgsqualifizierter Versuch nur möglich, wenn die vorgestellte Körperverletzungshandlung § 224 Abs. 1 Nr. 5 StGB erfüllt.
Komplikationen bei einer Medikamentengabe – insbesondere aufgrund einer Überdosierung –, eine nicht indizierte Defibrillation des Patienten oder eine unsachgemäße Durchführung einer Thoraxdrainage stellen eine typische Gefahr für den Eintritt des Todes des Patienten dar. Hierbei handelt es sich auch um lebensgefährdende Behandlungen iSd § 224 Abs. 1 Nr. 5 StGB.[637] Im Ergebnis würden Kausalität und ein spezifischer Gefahrzusammenhang in den hier interessierenden Fällen zwischen der Körperverletzungshandlung sowie dem Körperverletzungserfolg und der schweren Folge bestehen, sodass ein Streitentscheid nicht erforderlich ist.

II. Ausschluss der Zurechenbarkeit

Bei einer eigenverantwortlichen Selbstgefährdung kann es am spezifischen Gefahrzusammenhang fehlen. So wird die Zurechnung unterbrochen, wenn der Patient freiverantwortlich eine lebensrettende Heilbehandlung verweigert.[638] Am Zurechnungszusammenhang fehlt es jedoch nicht, wenn ein Patient im Zustand der Schuldlosigkeit agiert, also insbesondere nach Medikamentengabe oder der Selbstgefährdung infolge einer Täuschung eine fehlerhafte Willensbildung zugrunde liegt.[639] Die Zurechnung entfällt ferner, wenn der Tod des Patienten bei einem pflichtgemäßen Verhalten des Notfallsanitäters eingetreten wäre.[640] Also der Patient auch bei indizierter und lege artis vorgenommener Heilbehandlung verstorben wäre. Schließlich kann es am spezifischen Gefahrzusammenhang fehlen, wenn das Verhalten eines Dritten, das der vorsätzlichen Körperverletzung nachfolgt, den Tod des Patienten herbeiführt. Demnach schließt ein grober Be-

---

636 BGH, JuS 2003, 503 (504).
637 Vgl. Zweites Kap. B. III.
638 Schönke/Schröder/Sternberg-Lieben, StGB, § 227 Rn. 4; Waßmer, Medizinstrafrecht, § 4 Rn. 73.
639 Schönke/Schröder/Sternberg-Lieben, StGB, § 227 Rn. 4; Waßmer, Medizinstrafrecht, § 4 Rn. 73.
640 Schönke/Schröder/Sternberg-Lieben, StGB, § 22 Rn. 4 mwN.

handlungsfehler des im Anschluss behandelnden Arztes den Zurechnungszusammenhang aus,[641] da sich dann nicht das spezifische Risiko der präklinischen Erstversorgung realisiert. Dagegen unterbrechen (leicht) fahrlässige Behandlungsfehler den Zurechnungszusammenhang nicht.[642]

III. Zwischenergebnis

Eine Strafbarkeit wegen Körperverletzung mit Todesfolge gemäß § 227 Abs. 1 StGB dürfte in den hier interessierenden Fällen nicht in Betracht kommen, da es am erforderlichen Grundtatbestand der vorsätzlichen, rechtswidrigen Körperverletzung fehlen wird. Entweder ist die Körperverletzung nach den dargestellten Grundsätzen gerechtfertigt, oder der Notfallsanitäter dürfte einem Erlaubnistatbestandsirrtum unterliegen, sodass nach der rechtsfolgenverweisenden Schuldtheorie die Vorsatzschuld entfällt. Die vorliegende Untersuchung hat nämlich gezeigt, dass das Bewusstsein darüber, dass die vorzunehmende Rettungshandlung durch einen Rechtfertigungsgrund gedeckt werde, einen zentralen Aspekt bei der Frage darstellt, ob ein Notfallsanitäter diese Maßnahme durchführen soll oder nicht. Meint er, die Handlung sei nicht gerechtfertigt und damit rechtswidrig, so wird er sie nicht durchführen, denn es wird ein rechtmäßiges Verhalten erwartet. Notfallsanitäter werden eine medizinische Maßnahme nur dann durchführen, wenn sie das Bewusstsein haben, dabei gerechtfertigt zu sein. Etwas anderes mag gelten, wenn sich Notfallsanitäter bewusst gegen die Entscheidung des Patienten stellen und diesen entgegen seinem (mutmaßlichen) Willen behandeln. In einem solchen Fall kann sich der Notfallsanitäter weder auf einen Rechtfertigungsgrund noch auf einen Erlaubnistatbestandsirrtum berufen. Die irrige Annahme eines Rechtfertigungsgrundes kommt insoweit nicht in Betracht, da Notfallsanitätern aufgrund ihrer Ausbildung bekannt ist, dass eine Rechtfertigung bei entgegenstehendem Willen des Patienten ausscheidet.

D. Zur Strafbarkeit wegen fahrlässiger Körperverletzung

Eine Strafbarkeit wegen fahrlässiger Körperverletzung gemäß § 229 StGB kommt in den hier interessierenden Fällen bei Vornahme einer medizini-

---

[641] Schönke/Schröder/Sternberg-Lieben, StGB, § 227 Rn. 4.
[642] BeckOK StGB/Eschelbach, § 227 Rn. 9.

schen Maßnahme insbesondere bei Vorliegen eines Erlaubnistatbestandsirrtums in Betracht. Denn wie bereits dargestellt, werden Notfallsanitäter bei der Durchführung von medizinischen Maßnahmen vorsätzlich handeln, denn ihnen wird bewusst sein, dass sie die körperliche Unversehrtheit des Patienten – Verletzung der Körpersubstanz – beeinträchtigen und es wird ihnen bei der indizierten Gabe eines Medikaments gerade auf dessen pharmakologische Wirkung ankommen, sodass eine Gesundheitsschädigung vorliegt.[643] Allerdings werden Notfallsanitäter regelmäßig davon überzeugt sein, dass ihr Handeln gerechtfertigt ist, weil eine wirksame Einwilligung vorliegt oder ihr Handeln durch den mutmaßlichen Willens des Patienten gedeckt ist.[644]

Nach § 16 Abs. 1 S. 2 StGB analog kommt bei Vorliegen eines Erlaubnistatbestandsirrtums eine Bestrafung wegen einer Fahrlässigkeitstat in Betracht, wenn der Notfallsanitäter den Irrtum bei sorgfaltsgemäßer Prüfung hätte vermeiden können.[645] Maßgeblich hierfür ist, ob die Annahme einer (mutmaßlichen) Einwilligung auf einer pflichtgemäßen Einschätzung der Situation anhand der persönlichen Fähigkeiten des handelnden Notfallsanitäters beruht.[646] Dies ist anhand einer Einzelfallprüfung festzustellen. In diese Prüfung ist bei irriger Annahme einer mutmaßlichen Einwilligung insbesondere der Zustand des Patienten, wie er sich aus Sicht des handelnden Notfallsanitäters darstellt, einzubeziehen. Folglich, ob aus Sicht des Notfallsanitäters ein lebensbedrohlicher Zustand vorlag, welcher eine sofortige medizinische Intervention erforderte, sodass ein weiteres Zuwarten nicht möglich war. Dabei wäre die tatsächlich zu erwartene Eintreffzeit eines Notarztes von Bedeutung. Diesbezüglich wäre wiederum zu berücksichtigen, inwieweit es dem Notfallsanitäter möglich gewesen wäre, sich zu erkundigen, indem er die Rettungsdienstleitstelle konsultiert bzw. das Notarzteinsatzfahrzeug per Funk unmittelbar kontaktiert.

Stellt eine indizierte Medikamentengabe per se keine Gesundheitsschädigung dar, kann sich der Vorwurf einer fahrlässigen Körperverletzung insbesondere aufgrund der unsachgemäßen Durchführung ergeben. Bei der Gabe von Glukose kann es beispielsweise neben einer Venenreizung zu

---

643 Vgl. Zweites Kap. A. II.

644 Vgl. Zweites Kap. A. V. 1. zu möglichen Konstellationen eines Erlaubnistatbestandsirrtums von Notfallsanitätern.

645 BGH, NStZ 2012, 272 (274).

646 Momsen/Rackow, JA 2006, 654 (661).

Nekrosen kommen, wenn es nicht in, sondern neben die Blutgefäße verabreicht wird (Paravasal).[647] Verabreicht der Notfallsanitäter dieses Medikament sorgfaltswidrig paravasal, ist der objektive Tatbestand des § 229 StGB als erfüllt anzusehen. Der objektive Tatbestand einer fahrlässigen Körperverletzung wird durch den Notfallsanitäter ebenso erfüllt sein, wenn eine Überdosierung des Medikaments zu einer Gesundheitsschädigung iSd § 223 StGB führt – welche bei indizierter Dosierung zu verneinen wäre. Beispielsweise weist das Medikament „Midazolam" körperliche Nebenwirkungen unter anderem in Form einer Atemdepression, Hypotonie sowie Bradykardie lediglich bei Überdosierung auf.[648] In diesen Fällen kommt es dem Notfallsanitäter nicht auf die gesundheitsschädliche pharmakologische Wirkung des Medikaments an, allerdings dürfte er sorgfaltswidrig hinsichtlich der Dosierung handeln. Solche Überdosierungssachverhalte enden in der Regel mit dem Tod des Patienten, weshalb dies zu einem späteren Zeitpunkt ausführlich beleuchtet wird.[649]

E. Zur Strafbarkeit wegen vorsätzlicher Tötung

In diesem Teil der Untersuchung soll geklärt werden, wie es sich mit der Strafbarkeit eines Notfallsanitäters im Hinblick auf ein Erfolgsdelikt verhält, wenn der Patient im Laufe der rettungsdienstlichen Notfallversorgung verstirbt.

Die Verwirklichung eines Tötungsdelikts setzt voraus, dass zunächst die Kriterien des Todeszeitpunktes festgelegt werden. Denn der Tod eines Menschen stellt die Grenze dar, die über eine Einordnung von medizinischem Handeln als Tötungs- bzw. Körperverletzungsdelikt entscheidet.[650] Denn der Schutzbereich der Tötungs- und Körperverletzungsdelikte endet dort, wo der Mensch nicht mehr lebt, da sie nur den Schutz des lebenden Menschen bezwecken.[651] Aus diesem Grund kann ausschließlich bis zu diesem Zeitpunkt eine strafrechtsrelevante Tötung begangen werden. Es ist zwischen dem normativ maßgeblichen Todesbegriff und den medizinisch-beweismäßigen Todesfeststellungskriterien zu differenzieren.[652]

---

[647] Standardarbeitsanweisungen und Behandlungspfade im Rettungsdienst, S. 52.
[648] Bäumel/Hergeth/Bein/Creutzenberg, Pharmakotherapie in der Intensivmedizin, S. 204.
[649] Siehe Zweites Kap. F.
[650] Schönke/Schröder/Eser/Sternberg-Lieben, StGB, Vor § 211 ff. Rn. 16.
[651] Weilert, MedR 2020, 814 (820).
[652] Schönke/Schröder/Eser/Sternberg-Lieben, StGB, Vor § 211 ff. Rn. 18.

Letztere betreffen die Frage, mit welchen Methoden, Anzeichen und Kriterien zweifelsfrei festgestellt werden kann, ob der Tod eingetreten ist.[653] In der Medizin ist die Feststellung des Hirntods als anerkanntes Zeichen des Todeseintritts eines menschlichen Individuums zugrunde gelegt. Demgemäß ist das Ende des menschlichen Lebens im irreversiblen und vollständigen Ausfall der Gehirnfunktion zu sehen.[654] Problematisch ist, dass außerhalb eines Krankenhauses eine sichere Hirntoddiagnostik nicht möglich ist. Die Hirntoddiagnostik setzt kumulativ voraus, dass der Patient bewusstlos ist, eine beidseitige Mydriasis und fehlende Lichtreaktion beider Pupillen aufweist, keine Spontanatmung vorhanden ist sowie eine zerebrale Areflexie (das Ausbleiben gehirngesteuerter Reflexe), eine Nulllinie im Elektroenzephalogramm und angiografisch ein intrakranieller Kreislaufstillstand nachgewiesen wird.[655] Die beiden letztgenannten Kriterien bzw. Untersuchungen können ausschließlich in einem Krankenhaus durchgeführt werden. Infolgedessen ist bei einem Patienten im Rettungsdienst mit Herzkreislaufstillstand davon auszugehen, dass dieser zwar ein Sterbender, aber noch kein Toter ist, denn der Hirntod folgt erst binnen 5 - 8 Minuten nach dem unbehandelten klinischen Tod.[656] Anderes kann nur dann gelten, wenn sichere Todeszeichen vorliegen. Zu den sicheren Todeszeichen zählen Totenflecken (Livor mortis), Totenstarre (Rigor mortis) sowie Verwesung und Verletzungen, die mit dem Leben nicht zu vereinbaren sind. Bei Vorliegen dieser Zeichen kommt ein Tötungsdelikt nicht in Betracht, da der Patient bereits verstorben ist.

Im Falle des Todes des Patienten während der präklinischen Versorgung ist eine Strafbarkeit wegen Totschlags gemäß § 212 Abs. 1 StGB in Erwägung zu ziehen. Ist der objektive Tatbestand von § 212 Abs. 1 StGB erfüllt, so stellt sich im Rahmen des subjektiven Tatbestandes die Frage, ob der handelnde Notfallsanitäter vorsätzlich gehandelt hat. Es ist zwischen den beiden Erscheinungsformen des direkten Vorsatzes und des Eventualvorsatzes zu differenzieren:

---

[653] Schönke/Schröder/Eser/Sternberg-Lieben, StGB, Vor § 211 ff. Rn. 19.

[654] BGH, NJW-RR 2017, 98 (100 f.); Fischer, StGB, Vor § 211-217 Rn. 15; LK-StGB/Rosenau, Vor § 211 ff. Rn. 20 ff.; Schreiber, JZ 1983, 593; SK-StGB/Sinn, § 212 Rn. 6; Waßmer, Medizinstrafrecht, § 2 Rn. 21.

[655] BÄK-Richtlinie, DÄBl. v. 30.03.2015, S. 1 ff.

[656] Bockelmann, Strafrecht des Arztes, S. 111.

Dolus directus 1. Grades liegt vor, wenn der Täter einen bestimmten Erfolg zielgerichtet anstrebt.[657] Da im Rahmen der vorliegenden Untersuchung lediglich solche Fälle untersucht werden, in denen Notfallsanitäter den Notfallpatienten retten und gerade nicht töten wollen, scheidet die Tötungsabsicht als Vorsatzform aus.
Dolus directus 2. Grades bedeutet, dass der Täter weiß oder sicher voraussieht, dass sein Handeln zur Verwirklichung des gesetzlichen Tatbestandes führt.[658] Es kann im vorliegenden Kontext nicht davon ausgegangen werden, dass Notfallsanitäter im Falle eines als sicher oder höchstwahrscheinlich vorhergesehenen Todeseintritts durch eine medizinische Maßnahme diese überhaupt ergreifen. Dass Notfallsanitäter bei einer lebensrettenden medizinischen Maßnahme einen als Nebenfolge verbundenen Todeseintritt als gewiss oder höchstwahrscheinlich voraussehen, erscheint angesichts der in den hier untersuchten Notfallsituationen wohl häufig bestehenden unvollständigen Kenntnis über den genauen Zustand des Patienten und eventueller negativer Konsequenzen als Nebenfolge der gewählten medizinischen Maßnahme als kaum denkbar und äußerst unwahrscheinlich.[659] Eine solche Konstellation soll daher nicht weiter vertieft werden. Mithin scheidet dolus directus 2. Grades hinsichtlich der Tötung aus.
Die dritte Art des Vorsatzes ist der Eventualvorsatz (dolus eventualis). Nach ständiger Rechtsprechung handelt der Täter mit bedingtem Vorsatz, wenn er den Taterfolg als mögliche, nicht ganz fernliegende Folge seines Handelns erkennt und dies billigt oder sich um des erstrebten Zieles willen zumindest mit dem Taterfolg abfindet, mag ihm der Erfolgseintritt auch gleichgültig oder per se unerwünscht sein.[660] Die Rechtsprechung betont, dass das Vorliegen gefährlicher Umstände nicht automatisch die Billigung des möglichen Erfolges bedeutet.[661] Vor allem im Bereich der Tötungsdelikte ist zwar aufgrund einer lebensgefährdenden Gewalttätigkeit des Täters der Schluss auf dessen Eventualvorsatz möglich, aber nicht zwingend, da vor dem Tötungsvorsatz eine wesentlich größere Hemmschwelle steht als vor dem bloßen Verletzungsvorsatz.[662] Selbst wenn der Täter das Opfer in äußerste Gefahr bringt und mit einem tödlichen Ausgang rechnet, ist es

---

[657] BGHSt 16, 1; 18, 246; Wessels/Beulke/Satzger, Strafrecht AT, § 7 Rn. 325.
[658] Wessels/Beulke/Satzger, Strafrecht AT, § 7 Rn. 330.
[659] Boll, Kompetenzüberschreitung, S. 12 f.
[660] BGH, NStZ-RR 2012, 105; NStZ 2016, 211 (215); NJW 2020, 2900 (2902); NJW 2021, 326 (327); Wessels/Beulke/Satzger, Strafrecht AT, § 7 Rn. 337.
[661] BGHSt 36, 1 (10); BGH, NJW 1999, 2533 (2534).
[662] BGH, NStZ 1988, 361; 1992, 125.

nicht ausgeschlossen, dass der Täter ernsthaft und nicht nur vage auf einen guten Ausgang vertraut und somit nur bewusst fahrlässig handelt.[663] Auch die Motivationslage ist von Relevanz. Ein Tötungsvorsatz wird dann fehlen, wenn es an einem nachvollziehbaren Grund für eine so schwerwiegende Tat wie die Tötung eines Menschen mangelt.[664] Die Rechtsprechung verwendet hierfür unter anderem folgende Formulierung: „Bedingt vorsätzliches Handeln setzt voraus, dass der Täter den Eintritt des tatbestandlichen Erfolgs als möglich und nicht ganz fernliegend erkennt, ferner, dass er ihn billigt oder sich um des erstrebten Zieles willen mit der Tatbestandsverwirklichung abfindet".[665] Die Annahme von Billigung liegt nahe, wenn der Täter sein Vorhaben trotz äußerster Gefährlichkeit durchführt, ohne auf einen glücklichen Ausgang vertrauen zu können, und wenn er es dem Zufall überlässt, ob sich die von ihm erkannte Gefahr verwirklicht oder nicht.[666] Dies bedeutet für den medizinischen Bereich, dass auch von dolus eventualis in aller Regel nicht gesprochen werden kann. „In Wahrheit fehlt es in Fällen, in denen ein lebensgefährlicher Eingriff die einzige Möglichkeit der Lebensrettung bietet, am Tötungsvorsatz."[667] Denn die Annahme, dass sich die Art und Weise der Behandlung eines Patienten nicht am Wohl des Patienten orientiert, liegt auch bei medizinisch grob fehlerhaftem Verhalten häufig fern, sodass die ausdrückliche Erörterung der Frage, ob der Behandelnde das Leben des Patienten vorsätzlich geschädigt hat, nur unter besonderen Umständen geboten ist.[668] Der mit Rettungsabsicht agierende Notfallsanitäter würde die Heilbehandlung nicht fortsetzen, wenn er den Tod des Patienten hinnehmen müsste. Er möchte ihn nicht eventualiter mitverwirklichen, nimmt ihn also nicht billigend in Kauf.[669]

F. Zur Strafbarkeit wegen fahrlässiger Tötung

Ist als Folge einer vom Notfallsanitäter vorgenommenen Maßnahme iSd § 4 Abs. 2 Nr. 2 lit. c) NotSanG der Patient ums Leben gekommen und liegt – wie durchweg – kein Tötungsvorsatz vor, so stellt sich die Frage nach einer Strafbarkeit wegen fahrlässiger Tötung gemäß § 222 StGB.

---

[663] BGH, NStZ 1982, 506 f.
[664] BGH, NStZ 1994, 483 (485).
[665] BGH, NStZ 1994, 483 (484) mwN.
[666] BGH, NStZ-RR 2011, 110.
[667] Bockelmann, Strafrecht des Arztes, S. 70.
[668] BGH, NStZ 2004, 35 (36); medstra 2015, 41 (44).
[669] Grahlmann, Heilbehandlung, S. 19; Boll, Kompetenzüberschreitung, S. 14.

I. Tatbestandsmäßigkeit des Verhaltens

„Jede Rechtsnorm, die fahrlässiges Verhalten unter Strafe stellt, verlangt von jedermann die Anwendung der objektiv gebotenen Sorgfalt, die erforderlich ist, um die Verwirklichung des Tatbestandes zu vermeiden.“[670] Elemente der Fahrlässigkeit sind nach Rechtsprechung und herrschender Meinung die Verletzung einer Sorgfaltspflicht bei objektiver und individueller Vorhersehbarkeit und Vermeidbarkeit der Tatbestandsverwirklichung sowie die Erkennbarkeit der Rechtswidrigkeit.[671] Es ist demnach zwischen objektiven und subjektiven Elementen zu trennen und eine Doppelprüfung vorzunehmen. Zunächst ist im Tatbestand festzustellen, dass eine Sorgfaltspflicht objektiv verletzt wurde, die dem Schutz des Rechtsguts dient und der Erfolgseintritt objektiv vorhersehbar war. Anschließend ist im Rahmen der Schuld zu prüfen, ob der Täter die Sorgfaltspflichtverletzung und den Erfolgseintritt nach seinen individuellen Fähigkeiten und dem Maß seiner individuellen Könnens hätte vermeiden können.[672]

1. Die Verletzung der objektiven Sorgfaltspflicht

Art und Maß der anzuwendende Sorgfalt bestimmen sich nach den Anforderungen, die bei einer Betrachtung der Gefahrenlage ex-ante an einen besonnenen und gewissenhaften Menschen in der konkreten Situation und in der sozialen Rolle des Handelnden zu stellen sind.[673] Dies bedeutet zunächst einmal, dass von Notfallsanitätern erwartet wird, dass sie so handeln, wie dies von einem gewissenhaften Notfallsanitäter bei Vornahme einer medizinischen Maßnahme erwartet werden kann.

Die Sorgfaltspflichten, die für das Medizinstrafrecht Bedeutung haben, werden durch außerstrafrechtliche Normen konkretisiert. Hierbei haben Sondernormen zentrale Bedeutung, da der Gesetzgeber damit für bestimmte Situationen verbindliche Vorgaben aufgestellt und eine Interessenabwägung vorgenommen hat.[674] Nach § 630a Abs. 2 BGB hat die Behandlung

---

[670] Jescheck/Weigend, Strafrecht AT, § 55 I 1.

[671] Fischer, StGB, § 15 Rn. 23 mwN; Rostalski, JuS 2021, 827 (830); Wessels/Hettinger/Engländer, Strafrecht BT 1, § 2 Rn. 154.

[672] Waßmer, Medizinstrafrecht, § 7 Rn. 4.

[673] BGH, NJW 2000, 2754 (2758); NStZ 2003, 657 (658); NStZ 2005, 446 (447); Jescheck/Weigend, Strafrecht AT, § 55 I 2 b); Ladwig, medstra 2021, 285 (288); Landau, wistra 1999, 47 (49).

[674] Wessels/Beulke/Satzger, Strafrecht AT, § 18 Rn. 1127.

des Patienten „nach den zum Zeitpunkt der Behandlung bestehenden, allgemein anerkannten fachlichen Standard zu erfolgen, soweit nicht etwas anderes vereinbart ist". Dies gilt für alle Angehörige der Heilberufe, deren Ausbildung nach Art. 74 Abs. 1 Nr. 19 GG durch Bundesgesetz geregelt ist, selbst wenn sie keinen akademischen Heilberuf ausüben.[675]
Dem anerkannten rettungsdienstlichen Standard entspricht ein Handeln, das nach medizinisch-wissenschaftlicher Erkenntnis zur Erreichung des Behandlungsziels erforderlich ist und sich im Rahmen von Erprobungen bewährt hat.[676] Entscheidend für die Bestimmung des Standards sind medizinische und keine juristischen Maßstäbe.[677] Maßstab ist demnach das nach dem bewährten, nach naturwissenschaftlichen Erkenntnissen gesicherten, von einem durchschnittlich befähigten Notfallsanitäter verlangte Maß an Kenntnis und Können, wobei aufgrund der Möglichkeit ernster Folgen hohe Anforderungen an das Sorgfaltsmaß zu stellen sind.[678] Indem er für den Einzelfall die sachgemäße Behandlungsmethode umschreibt, legt der rettungsdienstliche Standard die äußere und innere Sorgfalt im Höchstmaß fest. Allerdings unterliegt er einer ständigen Weiterentwicklung aufgrund neuer medizinischer Erkenntnisse mit der Folge, dass in der Vergangenheit anerkannte, aber inzwischen überholte Therapieformen nicht mehr Standard sein können.[679] Bei einer juristischen Kontrolle der Tätigkeit des Behandelnden ist durch medizinisch-wissenschaftliche Parameter festzustellen, ob dieser Standard im Einzelfall eingehalten wurde.[680] Zu berücksichtigen ist jedoch, dass die Sorgfaltspflichten, die an einen

---

[675] BT-Drs. 17/10488, S. 17.

[676] BGH, NJW-RR 2014, 1053 (1054), NJW, 2016, 713 (714); Frahm, NJW 2021, 216; Ladwig, medstra 2021, 285 (290); Prütting, MedR 2017, 531.

[677] Vgl. für das Zivilrecht nur BGH, NJW 2015, 1601 (1602); Gaßner/Strömer, MedR 2012, 159 (163); Jansen, Der Medizinische Standard, S. 183 ff.; Katzenmeier, in: Laufs/Katzenmeier/Lipp, Arztrecht, Kap. 10 Rn. 14; Rulands, MedR 2021, 813 (815).

[678] BGHSt 6, 282 (288); BGHZ 144, 296 (305 f.); BGH, NJW 2000, 2754 (2758); NStZ 2003, 657 (658); OLG Hamm, MedR 1993, 447 (449).

[679] Deutsch/Spickhoff, Medizinrecht, Rn. 15; Kern/Rehborn, in: Laufs/Kern/Rehborn, ArztR-HdB, § 96 Rn. 27.

[680] Frahm/Jansen/Katzenmeier/Kienzle/Kingreen/Lungstras/Saeger/Schmitz-Luhn/Woopen, MedR 2018, 447 (449).

Notfallsanitäter zu stellen sind, grundsätzlich unterhalb des (not-)ärztlichen Standards liegen.[681] Die Standardarbeitsanweisungen und Behandlungspfade im Rettungsdienst konkretisieren den an einen Notfallsanitäter zu stellenden Sorgfaltsmaßstab, da sie Grundlage der Ausbildung sind und die Einhaltung dieses Maßstabes von einem gewissenhaften Notfallsanitäter erwartet werden kann. Sie entsprechen indes dem aktuellen medizinisch-wissenschaftlichen Standard in der präklinischen Notfallmedizin, da im Rahmen der regelmäßigen Modifizierungen und Ergänzungen beständig neue wissenschaftliche Erkenntnisse und Rückmeldungen aus der rettungsdienstlichen Praxis einfließen.

Mithin werden jedenfalls diejenigen medizinischen Maßnahmen sorgfaltsmäßig durchgeführt, die auf Grundlage der Standardarbeitsanweisungen und Behandlungspfade im Rettungsdienst vorgenommen werden, da sie der lex artis entsprechen. Es liegt somit kein sorgfaltswidriges Handeln eines Notfallsanitäters vor, wenn dieser die Standardarbeitsanweisungen und Behandlungspfade im Rettungsdienst anwendet. Der Vorwurf einer Sorgfaltspflichtverletzung kann sich somit ausschließlich daraus ergeben, dass Notfallsanitäter eine Heilbehandlung übernehmen, die sie nicht vollständig beherrschen oder die sie unsachgemäß – also nicht entsprechend der Standardarbeitsanweisungen und Behandlungspfade im Rettungsdienst – durchführen. Grundsätzlich ist zwischen der sogenannten Übernahmefahrlässigkeit und dem Ausführungsverschulden zu differenzieren. Übernahmefahrlässigkeit liegt vor, wenn eine Behandlung vorgenommen wird, obwohl die Kompetenz oder die technisch-apparative Ausstattung für die sorgfaltsgemäße Ausführung dieser Behandlung entweder fehlt, oder wenn die Behandlung aufgrund eines Fähigkeitsabfalls nicht mehr zuverlässig durchgeführt werden kann.[682] Wer an den Grenzen seines eigenen Könnens angelangt ist, hat andere hinzuzuziehen und die weitere Durchführung zu unterlassen.[683] Denn Inhalt der Sorgfaltspflicht ist es vor allem, die aus dem konkreten Verhalten erwachsenden Gefahren für das geschützte Rechtsgut zu erkennen und sich darauf richtig einzustellen, also die gefährliche Handlung nur unter ausreichenden Sicherheitsvorkehrungen vorzunehmen oder

---

[681] LG München I, VersR 2014, 1086 (1087, 1090) für Rettungsassistenten; Brose, VersR 2014, 1172 (1177); gleiches gilt für einen Heilpraktiker, der invasive Maßnahmen durchführt, Taupitz, NJW 1991, 1505 (1509) unter Berufung auf RGSt 67, 12 (22 f.).

[682] OLG Koblenz, MedR 2017, 52 (55); Deutsch/Spickhoff, Medizinrecht, Rn. 208.

[683] Deutsch/Spickhoff, Medizinrecht, Rn. 208.

sie ganz zu unterlassen.[684] Ausführungsverschulden bezeichnet indes die Sorgfaltswidrigkeit bei der Durchführung einer Heilbehandlung.[685] Im Folgenden sollen die möglichen Sorgfaltspflichtverletzungen näher betrachtet werden.

a. Diagnosefehler

Die Feststellung und medizinische Beurteilung der Beschwerden des Patienten durch Anamnese, Untersuchung und Auswertung der erhobenen Befunde (Diagnose) ist die Grundlage der rettungsdienstlichen Behandlung. Fehler in diesem Bereich können sich dadurch ergeben, dass Notfallsanitäter es ganz oder teilweise unterlassen, notwendige und für die Heilbehandlung wesentliche Befunde zu erheben (unterlassene Befunderhebung). Ein Diagnosefehler kann aber auch dann vorliegen, wenn Notfallsanitäter aufgrund einer falschen Deutung der erhobenen Befunde und Symptome einen nicht indizierten Algorithmus der Standardarbeitsanweisungen und Behandlungspfade im Rettungsdienst anwenden. Zu beachten ist jedoch, dass nicht jeder Fall der Fehlinterpretation automatisch mit einem Behandlungsfehler gleichzusetzen ist, vielmehr wird man bei ordnungsgemäßer Befunderhebung eine vorwerfbare Fehldiagnose nur ausnahmsweise und sehr zurückhaltend annehmen können.[686] Auch wenn eine Diagnose sich ex-post als falsch herausstellt, so muss dies nicht auf einer (objektiven) Verletzung von Sorgfaltspflichten beruhen, da die Symptome einer Erkrankung nicht immer eindeutig sind, sondern auf die verschiedensten Ursachen hinweisen können und jeder Patient wegen der Unterschiedlichkeiten des menschlichen Organismus die Anzeichen ein und derselben Krankheit in anderer Ausprägung aufweisen kann.[687]

---

684 BGHSt 5, 271; 53, 288; OLG Bamberg, NStZ-RR 2008, 10; Wessels/Beulke/Satzger, Strafrecht AT, § 18 Rn. 1121.

685 Boll, Kompetenzüberschreitung, S. 20.

686 BGH, NJW 2003, 2827 (2828); OLG Köln, VersR 2004, 794; OLG Koblenz, GesR 2011, 539; OLG Brandenburg, GesR 2012, 83 (84); Schönke/Schröder/Sternberg-Lieben/Schuster, StGB, § 15 Rn. 212i mwN.

687 BGH, MedR 1983, 107 (108); NJW 2003, 2827; OLG Hamm, VersR 2000, 101; OLG Köln, VersR 2004, 794; OLG Koblenz, GesR 2011, 539; OLG Karlsruhe, NJOZ 2016, 953 (959).

Dem Notfallsanitäter verbleibt deshalb angesichts der fehlenden Eindeutigkeit vieler Symptome sowie der Unwägbarkeiten des menschlichen Körpers ein Beurteilungs- und Bewertungsspielraum.[688] Eine Sorgfaltspflichtverletzung ist erst dann anzunehmen, wenn – aus der ex-ante-Sicht – aufgrund von Unachtsamkeit oder fehlender Kenntnisse bzw. Erfahrungen eindeutige Symptome bzw. ein klares Krankheitsbild verkannt bzw. fehlgedeutet und somit die vorliegenden Befunde in einer (schlechthin) unvertretbaren Weise falsch interpretiert werden.[689] Bei unsicheren Diagnosen müssen Notfallsanitäter in der Regel von der vital bedrohlichsten Erkrankung ausgehen und entsprechende Maßnahmen ergreifen.[690] Ein Diagnosefehler ist beispielsweise angenommen worden beim Übersehen einer ohne Weiteres erkennbaren Fraktur[691] oder dem Nichterkennen eines Herzinfarktes trotz eindeutiger Symptome.[692]

b. Sorgfaltspflichtverletzung bei der Durchführung der konkreten Therapie

Ein Fahrlässigkeitsvorwurf kann sich bei medizinischen Maßnahmen, die ein Notfallsanitäter grundsätzlich beherrscht, aus der fehlerhaften Durchführung der Maßnahme ergeben. So kann sich eine Sorgfaltspflichtverletzung beispielsweise bei der Anlage eines Tourniquets ergeben. Der erfolgreiche Einsatz des Tourniquets ist dabei wesentlich an die korrekte Anwendung gebunden.[693] Wird das Tourniquet zu locker angelegt, resultiert aus der Abbindung lediglich eine venöse Stauung, welche den Blutverlust verstärkt.[694] Auch der unsachgemäße Gebrauch einer Beckenschlinge birgt gerade bei unvorsichtigem Anheben des Patienten die Gefahr einer weiteren oder sekundären Beckendislokation mit gegebenenfalls zusätzlichen Gefäßverletzungen. Weiterhin ist der Ort der Anlage der Beckenschlinge entscheidend für deren korrekte Anlage und Effekt. Neben dem Anlageort

---

688 OLG Stuttgart, VersR 1995, 1441; OLG Hamm, AHRS 2002/3.

689 BGHZ 132, 47; OLG Schleswig, GesR 2004, 178; Gercke/Leimenstoll/Stirner, Handbuch Medizinstrafrecht, Rn. 294.

690 LG Potsdam, ZMGR 2009, 257; Gercke/Leimenstoll/Stirner, Handbuch Medizinstrafrecht, Rn. 294.

691 OLG Karlsruhe, GesR 2008, 45.

692 BGHZ 132, 47.

693 Hossfeld/Stöhr, in: Buschmann, Das ABCDE-Schema, S. 92.

694 Hossfeld/Stöhr, in: Buschmann, Das ABCDE-Schema, S. 93.

ist aber auch die Art der Kompression entscheidend.[695] Eine Überkompressionen kann zu sekundären Verletzungen und potenzieller Lebensgefahr des Patienten führen.[696]

Im Folgenden sollen mögliche Sorgfaltspflichtverletzungen bei der Arzneimitteltherapie näher dargestellt werden, da bei jedem Krankheitsbild welches in den Standardarbeitsanweisungen und Behandlungspfaden im Rettungsdienst dargestellt ist, der Einsatz mindestens eines Medikaments in Erwägung zu ziehen ist. Aus diesem Grund ergibt sich gerade im Bereich der Arzneimitteltherapie ein erhebliches Risiko einer Sorgfaltspflichtverletzung.

aa. Indikationsfehler

Die Indikation ist der medizinisch-fachlich allgemein anerkannte Grund für eine medizinische Behandlungsmaßnahme.[697] In der Arzneimitteltherapie meint Indikation die Eignung des Arzneimittels zur Behandlung.[698] Die Auswahl eines Arzneimittels stellt einen wesentlichen Teil der Heilbehandlung dar, mithilfe derer die diagnostizierte Krankheit geheilt oder gelindert werden soll.[699] In der Rechtsprechung wird generell eine strenge Indikationsstellung gefordert.[700] Wählen Notfallsanitäter ein nicht indiziertes Arzneimittel aus, so handelt es sich um einen Behandlungsfehler.[701] Sorgfaltspflichtverletzungen werden bei einer Arzneimitteltherapie häufig anhand der realen, in der Praxis auftretenden Fehler folgendermaßen klassifiziert: Gabe eines falschen Medikamentes, Medikamentenverwechslung, fehlerhafte Dosierung, falsche Applikationsart, Nichtbeachtung oder nicht rechtzeitige Erkennung individueller Kontraindikationen und Nebenwirkungen oder Arzneimittelwechselwirkungen.[702]

---

[695] Kleber, in: Buschmann, Das ABCDE-Schema, S. 102.
[696] Kleber, in: Buschmann, Das ABCDE-Schema, S. 103.
[697] Krudop-Scholz, Arzneibehandlung, S. 125; Zetkin/Schaldach/Ludewig, Lexikon der Medizin, Stichwort Indikation.
[698] Hart, Arzneimitteltherapie, S. 88.
[699] OLG München, NJW-RR 1992, 738.
[700] OLG Frankfurt a. M., AHRS 2705/9.
[701] Vgl. OLG Frankfurt a. M., AHRS 2705/7; Brüggemeier, Deliktsrecht, Rn. 652; Hart, Arzneimitteltherapie, S. 88 – dies gilt für einen Arzt, daher auch für Notfallsanitäter.
[702] OLG Frankfurt a. M., AHRS 2705/7; OLG Köln, AHRS 2705/111; Bergmann, Haftung des Arztes, S. 116.

Mit dem Begriff der medizinischen Kontraindikation werden Situationen umschrieben, die es verbieten, bestimmte diagnostische oder therapeutische Maßnahmen aufgrund eines zu hohen Risikos für den Patienten durchzuführen.[703] Werden beim Patienten mehrere Arzneimittel nebeneinander angewendet, kann es zu Arzneimittelwechselwirkungen kommen.[704] Solche Arzneimittelwechselwirkungen sind unerwünschte Wirkungen des Arzneimittels, die bei der Verwendung in Kombination mit anderen Arzneimitteln oder sonstigen Mitteln auftreten können.[705] Die Wirkung des helfenden Medikamentes kann durch die gleichzeitige Therapie mit anderen Medikamenten verringert, aufgehoben, verstärkt oder verlängert sein.[706] Nebenwirkungen sind wiederum alle beim bestimmungsgemäßen Gebrauch eines Arzneimittels auftretenden unerwünschten Begleiterscheinungen. Sorgfaltspflichtverletzungen können sich dabei sowohl bei eingetretenen unerwünschten Arzneimittelwirkungen innerhalb als auch außerhalb des pharmakodynamischen Wirkprofils ergeben. Reaktionen innerhalb des pharmakodynamischen Wirkprofils können bei jedem Menschen auftreten und sind dosisabhängig.[707] Sofern sich Nebenwirkungen aufgrund von Wirkstoffspiegeln außerhalb des therapeutischen Bereichs manifestieren, handelt es sich um Überdosierungssachverhalte.[708]

Notfallsanitäter sind aufgrund der Möglichkeit von Kontraindikationen, Wechselwirkungen und Nebenwirkungen vor Beginn der Arzneimitteltherapie zu einer sorgfältigen Anamnese verpflichtet und haben dabei zu prüfen, ob individuelle Faktoren des Patienten oder die gleichzeitige Einnahme anderer Arzneimittel absolut gegen die Anwendung des abstrakt zur Behandlung der Erkrankung geeigneten Arzneimittels sprechen.[709] Dies dient der Erkenntnis von Arzneimittelunverträglichkeiten, -resistenzen,[710] Allergien, Wechselwirkungen und Inkompatibilitäten. Eine Verletzung

[703] Zetkin/Schaldach/Ludewig, Lexikon der Medizin, Stichwort Kontraindikation.
[704] Krudop-Scholz, Arzneibehandlung, S. 126.
[705] Rehmann, Arzneimittelrecht, § 11 Rn. 7.
[706] LG Köln, AHRS 2715/4.
[707] Czechanowski/Weber, in: Dölle/Müller-Oerlinghausen/Schwabe, Grundlagen der Arzneimitteltherapie, S. 270 (271).
[708] BGH, VersR 1967, 775.
[709] Krudop-Scholz, Arzneibehandlung, S. 127.
[710] BGH, AHRS 2705/1.

dieser Pflicht stellt einen Behandlungsfehler dar und begründet einen Fahrlässigkeitsvorwurf.[711]

bb. Applikationsfehler

Eine fehlerhafte Applikation liegt bei einer ungeeigneten Darreichungsform oder einer fehlerhaften Applikationsmethode vor.[712] Nicht nur die Überdosierung eines Medikamentes kann enorme negative Auswirkungen auf den menschlichen Organismus haben, sondern ebenso die Wahl einer ungeeigneten Darreichungsform, da die Wirkung des Arzneimittels nicht allein durch seine Wirkstoffeigenschaften bestimmt wird, sondern auch durch die Darreichungsform für den Wirkstoff. Im Rettungsdienst findet hauptsächlich eine intravenöse Applikation in das Körperinnere mittels einer Venenverweilkanüle statt.[713] Die Applikation eines Medikamentes kann jedoch auch intramuskulär,[714] intraossär,[715] intranasal,[716] buccal,[717] sublingual,[718] rektal[719] oder oral[720] vorgenommen werden. Dabei sind die unterschiedlichen Dosierungen für die jeweilige Applikationsmethode zu beachten.[721]

Notfallsanitäter handeln sorgfaltswidrig, wenn sie zwar den indizierten Algorithmus anwenden möchten, ihnen hierbei jedoch Behandlungsfehler in Form einer medikamentösen Überdosierung oder einer fehlerhaften Applikationsform unterlaufen.

---

[711] Hart, Arzneimitteltherapie, S. 109 ff., der einen umfassenden Überblick über die Problematik des Behandlungsfehlers im Rahmen einer Arzneimitteltherapie gibt.

[712] Hart, Arzneimitteltherapie, S. 108; Krudop-Scholz, Arzneibehandlung, S. 128.

[713] Enke/Flemming/Hündorf/Knacke/Lipp/Rupp, LPN1, S. 232.

[714] Unter einer intramuskulären Applikation versteht man die Injektion in einen Muskel.

[715] Unter einer intraossären Applikation versteht man die Injektion in die Knochenmarkshöhle.

[716] Unter einer intranasalen Applikation versteht man die Injektion in das Nasenloch.

[717] Unter einer buccalen Applikation versteht man die Verabreichung über die Mundschleimhaut.

[718] Bei einer sublingualen Applikation wird das Medikament unter die Zunge eingebracht.

[719] Bei einer rektalen Applikation wird das Medikament in den After eingeführt.

[720] Bei einer oralen Applikation wird das Medikament über den Mund eingenommen.

[721] Vgl. Standardarbeitsanweisungen und Behandlungspfade im Rettungsdienst, S. 58.

c. Sorgfaltspflichtverletzung aufgrund Übernahmeverschuldens

Als Sorgfaltspflichtverletzung kommt ferner ein Übernahmeverschulden in Betracht. Ein Übernahmeverschulden liegt vor, wenn Notfallsanitäter eine Tätigkeit übernehmen, ohne über die dafür notwendigen Kenntnisse und Fähigkeiten zu verfügen.[722] Es mangelt an einem sicheren Beherrschen einer medizinischen Maßnahme. Dies ist beispielsweise gegeben, wenn eine unzureichende Kenntnis über die Kontraindikationen oder die Nebenwirkungen eines Medikamentes besteht oder auftretenden Nebenwirkungen aufgrund mangelnden Wissens nicht adäquat gegengesteuert werden kann.

Fehlt dem Notfallsanitäter die erforderliche Sachkunde für die medizinische Beurteilung, Aufklärung oder Durchführung einer Heilbehandlung oder beinhaltet diese ein Risiko für den Patienten und erfordert daher theoretisches ärztliches Wissen und besondere ärztliche Erfahrung, so besteht eine Pflicht zum Transport ins Krankenhaus oder zur Hinzuziehung eines Notarztes, um eine ärztliche Therapie zu ermöglichen.[723]

Es schließt sich die Frage an, wie die geforderte Befähigung eines Notfallsanitäters für eine konkrete medizinische Maßnahme beschaffen sein muss, um ein Übernahmeverschulden auszuschließen. Für das Beherrschen einer medizinischen Maßnahme ist es erforderlich, dass sie basierend auf theoretischen Wissen praktisch sicher angewendet werden kann, sodass mögliche Komplikationen bekannt sind sowie erkannt und abgewendet werden können. Hierzu zählt vor allem das pharmakologische Wissen über ein Arzneimittel im Hinblick auf dessen Wirkungen, Nebenwirkungen, Kontraindikationen und Risiken. Prinzipiell kann durch formale Qualifikationsnachweise in Form des Abschlusszeugnisses der Ausbildung unterstellt werden, dass eine medizinische Maßnahme beherrscht wird, die gelehrt, abgeprüft und bescheinigt wurde. Zudem wird im Rahmen der jährlichen Fortbildungspflicht für das Rettungsdienstpersonal die Durchführung medizinischer Maßnahmen gesondert durch den Ärztlichen Leiter Rettungsdienst geschult und abgeprüft.[724] Ein sicheres Beherrschen wird dabei aber nicht nur durch das Erreichen des Ausbildungszieles bzw. die Teilnahme an einer Fortbildung gewährleistet, sondern bedarf vielmehr

---

[722] BGHSt 10, 133 (134 f.); 40, 341 (343); 42, 235 (236 f.) 43, 306; 55, 121; BGH, NJW 2010, 2595 (2599); Brüning, ZJS 2010, 549 (552); Rostalski, JZ 2017, 560.

[723] Lippert, NJW 1982, 2089 (2091); Voigt, MedR 2017, 375 (377).

[724] Enke/Flemming/Hündorf/Knacke/Lipp/Rupp, LPN2, S. 77.

auch einer fortlaufenden praktischen Übung, da die medizinischen Maßnahmen auch manuelle Fähigkeiten erfordern.[725] Notfallsanitäter müssen die Durchführung einer Maßnahme demnach theoretisch überblicken als auch praktisch beherrschen, sodass sie diese verlässlich durchführen können.

In einem Strafverfahren sind deshalb im Hinblick auf die Frage, ob die durchgeführte Maßnahme beherrscht wurde, die tatsächlichen Fähigkeiten eines Notfallsanitäters zum Tatzeitpunkt eingehend zu ermitteln und nicht bloß formelle Qualifikationsnachweise bei der Beweisaufnahme zu würdigen. Es kann nicht per se ausgeschlossen werden, dass ein formeller Befähigungsnachweis ohne entsprechende Qualifikation ausgestellt wurde oder Fertigkeiten verlernt wurden. Es kommt daher für die Befähigung und somit für die Frage eines Beherrschens der Maßnahme auf den Grad der durch die vorgeschriebene Berufsausbildung tatsächlich erworbenen Qualifikation an.[726] Gleichzeitig kommt es weder auf formelle Qualifikationsnachweise an noch darauf, ob es sich bei einer medizinischen Maßnahme um eine solche handelt, die grundsätzlich dem Arzt vorbehalten ist,[727] sondern nur darauf, ob der Notfallsanitäter die Maßnahme tatsächlich beherrscht. Aus strafrechtlicher Sicht liegt eine Sorgfaltspflichtverletzung durch Übernahmeverschulden beim fahrlässigen Erfolgsdelikt folglich nur dann vor, wenn medizinische Maßnahmen durchgeführt werden, die nicht sicher beherrscht werden und für deren kunstgerechte Durchführung somit keine Gewähr geboten werden kann.[728]

An dieser Stelle kann festgehalten werden, dass alle beherrschten medizinischen Maßnahmen der Standardarbeitsanweisungen und Behandlungspfade im Rettungsdienst im Falle ihrer Durchführung kein Übernahmeverschulden darstellen. Nur solche medizinischen Maßnahmen, die ein Notfallsanitäter nicht sicher beherrscht, können ein Übernahmeverschulden begründen.[729]

---

[725] Boll, Kompetenzüberschreitung, S. 34.
[726] Rieger, NJW 1979, 1936 (1937).
[727] Hirsch, Leben retten 1978, 6 (7).
[728] OLG Oldenburg, VersR 1997, 749; Boll, Kompetenzüberschreitung, S. 36.
[729] Zu einer möglichen Fahrlässigkeitsstrafbarkeit des Ärztlichen Leiter Rettungsdienst Drittes Kap. A. VII.

d. Absenkung des Sorgfaltsmaßstabes in der präklinischen Notfallmedizin

Es stellt sich die Frage, ob sich aufgrund der tatsächlichen Gegebenheiten in der präklinischen Notfallmedizin eine Modifikation der dargestellten Grundsätze ergibt, also eine Absenkung des Sorgfaltsmaßstabes vorgenommen werden sollte. Eine Absenkung der an die Sorgfaltspflicht üblicherweise zu stellenden Anforderungen könnte in Betracht kommen, da in Notfallsituationen unter erheblichem Zeitdruck gehandelt werden muss und infolgedessen Notfallsanitäter gegebenenfalls nicht in demselben Maße kritisch zur Haftung herangezogen werden können wie andere Personen, die in Ruhe und nach Überlegung dasselbe getan haben.[730] Maßstab für die beim Fahrlässigkeitsdelikt zu stellende Anforderung ist der gewissenhafte und besonnene Mensch des Verkehrskreises, dem der Handelnde angehört, und zwar ein solcher Mensch in der konkreten Situation, in der der Handelnde sich befunden hat.[731] Es kann von einem Notfallsanitäter daher dasjenige verlangt werden, was nach den Umständen geboten ist und was von einem durchschnittlich sorgfältigen Notfallsanitäter in der gleichen Lage üblicherweise erwartet werden kann. Dies kann aber nichts daran ändern, dass ein Notfallsanitäter diesen Umständen entsprechend sorgfältig zu handeln hat. [732]
Fraglich ist, ob von Notfallsanitätern bei der Durchführung einer medizinischen Maßnahme grundsätzlich diejenige Sorgfalt verlangt werden kann, die ohne Not und Eile erwartet werden kann, oder ob in einer Notsituation die Sorgfaltsanforderungen entsprechend gesenkt werden müssen. Zu beachten ist jedoch, dass für Notfallsanitäter der Notfall, mit der für ihn charakteristischen Zeitknappheit und daher stressigen Situation, die Regel ist. Kernaufgabe der präklinischen Notfallversorgung ist die Durchführung lebensrettender Maßnahmen. Der Patient befindet sich in einem lebensbedrohlichen Zustand, weshalb Sekunden über Leben und Tod des Patienten entscheiden. Notfallsanitäter haben aufgrund ihrer Berufswahl im Dienst deshalb auch auf schwere Notfälle stets eingestellt zu sein. Weiterhin stellt die Durchführung von medizinischen Maßnahmen durch Notfallsanitäter

---

[730] Lippert/Weissauer, Rettungswesen, S. 93.
[731] Maiwald, FS Jescheck, S. 405 (417).
[732] Die Rechtsprechung hat den Sorgfaltsmaßstab nur für solche Bereiche der Notfallmedizin herabgesetzt, wo selbst eine sorgfältige Organisation und Vorbereitung auf den Notfall nicht die Erfüllung des optimalen Sorgfaltsmaßstabs gewährleisten kann, OLG Stuttgart, VersR 1994, 313; MedR 1997, 275.

die Regel dar, wenn ein Notarzt nicht gleichzeitig respektive rechtzeitig verfügbar ist. Dies zeigen das ausdrücklich geschriebene Ausbildungsziel des § 4 Abs. 2 Nr. 2 NotSanG sowie der Maßnahmenkatalog der Standardarbeitsanweisungen und Behandlungspfade im Rettungsdienst. Notfallsanitäter haben als umfassend ausgebildetes rettungsdienstliches Fachpersonal die lex artis der präklinischen Notfallmedizin zu beachten. Eine Herabsetzung des Sorgfaltsmaßstabes erscheint daher nicht sachgerecht.

2. Objektive Vorhersehbarkeit und Vermeidbarkeit

Der Eintritt des tatbestandlichen Erfolges muss beim Fahrlässigkeitsdelikt objektiv vorhersehbar und vermeidbar sein.[733] Der Kausalverlauf muss nach dem gewöhnlichen Gang der Dinge und im Rahmen gewöhnlicher Erfahrung zu erwarten gewesen sein (Adäquanz).[734] Nach der Rechtsprechung genügt es, wenn der Erfolg in seinem Endergebnis aus der ex-ante-Sicht vorausgesehen werden konnte und sich im Rahmen des pflichtwidrig geschaffenen Ausgangsrisikos bewegt.[735] Die Einzelheiten des konkreten Kausalverlaufs müssen hingegen nicht vorhersehbar gewesen sein.[736] An der Vorhersehbarkeit fehlt es, wenn ein (äußerst ungewöhnliche) Geschehensablauf so sehr außerhalb aller Lebenserfahrung lag, dass niemand mit diesem Erfolg zu rechnen brauchte.[737]
Nach diesen Grundsätzen ist die objektive Vorhersehbarkeit und Vermeidbarkeit im Rahmen der rettungsdienstlichen Patientenversorgung zu bejahen, denn die Möglichkeit des Erfolgseintritts ist zum Zeitpunkt der Vornahme einer nicht indizierten medizinischen Maßnahme bzw. bei der nicht ordnungsgemäßen Durchführung einer grundsätzlich indizierten Maßnahme nach allgemeiner Lebenserfahrung erkennbar. Ferner besteht für Notfallsanitäter die Möglichkeit, eine Gefahr für die Gesundheit und das Leben des Patienten nicht zu schaffen bzw. sie abzuwenden. Schließlich erwerben sie durch die Ausbildung die erforderlichen Kenntnisse um medizinische Maßnahmen ordnungsgemäß durchführen zu können. Diese

---

[733] Gercke/Leimenstoll/Stirner, Handbuch Medizinstrafrecht, Rn. 313; BeckOK StGB/Kudlich, § 15 Rn. 156; Schönke/Schröder/Sternberg-Lieben/Schuster, StGB, § 15 Rn. 180 f.
[734] BGH, NJW 2004, 237 (239).
[735] OLG Celle, NJW 2001, 2816.
[736] BGHSt 12, 75; OLG Nürnberg, NStZ-RR 2006, 248; OLG Stuttgart, NStZ 1997, 190 (191).
[737] BGHSt 3, 62 (64); 12, 75 (78); BGH, NJW 2004, 237; OLG Stuttgart, JZ 1980, 618.

werden durch die jährliche Fortbildungspflicht nach den jeweiligen Rettungsdienstgesetzen auch stetig aktualisiert.

3. Pflichtwidrigkeitszusammenhang

Der Pflichtwidrigkeitszusammenhang beschreibt eine über die Kausalität des Täterverhaltens für den tatbestandsmäßigen Erfolg hinausgehende, beim fahrlässigen Erfolgsdelikt nahezu einhellig geforderte Verbindung zwischen Sorgfaltswidrigkeit und Erfolg.[738] Grund für die Herbeiführung des Erfolges muss deshalb gerade die Sorgfaltswidrigkeit des Handelns gewesen sein. Bei wertender Betrachtung muss der Erfolg auf diejenigen Umstände zurückzuführen sein, die die Sorgfaltswidrigkeit des Täters begründen. Der tatbestandliche Erfolg muss „seinen Grund also gerade in der objektiven Pflichtverletzung haben".[739]
Danach kann der tatbestandliche Erfolg dem Täter nicht zugerechnet werden, wenn die konkrete Möglichkeit besteht, dass derselbe Erfolg auch bei pflichtgemäßem Verhalten des Täters eingetreten wäre, also auch bei rechtmäßigem Alternativverhalten.[740] Umstritten ist dabei, welcher Grad von Eintrittswahrscheinlichkeit für den hypothetischen Verlauf nach rechtmäßigem Alternativverhalten zu fordern ist:[741]
Nach der Rechtsprechung[742] und der überwiegenden Ansicht im Schrifttum[743] kann der tatbestandliche Erfolg dem Täter nur dann angelastet werden, wenn der strafrechtlich relevante Erfolg bei pflichtgemäßem Handeln mit an Sicherheit grenzender Wahrscheinlichkeit verhindert worden wäre. Bestehen hieran konkrete Zweifel und somit allenfalls eine hohe Wahrscheinlichkeit für einen Pflichtwidrigkeitszusammenhang, so sei der Täter in dubio pro reo freizusprechen.
Da eine Behandlung den Heilerfolg „wegen der Eigengesetzlichkeit und

---

[738] LK-StGB/Bülte, § 15 Rn. 181; Ladwig, medstra 2021, 285 (286); Magnus, JuS 2015, 402.
[739] BGHSt 11, 1 (7); BGH, NJW 2000, 2754 (2757).
[740] BGHSt 11, 1 (7); 30, 228 (230); 33, 61 (64); 45, 270 (295); 49, 1 (4); BGH, MedR 2004, 386 (387); Kretschmer, Jura 2000, 267 (274); Schönke/Schröder/Sternberg-Lieben, StGB, § 15 Rn. 129, 173 ff.
[741] Magnus, JuS 2015, 402 (404).
[742] BGHSt 11, 1 (4 ff.); 30, 228 (230); 37, 106 (127); 49, 1 (4); BGH, NStZ 2004, 151.
[743] Dencker, JuS 1980, 210 (212); Fischer, StGB, § 15 Rn. 29; Gercke/Leimenstoll/Stirner, Handbuch Medizinstrafrecht, Rn. 323; Kraatz, Fahrlässige Mittäterschaft, S. 345 ff.; Ulsenheimer, JZ 1969, 364 (366 ff.).

weitgehenden Undurchschaubarkeit des lebenden Organismus“[744] in der Regel nicht garantieren kann, reicht nach der Rechtsprechung für den Nachweis eines Pflichtwidrigkeitszusammenhangs die Feststellung aus, dass der Todeserfolg bei pflichtgemäßer medizinischer Behandlung mit an Sicherheit grenzender Wahrscheinlichkeit zu einem späteren Zeitpunkt eingetreten wäre.[745] Infolgedessen genügt die Verkürzung um lediglich einen Tag oder sogar wenige Stunden zur Bejahung eines Pflichtwidrigkeitszusammenhangs.[746]
Demgegenüber kann nach der im Schrifttum vereinzelt vertretenen Risikoerhöhungslehre[747] eine Zurechnung des tatbestandlichen Erfolges bereits dann erfolgen, wenn das pflichtwidrige Verhalten das Risiko des tatbestandlichen Erfolgseintritts wesentlich erhöht und nicht feststeht, dass der Erfolg ebenso bei pflichtgemäßen Verhalten eingetreten wäre.
Gegen die Risikoerhöhungslehre wird indes von der Rechtsprechung und dem überwiegenden Teil der Literatur eingewendet, sie führe systemwidrig zu einer strukturellen Umdeutung der fahrlässigen Erfolgsdelikte in Gefährdungsdelikte.[748] Dem ist zuzustimmen. Das Gesetz fordert einen Zusammenhang nicht nur zwischen der Handlung des Täters und der Risikosteigerung, sondern zwischen der Handlung und dem Erfolg.[749] Der Täter muss bei § 222 StGB durch seine sorgfaltswidrige Handlung gerade den Tod eines Menschen verursacht haben. Die bloße Steigerung einer Todesgefahr genügt indes nicht.
Es lässt sich somit festhalten, dass der tatbestandliche Erfolg „durch“ die Fahrlässigkeit herbeigeführt werden muss. Der erforderliche Pflichtwidrigkeitszusammenhang ist dabei nicht gegeben, wenn derselbe Erfolg auch bei Einhaltung der Standardarbeitsanweisungen und Behandlungspfade im Rettungsdienst nicht vermeidbar gewesen wäre.[750] Mithin scheidet eine Strafbarkeit wegen fahrlässiger Tötung aus, wenn der Patient auch bei einer lex-artis-Behandlung mit an Sicherheit grenzender Wahrscheinlichkeit im maßgeblichen Zeitpunkt verstorben wäre. Lässt eine diesbezügliche hypothetische Fragestellung keine sicheren Schlüsse zu, muss ein Zweifel, ob

---

[744] BGH, NJW 1977, 1102 (1103).
[745] BGH, NStZ 1981, 218 (219); NStZ 1985, 26 (27); BayObLG, JZ 1973, 319.
[746] BGHSt 21, 59 (61); BGH, NStZ 1981, 218 (219); NStZ 1985, 26 (27).
[747] Jescheck/Weigend, Strafrecht AT, § 55 II 2. b) aa); Magnus, JuS 2015, 402 (404); Ranft, NJW 1984, 1425 ff.; Roxin, ZStW 74, 411 ff.
[748] Rengier, Strafrecht AT, § 52 Rn. 35 f. mwN.
[749] Kraatz, Arztstrafrecht, Rn. 153.
[750] Vgl. Fischer, StGB, § 15 Rn. 29 mwN.

bei pflichtgemäßem Verhalten der Erfolg vermieden worden wäre, nach dem Grundsatz in dubio pro reo zugunsten des Notfallsanitäters berücksichtigt werden.[751] Anders formuliert: „Wenn sich die Zweifel an der Ursächlichkeit des vorwerfbaren Verhaltens zu einem für eine vernünftige, lebensnahe Betrachtung beachtlichen Grade verdichtet haben, so dürfen sie nicht zum Nachteil des Angeklagten unberücksichtigt bleiben".[752] Zur Verneinung des Rechtswidrigkeitszusammenhangs genügt mithin, wenn auf Tatsachen gestützte, mehr als nur theoretische Zweifel daran verbleiben, dass ein pflichtgemäßes Verhalten den Erfolgseintritt verhindert hätte.[753]

4. Zwischenergebnis im Hinblick auf die Erfüllung des Tatbestandes einer fahrlässigen Tötung

Maßgeblich für die Frage der Einhaltung oder Verletzung der Sorgfaltspflicht ist bei medizinischen Eingriffen durch Notfallsanitäter die Befolgung des Sorgfaltsmaßstabes, der an einen gewissenhaften Notfallsanitäter gestellt wird. Dieser wird nach § 630a Abs. 2 BGB dahingehend konkretisiert, dass die Behandlung nach den zum Zeitpunkt der Behandlung bestehenden, allgemein anerkannten fachlichen Standards zu erfolgen hat, soweit nicht etwas anderes vereinbart ist. Die Standardarbeitsanweisungen und Behandlungspfade im Rettungsdienst entsprechen dabei dem geforderten fachlichen Standard, denn diese beruhen auf medizinisch-wissenschaftlichen Erkenntnissen zur Erreichung des Behandlungsziels und haben sich im Rahmen von Erprobungen bewährt. Führen Notfallsanitäter medizinische Maßnahmen durch und beachten sie hierbei die Standardarbeitsanweisungen und Behandlungspfade im Rettungsdienst, handeln sie demnach sorgfaltsgemäß.
Sind Notfallsanitäter unter normalen Umständen von ihrem Kenntnis- und Erfahrungsstand in der Lage, eine medizinische Heilbehandlung am Patienten unter Einhaltung aller hierfür einschlägigen Standards durchzuführen und gegebenenfalls auftretende Komplikationen abzuwenden, so ist von einem sichereren Beherrschen der Maßnahme auszugehen und somit von einer Kompetenz, die Heilbehandlung vorzunehmen. Dabei ist allein auf das tatsächliche Beherrschen abzustellen. Wird eine sicher beherrschte

[751] Schönke/Schröder/Sternberg-Lieben/Schuster, StGB, § 15 Rn. 177.
[752] BGHSt 11, 4 f.
[753] Schönke/Schröder/Sternberg-Lieben/Schuster, StGB, § 15 Rn. 178.

indizierte Maßnahme unter Einhaltung aller Sorgfaltsregeln, also entsprechend der lex artis, durchgeführt und kommt es dabei dennoch zu einer Schädigung des Patienten, so scheidet eine Bestrafung wegen eines Fahrlässigkeitsdeliktes aus, da keine objektive Sorgfaltspflichtverletzung vorliegt, die dem Notfallsanitäter zum Vorwurf gemacht werden könnte. Bei einem sorgfaltsgemäßen Vorgehen des Notfallsanitäters hat daher auch die Erfolglosigkeit der Behandlung keinen Einfluss auf das Prüfungsergebnis. Unterläuft einem Notfallsanitäter bei der Durchführung ein Fehler, also wird von der medizinisch anerkannten Vorgehensweise abgewichen, obwohl die medizinische Maßnahme grundsätzlich sicher beherrscht wird, liegt eine objektive Sorgfaltspflichtverletzung vor. Führt ein Notfallsanitäter eine medizinische Maßnahme durch, die nicht sicher beherrscht wird, so liegt bereits in der Übernahme der Tätigkeit eine objektive Sorgfaltspflichtverletzung, die als Übernahmefahrlässigkeit bezeichnet wird. Da die Qualifikation, also die fachliche Kompetenz darüber entscheidet, ob eine Übernahmefahrlässigkeit bei einer Handlung vorliegt, dürfen Notfallsanitäter im Rahmen der objektiven Sorgfaltspflicht alle Maßnahmen ausführen, die sicher beherrscht werden. Eine Absenkung der Sorgfaltsanforderungen bei der Durchführung einer medizinischen Maßnahme kommt in der präklinischen Notfallmedizin nicht in Betracht, da Notfallsanitäter aufgrund ihrer Berufswahl im Dienst auf schwere Notfälle eingestellt sein müssen und daher auch bei Eile sorgfaltsgemäß zu handeln haben.
Die Fahrlässigkeitsdelikte setzen voraus, dass der Erfolg „durch" die Fahrlässigkeit herbeigeführt wird. Der erforderliche Pflichtwidrigkeitszusammenhang ist nicht gegeben, wenn derselbe Erfolg auch bei pflichtgemäßem Verhalten nicht vermeidbar gewesen wäre. Mithin scheidet eine Strafbarkeit wegen fahrlässiger Tötung aus, wenn der Patient auch bei einer lex-artis-Behandlung mit an Sicherheit grenzender Wahrscheinlichkeit im maßgeblichen Zeitpunkt verstorben wäre, also der Tod nicht verzögert worden wäre. Bestehen Zweifel daran, ob bei pflichtgemäßem Verhalten der Erfolg vermieden worden wäre, muss dies nach dem Grundsatz in dubio pro reo zugunsten des Notfallsanitäters berücksichtigt werden. Es genügt daher zur Verneinung des Rechtswidrigkeitszusammenhangs, wenn auf Tatsachen gestützte, mehr als nur theoretische Zweifel daran verbleiben, dass ein pflichtgemäßes Verhalten den Erfolgseintritt verhindert hätte.

II. Rechtfertigungsgründe

Es hat sich gezeigt, dass eine unsachgemäß und damit standardwidrig vorgenommene medizinische Maßnahme in bestimmten Sachverhaltskonstellationen gerechtfertigt sein kann, wenn sie fehlschlägt und der Notfallpatient gerade durch diese medizinische Maßnahme an Körper oder Gesundheit geschädigt wird.[754] Dies gilt auch, wenn der Patient ums Leben kommt. Die Rechtswidrigkeit der Tatbestandserfüllung kann auch bei Fahrlässigkeitsdelikten durch Rechtfertigungsgründe ausgeschlossen werden.[755] In Betracht kommen grundsätzlich die allgemeinen Rechtfertigungsgründe, insbesondere die (mutmaßliche) Einwilligung oder ein rechtfertigender Notstand.[756]

Im Bereich der rechtfertigenden Einwilligung ergibt sich für Notfallsanitäter in den hier interessierenden Fällen von in der konkreten Situation unsachgemäß durchgeführten Eingriffen zur Lebensrettung des Patienten damit Folgendes:

Liegt eine wirksame Einwilligung des Patienten in die geplante Heilbehandlung mit all ihren Unwägbarkeiten vor, so rechtfertigt diese sowohl den Eingriff als solchen (§ 223 Abs. 1 StGB) als auch eine eventuell eintretende Todesfolge (§ 222 StGB). In den hier interessierenden Konstellationen wird zwar häufig keine tatsächliche Einwilligung in Betracht kommen, weil der Patient in der lebensbedrohlichen Situation oft nicht mehr bei Bewusstsein sein wird. In den Fällen, in denen er noch bei Bewusstsein ist, kann es sein, dass er dennoch nicht in der Lage ist, wirksam in die Vornahme der geplanten Heilbehandlung einzuwilligen (zB aufgrund einer Schocksymptomatik[757]). Trotz praktisch geringerer Bedeutung sind die Fälle, in denen in einer solchen Notfallsituation eine Einwilligung des Patienten eingeholt werden kann, nicht auszuschließen.

Es handelt sich in den hier interessierenden Fällen zunächst einmal nicht um eine Einwilligung in eine Verletzung des geschützten Rechtsguts, denn der Patient willigt nicht in seinen Tod ein. Es handelt sich vielmehr um eine sogenannte Risiko-Einwilligung in eine bloße Rechtsgutsgefährdung.

---

754 Vgl. Zweites Kap. A. III.

755 MüKoStGB/Duttge, § 15 Rn. 199; Fischer, StGB, § 15 Rn. 25; Lackner/Kühl/Heger/Heger, StGB, § 15 Rn. 48.

756 Gercke/Leimenstoll/Stirner, Handbuch Medizinstrafrecht, Rn. 339.

757 Eine Schocksymptomatik kennzeichnet sich durch einen niedrigen Blutdruck bei erhöhter Herz- und Atemfrequenz sowie feuchte, blasse Extremitäten des Patienten, Enke/Flemming/Hündorf/Knacke/Lipp/Rupp, LPN1, S. 340.

Bei ihr ist der Rechtsgutsinhaber in Kenntnis der hieraus seinem Rechtsgut erwachsenden Gefahr mit der Vornahme riskanter Handlungen eines anderen einverstanden, in der Erwartung, die Gefahr werde sich nicht verwirklichen.[758] Die allgemeinen Einwilligungsregeln lassen sich auf die Fälle übertragen, in denen das spätere Opfer in das Risiko des eigenen Todes eingewilligt und sich dieses anschließend im Rahmen des von der Einwilligung gedeckten Geschehensablaufs verwirklicht hat, sodass letztlich eine Einwilligung auch bei einer fahrlässigen Tötung in Betracht kommt.[759] Denn die Einwilligung verliert ihre rechtfertigende Wirkung nur dort, wo die Grenze zur Sittenwidrigkeit überschritten wird. Für die Klassifizierung als „Sittenverstoß", spielt es aber keine Rolle, ob der Täter diese Gefahr vorsätzlich oder rein fahrlässig herbeiführt.[760] Für die Wirksamkeit der Einwilligung bei Fahrlässigkeitsdelikten gelten deshalb grundsätzlich die gleichen Voraussetzungen wie bei Vorsatzdelikten.[761] Erforderlich ist daher, dass der Einwilligende Inhaber des gefährdeten Rechtsguts ist, dass er einwilligungsfähig ist und dass er die Einwilligung zumindest konkludent zum Ausdruck gebracht hat. Weitere Voraussetzung ist, dass der Einwilligende in klarer Kenntnis des eingegangenen Risikos handelt. Der Patient ist daher über die mögliche Standardwidrigkeit und insbesondere über das damit einhergehende besondere Risiko aufzuklären. Zu bedenken ist aber, dass angesichts der Notfallsituation und der typischerweise knappen Zeit die Anforderungen an die Aufklärung des Patienten eingeschränkt sind.[762]
Beim fahrlässigen Erfolgsdelikt ist umstritten, ob in den Verletzungserfolg eingewilligt werden muss oder ob es genügt, dass in die Vornahme der gefährlichen Handlung eingewilligt wird:
Eine Ansicht verlangt, dass eine Einwilligung in den Verletzungserfolg vorliegen muss, wobei die Einwilligung, wenn sie erteilt wird, für den Fall des Erfolgseintritts gelten soll.[763]
Nach der überwiegenden Auffassung einschließlich der Rechtsprechung muss sich die Einwilligung nur auf die Gefährdungshandlung und das in

---

[758] Schönke/Schröder/Sternberg-Lieben, StGB, Vor § 32 ff. Rn. 102.
[759] BGH, NJW 2009, 1155 (1157); Fischer, StGB, § 228 Rn. 4a; Lackner/Kühl/Heger/Heger, StGB, § 228 Rn. 2a; NK-StGB/Paeffgen/Zabel, § 228 Rn. 9; a.A. Roxin, JZ 2009, 399 (400); Walter, NStZ 2013, 673 (677).
[760] MüKoStGB/Hardtung, § 228 Rn. 8.
[761] Schönke/Schröder/Sternberg-Lieben, StGB, Vor § 32 ff. Rn. 105 mwN.
[762] Vgl. Zweites Kap. A. III. 1. d. ee. (2).
[763] Geppert, ZStW 83, 947 (971); Krey, ZStW 90, 173 (197).

ihr liegende Risiko beziehen.[764] Die erteilte Einwilligung gilt hiernach auch für den Fall, dass die Gefährdung des Rechtsguts zu einer Verletzung führt.[765] Die Rechtmäßigkeit oder die Rechtswidrigkeit muss feststehen, bevor der Eingriff stattfindet, und darf nicht vom erst hinterher erkennbaren Ergebnis abhängen. Aus diesem Grund kann es für die Frage, ob die Einwilligung in die Fremdgefährdung wirksam ist, richtigerweise auch nicht auf die Schwere des tatsächlich eingetretenen Erfolgs ankommen, denn es geht hier ausschließlich um die Frage, ob die riskante Handlung als solche vorgenommen werden durfte.[766] Es genügt daher, wenn der Patient in Kenntnis der besonderen Gefahr in die Vornahme der an sich sorgfaltswidrigen Handlung und damit in die Gefährdung einwilligt, weil das hier bestehende gesteigerte Risiko einer Verletzung schon dann eingegangen werden darf, wenn der Einwilligende dieses Risiko bewusst auf sich nimmt.[767] Eine Rechtfertigung durch Einwilligung kommt hierbei jedoch nur hinsichtlich einer riskanten Therapie, die eine letzte Chance für den Patienten bietet, in Betracht. Es muss sich um die letzte verbleibende Chance der Lebensrettung handeln. Andernfalls ist auf das Eintreffen eines Notarztes zu warten.

Zu berücksichtigen ist, dass in der vorliegenden Sachverhaltskonstellation in eine Maßnahme eingewilligt wird, die für den Patienten im Falle ihres Scheiterns lebensgefährlich sein kann und im Ergebnis zum Tode führen kann. Es taucht mithin die Frage auf, ob angesichts des § 216 StGB, der die Tötung auf Verlangen unter Strafe stellt, in diesen extremen Notsituationen eine Einwilligung in das fahrlässige und lebensgefährdende Verhalten eines Notfallsanitäters überhaupt wirksam sein kann. Die Anwendbarkeit des § 216 StGB auf die Einwilligung in eine Lebensgefährdung ist umstritten:[768]

Nach einer Ansicht soll die Möglichkeit einer Rechtfertigung durch Ein-

---

[764] BGHSt 49, 34; 49, 166 (175); 53, 55; LK-StGB/Rönnau, Vor § 32 Rn. 165 mwN.

[765] Grahlmann, Heilbehandlung, S. 28.

[766] BGH, DAR 1961, 138 (139); OLG Hamm, MDR 1971, 67; Eser, JZ 1978, 368 (373); Schild, Jura 1982, 520 (524); Schönke/Schröder/Sternberg-Lieben, StGB, Vor § 32 Rn. 104.

[767] Brüning, ZJS 2009, 194 (195).

[768] Weber, FS Baumann, S. 43 (47).

willigung bei lebensgefährlichen Eingriffen wegen § 216 StGB ausscheiden.[769] Dies wird damit begründet, dass schon das Verlangen des Opfers nach dem Tod für den Täter keine rechtfertigende Wirkung habe und somit erst recht nicht die bloße Einwilligung ausreichen könne.[770] Weiterhin sei das Leben ein Rechtsgut der Allgemeinheit, sodass der von der Tat unmittelbar Betroffene nicht wirksam einwilligen könne, weil er nicht der alleinige Rechtsgutsträger sei.[771]

Nach anderer Ansicht werden Ausnahmen von der Anwendbarkeit des § 216 StGB auf die Einwilligung in die Lebensgefährdung zugelassen, weshalb eine Rechtfertigung lebensgefährlicher Behandlungen möglich sei.[772] § 216 StGB beziehe sich ausweislich seines Wortlauts nur auf die vorsätzliche gezielte Tötung eines anderen.[773] Der Patient wolle aber im Falle einer Lebensgefährdung im Unterschied zur vorsätzlichen Tötung auf Verlangen gerade nicht seinen Tod.[774] Weiterhin sei § 216 StGB angesichts der Straflosigkeit der Selbsttötung und der Teilnahme daran eine Ausnahmebestimmung und als solche restriktiv zu handhaben und lasse daher keine Schlüsse auf die Unwirksamkeit der Einwilligung in das bloße Risiko zu.[775] Eine Einwilligung in lebensgefährliche Behandlungen scheitere daher nicht am Verbot des § 216 StGB, wenn es sich um die Ultima-Ratio-Therapie handelt.[776] Diese sei weder sittenwidrig noch stehe die Lebensgefährdung zur Wahrung einer letzten Lebenschance außer Verhältnis.[777]

Die erstgenannte Ansicht bietet zwar grundsätzlich einen wirksamen und absoluten Lebensschutz, jedoch führt sie in der vorliegend untersuchten Konstellation dazu, dass der Lebensschutz sich gegen das Leben richten würde. Mit der pauschalen Ablehnung einer Einwilligung in die Gefährdung des Lebens liefert sie den Patienten gegebenenfalls dem sicheren Tod aus. Es ist aber noch immer besser, das einzige Mittel zur Abwendung des

---

769 BGHSt 4, 88 (93); 7, 112 (114); OLG Celle, MDR 1980, 74; Fischer, StGB, § 222 Rn. 3; Stefanopoulou, ZStW 124, 689 (709 f.); Ulsenheimer, in: Laufs/Kern/Rehborn, ArztR-HdB, § 150 Rn. 58.

770 BayObLG, NJW 1957, 1245 (1246); Grahlmann, Heilbehandlung, S. 30.

771 BGHSt 4, 88 (93); BGH, VRS 17, 227 (279); BayObLG, NJW 1957, 1245 (1246).

772 OLG Zweibrücken, NZV 1994, 35 (36); Beling, ZStW 44, 220 (233); Schönke/Schröder/Sternberg-Lieben, StGB, Vor § 32 Rn. 104 mwN.

773 Schönke/Schröder/Sternberg-Lieben, StGB, Vor § 32 ff. Rn. 104.

774 OLG Zweibrücken, NZV 1994, 35 (36); Amelung/Eylmann, JuS 2001, 937 (945); Schönke/Schröder/Sternberg-Lieben, StGB, Vor § 32 ff. Rn. 104.

775 Schaffstein, FS Welzel, S. 557 (571).

776 Grahlmann, Heilbehandlung, S. 45.

777 Dölling, GA 1984, 71 (89).

Todes anzuwenden, als nichts zu tun.[778] Die Rechtsordnung verlangt nicht, dass die letzte Chance deshalb versäumt wird, weil der Versuch, sie zu nutzen, scheitern kann.[779] Die verbleibende Rettungschance sollte vielmehr genutzt werden können. Für Notfallsanitäter würde andernfalls ein unlösbarer Gewissenskonflikt entstehen. Blieben sie untätig, so würde ihnen eine Strafbarkeit wegen Unterlassen drohen, wenn es noch eine Handlungsmöglichkeit gegeben hätte. Handeln Notfallsanitäter hingegen, obwohl sie sich der korrekten Durchführung nicht (mehr) ganz sicher sind, und gefährden dabei das Leben des Patienten, so würden sie sich dem Vorwurf der Fahrlässigkeitsstrafbarkeit aussetzen. Dem Patienten, der eine Behandlung in der letzten Hoffnung seiner Lebensrettung wünscht, kann eine Beachtlichkeit seiner Entscheidungsautonomie nicht abgesprochen werden. Niemand wünscht den Tod oder eine Schädigung iSd § 226 Abs. 1 StGB herbei, sodass ein Überwiegen des Lebensschutzes gegenüber der Entscheidungsautonomie gegeben ist, die im Übrigen zunächst lediglich zu einer bloßen Gefährdung und nicht zu einer Verletzung des Rechtsguts führt.

Die besseren Argumente sprechen deshalb dafür, die Einwilligung in die Lebensgefährdung im Falle einer unsachgemäßen Heilbehandlung, welche die letzte Chance für den Patienten bietet, nicht am Verbot des § 216 StGB scheitern zu lassen. Eine rechtfertigende Einwilligung kommt also in Betracht, wenn auch deren sonstige Voraussetzungen erfüllt sind. Möchte man diese aufgrund der Indisponibilität des Rechtsguts Lebens allein nicht genügen lassen, so ist auf § 34 StGB zur Rechtfertigung zurückzugreifen.[780]

Wie bereits dargestellt, scheitert die Einwilligung in eine riskante Heilbehandlung nicht an der Sittenwidrigkeitsklausel des § 228 StGB, auch wenn diese ein erhebliches Risiko des Todeseintritts herbeiführt. Handelt es sich bei der Vornahme einer nicht sicher beherrschten medizinischen Maßnahme um die letzte verbleibende Rettungschance und dient sie demnach der Abwendung des Todes, so steht § 228 StGB einer wirksamen Einwilligung ausnahmsweise nicht entgegen.[781] Rechtswidrig bleibt die Tat aber immer dann, wenn Notfallsanitäter riskante Handlungen vornehmen, die durch die Einwilligung in die lebensgefährdende Maßnahme nicht gedeckt sind.

---

[778] Bockelmann, Strafrecht des Arztes, S. 101.

[779] Bockelmann, Strafrecht des Arztes, S. 70.

[780] NK-StGB/Neumann, § 34 Rn. 32; Schönke/Schröder/Perron, StGB, § 34 Rn. 8a.

[781] LK-StGB/Grünewald, § 228 Rn. 26; Hardtung, JuS 2008, 960.

Im Bereich der mutmaßlichen Einwilligung wird es dem mutmaßlichen Willen des Patienten entsprechen, wenn Notfallsanitäter auch eine nicht sicher beherrschte Maßnahme, und damit einen risikoreichen, hochgefährlichen Eingriff vornehmen, wenn dieser eine kalkulierbare Rettungschance bietet, denn die einzige Alternative wäre das tatenlose Hinnehmen seines Sterbens.[782] Voraussetzung ist jedoch, dass das Eintreffen eines Notarztes nicht abgewartet werden kann.

Darüber hinaus kommt eine Rechtfertigung nach Maßgabe des rechtfertigenden Notstandes in Betracht. Die Möglichkeit einer Rechtfertigung durch § 34 StGB scheitert nicht an dem Umstand, dass mit dem Rettungseingriff ein hoch- oder im Falle der Tötung höchstrangiges Rechtsgut beeinträchtigt wird. In den hier interessierenden Fällen kommt für eine unsachgemäß durchgeführte medizinische Maßnahme die Rechtfertigung auch einer fahrlässigen Tötung durch § 34 StGB in Betracht. Der Annahme eines rechtfertigenden Notstands steht vorliegend nicht entgegen, dass Menschenleben nach herrschender Meinung im Hinblick auf Art. 2 Abs. 2 S. 1 GG (Recht auf Leben) iVm Art. 1 Abs. 1 GG (Menschenwürdegarantie) einer Abwägung nicht zugänglich sind.[783] In den vorliegenden Sachverhaltskonstellationen findet nämlich keine Abwägung von Menschenleben statt, sondern es geht nur um *ein* Leben desselben Rechtsgutsträgers. In der hier konkret gegebenen Interessenkonstellation kann somit auch ein möglicher Eingriff in ein höchstrangiges Rechtsgut wie in das Leben durch § 34 StGB gerechtfertigt sein.[784] Eine Rechtfertigung nach § 34 StGB ist anzunehmen, wenn die vorzunehmende Chancen- und Risikoabwägung ergibt, dass die mit der Rettungshandlung verbundenen Risiken geringer sind als diejenigen Gefahren, denen das bedrohte Rechtsgut bei Unterlassen der Rettungshandlung ausgesetzt wäre. Es kann sich demnach ein Übergewicht zugunsten der Durchführung eines riskanten Eingriffs ergeben, wenn der Zustand des Patienten entsprechend kritisch ist und keinerlei Alternativen zur Vornahme dieser Handlung bestehen, auch wenn die riskante Rettungshandlung tödlich verläuft.[785] Erforderlich hierfür ist allerdings, dass der handelnde Notfallsanitäter gewisse theoretische und/oder auch praktische

---

[782] Roxin/Greco, Strafrecht AT I, § 18 Rn. 23.

[783] BVerfGE 115, 118 (140 ff.); Kühl, Strafrecht AT, § 8 Rn. 114; Küper, JuS 1981, 785 ff.; Roxin/Greco, Strafrecht AT I, § 16 Rn. 33 f.; Waßmer, JA 2021, 298 (301).

[784] NK-StGB/Neumann, § 34 Rn. 68; LK-StGB/Zieschang, § 34 Rn. 112.

[785] LK-StGB/Zieschang, § 34 Rn. 112, 114.

Kenntnisse aufweisen kann, die Anlass zu der Erwartung geben, dass immerhin eine gewisse Wahrscheinlichkeit dafür besteht, dass die Durchführung der medizinischen Maßnahme trotz der Qualifikationsmängel Erfolg haben kann.

Ferner kann sich ein Notfallsanitäter bei fahrlässigen Aufklärungsmängeln auf das Rechtsinstitut der hypothetischen Einwilligung berufen, wenn der Patient bei einer Aufklärung über die Abweichungen von der lex artis in die Durchführung der medizinischen Maßnahme eingewilligt hätte.[786]

Resümierend kann festgehalten werden, dass eine Rechtfertigung in Sachverhaltskonstellationen in Betracht kommt, in denen kumulativ folgende Voraussetzungen gegeben sind:

- Der Patient befindet sich in Lebensgefahr, sodass ihm bis zum sicher erscheinenden Todeseintritt nur noch eine verhältnismäßig kurze Zeitspanne zum Leben verbleibt. Maßgebliche Betrachtungsweise hierfür ist die ex-ante-Sicht des Notfallsanitäters in der konkreten Notfallsituation sowie dessen Beurteilung.
- In der konkreten Notfallsituation ist weder ein Notarzt noch eine andere Person, die die an sich indizierte medizinische Maßnahme sicher beherrscht (beispielsweise ein anderer Notfallsanitäter), sondern nur der betreffende Notfallsanitäter anwesend. Aus der Sicht dieser Person ist mit dem Eintreffen eines Notarztes oder eines anderen Notfallsanitäters, der die medizinische Maßnahme sicher beherrscht, während der Zeitspanne, in der noch eine Rettungschance für den Patienten besteht, nicht zu rechnen.
- Alle vom Notfallsanitäter in der konkreten Situation zur Verfügung stehenden und von ihm beherrschten medizinischen Maßnahmen sind nicht ausreichend, um den Patienten dauerhaft oder bis zum Eintreffen eines Notarztes am Leben zu erhalten.
- Ein Notfallsanitäter weist für die durchzuführende medizinische Maßnahme gewisse theoretische oder praktische Kenntnisse oder Erfahrungen auf, die – wenn sie auch nicht den Anforderungen an ein sicheres Beherrschen der medizinischen Maßnahme zu entsprechen vermögen – wenigstens Grund zur Annahme einer Rettungschance im Falle der Durchführung geben.

---

[786] Vgl. Zweites Kap. A. III. 4.

III. Schuld

Nach dem verfassungsrechtlich gewährleisteten Schuldprinzip setzt die Verhängung von Strafe die persönliche Schuld des Täters voraus.[787] Ein Notfallsanitäter kann daher wegen eine fehlerhaften Behandlung nur dann strafrechtlich belangt werden, wenn ihm dieser Behandlungsfehler persönlich zum Vorwurf gemacht werden kann.[788] Beim Fahrlässigkeitsdelikt setzt der Schuldvorwurf neben der Schuldfähigkeit und dem Nichtvorliegen von Entschuldigungsgründen voraus, dass der (konkrete) Täter im Zeitpunkt der Tatbegehung nach seinen persönlichen Kenntnissen und Fähigkeiten in der Lage war, die Sorgfaltspflicht zu erfüllen (subjektive Sorgfaltspflichtverletzung) und die Verwirklichung des Tatbestandes vorauszusehen (subjektive Vorhersehbarkeit).[789]

1. Subjektive Sorgfaltspflichtverletzung

Der Schuldvorwurf hängt bei Fahrlässigkeitsdelikten davon ab, dass der handelnde Notfallsanitäter subjektiv nach seinen persönlichen Fähigkeiten und individuellen Kenntnissen sowie Erfahrungen imstande war, in der konkreten Situation die verlangte Sorgfalt aufzubringen, also das pflichtwidrige Verhalten zu vermeiden und die Tatbestandsverwirklichung vorauszusehen.[790] Dies erfordert, dass der handelnde Notfallsanitäter nach seinen individuellen Fähigkeiten, Kräften, Erfahrungen und Kenntnissen in der kritischen Situation die sorgfaltswidrige Handlung und den Erfolg hätte vermeiden können.[791] Konsequenterweise ist daher zu verlangen, dass es dem Notfallsanitäter erkennbar gewesen sein muss, dass er den Anforderungen der von ihm übernommenen Tätigkeit nicht gewachsen sein werde. Bei der pflichtwidrigen Tätigkeitsübernahme ist ein Vorwurf daher nur dann begründet, wenn der Notfallsanitäter weiß oder wissen

---

[787] BVerfG, NJW 2002, 1779.

[788] Gercke/Leimenstoll/Stirner, Handbuch Medizinstrafrecht, Rn. 340.

[789] BGHSt 14, 52 (53 f.); 40, 341 (348); Fischer, StGB, § 15 Rn. 31 ff.

[790] RGSt 64, 316 (320); 74, 195 (198); BGHSt 24, 213 (216 f.); 49, 1 (5); BGH, NJW 1984, 655 (657); NStZ 2008, 686 f.; OLG Köln, NStZ-RR 2002, 304; OLG Hamm, VRS 10, 367; MüKoStGB/Duttge, § 15 Rn. 206; Lackner/Kühl/Heger/Heger, StGB, § 15 Rn. 49; Jescheck/Weigend, Strafrecht AT, § 57 III 1 mwN; Schönke/Schröder/Sternberg-Lieben/Schuster, StGB, § 15 Rn. 199; Ulsenheimer in: Laufs/Kern/Rehborn, ArztR-HdB, § 149 Rn. 110.

[791] Schönke/Schröder/Sternberg-Lieben/Schuster, StGB, § 15 Rn. 195.

kann, welche Gefahren er zu meistern hat.[792]
Liegen keine Umstände vor, die Grund zur Annahme gegeben haben könnten, von einem sicheren Beherrschen einer Maßnahme auszugehen, so wird auf eine Erkennbarkeit dieses Umstandes für den Notfallsanitäter geschlossen werden können. Dies kommt in Betracht, wenn der Notfallsanitäter eine Maßnahme durchführt, die nicht Bestandteil der Standardarbeitsanweisungen und Behandlungspfade im Rettungsdienst ist und somit auch nicht in der Ausbildung gelehrt wurde. Komplizierter kann die sachgerechte Bewertung dann werden, wenn der Notfallsanitäter die medizinische Maßnahme früher einmal erlernt und beherrscht hat, im Laufe der Zeit jedoch einige Aspekte dieser Maßnahme vergessen hat. Ist ihm bekannt, dass diese Maßnahme fortlaufender Übung und ständiger ärztlicher Überprüfung bedarf, und fehlt ihm die erforderliche Übung, so ist die subjektive Vermeidbarkeit zu bejahen. Sind Kenntnisse vorhanden, die durch Erfahrungen beispielsweise bei vielen Rettungsdiensteinsätzen durch Beobachten des Notarztes und Assistenztätigkeiten erworben worden sind, so kann keine generelle Aussage gemacht werden. Ein Versagen in einer kritischen Situation kann nämlich einem Notfallsanitäter noch nicht schon deswegen zum Vorwurf gemacht werden, weil er ansonsten in der Lage ist, Risiken der in Betracht kommenden Art zu meistern.[793] Denn niemand ist imstande, die „Idealforderung ständiger gespanntester Aufmerksamkeit und raschester, zweckmäßigster Reaktion zu verwirklichen".[794] Dies zeigt sich beispielsweise bei Fehlreaktionen in Stress- oder Affektsituationen. Auch gewissenhaft Agierenden unterlaufen einmal Fehler, die durch keine Anstrengung zu einhundert Prozent zu vermeiden sind.[795] An einer subjektiven Sorgfaltspflichtverletzung kann es daher etwa bei Fehlverhalten infolge unvorhersehbarer Komplikationen, bei Müdigkeit oder besonderer psychischer Belastung (zB sehr lange Diensttage), bei plötzlichen Leistungseinbrüchen sowie im Fall unvermittelt auftretender und nicht steuerbarer Erschwernisse der Behandlung fehlen.[796] Die Entscheidung, ob der

---

[792] Jescheck/Weigend, Strafrecht AT, § 57 II 3; Schönke/Schröder/Sternberg-Lieben/Schuster, StGB, § 15 Rn. 198.
[793] Schönke/Schröder/Sternberg-Lieben/Schuster, StGB, § 15 Rn. 195.
[794] Gercke/Leimenstoll/Stirner, Handbuch Medizinstrafrecht, Rn. 345 mwN.
[795] MAH-StV/Erlinger/Warntjen/Bock, § 50 Rn. 76; Roxin/Greco, Strafrecht AT I, § 24 Rn. 92; Schönke/Schröder/Sternberg-Lieben/Schuster, StGB, § 15 Rn. 195, 203a mwN.
[796] MAH-StV/Erlinger/Warntjen/Bock, § 50 Rn. 76; Frister/Lindemann/Peters, Arztstrafrecht, 1. Kap. Rn. 149; Gercke/Leimenstoll/Stirner, Handbuch Medizinstrafrecht, Rn. 345;

Notfallsanitäter in der konkreten Situation aufgrund seiner subjektiven Fähigkeiten imstande war, das pflichtwidrige Verhalten zu vermeiden, unterliegt daher der Einzelfallprüfung.

Die Tatbestandsverwirklichung muss weiterhin für den Notfallsanitäter voraussehbar gewesen sein.[797] Insoweit genügt eine generelle Voraussehbarkeit theoretisch möglich erscheinender Kausalverläufe nicht.[798] Der Notfallsanitäter muss in der konkreten Situation (ex-ante) nach seinem persönlichen Wissens- und Kenntnisstand mit dem Eintritt des tatbestandlichen Erfolges als möglicher Folge seines Verhaltens nach dem gewöhnlichen Verlauf rechnen können.[799] Nach der Rechtsprechung sind an die individuelle Vorhersehbarkeit aber keine allzu hohen Anforderungen zu stellen, weil die Voraussicht sich nur auf den Erfolg im Endergebnis erstrecken muss, nicht aber auf den Ablauf der Ereignisse im Einzelnen.[800] Notfallsanitäter dürften die dargestellten objektiven Sorgfaltspflichtverletzungen stets nach ihren persönlichen Kenntnissen und Fähigkeiten in der konkreten Situation als möglich vorhersehen können. Denn nicht voraussehbar sind nur solche Ereignisse, die so sehr außerhalb aller Lebenserfahrung liegen, dass sie ein Notfallsanitäter auch bei den nach den Umständen des Falls gebotenen und ihm nach seinen persönlichen Fähigkeiten und Kenntnissen zuzumutenden sorgfältigen Überlegungen nicht zu berücksichtigen brauchte.[801] Es ist daher ausreichend, dass der Notfallsanitäter in der konkreten Notfallsituation mit der Möglichkeit hätte rechnen können, dass derartige Erfolge durch seine Handlung herbeigeführt werden können. Für einen ausgebildeten Notfallsanitäter liegt es grundsätzlich nicht außerhalb der Lebenserfahrung, dass eine unsachgemäße Heilbehandlung – beispielsweise die Überdosierung eines Medikaments – zu einer weitergehenden Schädigung oder zum Tode des Patienten führen kann. Ihm dürfte insbesondere bewusst sein, dass sich ein Schaden für den Patienten realisieren könnte, wenn eine medizinische Maßnahme nicht sicher beherrscht wird. Die Feststellung der individuellen, persönlichen Voraussehbarkeit wird daher naheliegen.

Spickhoff/Knauer/Brose, Medizinrecht, StGB, § 222 Rn. 71; Körner, NJW 2003, 3606 (3608).

[797] BGHSt 14, 52 (53 f.); 40, 341 (348).

[798] Fischer, StGB, § 15 Rn. 31.

[799] Schönke/Schröder/Sternberg-Lieben/Schuster, StGB, § 15 Rn. 201.

[800] BGHSt 12, 75 (77); BGH, NStZ 1995, 287 (288); NJW 2003, 150 (154).

[801] BGHSt 3, 62 (64).

2. Irrtumsfälle

Auch die Fahrlässigkeitsschuld setzt das Bewusstsein der Rechtswidrigkeit voraus.[802] Fehlt einem Notfallsanitäter infolge irriger Annahme eines Rechtfertigungsgrundes das Bewusstsein der Rechtswidrigkeit der von ihm erkannten Rechtsgutsgefährdung, so kommt nach herrschender Auffassung in Rechtsprechung und Lehre beim Fahrlässigkeitsdelikt ein Verbotsirrtum nach § 17 StGB in Betracht.[803] Folglich handelt ein Notfallsanitäter, der einen riskanten, nicht sicher beherrschten Eingriff vornimmt, schuldlos, wenn er irrtümlich annimmt, eine rechtfertigende Sachlage sei gegeben, sofern dieser Irrtum unvermeidbar war.[804] War die Fehlvorstellung vermeidbar, so ändert sich nichts an der Strafbarkeit wegen fahrlässiger Tötung. Die Strafe kann nach § 49 Abs. 1 StGB gemildert werden.

G. Zur Strafbarkeit nach dem Heilpraktikergesetz

Ein Strafbarkeitsrisiko könnte für Notfallsanitäter auch außerhalb des Strafgesetzbuches begründet sein. Es stellt sich nämlich die Frage, inwieweit Notfallsanitäter bei der Ausübung ihrer Tätigkeit von § 5 HeilprG mit Strafe bedroht sind.

Nach § 1 Abs. 1 HeilprG bedarf, wer ohne als Arzt bestellt zu sein die Heilkunde ausüben will, der behördlichen Erlaubnis (sog. Heilkunde- oder Arztvorbehalt). „Ausübung der Heilkunde im Sinne dieses Gesetzes ist jede berufs- oder gewerbsmäßig vorgenommene Tätigkeit zur Feststellung, Heilung oder Linderung von Krankheiten, Leiden oder Körperschäden bei Menschen, auch wenn sie im Dienste von anderen ausgeübt wird“, § 1 Abs. 2 HeilprG. Die in § 1 Abs. 2 HeilprG enthaltene Definition ist nach überwiegender Ansicht in Rechtsprechung und Literatur verfassungskonform dahingehend auszulegen, dass sie jede Tätigkeit umfasst, die ärztliche bzw. medizinische Fachkenntnisse erfordert und gesundheitliche Schädigungen verursachen kann.[805] Zur Heilkunde zählen auch mittelbare Gefährdungen,

---

[802] Jescheck/Weigend, Strafrecht AT, § 57 I 2; Ludes/Panneborg, Jura 2013, 24 (27); Maurach/Gössel/Zipf, Strafrecht AT 2, § 44 Rn. 56.

[803] LG Bückeburg, NJW 2005, 3014 (3017); MüKoStGB/Kulhanek, § 17 Rn. 6 ff.; NK-StGB/Neumann, § 17 Rn. 89; Schönke/Schröder/Sternberg-Lieben/Schuster, StGB, § 17 Rn. 9.

[804] Vgl. zur Vermeidbarkeit Zweites Kap. A. V. 2.

[805] BVerwGE 66, 367 (369); BVerwG, NVwZ-RR 2010, 111 (112); OVG NRW, MedR 2006, 487; Dörrenbacher/Singler, MedR 2021, 505; zum Begriff der Heilkundeausübung

wenn durch die Behandlung ein frühzeitiges Erkennen ernster Leiden und damit die entsprechend gebotene Therapie verzögert wird und die Wahrscheinlichkeit einer solchen Gefährdung nicht nur geringfügig ist. Dies ist gegeben, wenn die in Rede stehende Heilbehandlung als eine die ärztliche Berufsausübung ersetzende Tätigkeit erscheint.[806] Die Heilkunde wird berufs- oder gewerbsmäßig ausgeübt, wenn beabsichtigt ist, die heilkundliche Tätigkeit in gleicher Weise zu wiederholen und dadurch zu einer dauernden oder wiederkehrenden Beschäftigung zu machen.[807] Es muss sich hierbei jedoch nicht um einen Beruf mit einer auf Dauer angelegten, die Arbeitskraft überwiegend in Anspruch nehmenden Tätigkeit handeln. Nach einer Entscheidung des Bundesverwaltungsgerichts ist grundsätzlich jede eigenverantwortliche Tätigkeit im Bereich der Gesundheitsfachberufe ohne ärztliche Verordnung als eine heilkundliche Tätigkeit anzusehen, die ohne Erlaubnis nicht ausgeübt werden darf.[808] Der Beruf des Notfallsanitäters ist im Rahmen der Feststellung, Heilung oder Linderung von Krankheiten nach der Gesetzesbegründung wesentlich davon geprägt, Maßnahmen der Akutversorgung durchzuführen.[809] Der Tätigkeitsbereich dient somit der Wiedererlangung, Verbesserung und Erhaltung der Gesundheit von Patienten.[810] Notfallsanitäter handeln bei der Durchführung medizinischer Maßnahmen auch in der Absicht, diese in gleicher Weise zu wiederholen. Schließlich soll nicht nur einem Patienten geholfen werden, sondern jedem Patienten, der sich in akuter Lebensgefahr befindet. Dadurch machen Notfallsanitäter ihre Tätigkeit bezüglich medizinischer Maßnahmen zu einer dauernden bzw. wiederkehrenden Beschäftigung. Bei Teilen der Tätigkeit von Notfallsanitätern handelt es sich daher um Ausübung der Heilkunde iSd § 1 Abs. 2 HeilprG, die nach der Regelung in § 1 Abs. 1 HeilprG ohne Erlaubnis nur Ärzten gestattet ist.[811] Teilweise wird die Auffassung vertreten, die Tätigkeit des Notfallsanitäters unterfalle nicht dem Tatbestand des

iSd § 1 Abs. 2 HeilprG und zur Auslegung und Fortentwicklung des Heilkundebegriffs durch die Rechtsprechung, Haage, Heilpraktikergesetz, § 1 Rn. 10; Laufs, in: Laufs/Kern/Rehborn, ArztR-HdB, § 10 Rn. 6.

[806] Haage, Heilpraktikergesetz, § 1 Rn. 10.

[807] Haage, Heilpraktikergesetz, § 1 Rn. 7; Spickhoff/Schelling, Medizinrecht, HeilprG, § 1 Rn. 9.

[808] BVerwG, NVwZ-RR 2010, 111 (112).

[809] BT-Drs. 17/11689, S. 17.

[810] BT-Drs. 17/11689, S. 17.

[811] So der Bundesrat in seiner Stellungnahme zum Entwurf eines Gesetzes über den Beruf der Notfallsanitäterinnen und des Notfallsanitäters sowie zur Änderung weiterer Vorschriften, in: BT-Drs. 17/11689, S. 31.

§ 1 HeilprG, da nach dem Wortlaut des NotSanG Notfallsanitäter lediglich eine „Erstversorgung" durchführen, worin der Unterschied zur echten medizinischen Therapie liege[812] bzw. die Tätigkeit im Wege der teleologischen Reduktion entsprechend auszulegen sei.[813] Teilweise wird postuliert, das NotSanG sei im Verhältnis zum HeilprG als lex specialis anzusehen.[814] Dies vermag insgesamt nicht zu überzeugen und dürfte letztlich auch im Widerspruch zur Auffassung des Gesetzgebers stehen.[815] Sowohl im Rahmen der Gesetzesbegründung zum Neuentwurf des Notfallsanitätergesetzes als auch in einer begleitenden Ausarbeitung des wissenschaftlichen Dienstes des Bundestages wird die Tätigkeit des Notfallsanitäters als erlaubnispflichtige Heilkunde im Sinne des § 1 HeilprG eingestuft.[816] Diese Auffassung wurde im neuesten Gesetzgebungsverfahren zur Anpassung des NotSanG bekräftigt.[817]
Nach § 5 HeilprG wird bestraft, wer unter Verstoß gegen den Erlaubnisvorbehalt und ohne Arzt zu sein die Heilkunde ausübt. Dadurch soll der Schutzzweck des § 1 HeilprG abgesichert werden. Dem steht die Vorschrift des § 4 NotSanG ihrem Zweck nach gegenüber.[818] Diese Vorschrift regelt zwar formal lediglich das Ausbildungsziel der Notfallsanitäter, es entspricht jedoch der ständigen Rechtsprechung, für die Ermittlung der Grenzen einer Befugnis die jeweils einschlägige Weiterbildungsordnung heranzuziehen.[819] Im vorliegend einschlägigen Bereich soll nach § 4 Abs. 2 Nr. 2 lit. c) NotSanG die Ausbildung zum Notfallsanitäter im Rahmen der Mitwirkung zum eigenständigen Durchführen von heilkundlichen Maßnahmen befähigen, die von einem Ärztlichen Leiter Rettungsdienst oder entsprechend verantwortlichen Ärzten bei bestimmten notfallmedizinischen Zustandsbildern und -situationen standardmäßig vorgegeben, über-

---

812 BT-Drs. 17/11689, S. 21; Tachezy, Mutmaßliche Einwilligung, S. 232 ff.
813 Boll, Kompetenzüberschreitung, S. 166.
814 ArbG Koblenz, MedR 2009, 542 (544); Fehn, Der Notarzt 2009, 1 (3); Heuchemer/Bolsinger, MedR 2009, 524 (526 f.).
815 Dörrenbächer/Singler, MedR 2021, 505 (506).
816 Wissenschaftliche Dienste BT, WD 9 - 3000 - 032/19, S. 33 ff.; ebenso der Bundesrat in seiner Stellungnahme zum Entwurf eines Gesetzes über den Beruf der Notfallsanitäterin und des Notfallsanitäters sowie zur Änderung weiterer Vorschriften, BT-Drs. 17/11689, S. 31.
817 BT-Drs. 19/24447, S. 104; vgl. auch VGH München, Beschl. v. 21.04.2021 – 12 CS 21.702, BeckRS 2021, 8697 Rn. 58.
818 Wachter, medstra 2021, 30.
819 BGH, VersR 2009, 257 (258); Brose, VersR 2014, 1172 (1173).

prüft und verantwortet werden. Dadurch hat der Gesetzgeber zum Ausdruck gebracht, dass nichtärztliches Rettungsdienstpersonal in bestimmten Bereichsausnahmen zur Ergreifung invasiver Maßnahmen berechtigt ist.[820] Weitergehend soll gemäß § 4 Abs. 2 Nr. 1 lit. c) NotSanG die Ausbildung zum Notfallsanitäter zum eigenverantwortlichen Durchführen medizinischer Maßnahmen der Erstversorgung bei Patienten im Notfalleinsatz und dabei zum Anwenden von in der Ausbildung erlernten und beherrschten, auch invasiven Maßnahmen befähigen. Die Norm bezweckt, einer Verschlechterung der Situation der Patienten bis zum Eintreffen des Notarztes oder dem Beginn einer weiteren ärztlichen Versorgung vorzubeugen, wenn ein lebensgefährlicher Zustand vorliegt oder wesentliche Folgeschäden zu erwarten sind. Damit liegt eine Normenkollision mit dem oben herausgearbeiteten Heilkundevorbehalt vor, der ausdrücklich eine selbstständige Heilbehandlung durch Nichtärzte ohne behördliche Erlaubnis untersagt.[821] Hieraus folgt, dass eine nichtärztliche Person in Ausübung der unter § 4 Abs. 2 Nr. 1 lit. c) NotSanG geregelten Maßnahme den Tatbestand der §§ 1, 5 HeilprG erfüllt. Etwas anderes gilt jedoch hinsichtlich einer Maßnahme nach § 4 Abs. 2 Nr. 2 lit. c) NotSanG. Werden invasive Maßnahmen im Rahmen einer zulässigen Delegation an Notfallsanitäter übertragen, liegt bereits tatbestandlich kein Verstoß gegen § 1 HeilprG vor.[822]
Im Folgenden wird deshalb zunächst ein tatbestandsloses Handeln aufgrund einer Delegation nach § 4 Abs. 2 Nr. 2 lit. c) NotSanG näher betrachtet. Sodann wird erläutert, ob und wie eine gesetzliche Ermächtigung für die Durchführung von Maßnahmen iSd § 4 Abs. 1 Nr. 1 lit. c) NotSanG gegeben sein könnte.

I. Tatbestandsloses Handeln aufgrund einer Delegation

Bei der Delegation handelt es sich um die Übertragung der Durchführung einer heilkundlichen Tätigkeiten auf nichtärztliches Personal, wobei eine Delegation nicht zu einer eigenständigen Ausübung der Heilkunde neben oder anstelle des Arztes führt.[823] Die Möglichkeit, ärztliche Aufgaben un-

---

[820] Brose, VersR 2014, 1172 (1175); Wachter, medstra 2021, 30.

[821] Wachter, medstra 2021, 30 (31).

[822] Dörrenbächer/Singler, MedR 2021, 505 (506) mwN.

[823] Achterfeld, Aufgabenverteilung, S. 3; Katzenmeier/Schrag-Slavu, Telemedizin im Rettungsdienst, S. 54; Reuther, in: Heidelberger Kommentar, Ordnungsziffer 1360, Rn. 3; Steinhilper, in: Heidelberger Kommentar, Ordnungsziffer 4060, Rn. 81.

ter bestimmten Voraussetzungen auf nichtärztliches Personal zu delegieren, ist allgemein anerkannt, da arbeitsteiliges Zusammenwirken aus der modernen Gesundheitsversorgung nicht mehr wegzudenken ist.[824] Die Durchführung medizinischer Maßnahmen kann deshalb in zunehmendem Maße auf speziell aus- und weitergebildetes nichtärztliches Personal übertragen werden.[825] Ob und in welchem Umfang der Arzt die Durchführung ihm obliegender Behandlungsmaßnahmen delegieren darf, hängt dabei im Wesentlichen von der Art der Leistung, der Schwere des Krankheitsbildes und der Qualifikation des nichtärztlichen Personals ab.[826]

Eine Delegation erfordert zunächst eine ärztliche Anordnung und Überwachung und hat unter ärztlicher Verantwortung zu erfolgen.[827] Die Entscheidung über die Durchführung der übertragenen Behandlungsmaßnahme verbleibt bei der Delegation daher bei einem Arzt, während die Durchführungsverantwortung auf das nichtärztliche Personal übergeht.[828] Grundsätzlich muss der delegierende Arzt Kenntnis darüber haben, welcher Mitarbeiter welche Maßnahme zu welchem Zeitpunkt vornimmt.[829] Von der Delegation zu differenzieren sind Assistenztätigkeiten, bei denen das nichtärztliche Personal an der Seite des Arztes untergeordnete Aufgaben übernimmt, ohne eine eigenständige Durchführungskompetenz zu haben.[830]

Der Gesetzgeber hat mit § 4 Abs. 2 Nr. 2 lit. c) NotSanG die ausbildungsmäßigen Voraussetzungen für eine Delegation heilkundlicher Aufgaben auf Notfallsanitäter geregelt,[831] sodass Leistungen außerhalb des Kernbereichs ärztlichen Handelns auf entsprechend qualifiziertes nichtärztliches Personal delegiert werden können, insoweit ein persönliches Tätigwerden des Arztes nach Art und Schwere des Krankheits- oder Verletzungsbildes bzw. des Eingriffs nicht erforderlich ist und das nichtärztliche Personal die

---

[824] BGH, NJW 1975, 2245 (2246); Wissenschaftliche Dienste BT, WD 9 - 3000 - 032/19, S. 25.

[825] Katzenmeier/Schrag-Slavu, Telemedizin im Rettungsdienst, S. 54.

[826] Bergmann, MedR 2009, 1 (6).

[827] Katzenmeier, in: Laufs/Katzenmeier/Lipp, Arztrecht, Kap. X Rn. 57; Tellioglu, Medikamentöse Analgesie, S. 93.

[828] Achterfeld, Aufgabenverteilung, S. 3; Lechleuthner/Neupert, Notfall + Rettungsmedizin 2015, 413 (416); Steinhilper, in: Heidelberger Kommentar, Ordnungsziffer 4060, Rn. 81; Wissenschaftliche Dienste BT, WD 9 - 3000 - 032/19, S. 18.

[829] Häser, Der Klinikarzt 2008, 222; Tellioglu, Medikamentöse Analgesie, S. 93.

[830] Abanador, Substitution ärztlicher Leistungen, S. 25; Achterfeld, Aufgabenverteilung, S. 3.

[831] Lechleuthner/Neupert, Notfall + Rettungsmedizin 2015, 413 (416).

erforderliche Qualifikation, Zuverlässigkeit und Erfahrung aufweist.[832] Zu der sachlichen Delegationsfähigkeit muss also die persönliche Eignung des Delegationsempfängers hinzutreten. Der delegierende Arzt hat folglich jeweils abzuklären, ob die nichtärztliche Kraft über die erforderlichen Kenntnisse und Erfahrungen verfügt, um die zur Übertragung anstehende Aufgabe wahrzunehmen.[833] In Rechtsprechung und Literatur ist anerkannt, dass Behandlungsmaßnahmen wie intravenöse Injektionen und Infusionen auf hinreichend qualifiziertes nicht ärztliches Fachpersonal delegiert werden können, wenn durch einen Arzt die Art, Menge und Applikationsform festgelegt wurde.[834] Eine Delegation scheidet jedoch dort aus, wo es an der sachlichen Delegationsfähigkeit der Leistung mangelt. Nicht delegationsfähig sind solche Leistungen, die in den „Kernbereich ärztlicher Tätigkeit" fallen.[835] Hierzu sind solche Tätigkeiten zu zählen, die aufgrund ihrer Schwierigkeit, Gefährlichkeit oder aufgrund der Unvorhersehbarkeit etwaiger Reaktionen des Patienten ärztliches Fachwissen erfordern und infolgedessen nur von einem Arzt persönlich durchgeführt werden können.[836] Das gilt auch dann, wenn das nichtärztliche Personal im Einzelfall tatsächlich über eine ausreichende fachliche Kompetenz zur Übernahme der Leistung verfügt.[837]

---

[832] Achterfeld, Aufgabenverteilung, S. 46; Fehn, Der Notarzt 2009, 1 (6); Katzenmeier/Schrag-Slavu, Telemedizin im Rettungsdienst, S. 56 f.; Kern, in: Laufs/Kern/Rehborn, ArztR-HdB, § 49 Rn. 9 mwN.

[833] Katzenmeier, in: Laufs/Katzenmeier/Lipp, Arztrecht, Kap. X Rn. 59; Spickhoff/Seibl, MedR 2008, 463 (470); zur Pflicht des Arztes, nichtärztliches Personal sorgfältig auszuwählen, anzuleiten und zu überwachen vgl. eingehend Achterfeld, Aufgabenverteilung, S. 46 ff.; Steinhilper, in: Heidelberger Kommentar, Ordnungsziffer 4060, Rn. 87 und 89.

[834] OLG Dresden, MedR 2009, 410 (411); LG Heidelberg, MedR 2012, 136 (137); Achterfeld, Aufgabenverteilung, S. 55 ff.; Dittrich/Lippert, MedR 2022, 15 (19); Fehn, Der Notarzt 2009, 1 (6); Kern, in: Laufs/Kern/Rehborn, ArztR-HdB, § 49 Rn. 9.

[835] OLG Dresden, MedR 2009, 410 (411); Gitter/Köhler, Leistungspflicht, S. 55; Hahn, NJW 1981, 1977 (1980); Katzenmeier, in: Laufs/Katzenmeier/Lipp, Arztrecht, Kap. X Rn. 58; Kern, in: Laufs/Kern/Rehborn, ArztR-HdB, § 49 Rn. 6; Peikert, MedR 2000, 352 (355); Spickhoff/Seibl, MedR 2008, 463 (465).

[836] BGH, VersR 1975, 952 (953); OLG Dresden, MedR 2009, 410 (411); Achterfeld, Aufgabenverteilung, S. 45; Bergmann, MedR 2009, 1 (6); Gitter/Köhler, Leistungspflicht, S. 55; Kern, in: Laufs/Kern/Rehborn, ArztR-HdB, § 49 Rn. 6; Katzenmeier/Schrag-Slavu, Telemedizin im Rettungsdienst, S. 55; Narr, MedR 1989, 215 (216); Spickhoff/Seibl, MedR 2008, 463 (465).

[837] Achterfeld, Aufgabenverteilung, S. 45; dies., MedR 2012, 140 (142); Steinhilper, in: Heidelberger Kommentar, Ordnungsziffer 4060, Rn. 86.

Neben den ausdrücklich normierten Arztvorbehalten (etwa §§ 218 ff. StGB, 24 IfSG, 7 Abs. 2 TFG, 9, 11 ESchG, 119, 145 StrlSchV, 13 Abs. 1 BtMG, 48 AMG) werden unter anderem Anamnese,[838] Diagnosestellung, Indikationsstellung, Untersuchung des Patienten einschließlich diagnostischer Leistungen, Entscheidung über Therapie und Durchführung invasiver Maßnahmen sowie operative Eingriffe und die ärztliche Beratung des Patienten zum Kernbereich der ärztlichen Tätigkeit gezählt.[839] Darüber hinaus wurde überwiegend auch die Aufklärung des Patienten dem nicht delegierbaren ärztlichen Bereich zugeordnet.[840] Denn nur der Arzt habe ausreichend Kenntnis, den Patienten konkret über die Umstände der anstehenden medizinischen Behandlung und die bestehenden Risiken zu belehren.[841] Aufgrund des geringeren Ausbildungsumfangs der nichtärztlichen Berufsgruppen sei die ordnungsgemäße Aufklärung bei einer Delegation nicht gewährleistet.[842]

Allerdings existieren keine allgemeinen Kriterien für die sachliche Delegationsfähigkeit,[843] weshalb nicht jede der genannten Tätigkeiten ohne Weiteres dem Kernbereich ärztlicher Tätigkeit zuzurechnen ist, denn andernfalls würden sich für den rettungsdienstlichen Bereich folgende Probleme ergeben:

Zur Durchführung standardmäßig vorgegebener invasiver Maßnahmen durch Notfallsanitäter iSd § 4 Abs. 2 Nr. 2 lit. c) NotSanG ist eine Anamnese zur Einschätzung des Patientenzustands vonnöten. Es müssen die Symptome sowie die Vorgeschichte des Patienten im Hinblick auf Allergien und Dauermedikation in Erfahrung gebracht werden. Außerdem bedarf es einer körperlichen Untersuchung sowie der Ermittlung lebenswich-

---

[838] Im medizinischen Sprachgebrauch steht dieser Begriff für die Erhebung der medizinischen Vorgeschichte, Enke/Flemming/Hündorf/Knacke/Lipp/Rupp, LPN1, S. 110.

[839] OLG Köln, VersR 1993, 1487; OLG Stuttgart, VersR 1993, 1358; OLG München, VersR 1994, 1113; Katzenmeier, in: Laufs/Katzenmeier/Lipp, Arztrecht, Kap. X Rn. 58; ders./Schrag-Slavu, Telemedizin im Rettungsdienst, S. 55 f.; Müssig, Der Notarzt 2015, 15; Wissenschaftliche Dienste BT, WD 9 - 3000 - 032/19, S. 27.

[840] OLG Dresden, GesR 2003, 157 (159); OLG Jena, GesR 2005, 556 (557); Brandenburgisches OLG, Urt. v. 27.03.2008 – 12 U 239/06 -, juris Rn. 6; Urt. v. 04.11.2010 – 12 U 148/08 -, juris Rn. 18; Achterfeld, Aufgabenverteilung, S. 46; Frahm, VersR 2009, 1576 (1577 f.); Katzenmeier, in: Laufs/Katzenmeier/Lipp, Arztrecht, Kap. X Rn. 58; ders., MedR 2004, 34 (37).

[841] OLG Dresden, GesR 2003, 157 (159); Frahm, VersR 2009, 1576 (1577).

[842] OLG Karlsruhe, NJW-RR 1998, 459 (461); OLG Jena, GesR 2005, 556 (557).

[843] Katzenmeier, in: Laufs/Katzenmeier/Lipp, Arztrecht, Kap. X Rn. 58.

tiger Vitalparameter. Notfallsanitäter müssen demnach den Notfallpatienten bei der Versorgung im Rahmen der in ihrer Berufsausbildung erworbenen Fähigkeiten untersuchen. Anderenfalls wäre es ihnen nicht möglich, über die für eine Nachforderung eines Notarztes erforderliche Dringlichkeit einer lebensrettenden oder -erhaltenden medizinischen Behandlung zu entscheiden.[844] Insbesondere kann über die Durchführung von medizinischen Maßnahmen zum Erhalt von Leben und Gesundheit eines Notfallpatienten ohne gesundheitsfachliche Diagnostik nicht pflichtgemäß entschieden werden. Sollten Notfallsanitäter keine Anamnese durchführen dürfen, weil dies zum Kernbereich ärztlicher Tätigkeit zählt, könnten keine Feststellungen dahingehend getroffen werden, ob eine (not-)ärztliche Therapie notwendig ist und welche Maßnahmen der Standardarbeitsanweisungen und Behandlungspfade im Rettungsdienst bei Lebensgefahr des Patienten anzuwenden wäre, da es an den nötigen Informationen mangeln würde. Die diagnostische Untersuchung des Patienten sowie die Erhebung einer Anamnese verstoßen daher jedenfalls nicht gegen den Arztvorbehalt des § 1 HeilprG und müssen nicht ausdrücklich delegiert werden.[845] Ferner kann die Aufklärung eines Patienten nach § 630e Abs. 1 Nr. 1 BGB durch eine Person erfolgen, die über die zur Durchführung der Maßnahme notwendigen Ausbildung verfügt.[846] Hierzu zählen auch Notfallsanitäter. Mithin kann auch die Aufklärung durch Notfallsanitäter durchgeführt werden. Die Standardarbeitsanweisungen und Behandlungspfade im Rettungsdienst könnten eine vorweggenommene Delegation ärztlicher Leistungen darstellen, im Rahmen derer der Entscheidung über die durchzuführenden Behandlungsmaßnahmen in den Fällen des § 4 Abs. 2 Nr. 2 lit. c) NotSanG keine ärztliche Beurteilung des individuellen Patienten vorausgeht.[847]
Denn diese standardmäßig vorgegebenen heilkundlichen Maßnahmen sollen die Möglichkeit eröffnen, ärztliche Behandlungsmaßnahmen auf Notfallsanitäter zu übertragen, ohne dass eine Delegation im konkreten Einzelfall ausgesprochen werden muss. Die Standardvorgaben beziehen sich auf eine nur durch ihre Symptome gekennzeichnete, aber nicht näher bestimmte Patientengruppe.[848] Um standardisierte Handlungsanweisungen

---

[844] Voigt, MedR 2017, 375 (377).
[845] Haage, Heilpraktikergesetz, § 1 Rn. 8.
[846] Katzenmeier, NJW 2013, 817 (820).
[847] Wachter, medstra 2021, 30 (32); Wissenschaftliche Dienste BT, WD 9 - 3000 - 032/19, S. 3.
[848] Tellioglu, Medikamentöse Analgesie, S. 93.

als einen Fall der Delegation ärztlichen Handelns im Sinne des in Rechtsprechung und Literatur etablierten Verständnisses erfassen zu können, müssen diese und die maßgeblichen medizinischen Entscheidungen von einem Ärztlichen Leiter Rettungsdienst oder entsprechend verantwortlichen Ärzten so präzise formuliert werden, dass sie möglichst keinen Bewertungsspielraum enthalten und trotzdem medizinisch sinnvoll sind.[849] Von einer Delegation ist folglich nur dann auszugehen, wenn durch standardisierte Handlungsanweisungen weitgehend alle Behandlungsoptionen abgedeckt werden und im Grunde kein eigenständiger Entscheidungsspielraum für eine Behandlung durch einen Notfallsanitäter mehr besteht.[850] Lassen standardisierte Handlungsanweisungen hingegen auch die Behandlungsentscheidung eines Notfallsanitäters zu – wie zB bei atypischen Verläufen in der Diagnostik –, ist eine Delegation ausgeschlossen.[851] Einzig dann, wenn im Rahmen einer standardisierten Handlungsanweisung sichergestellt werden kann, dass Notfallsanitäter selbst keine Diagnosestellung vornehmen und damit in den Kernbereich ärztlicher Tätigkeit eingreifen, folgt das symptombezogene Handeln von Notfallsanitätern einer ärztlichen Weisung, wie es eine Delegation voraussetzt.[852] Bei allen übrigen Fällen handelt es sich demgegenüber in der Regel um die Substitution einer ärztlichen Behandlungsentscheidung, die ohne gesetzliche Grundlage rechtlich unzulässig ist.[853] Eine Übertragung heilkundlicher Tätigkeiten auf Notfallsanitäter mithilfe von standardisierten Handlungsanweisungen kommt aber nur in Betracht, wenn eine Gefährdung des Patienten bei der Übernahme einer ärztlichen Tätigkeit durch nichtärztliches Personal durch eine solche Delegation nicht erhöht wird.[854] Bei der Übertragung medizinischer Maßnahmen auf nichtärztliches Personal müssen Patienten dementsprechend auch im Falle einer Delegation eine lückenlos fachqualifizierte und risikobegrenzende Betreuung erhalten.[855]

---

[849] Neupert/Sarangi, Der Notarzt 2014, 118 (119).
[850] Wissenschaftliche Dienste BT, WD 9 - 3000 - 032/19, S. 45.
[851] Bayrischer Landtag Drs. 17/8893, S. 15.
[852] Bayrischer Landtag Drs. 17/8893, S. 15; Wissenschaftliche Dienste BT, WD 9 - 3000 - 032/19, S. 45.
[853] Neupert/Sarangi, Der Notarzt 2014, 118 (119).
[854] OLG München, VersR 1994, 1113; Achterfeld, Aufgabenverteilung, S. 44; Bergmann, MedR 2009, 1 (6); Giesen, Arzthaftungsrecht, Rn. 179; Hahn, Zulässigkeitsfragen, S. 43.
[855] Achterfeld, Aufgabenverteilung, S. 45; Bergmann, MedR 2009, 1 (6); ders., GesR 2010, 119 (120); Spickhoff/Seibl, MedR 2008, 463 (465).

Im Folgenden wird anhand der Standardarbeitsanweisungen und Behandlungspfade im Rettungsdienst der Landesverbände der Ärztlichen Leitungen Rettungsdienst untersucht, ob diese den oben genannten Anforderungen für eine Delegation entsprechen und somit als Empfehlung für die jeweiligen zuständigen Ärztlichen Leiter Rettungsdienst anzusehen sind. Als Beispiel soll hier der Behandlungspfad „Anaphylaxie“[856] fungieren, da dieser eine Vielzahl von medizinischen Maßnahmen beinhaltet und somit eine umfassende Prüfung der genannten Voraussetzungen ermöglicht.
Eine anaphylaktische Reaktion ist von mehreren typischen Symptomen geprägt, die im Behandlungspfad aufgezählt werden. Die Diagnose- bzw. Indikationsstellung wird dadurch abstrakt durch den Ärztlichen Leiter Rettungsdienst mittels Handlungsalgorithmus und Einsatzbild gestellt. Notfallsanitäter prüfen dann im Einzelfall, welcher Handlungsalgorithmus zur Anwendung kommt. Sie nehmen somit keine eigenständige Diagnose- und Indikationsstellung vor, sondern es werden die beim Patienten bestehenden Symptome einem Behandlungspfad zugeordnet. Daran anschließend erfolgt ein symptombezogenes Handeln. Liegen Atemwegsprobleme und eine Schocksymptomatik beim Patienten vor, ist durch den Notfallsanitäter „Epinephrin“ zum einen intramuskulär[857] zu injizieren und zum anderen mittels Vernebelung zu verabreichen. Hierzu verweist der Behandlungspfad auf die entsprechende Standardarbeitsanweisung „Epinephrin“.[858] Liegt hingegen nur eine Schocksymptomatik vor, ist Epinephrin ausschließlich intramuskulär zu injizieren. Die indizierte Dosierung des Medikamentes ist der Standardarbeitsanweisung „Epinephrin“ zu entnehmen. In einem nächsten Schritt erfolgen die Anlage einer peripheren Venenverweilkanüle nach der entsprechenden Standardarbeitsanweisung[859] sowie eine weitergehende medikamentöse Therapie. Hierzu wird auf die entsprechenden Standardarbeitsanweisungen verwiesen.[860] Indem der Ärztliche Leiter Rettungsdienst Art, Menge und Applikationsform des indizierten

---

[856] Standardarbeitsanweisungen und Behandlungspfade im Rettungsdienst, S. 114.
[857] Die intramuskuläre Injektion ist in den Standardarbeitsanweisungen und Behandlungspfade im Rettungsdienst (S. 37) beschrieben.
[858] Standardarbeitsanweisungen und Behandlungspfade im Rettungsdienst, S. 48.
[859] Standardarbeitsanweisungen und Behandlungspfade im Rettungsdienst, S. 20.
[860] Standardarbeitsanweisungen und Behandlungspfade im Rettungsdienst, S. 114, dieser verweist auf die Standardarbeitsanweisungen „Prednisolon“ (S. 61) und „Dimetinden“ (S. 47).

Medikaments festlegt, ist von einer zulässigen Delegation der Medikamentenapplikation auf Notfallsanitäter auszugehen.[861]
Die medizinischen Entscheidungen sind vom Landesverband so präzise formuliert, dass sie keinen Bewertungsspielraum für Notfallsanitäter vorsehen. Notfallsanitäter ermitteln nur die Vitalparameter. Dies stellt aber keine Ausübung der Heilkunde dar. Anhand der Vitalparameter des Patienten wird der Behandlungspfad umgesetzt. Die Behandlungspfade verweisen bei Auftreten und Feststellung weiterer Symptome auf weitere vorzunehmende Behandlungspfade.[862] Es bestehen daher keine eigenständigen Entscheidungsfreiräume für eine Behandlung. Die Entscheidung über die Therapie und darüber, welche medizinischen Maßnahmen durchgeführt werden sollen, obliegt dem Ärztlichen Leiter Rettungsdienst. Die konkrete Indikationsstellung vor Ort ist also ärztlich geleitet.[863] Im Rahmen der Notfallsanitäterausbildung werden die notwendigen Kenntnisse für diese Vorgänge vermittelt, weshalb es sich hierbei insgesamt auch um delegierbare Maßnahmen handelt.[864]
Die Standardarbeitsanweisungen und Behandlungspfade im Rettungsdienst erfüllen demnach die Anforderungen der Rechtsprechung und Literatur im Hinblick auf eine zulässige Delegation, sodass das Handeln der Notfallsanitäter auf einer ärztlichen Veranlassung beruht und keinen Eingriff in den Kernbereich ärztlichen Handelns darstellt.[865] Erforderlich ist indes, dass solche Standardvorgaben vom jeweils zuständigen Ärztlichen Leiter Rettungsdienst vorgegeben sind. Auch wenn die Tätigkeiten im Einzelfall eigenständig durchgeführt werden, liegt insofern immer nur eine Mitwirkung vor, als sie jedes Mal auf einer ärztlichen Veranlassung beruhen.[866] Die Behandlung verbleibt indes stets in ärztlicher Hand.[867] Im Ergebnis ist somit keine Ausübung der Heilkunde von Notfallsanitätern iSd § 1 Abs. 2 HeilprG anzunehmen, wenn Maßnahmen iSd § 4 Abs. 2 Nr. 2

---

[861] Dittrich/Lippert, MedR 2022, 15 (19).

[862] Vgl. Behandlungspfad „akutes Koronarsyndrom" der Standardarbeitsanweisungen und Behandlungspfade im Rettungsdienst (S. 112), dieser verweist bei Vorliegen einer entsprechenden Rhythmusstörung auf die Behandlungspfade „Instabile Tachykardie" (S. 135) und „Instabiler Bradykardie" (S. 133).

[863] Dittrich/Lippert, MedR 2022, 15 (17).

[864] Katzenmeier, in: Laufs/Katzenmeier/Lipp, Arztrecht, Kap. X Rn. 59.

[865] Haage, Heilpraktikergesetz, § 1 Rn. 12.

[866] BT-Drs. 17/11689, S. 22.

[867] Dittrich/Lippert, MedR 2022, 15 (17).

lit. c) NotSanG von der Ärztlichen Leitung Rettungsdienst delegiert wurden.

II. Gesetzliche Ermächtigung zur Ausübung der Heilkunde

Fraglich ist, inwieweit eine Strafbarkeit nach § 5 HeilprG hinsichtlich solcher Maßnahmen anzunehmen ist, die unter § 4 Abs. 2 Nr. 1 lit. c) NotSanG fallen („1 c-Maßnahmen"). Solche Maßnahmen könnten aufgrund einer gesetzlichen Ermächtigung zu gestatten sein.

1. § 5a IfSG

Mit Art. 1 des Gesetzes zum Schutz der Bevölkerung bei einer epidemischen Lage von nationaler Tragweite wurde das Infektionsschutzgesetz umfangreich modifiziert.[868] Mit dem neu eingeführten § 5a Abs. 1 S. 1 Nr. 4 IfSG wird Notfallsanitätern im Rahmen einer epidemischen Lage von nationaler Tragweite die Ausübung heilkundlicher Tätigkeiten temporär gestattet, um Ärzte von Behandlungen zu entlasten, bei denen ein ärztliches Tätigwerden nicht zwingend ist.[869] Der Deutsche Bundestag hat unmittelbar nach Verabschiedung des Gesetzes zum Schutz der Bevölkerung bei einer epidemischen Lage von nationaler Tragweite am 25. März 2020 mit Wirkung zum 28. März 2020 eine epidemische Lage von nationaler Tragweite[870] und deren Fortbestehen sowohl am 18. November 2020,[871] am 04. März 2021,[872] am 11. Juni 2021[873] sowie am 25. August 2021[874] festgestellt, sodass die Sonderregelung des § 5a IfSG bis zum 30. November 2021 galt.

Nach § 5a Abs. 1 S. 2 Nr. 1 IfSG ist die Wahrnehmung der Kompetenz zulässig, wenn einerseits der Notfallsanitäter „auf der Grundlage der in der jeweiligen Ausbildung erworbenen Kompetenzen und seiner persönlichen Fähigkeiten in der Lage ist, die jeweils erforderliche Maßnahme eigenverantwortlich durchzuführen", und andererseits „der Gesundheitszustand des

[868] BT-Drs. 9/18111.
[869] BT-Drs. 19/18111, S. 24.
[870] BT-Plenarprotokoll 19/154, S. 19169 (C); BT-Drs. 19/18111; 19/18156.
[871] BT-Plenarprotokoll 19/191, S. 24109 (C); BT-Drs. 19/23944; 19/24334.
[872] BT-Plenarprotokoll 19/215, S. 27032 (B); BT-Drs. 19/26545; 19/27291.
[873] BT-Plenarprotokoll 19/234, S. 30328 (C); BT-Drs. 19/30398.
[874] BT-Plenarprotokoll 19/238, S. 31076 (C); BT-Drs. 19/32091.

Patienten nach seiner Art und Schwere eine ärztliche Behandlung im Ausnahmefall einer epidemischen Lage von nationaler Tragweite nicht zwingend erfordert, die jeweils erforderliche Maßnahme aber eine ärztliche Beteiligung voraussetzen würde, weil sie der Heilkunde zuzurechnen ist".[875]
Die persönliche Fähigkeiten ergeben sich aus Berufserfahrung oder aus Fort- und Weiterbildungen.[876] Nach dem Wortlaut liegt es nahe, bei der persönlichen Fähigkeit auch auf die praktischen Fähigkeiten des jeweiligen Notfallsanitäters abzustellen, denn die theoretischen Kenntnisse werden bereits vom Merkmal der Ausbildung erfasst.[877] Dies entspricht der medizinrechtlichen Systematik, dass bei dem Begriff der Befähigung in Abgrenzung zu den theoretischen Kenntnissen auf den praktischen Erfahrungsstand abzustellen ist. So wird etwa in § 630h Abs. 4 BGB auf den praktischen Erfahrungsschatz abgestellt, während § 630e Abs. 2 Nr. 1 BGB theoretische Kenntnisse genügen lässt.[878] Demnach hat der Notfallsanitäter zum einen über das nötige theoretische Wissen zu verfügen, um eine Arbeitsdiagnose oder jedenfalls die Indikation für die medizinische Maßnahme unter Berücksichtigung von Differenzialdiagnosen und Kontraindikationen stellen und dieses Wissen auch in der praktischen Ausübung anwenden zu können. Darüber hinaus muss er die Durchführung der Maßnahme sowohl theoretisch überblicken als auch praktisch beherrschen oder jedenfalls so weit erlernt haben, dass er sie verlässlich durchführen kann, ohne einen Notarzt hinzurufen zu müssen.
Weiterhin muss der Gesundheitszustand des Patienten nach seiner Art und Schwere eine ärztliche Behandlung im Ausnahmefall einer epidemischen Lage von nationaler Tragweite nicht zwingend erfordern, obwohl die erforderliche Maßnahme eine ärztliche Beteiligung voraussetzen würde. Wann aber genau eine solche ärztliche Hinzuziehung „nicht zwingend" erforderlich ist, erscheint in der Rechtsanwendung schwierig bestimmbar.[879] Langwierige rechtliche Abwägungen sind in Notfallsituationen zu vermeiden.[880] Hierbei wird man jedenfalls davon ausgehen können, dass alle medizinischen Maßnahmen, welche die Standardarbeitsanweisungen und Be-

---

875 Dörrenbächer/Singler, MedR 2021, 505 (507).
876 BT-Drs. 19/18111, S. 24.
877 Dittrich, GuP 2020, 189 (190).
878 Spickhoff/Spickhoff, Medizinrecht, BGB, § 630h Rn. 12; MüKoBGB/Wagner, § 630e Rn. 41.
879 Dittrich, GuP 2020, 189 (190).
880 BVerfGE 131, 88 (123).

handlungspfade im Rettungsdienst nennen, keine zwingende ärztliche Behandlung erfordern, denn ansonsten könnten diese auch nicht delegiert werden. Die dort genannten medizinischen Maßnahmen können daher auch ohne ausdrückliche Delegation des jeweiligen Ärztlichen Leiters Rettungsdienst unter den Voraussetzungen des § 5a Abs. 1 IfSG durch Notfallsanitäter durchgeführt werden.
Zu beachten ist jedoch, dass sich die epidemische Lage auf die Verfügbarkeit von örtlichen, notärztlichen Ressourcen auswirken muss.[881] Dies ist dem Gesetz zwar nicht ausdrücklich zu entnehmen, aber der Gesetzgebungsentwurf zur Änderung des Infektionsschutzgesetzes stellt vielfach den Ausnahmecharakter der Änderung klar.[882] Mithin ist erforderlich, dass tatsächlich kein Notarzt verfügbar ist.
Rechtsfolge des § 5a IfSG ist die Suspendierung des in § 1 HeilprG enthaltenen Verbots unter den genannten Voraussetzungen. Praktische Konsequenz ist damit, dass eine Strafbarkeit nach § 5 HeilprG unter diesen Umständen entfällt. Der Gesetzgeber hat die Vorschrift des § 5a IfSG indes bewusst als subsidiäre Auffangkompetenz für außergewöhnliche Mangelsituationen konzipiert.[883] Nach der Gesetzesbegründung sind ärztlich veranlasste heilkundliche Maßnahmen im Rahmen der ärztlichen Delegation stets vorrangig zu beachten, wobei der Gesetzgeber besonders an die Verantwortung der Ärztlichen Leiter Rettungsdienst appelliert, „die vielfältigen Kommunikationsmöglichkeiten (zB Telemedizin) oder vorhandene Behandlungsstandards (SOP – Standard Operating Procedures) umfangreich zu nutzen, um eine flexible und pragmatische Handhabung der ärztlichen Delegation zu ermöglichen“.[884]

2. § 2a NotSanG

Eine gesetzliche Ermächtigung könnte sich zudem aus § 2a NotSanG ergeben. Am 28. Januar 2021 hat der Deutsche Bundestag das Gesetz zur Reform der technischen Assistenzberufe in der Medizin und zur Änderung weiterer Gesetze verabschiedet.[885] Der Bundesrat hat diesem Gesetz am

[881] Dittrich, GuP 2020, 189 (190).
[882] BT-Drs. 19/18111, S. 24.
[883] Dörrenbächer/Singer, MedR 2021, 505 (507).
[884] BT-Drs. 19/18111, S. 23.
[885] BT-Plenarprotokoll 19/2016, S. 25991 (A).

12. Februar 2021 zugestimmt.[886] Das Notfallsanitätergesetz enthält nunmehr in § 2a NotSanG eine ausdrückliche Erlaubnis zur Ausübung der Heilkunde für Notfallsanitäter.
Nach dem neuen § 2a Abs. 1 NotSanG dürfen Notfallsanitäter bis zum Eintreffen eines Notarztes oder bis zum Beginn einer weiteren ärztlichen, auch teleärztlichen Versorgung heilkundliche Maßnahmen einschließlich heilkundlicher Maßnahmen invasiver Art eigenverantwortlich durchführen, wenn sie diese Maßnahmen in ihrer Ausbildung erlernt haben und beherrschen sowie die Maßnahmen jeweils erforderlich sind, um Lebensgefahr oder wesentliche Folgeschäden vom Patienten abzuwenden.[887] Die Formulierung greift dabei die in § 4 Abs. 2 Nr. 1 lit. c) NotSanG verwendete Beschreibung der Ausbildungsziele auf, wonach die Ausbildung insbesondere zum „Anwenden von in der Ausbildung erlernten und beherrschten, auch invasiven Maßnahmen" befähigen soll, „um einer Verschlechterung der Situation der Patienten bis zum Eintreffen des Notarztes oder dem Beginn einer weiteren ärztlichen Versorgung vorzubeugen, wenn ein lebensgefährlicher Zustand vorliegt oder wesentliche Folgeschäden zu erwarten sind". Anders als § 4 NotSanG stellt die Vorschrift des § 2a NotSanG kein bloßes Ausbildungsziel dar, sondern die Vorschrift erlaubt nunmehr ausdrücklich die situationsabhängige Ausübung heilkundlicher Tätigkeiten und enthält insoweit eine Ausnahme vom Heilpraktikergesetz, das anderen Personen als Ärztinnen und Ärzten oder Heilpraktikerinnen und Heilpraktikern die Ausübung der Heilkunde untersagt.[888] Dabei ist die Ausübung der Heilkunde auf Situationen beschränkt, in welchen akut keine ärztliche Versorgung möglich ist, das Leben von Patientinnen und Patienten aber gleichwohl geschützt oder schwere Folgeschäden vermieden werden müssen. Eine Lebensgefahr oder wesentliche Folgeschäden für den Patienten sind anzunehmen, wenn sich dieser in einem solch bedrohlichen Zustand befindet, dass es nicht länger zumutbar ist, auf das Eintreffen ärztlicher Hilfe zu warten.[889] Liegen diese Voraussetzungen vor, sind Notfallsanitäter nicht nur zum Handeln berechtigt, sondern ausdrücklich verpflichtet.[890] Sie müssen ihrer Ausbildung entsprechend lebenserhaltende Maßnahmen oder

---

[886] BR-Drs. 83/21.
[887] BT-Drs. 19/24447, S. 46 f. in der Ausschussfassung BT-Drs. 19/26249, S. 73 f.
[888] BT-Drs. 19/24447, S. 84.
[889] BT-Drs. 19/24447, S. 86.
[890] VGH München, Beschl. v. 21.04.2021 – 12 CS 21.702 -, juris Rn. 58.

Maßnahmen zur Abwendung schwerer gesundheitlicher Schäden eigenverantwortlich ins Werk setzen.[891] Eine eigenverantwortliche Ausübung von Heilkunde ist aber auf solche Einsatzsituationen beschränkt, in denen weder eine ärztliche Versorgung noch eine ärztliche Veranlassung der Maßnahme möglich oder erfolgt ist.[892] Hieraus folgt, dass allein mit dem Verweis auf eine Lebensgefahr oder einen drohenden, erheblichen Gesundheitsschaden nicht auf eine (Nach-)Alarmierung des Notarztes bzw. die unverzügliche Zuführung des Patienten zu einer sonstigen ärztlichen Versorgung verzichtet werden kann.[893]

Da zumeist erst im Nachhinein anhand der endgültigen Befunderhebung die Frage beantwortet werden kann, ob sich ein Patient in einem lebensbedrohlichen Zustand oder einem Zustand befunden hat, der wesentliche Folgeschäden hätte nach sich ziehen können, sind Notfallsanitäter angehalten, die jeweilige Einsatzsituation sorgfältig zu prüfen und zu bewerten.[894] Zeigt sich im Nachhinein, dass ein lebensbedrohlicher Zustand nicht vorgelegen hat oder keine wesentlichen Folgeschäden zu erwarten waren, so ist die Ausübung einer heilkundlichen Tätigkeit objektiv unzulässig.[895] Für die Rechtswidrigkeit der Maßnahme kommt es aber auch auf subjektive Umstände an.[896] Daher kann eine subjektiv vorwerfbare Ausübung von Heilkunde nur dann angenommen werden, wenn in einer ex-ante-Betrachtung keine Lebensgefahr gedroht hat oder keine wesentlichen Folgeschäden zu erwarten waren und dies für den handelnden Notfallsanitäter in der konkreten Einsatzsituation auch erkennbar war.[897]

Die Ausnahmevorschrift des § 2a Abs. 1 NotSanG setzt ein Beherrschen der Maßnahme voraus. Beherrscht wird eine Maßnahme gemäß den allgemeinen Maßstäben beruflicher Bildung dann, wenn sie basierend auf sicherem theoretischen Wissen praktisch sicher angewendet werden kann.[898] Beherrschen setzt somit auch bei Anwendung des § 2a Abs. 1 NotSanG sichere Handlungskompetenz voraus. Hierzu zählen das Verstehen des

---

[891] BT-Drs. 19/24447, S. 85.

[892] So die Begründung in BT-Dr. 19/26249, S. 92.

[893] Dörrenbächer/Singler, MedR 2021, 505 (510).

[894] BT-Drs. 19/24447, S. 86; VGH München, Beschl. v. 21.04.2021 – 12 CS 21.702 -, juris Rn. 59.

[895] VGH München, Beschl. v. 21.04.2021 – 12 CS 21.702 -, juris Rn. 59.

[896] Dittrich/Lippert, GuP 2021, 237 (239).

[897] BT-Drs. 19/24447, S. 86; VGH München, Beschl. v. 21.04.2021 – 12 CS 21.702 -, juris Rn. 59.

[898] BT-Drs. 19/24447, S. 85.

Eingriffs nebst typischen Komplikationen sowie das Vorhandensein der handwerklichen Theorie nebst Bewältigungsstrategien für Komplikationsfälle.[899]
Es lässt sich daher festhalten, dass Notfallsanitäter nicht gegen § 5 HeilprG verstoßen, wenn sie heilkundliche Maßnahmen am Patienten ergreifen, insofern diese beherrscht werden und sich der Patient in einem lebensbedrohlichen Zustand befindet oder ihm schwere Folgeschäden drohen. Es gilt dabei eine ex-ante-Einschätzung durch den Notfallsanitäter. Eine Schmerztherapie wird man hierauf in der Regel nicht stützen können, jedenfalls sofern diese nur als „Wohlfühltherapie" dienen soll und nicht etwa weitere schwerwiegende Folgen verhindert werden sollen, zB bei einer Traumarettung nach Verkehrsunfall.[900]

3. Unsachgemäße Heilbehandlung

Führen Notfallsanitäter eine unsachgemäße Heilbehandlung durch, indem sie von den Standardarbeitsanweisungen und Behandlungspfaden im Rettungsdienst abweichen, besteht zunächst einmal keine ärztliche Delegation, sodass gegen § 5 HeilprG verstoßen wird. Allerdings kann die Ausübung einer unsachgemäßen heilkundlichen Tätigkeit gemäß § 2a Abs. 1 NotSanG oder § 5a Abs. 1 S. 2 Nr. 1 IfSG zulässig sein, wenn die Maßnahme vom Notfallsanitäter grundsätzlich beherrscht wird. Fehler bei der Durchführung wirken sich nicht rückwirkend auf die Zulässigkeit der Durchführung aus. Denn die Zulässigkeit der Vornahme einer heilkundlichen Tätigkeit muss vor deren Durchführung feststehen und kann sich nicht anhand einer ex-post-Betrachtung bestimmen. Die Ausübung einer unsachgemäßen heilkundlichen Tätigkeit ist jedoch nicht gemäß § 2a Abs. 1 NotSanG oder § 5a Abs. 1 S. 2 Nr. 1 IfSG zulässig, wenn bereits bei Vornahme feststeht, dass der Notfallsanitäter diese nicht sicher beherrscht. Zu berücksichtigen ist, dass ein Verstoß gegen § 5 HeilprG nicht durch eine (mutmaßliche) Einwilligung gerechtfertigt werden kann, da Schutzgut die Volksgesundheit ist und somit nicht in Individualrechtsgüter eingegriffen wird.[901] Es kommt lediglich eine Rechtfertigung gemäß § 34 StGB in

---

[899] BV ÄLRD, Notfall + Rettungsmedizin 2019, 667 (669).
[900] Dörrenbächer/Singler, MedR 2021, 505 (511).
[901] Brose, VersR 2014, 1172 (1177); Spickhoff/Schelling, Medizinrecht, HeilprG, § 1 Rn. 1.

Betracht, wenn das Leben des Patienten gefährdet ist.[902] In der notwendigen Interessenabwägung stehen sich die Rechtsgüter Leben des Patienten und der Schutz der Volksgesundheit gegenüber. Das Interesse am Erhalt des Lebens dürfte dabei überwiegen, wenn die Heilbehandlung zwar unsachgemäß, aber von einer nicht völlig unausgebildeten Person durchgeführt wird, sodass eine gewisse Rettungschance für den Patienten besteht. Stellt die heilkundliche Tätigkeit die letzte verbleibende Rettungschance dar, wird der Verstoß gegen § 5 HeilprG gemäß § 34 StGB gerechtfertigt sein. Dies erscheint sachgerecht, denn andernfalls müsste ein Patient dem sicheren Tod überlassen werden, um einer Strafbarkeit nach dem Heilpraktikergesetz zu entgehen.

H. Ergebnis zur Vornahme einer Heilbehandlung durch Notfallsanitäter

Im Bereich der Körperverletzungsdelikte kann eine indizierte Heilbehandlung auf Grundlage einer ausdrücklichen oder mutmaßlichen Einwilligung des Patienten vorgenommen werden, ohne dass eine Strafbarkeit droht. Eine Rechtfertigung durch ausdrückliche Einwilligung bedarf einer ordnungsgemäßen Aufklärung des Patienten, welche ein umfangreiches Wissen über die durchzuführende Heilbehandlung voraussetzt. Denn eine ordnungsgemäße Aufklärung umfasst insbesondere Erläuterungen bezüglich der mit dem Eingriff verbundenen Chancen und Risiken sowie der Gefahr eines Misserfolgs. Umfang und Maß der Aufklärungspflicht stehen dabei in einem umgekehrten Verhältnis zum Grad der Dringlichkeit der Heilbehandlung. Bei fahrlässigen Aufklärungsmängeln können sich Notfallsanitäter auf das Rechtsinstitut der hypothetischen Einwilligung berufen, wenn der Patient bei ordnungsgemäßer Aufklärung in die Durchführung der medizinischen Maßnahme eingewilligt hätte.

In den Fällen, in denen keine wirksame Einwilligung des Patienten eingeholt werden kann, aber eine sofortige medizinische Intervention ohne ein weiteres Abwarten geboten ist, kommt eine Rechtfertigung nach den Grundsätzen der mutmaßlichen Einwilligung in Betracht. In Sachverhaltskonstellation, in denen keine Anhaltspunkte für den mutmaßlichen Willen des Patienten vorliegen, darf angenommen werden, dass ein Patient die bestmögliche Behandlung für sich möchte. Es gilt der Grundsatz: „in dubio pro vita“.

---

[902] Dörrenbächer/Singler, MedR 2021, 505 (509).

Die Vornahme medizinischer Maßnahmen, die nicht sicher beherrscht werden, begründet bereits eine objektive Sorgfaltspflichtverletzung, sodass ein Fahrlässigkeitsdelikt bei Schädigung des Patienten in Erwägung zu ziehen ist. Konnte der Notfallsanitäter aufgrund seiner persönlichen Fähigkeiten und individuellen Kenntnissen erkennen, dass er den Anforderungen der von ihm übernommenen Tätigkeit nicht gewachsen ist, ist auch die subjektive Sorgfaltswidrigkeit gegeben. Hier kann jedoch, sofern die Handlung die letzte Überlebenschance bietet, ebenfalls eine Rechtfertigung durch die (mutmaßliche) Einwilligung des Patienten, aber auch durch den rechtfertigenden Notstand eintreten.

Nehmen Notfallsanitäter irrtümlich einen Rechtfertigungsgrund an, unterliegen sie einem Erlaubnistatbestandsirrtum, sodass eine Strafbarkeit wegen vorsätzlicher Tat entfällt. Es kann gemäß § 16 Abs. 1 S. 2 StGB aber noch ein Fahrlässigkeitsvorwurf bestehen, wenn der Irrtum über die angenommene Lage bei sorgfaltsgemäßer Prüfung hätte erkannt werden können.

Die Vornahme indizierter medizinischer Maßnahmen durch Notfallsanitäter verstößt nicht gegen den Arztvorbehalt des § 1 Abs. 2 HeilprG, wenn diese durch den Ärztlichen Leiter Rettungsdienst iSd § 4 Abs. 2 Nr. 2 lit. c) NotSanG vorgegeben sind, da sie dann als ärztliche Delegation anzusehen sind. Darüber hinaus ist die Ausübung heilkundlicher Tätigkeiten durch Notfallsanitäter nach § 2a Abs. 1 NotSanG auch bei Nichtvorliegen einer Delegation zulässig, wenn sich ein Patient in einem lebensbedrohlichen Zustand befindet, eine akute ärztliche Versorgung nicht möglich ist und die notwendige medizinische Maßnahme beherrscht wird. Ferner entfällt eine Strafbarkeit nach § 5 HeilprG, wenn im Rahmen einer epidemischen Lage von nationaler Tragweite Notfallsanitäter heilkundliche Maßnahmen durchführen, wobei Voraussetzung ist, dass die heilkundliche Tätigkeit beherrscht wird, der Patient sich in einem lebensbedrohlichen Zustand befindet und ein Notarzt nicht verfügbar ist. Zu berücksichtigen ist jedoch, dass weder § 2a NotSanG noch § 5a IfSG zu einer heilkundlichen Tätigkeit ermächtigen, wenn heilkundliche Tätigkeiten im Wege der ärztlichen Delegation zulässig sind. Denn einer ärztlichen Delegation kommt in jeder Situation der Vorrang zu. Wendet ein Notfallsanitäter eine nicht per Delegation vorgegebene Maßnahme an und stellt sich im Nachgang heraus, dass der Katalog der Verfahrensanweisungen eine für den Patienten weniger risikoreiche, aber ebenso wirksame Therapiemaßnahme enthält, kann dies einen Verstoß gegen § 1 HeilprG und damit eine Strafbarkeit nach § 5 HeilprG begründen. Eine Strafbarkeit nach § 5 HeilprG droht weiterhin, wenn von den Standardarbeitsanweisungen und Behandlungspfaden im Rettungsdienst abgewichen wird, und die Maßnahme daher standardwidrig durchgeführt wird. In diesen Fällen besteht weder eine ärztliche Delegation noch ist die Maßnahme gemäß § 2a Abs. 1 NotSanG oder § 5a IfSG zulässig, wenn sie auf einem nicht sicheren Beherrschen beruht. Beherrscht der Notfallsanitäter die Maßnahme grundsätzlich und liegt ein nicht vorhersehbarer Fehler bei der Durchführung vor, kann die Durchführung einer heilkundlichen Tätigkeit hingegen nach § 2a Abs. 1 NotSanG oder § 5a Abs. 1 S. 2 Nr. 1 IfSG zulässig sein. Bei einer unsachgemäßen Heilbehandlung ist zudem eine Rechtfertigung gemäß § 34 StGB in Erwägung zu ziehen, wenn es sich bei der heilkundlichen Tätigkeit um die letzte verbleibende Rettungschance des Patienten handelt.

Drittes Kapitel: Zur Strafbarkeit wegen Nichtdurchführung einer Heilbehandlung

Eine Körperverletzung oder gar der Tod des Patienten kann nicht nur durch aktives Tun, sondern auch durch Unterlassen herbeigeführt werden. Treffen Notfallsanitäter die Entscheidung, eine medizinische Behandlung nicht aufzunehmen, abzubrechen oder sonst zu beenden, kann dies den Tatbestand eines Tötungs- oder Körperverletzungsdeliktes durch Unterlassen erfüllen, wenn ein Patient infolgedessen verstirbt oder sich sein gesundheitlicher Zustand hierdurch verschlechtert.

A. Nichtaufnahme der Behandlung

Im Folgenden ist anhand der Tatbestandsmerkmale der unechten Unterlassungsdelikte zu untersuchen, in welchem Umfang Notfallsanitäter eine Handlungspflicht trifft.

I. Unterlassen der zur Erfolgsabwehr geeigneten und dem Notfallsanitäter objektiv möglichen Handlung

Der Notfallsanitäter muss eine in der konkreten Situation erforderliche Rettungshandlung bei vorhandener physisch-realer Handlungsmöglichkeit unterlassen haben.[903] In Betracht kommt unter anderem ein Befunderhebungsfehler. Ein solcher ist gegeben, wenn die Erhebung medizinisch gebotener Befunde unterlassen oder nicht veranlasst wird.[904] Hat eine unrichtige diagnostische Einstufung einer Erkrankung ihren Grund darin, dass die nach dem medizinischen Standard gebotenen Untersuchungen nicht veranlasst wurden, mithin aufgrund unzureichender Untersuchungen vorschnell zu einer Diagnose gelangt wurde, ohne diese durch die medizinisch gebotenen Befunderhebungen abzuklären, liegt ebenfalls ein Befunderhebungsfehler vor.[905] Ein Diagnosefehler liegt indes vor, wenn erhobene oder sonst vorliegende Befunde falsch interpretiert und deshalb therapeutische oder diagnostische Maßnahmen nicht ergriffen werden.[906] Ein Diagnosefehler

---

[903] BGHSt 4, 22; 6, 57; NK-StGB/Gaede, § 13 Rn. 12; Maiwald, JuS 1981, 473 (476); Wessels/Beulke/Satzger, Strafrecht AT, § 19 Rn. 1172.
[904] BGH, NJW 2020, 2467 (2469).
[905] BGH, NJW 2016, 1447 (1448).
[906] BGH, NJW 2011, 1672; NJW 2016, 1447 (1448).

setzt jedoch voraus, dass die medizinisch notwendigen Befunde erhoben wurden, um sich eine ausreichende Basis für die Einordnung der Krankheitssymptome zu verschaffen.[907] Ferner kommt die Nichtdurchführung einer medizinisch indizierten Maßnahme nach den Standardarbeitsanweisungen und Behandlungspfaden im Rettungsdienst in Betracht. Dabei muss der Notfallsanitäter tatsächlich in der Lage gewesen sein zu handeln, das heißt, er muss über die notwendige räumliche Nähe, die nötigen Hilfsmittel und auch die unerlässliche Kenntnis für die konkrete Behandlung verfügen.[908] Er muss imstande gewesen sein, in der erforderlichen Weise tätig zu werden.[909] Hier ist folglich zu differenzieren:
Unterlässt der Notfallsanitäter eine Heilbehandlung, die beherrscht wird und in der konkreten Situation indiziert ist sowie für die die notwendigen Hilfsmittel zur Verfügung stehen, hat er eine erforderliche Rettungshandlung unterlassen. Unterlässt er hingegen eine Heilbehandlung, über welche bei ihm überhaupt keine Kenntnisse vorhanden sind oder für die die notwendigen Hilfsmittel fehlen, so entfällt die Erforderlichkeit mangels Handlungsmöglichkeit.[910] Der Notfallsanitäter kann die erforderliche Handlung nicht vollziehen, sodass die Möglichkeit zur Verhinderung des Erfolges fehlt.[911] Anders ist es, wenn ein handlungspflichtiger Notfallsanitäter dafür verantwortlich ist, dass er in der entscheidenden Notfallsituation nicht in der Lage war, das Erforderliche zu tun.[912] In diesen Fällen der sogenannten „omissio libera in causa“ wird dem Handlungspflichtigen zur Last gelegt, vorsätzlich oder fahrlässig seine Handlungsmöglichkeit ausgeschlossen zu haben.[913] Notfallsanitätern kann ein „Nichtbeherrschen“ in diesem Sinne aber nur dann zur Last gelegt werden, wenn die in der Ausbildung vermittelten und vom jeweiligen Ärztlichen Leiter Rettungsdienst iSd § 4 Abs. 2 Nr. 2 lit. c) NotSanG delegierten medizinischen Maßnahmen regelmäßig geschult und geübt werden. Andernfalls trifft sie kein Verschulden dahin-

---

[907] BGH, NJW 2016, 1447 (1448); NJW 2020, 2467 (2469).
[908] Schönke/Schröder/Bosch, StGB, Vor § 13 ff. Rn. 141; NK-StGB/Gaede, § 13 Rn. 12; Wessels/Beulke/Satzger, Strafrecht AT, § 19 Rn. 1173.
[909] Schönke/Schröder/Bosch, StGB, Vor § 13 ff. Rn. 141.
[910] BGH, StV 1992, 126 (127); wistra 2000, 136; Schönke/Schröder/Bosch, StGB, Vor § 13 ff. Rn. 142; NK-StGB/Gaede, § 13 Rn. 12.
[911] Vgl. BGHSt 4, 22; 5, 57; Fischer, StGB, § 13 Rn. 77, 78.
[912] BGH, NJW 2002, 2480 (2481); NJW 2011, 3733 (3734); Schönke/Schröder/Bosch, StGB, Vor § 13 ff. Rn. 144; NK-StGB/Gaede, § 13 Rn. 13.
[913] Schönke/Schröder/Bosch, StGB, Vor § 13 ff. Rn. 144.

gehend, dass sie diese Maßnahmen nicht beherrschen. Mangelnde Kenntnis geht daher nur dann zulasten eines Notfallsanitäters, wenn ihm die Möglichkeit offeriert wurde, sich bezüglich der medizinischen Maßnahmen fortzubilden. Schließlich ist der zuständige Ärztliche Leiter Rettungsdienst dafür verantwortlich, dass die von ihm vorgegebenen Arbeitsanweisungen regelmäßig geschult, überprüft und damit in der Einsatzpraxis beherrscht werden.[914] Es wäre daher im Einzelfall zu prüfen, ob die delegierten Maßnahmen beispielsweise im Rahmen der jährlichen Pflichtfortbildung geschult worden sind.[915]

Eine erforderliche Rettungshandlung liegt aber auch in den Fällen vor, in denen der Notfallsanitäter zumindest über rudimentäre Kenntnisse verfügt, die zwar nicht die Einhaltung der lex artis verbürgen, aber aus ex-ante-Perspektive Anlass zur Annahme geben, dass sie im Falle ihrer Anwendung wenigstens eine geringe Rettungschance bieten können. Aus diesem Grund ist auch ein unsachgemäßes Handeln erfolgversprechender als ein Nichthandeln, wenn im Falle des Nichthandelns der Patient sicher verloren ist.[916] Sinnvoll ist allerdings nur eine solche Tätigkeit, die zur Rettung des gefährdeten Rechtsguts entscheidend beiträgt, wobei die Möglichkeit einer Rettung genügt.[917] Das Urteil darüber, ob individuelle Handlungsfähigkeiten in diesem Sinne vorliegen, ist nach objektiven Gesichtspunkten zu treffen, wobei auf einen einsichtigen Beobachter bei Prüfung der Lage ex-ante abzustellen ist.[918]

Nur die sicher voraussehbare Erfolglosigkeit eines Rettungsbemühens lässt eine Handlungspflicht entfallen, sodass auch bei hoher Gefährlichkeit für das geschützte Handlungsobjekt die Möglichkeit zur Rettung bestehen bleibt.[919]

---

[914] Art. 12 Abs. 1 Nr. 1 und 3 BayRDG, § 5b Abs. 2 Nr. 5 Berl RDG, § 32 S. 3 BremHilfeG, § 16 Abs. 4 Nr. 6 HmbRDG, § 20 Abs. 3 Nr. 2 HRDG, § 10 Abs. 3 S. 2 NRettDG, § 7 Abs. 3 S. 1 RettG NRW, § 10 Abs. 1 Nr. 1 RettDG Rh.-Pf., § 7 Abs. 3 Nr. 5 und 6 SRettG, § 13 ThürRettG; vgl. auch Wissenschaftliche Dienste BT, WD 9 - 3000 - 032/19, S. 73; Standardarbeitsanweisungen und Behandlungspfade im Rettungsdienst, S. 9.

[915] Zu einer möglichen Fahrlässigkeitsstrafbarkeit des Ärztlichen Leiter Rettungsdienst Drittes Kap. A. VII.

[916] Schönke/Schröder/Bosch, StGB, Vor § 13 ff. Rn. 149.

[917] Schönke/Schröder/Bosch, StGB, Vor § 13 ff. Rn. 149.

[918] BGHSt 14, 213 (216).

[919] BGH, NStZ 2000, 414 (415); NStZ 2007, 469.

II. Garantenstellung und Umfang der Garantenpflicht

Gemäß § 13 Abs. 1 StGB muss der Täter rechtlich für das Nichteintreten des Erfolgs einzustehen haben. Dies ist der Fall, wenn der Täter eine Garantenstellung zur Vermeidung des eingetretenen Erfolges innehat. Aus der Garantenstellung folgt dann die Garantenpflicht.[920] Die Einteilung der Rechtspflichten bestimmt sich materiell nach dem Gegenstand und Inhalt der Rechtspflicht.[921] Es wird insofern zwischen Beschützer- und Überwachungsgaranten differenziert.[922] Die Beschützergaranten müssen ein Rechtsgut vor Gefahren beschützen, während die Überwachergaranten die Rechtsgüter vor Schäden aus einer beherrschten oder geschaffenen Gefahrenquelle bewahren müssen.[923]

Notfallsanitäter haben nach herrschender Meinung[924] eine Garantenstellung gegenüber Patienten. Zum einen ergibt sich diese aus den jeweiligen Landesgesetzen über die Durchführung des Rettungsdienstes, wonach die Notfallrettung die Aufgabe hat, lebensrettende Maßnahmen am Notfallort durchzuführen, die Transportfähigkeit herzustellen und die Patienten unter Vermeidung weiterer Schäden in ein für die weitere Behandlung geeignetes Krankenhaus zu befördern.[925] Weiterhin ist die Garantenstellung anhand von § 4 NotSanG zu definieren, der eine Handlungspflicht auslöst.[926] Zum anderen treten Notfallsanitäter auch mit der Übernahme eines konkreten Einsatzauftrags in eine Garantenstellung ein.[927] Entscheidend ist dabei, dass der Rettungsdienst die Behandlung des Patienten übernommen hat und dem Patienten die Vorstellung vermittelt wurde, dass er auf den Beistand und den Einsatz medizinischer Fähigkeiten vertrauen dürfe und sich nicht um zusätzliche Maßnahmen bemühen müsse.[928]

---

[920] BGHSt (GrS) 16, 155 (158).
[921] BGHSt 19, 167 (168).
[922] Schönke/Schröder/Bosch, StGB, § 13 Rn. 9 ff.; Spickhoff/Knauer/Brose, Medizinrecht, StGB, § 211, 212 Rn. 7; Wessels/Beulke/Satzger, Strafrecht AT, § 19 Rn. 1183, 1190.
[923] Bosch, Jura 2019, 1239 (1240) mwN.
[924] BeckOK StGB/Heuchemer, § 13 Rn. 48.3; Waßmer, Medizinstrafrecht, § 8 Rn. 7.
[925] Vgl. hierzu nur § 2 Abs. 2 S. 1 RettG NRW
[926] BeckOK StGB/Heuchemer, § 13 Rn. 48.3.
[927] OLG Bamberg, NJOZ 2012, 936 (937); Dittrich/Lippert, MedR 2022, 15 (19); Fehn, MedR 2017, 453 (456); BeckOK StGB/Heuchemer, § 13 Rn. 48.3; Katzenmeier/Schrag-Slavu, Telemedizin im Rettungsdienst, S. 103.
[928] BGH, NStZ 1994, 84 (85); Schönke/Schröder/Bosch, StGB, § 13 Rn. 28; SK-StGB/Stein, § 13 Rn. 84; Wessels/Beulke/Satzger, Strafrecht AT, § 19 Rn. 1186.

Vom grundsätzlichen Bestehen der Garantenstellung ist die Frage nach ihrem Umfang abzugrenzen.[929] Der Notfallsanitäter unterliegt angesichts des § 2 Abs. 2 S. 1 RettG NRW der Verpflichtung, sämtliche erforderlichen, ihm möglichen und zumutbaren Hilfeleistungen am Notfallpatienten durchzuführen und weiteren Schaden vom Patienten abzuwenden.[930]
Dass ein Unterlassen rechtswidrig war, kann nicht allein mit der Feststellung begründet werden, der Unterlassene habe eine Garantenstellung in Bezug auf das betroffene Rechtsgut innegehabt, denn nicht jede Garantenstellung hat unterschiedslos denselben Pflichtenkreis. Vielmehr sind in jedem Einzelfall Inhalt und Ziel der Garantenstellung zu berücksichtigen.[931] Es bleibt daher zu untersuchen, zu welchen Tätigkeiten Notfallsanitäter als Garanten rechtlich verpflichtet sind. Es ist also nach dem Inhalt und der Zielrichtung der Garantenstellung von Notfallsanitätern zu fragen, denn beim Unterlassen muss gerade der spezifische Schutzzweck der Garantenstellung ein Handeln in der konkreten Situation erfordern.[932]
Es kann von Notfallsanitätern erwartet werden, dass sie medizinische Maßnahmen kunstgerecht ausführen, die Inhalt der Ausbildung sind und beherrscht werden.[933] Die Ausbildungsziele des § 4 NotSanG, die beispielsweise durch das Ministerium für Gesundheit des Landes NRW bezüglich des § 4 Abs. 2 Nr. 2 lit. c) NotSanG in Form der Etablierung der Standardarbeitsanweisungen und Behandlungspfade im Rettungsdienst als Ausbildungsinhalt konkretisiert wurden, müssen zum Bestehen der staatlichen Prüfung für Notfallsanitäter beherrscht werden.[934] Darüber hinaus erstreckt sich die Garantenstellung auf solche Maßnahmen, die zwar nicht Teil der Ausbildung sind, aber im Einzelfall als Sonderwissen von einem Notfallsanitäter beherrscht werden.[935] Ein solches Sonderwissen kann beispielsweise durch entsprechende Fortbildungen in einem bestimmten medizinischen Fachbereich erlernt worden sein. Nicht erfasst sind aber diejenigen Maßnahmen, die über die Ausbildung eines Notfallsanitäters hinausgehen

---

[929] BGHSt 37, 106 (119); 47, 224 (232); 52, 159 (163); 54, 44 (49); 57, 42.
[930] Katzenmeier/Schrag-Slavu, Telemedizin im Rettungsdienst, S. 103.
[931] BayObLG, NStZ-RR 1998, 328 (329); Schönke/Schröder/Bosch, StGB, § 13 Rn. 14.
[932] BGHSt 43, 88; Schönke/Schröder/Bosch, StGB, § 13 Rn. 14.
[933] So bereits Lippert, Notfallmedizin 1982, 1571 (1574) für Rettungssanitäter.
[934] In Bayern konkretisieren die einheitlich delegierten heilkundlichen Maßnahmen und Medikamentengaben vom ÄLRD ebenfalls den Ausbildungsinhalt, vgl. Lehrplan für die Berufsfachschule für Notfallsanitäter des Bayrischen Staatsministeriums für Unterricht und Kultus, S. 49.
[935] BGH, NJW 1987, 1479 (1480) mAnm. Deutsch.

und nicht vollumfänglich beherrscht werden, da es dann an einer sicheren Handlungsmöglichkeit fehlt. Unter Umständen kann allerdings von einem Notfallsanitäter verlangt werden, dass dieser, sollte es im Notfall keine andere Rettungsmöglichkeit für die zu beschützende Person geben, auch eine unsachgemäße, riskante Rettungshandlung durchführt. Denn die Rechtsordnung gebietet, „das Ausmaß des unmittelbar drohenden, mit Sicherheit eintretenden Schadens gegen das kleinere Übel und die geringe Wahrscheinlichkeit einer gleichwertigen Rechtsgutverletzung abzuwägen. Droht dem Schutzbedürftigen bei weiterer Unterlassung der sichere Tod und kann diese Folge durch sofortiges Eingreifen des Garanten mit an Sicherheit grenzender Wahrscheinlichkeit abgewendet werden, so ist die Rechtspflicht zum Handeln begründet, auch wenn die Rettungsmaßnahmen Verletzungen des Schützlings zur Folge haben können. Ein sehr hoher Wahrscheinlichkeitsgrad der Rettung vor dem Tode gebietet auch, die fernliegende Möglichkeit der Vernichtung des Lebens gerade durch die zur Rettung bestimmte Handlung hinzunehmen."[936] Dies ist jedoch nur bei der letzten Rettungschance der Fall, in der es dem Rechtsgüterschutz unter Umständen dienlicher ist, wenn eine unsachgemäße statt gar keiner Rettungsmaßnahme unternommen wird. Eine Garantenpflicht besteht indes nicht, wenn der Patient seine Einwilligung in die Behandlung verweigert oder – falls er nicht befragt werden kann – sein mutmaßlicher Wille der Behandlungsaufnahme entgegensteht.[937] Liegt eine wirksame Patientenverfügung vor, so bleibt auch nach Eintritt der Einwilligungsunfähigkeit ein solch tatsächlich geäußerter Wille des Patienten für die Entscheidung über das Unterlassen medizinischer Maßnahmen maßgeblich. Geht dieser Wille dahin, lebenserhaltende Maßnahmen zu unterlassen, so folgt daraus ein Abwehranspruch des Patienten gegen lebensverlängernde Maßnahmen.[938] Willigt ein Patient in eine medizinische Maßnahme durch einen Notfallsanitäter nicht ein, kommt eine Strafbarkeit wegen Unterlassens iSd § 13 StGB daher nicht in Betracht. Das Nichthandeln eines Notfallsanitäters ist in diesen Fällen nicht tatbestandsmäßig. Denn der Einzelne kann kraft seines Selbstbestimmungsrechts über seinen Körper dahingehend entscheiden, ob er sich im Fall einer Krankheit behandeln lassen möchte

---

[936] BGH, Urt. v. 28.07.1970 – 1 StR 175/70, BeckRS 1970, 31126347.
[937] Engländer/Zimmermann, NJW 2020, 1398 (1399).
[938] BGH, NJW 2020, 3669 (3671) mwN.

oder nicht.[939] Das Selbstbestimmungsrecht des Patienten ist stets zu wahren und der Entscheidung des Patienten ist daher Folge zu leisten.[940] Wird eine Behandlung abgelehnt, so muss diese auch dann unterbleiben, wenn die Krankheit ohne Behandlung zum Tode führt.[941] Denn das allgemeine Persönlichkeitsrecht in seiner Ausprägung als Recht auf selbstbestimmtes Sterben umfasst auch das Recht, nach freiem Willen lebenserhaltende Maßnahmen abzulehnen und auf diese Weise einem zum Tode führenden Krankheitsgeschehen seinen Lauf zu lassen.[942]
Suizidfälle stellen in diesem Bereich eine besondere Schwierigkeit dar, weil sich Notfallsanitäter mit einem Schriftstück konfrontiert sehen können, welches medizinische Maßnahmen untersagt. Der BGH hat jüngst vor dem Hintergrund der „erhebliche[n] Aufwertung“[943] des Selbstbestimmungsrechts entschieden, dass keine Rettungspflicht nach einem – dort: ärztlich assistierten – Suizid besteht und damit letztlich einem freiverantwortlichen[944] Suizidwillen Rechtsverbindlichkeit beigemessen.[945] Bestätigt wurde das jüngst durch das BVerfG, wonach das Recht auf selbstbestimmtes Sterben die Freiheit mit einschließt, sich das Leben zu nehmen.[946]
Zu beachten ist jedoch, dass die vorgenannten Entscheidungen unzweifelhaft freiverantwortliche Suizide betrafen, was die jeweils Beschuldigten in der konkreten „Tatsituation“ wussten, weil sie die langjährigen Ärzte der Patienten oder deren Verwandten waren.[947] Die Kenntnis der entsprechenden Umstände hat der BGH in seinem jüngsten Urteil auch zur Voraussetzung der Entbindung von der Rettungspflicht erhoben, wenn er in seinem amtlichen Leitsatz festhält, dass derjenige „Arzt, der die Umstände kennt, nicht mit strafrechtlichen Konsequenzen verpflichtet werden [kann], gegen

---

939 BGHSt 11, 111 (113 f.); BGH, NJW 2019, 3089 (3091); NJW 2020, 3669 (3671).
940 BGHSt 40, 257 (260).
941 BT-Drs. 16/8442, S. 9, 12; BGHSt 11, 111 (113 f.); 40, 257 (260); Coeppicus, NJW 2013, 2939.
942 BVerfG, NJW 2020, 905 (906 f.).
943 BGH, NStZ 2019, 666 (669).
944 Zum Streit um den Maßstab der Freiverantwortlichkeit siehe MüKoStGB/Schneider, Vor § 211 Rn. 37 ff.; Saliger, Strafbarkeitsrisiken, S. 15 (17 ff.).
945 BGHSt 64, 121 ff.; BGH, NStZ 2019, 666 ff.; vgl. auch BVerwGE 158, 142; BVerwG, FamRZ 2019, 1455.
946 BVerfG, NJW 2020, 905 (906).
947 Exemplarisch – neben den zuvor genannten Entscheidungen – StA München I, NStZ 2011, 345.

den Willen des Suizidenten zu handeln".[948] Die präklinische Notfallmedizin ist jedoch regelmäßig von der persönlichen Unkenntnis des Patienten geprägt. Es stellt sich daher die Frage, inwieweit beispielsweise aus den Umständen am Notfallort auf die Freiverantwortlichkeit eines Suizids geschlossen werden kann und entsprechende Rettungsmaßnahmen unterlassen werden dürfen oder müssen.

Ein freiverantwortlicher Selbsttötungsentschluss kann vorliegen, wenn das Opfer die natürliche Einsichts- und Urteilsfähigkeit für seine Entscheidung besitzt und Mangelfreiheit des Suizidwillens sowie innere Festigkeit des Entschlusses gegeben sind.[949] Zum Ausschluss der Freiverantwortlichkeit kommen aber insbesondere die Minderjährigkeit des Opfers oder krankheits- sowie intoxikationsbedingte Defizite infrage.[950] Dasselbe gilt, wenn der Selbsttötungsentschluss einer bloßen depressiven Augenblicksstimmung entspringt, mithin nicht von innerer Festigkeit und Zielstrebigkeit getragen ist.[951] Hierbei ist zu berücksichtigen, dass empirische Daten belegen, dass ein kurzfristig gefasster Suizidentschluss, wenn die Selbsttötung misslingt, im Nachhinein von den Betroffenen selbst in etwa 80-90 % der Fälle als Fehlentscheidung gewertet wird.[952]

In der Literatur wird sich deshalb dahingehend ausgesprochen, dass eine Rettung (nur) zu unterlassen ist, wenn keine Zweifel daran bestehen, dass es sich um einen wohlüberlegten und freiverantwortlichen Entschluss zur Selbsttötung handelt.[953] Bei Unklarheiten oder Zweifeln hinsichtlich des Willensbildungsprozesses solle das Leben des Patienten hingegen gerettet werden. Es gelte dann der Grundsatz „in dubio pro vita".[954] Teilweise wird das aber nur angenommen, wenn ein Sinneswandel aufgrund äußerer Umstände nicht ausgeschlossen werden kann.[955] Bei nicht freiverantwortlichen oder sogenannten Appellsuiziden ist der (mutmaßliche) Wille nämlich bzw. ohnehin auf die Lebensrettung gerichtet.[956] Demgegenüber spricht

---

948 BGHSt 64, 121.; BGH, NStZ 2019, 666 (669).
949 BGH, NStZ 2012, 319 (320).
950 BGH, NJW 2009, 2611; NJW 2013, 3089 (3090).
951 BGH, NStZ 2011, 340 (341); NStZ 2012, 85 (86); NJW 2019, 3089 (3090).
952 BVerfG, NJW 2020, 905 (911).
953 Bergschneider, Die Rechtfertigung medizinischer Notfallbehandlung, S. 40.
954 Dölling, NJW 1986, 1011 (1015 f.); Ingelfinger, Tötungsverbot, S. 224; Kutzer, ZRP 2012, 135 (136 f.).
955 Schönke/Schröder/Eser/Sternberg-Lieben, StGB, Vor § 211 Rn. 44.
956 Engländer, GA 2010, 15 (25 f.); Erb, FS Schünemann, S. 337 (348); NK-StGB/Neumann, § 34 Rn. 35; Schmitz, Notstand, S. 27.

sich ein anderer Teil der Literatur dafür aus, dass dem Handelnden grundsätzlich jedenfalls ein Recht zur Behandlung zustehe, selbst bei einem freiverantwortlichen Suizid.[957] Dies widerspricht jedoch dem Recht auf selbstbestimmtes Sterben.
Der Patient ist dem Rettungsdienstpersonal in der Regel völlig unbekannt und mangels vorliegen weiterer Erkenntnisquellen kann der Suizidwille nicht verifiziert werden, sodass in der präklinischen Notfallmedizin stets Zweifel daran bestehen dürften, dass es sich um einen wohlüberlegten und freiverantwortlichen Entschluss zur Selbsttötung handelt. In der Folge sollte das Leben des Patienten gerettet werden. Stellt sich im Nachgang heraus, dass kein gefestigter Suizidwille vorlag, sondern vielmehr der (mutmaßliche) Wille des Patienten auf die Lebensrettung gerichtet war, so war das Handeln des Notfallsanitäters gerechtfertigt.
In den Fällen, in denen es sich tatsächlich um einen freiverantwortlichen Suizid gehandelt hat, der Notfallsanitäter aber eine Heilbehandlung in der irrigen Annahme durchführt, der (mutmaßliche) Wille des Patienten sei auf die Lebensrettung gerichtet, unterliegt er einem Erlaubnistatbestandsirrtum.[958] Hierbei entfällt nach der rechtsfolgenverweisende eingeschränkte Schuldtheorie die Vorsatzschuld, sodass der Notfallsanitäter ohne Schuld handelt. Eine Bestrafung aus dem entsprechenden Fahrlässigkeitsdelikt dürfte in der Regel nicht in Betracht kommen, da der Irrtum des Notfallsanitäters nicht auf Fahrlässigkeit beruhen wird. Denn es mangelt in der präklinischen Notfallmedizin aufgrund der charakteristischen Zeitknappheit schlichtweg an der Möglichkeit zur Feststellung des freiverantwortlichen Suizidwillens.

III. Hypothetische Kausalität

Die Nichtverhinderung des tatbestandlichen Erfolges muss kausal gewesen sein. Ein Unterlassen ist für einen Erfolg dann ursächlich, wenn die objektiv gebotene Handlung nicht hinzugedacht werden kann, ohne dass der konkret eingetretene Erfolg entfiele.[959] Hierzu muss eine an Sicherheit grenzende Wahrscheinlichkeit dahingehend bestehen, dass der Erfolg bei

---

957 Arzt/Weber/Heinrich/Hilgendorf/Hilgendorf, Strafrecht BT, § 3 Rn. 49.
958 Vgl. Zweites Kap. A. V. 1.
959 RGSt 58, 130 (131); 63, 392 (393); 75, 49 (50 f.); 75, 372 (374); BGHSt 6, 1 (2); 11, 1 (4); 37, 106 (126); BGH, NStZ-RR 2002, 303; Schönke/Schröder/Bosch, StGB, § 13 Rn. 61; LK-StGB/Weigend, § 13 Rn. 70.

der Vornahme der Handlung nicht oder erheblich später oder in erheblich geringerem Umfang eingetreten wäre.[960] Die bloße Verringerung der Gefahr genügt nicht.[961] Zu berücksichtigen ist in diesem Zusammenhang, dass es nicht um das Ausbleiben des Erfolges überhaupt, sondern um den konkret in Gang befindlichen Kausalverlauf geht.[962] Wie beim positiven Tun[963] wirken aber Zweifel am Ergebnis der Kausalprüfung zugunsten des Notfallsanitäters.[964] Im Einzelfall ist letztlich auf der Grundlage gesicherter medizinisch wissenschaftlicher Fachkenntnisse festzustellen, dass eine sichere Aussage dahingehend getroffen werden kann, dass der Patient bei richtiger Behandlung überlebt hätte.
Die Vornahme medizinischer Maßnahmen gemäß den Standardarbeitsanweisungen und Behandlungspfaden im Rettungsdienst, die von einem Notfallsanitäter sicher beherrscht werden, dürften in der Regel den Erfolg mit an Sicherheit grenzender Wahrscheinlichkeit nicht oder in erheblich geringerem Umfang eintreten lassen, da sie die kunstgerechte Therapie in der jeweiligen Situation darstellen und somit ein hohes Maß an Erfolgschancen bieten. Gleiches gilt bei medizinischen Maßnahmen, die ein Notfallsanitäter nicht beherrscht, obwohl er sie hätte beherrschen müssen. Bleiben aber in einem für eine vernünftige, lebensnahe Betrachtung beachtlichen Grade Zweifel, die vernünftigerweise die für den Schuldspruch erforderliche Überzeugung von der an Gewissheit grenzenden Wahrscheinlichkeit ausschließen, so ist nach dem „in dubio pro reo"-Grundsatz zugunsten des Notfallsanitäters zu entscheiden.[965]

---

[960] RGSt 51, 127; 58, 130 (131); 75, 49 (50 f.); 75, 324 (326); BGHSt 6, 1 (2); 11; 1 (4); 37, 106 (126); BGH, NStZ 1985, 26 (27); NStZ 1987, 505; Fischer, StGB, Vor § 13 Rn. 39; LK-StGB/Weigend, § 13 Rn. 72; Wessels/Beulke/Satzger, Strafrecht AT, § 19 Rn. 1207.

[961] Fischer, StGB, Vor § 13 Rn. 39; LK-StGB/Weigend, § 13 Rn. 72; anders die sog. „Risikoverringerungslehre", Greco, ZIS 2011, 674 (691 f.); Otto, Jura 2001, 275; Roxin, Strafrecht AT II, § 31 Rn. 54 ff.; Stratenwerth/Kuhlen, Strafrecht AT, § 13 Rn. 55, welche jedoch abzulehnen ist, da andernfalls Verletzungsdelikte in Gefährdungsdelikte umgedeutet werden, MükoStGB/Freund/Rostalski, Vor § 13 Rn. 310; Hoyer, FS Rudolphi, S. 95 ff.; Ransiek, JuS 2010, 490 (496).

[962] Spendel, JZ 1973, 137 (140); Wessels/Beulke/Satzger, Strafrecht AT, § 19 Rn. 1177.

[963] Vgl. Zweites Kap. F. I. 3.

[964] BGH, NJW 1987, 2940; OLG Hamm, NJW 1959, 1551.

[965] OLG Hamm, NJW 1959, 1551.

IV. Rechtfertigende Pflichtenkollision

Bei Unterlassungsdelikten ist als Rechtfertigungsgrund die rechtfertigenden Pflichtenkollision anerkannt.[966] Hiernach ist der Notfallsanitäter, den sich ausschließende Handlungspflichten treffen, gerechtfertigt, wenn er bei rangverschiedenen Pflichten die objektiv höherrangige Handlungspflicht erfüllt. Das Rangverhältnis ist dabei abhängig vom Wert der gefährdeten Rechtsgüter, von der Beziehung zum Patienten, von der Nähe zur Gefahr und von der Wahrscheinlichkeit und Intensität des Schadenseintritts.[967] Hierzu folgendes Beispiel:
Es hat sich ein Verkehrsunfall mit zwei beteiligten Fahrzeugen ereignet, wobei einer der Fahrer lebensbedrohliche äußere und innere Verletzungen davongetragen hat, da er den Sicherheitsgurt nicht angelegt hatte und deshalb aus dem Fahrzeug geschleudert wurde. Der andere Fahrer hat lediglich eine oberflächliche Prellmarke im Bereich des Brustkorbes durch den Sicherheitsgurt erlitten sowie eine Gehirnerschütterung durch den ausgelösten Airbag.
Aufgrund der lebensbedrohlichen Verletzungen des einen Fahrers besteht für den eintreffenden Notfallsanitäter eine höherrangige Handlungspflicht gegenüber diesem Patienten, denn die Wahrscheinlichkeit des Todeseintritts ist höher als bei dem leicht verletzten Fahrer. Behandelt der Notfallsanitäter deshalb den leicht verletzten Patienten nicht, handelt er hinsichtlich der unterlassenen Heilbehandlung bezüglich dieses Patienten gerechtfertigt. Sind die Handlungspflichten hingegen gleichwertig, ist der Täter nach herrschender Meinung[968] gerechtfertigt, wenn er eine der Pflichten erfüllt, wobei ihm ein Wahlrecht zusteht. Sind im vorgenannten Beispiel beide Fahrer lebensbedrohlich verletzt worden, ist der Notfallsanitäter gerechtfertigt, wenn er einen von beiden behandelt.

V. Zumutbarkeit

Nach Rechtsprechung und Schrifttum steht bei den unechten Unterlassungsdelikten die Strafbarkeit des Unterlassenden unter dem Vorbehalt der

---

[966] Wessels/Beulke/Satzger, Strafrecht AT, § 19 Rn. 1216.

[967] Frister/Lindemann/Peters, Arztstrafrecht, 1. Kap. Rn. 164; Wessels/Beulke/Satzger, Strafrecht AT, § 19 Rn. 1217.

[968] BGHSt 47, 318 (322); 48, 307 (311); Frister/Lindemann/Peters, Arztstrafrecht, 1. Kap. Rn. 164; Lackner/Kühl/Heger/Heger, StGB, § 34 Rn. 15.

Zumutbarkeit normgemäßen Verhaltens.[969] Hierbei ist jedoch umstritten, auf welcher Wertungsstufe diesem Gesichtspunkt Rechnung zu tragen ist, und ob dies schon die Handlungspflicht als solche berührt.[970] Nach herrschender Meinung ist die Zumutbarkeit normgemäßen Verhaltens im Schuldbereich zu prüfen.[971] Nach anderer Auffassung wirkt die Unzumutbarkeit rechtfertigend.[972] Nach dritter Ansicht ist schon die tatbestandliche Handlungspflicht ausgeschlossen.[973] Dies ist zutreffend, denn die Zumutbarkeit markiert die Grenzen der mit der Garantenstellung begründeten Handlungspflichten.[974] Unzumutbares Handeln ist nämlich rechtlich ebenso wenig geboten wie eine sinnlose Tätigkeit oder die Vornahme einer dem Unterlassenden unmöglichen Handlung. Schließlich wird die Frage der Unzumutbarkeit nicht durch das subjektive Empfinden des Betroffenen, sondern durch einen objektivierten, an den persönlichen Verhältnissen des Betroffenen orientierten Maßstab bestimmt. Unzumutbarkeit und Unmöglichkeit gehören deshalb der gleichen Wertungsebene an.[975] Zudem wäre eine Rechtspflicht, deren Erfüllung von Rechts wegen nicht zumutbar ist, ein Widerspruch in sich.[976] Mithin scheidet bei Unzumutbarkeit ein tatbestandsmäßiges Unterlassen aus. In der Folge scheidet auch eine Teilnehmerstrafbarkeit aus, da es an einer tatbestandsmäßigen Haupttat fehlen würde.

Unzumutbar ist eine Handlung, mit der der Garant eigene billigenswerte Interessen in erheblichen Umfang beeinträchtigen würde.[977] Im konkreten Einzelfall ist eine Gesamtabwägung zu treffen, in die die Schwere der Erkrankung bzw. Verletzung des Patienten, die zu erwartenden Folgen, die

---

[969] BGHSt 48, 77 (89); BGH, NStZ 1984, 164; Wessels/Beulke/Satzger, Strafrecht AT, § 19 Rn. 1222.

[970] Wessels/Beulke/Satzger, Strafrecht AT, § 19 Rn. 1222.

[971] BGHSt 2, 194 (204); 3, 203 (206); 6, 46 (57); 11, 135 (138); BGH, NStZ 1984, 164; Jescheck/Weigend, Strafrecht AT, § 59 VIII 3; SK-StGB/Rudolphi, Vor § 13 Rn. 34; Wessels/Beulke/Satzger, Strafrecht AT, § 19 Rn. 1222 mwN.

[972] Küper, Pflichtenkollision, S. 97 ff.

[973] Fischer, StGB, § 13 Rn. 80, 81; NK-StGB/Gaede, § 13 Rn. 17; Matt/Renzikowski/Haas, StGB, § 13 Rn. 29; Ransiek, JuS 2010, 585 (586); LK-StGB/Weigend, § 13 Rn. 68.

[974] NK-StGB/Gaede, § 13 Rn. 17.

[975] Schönke/Schröder/Bosch, StGB, § 13 Rn. 155.

[976] Fischer, StGB, § 13 Rn. 80, 81.

[977] Schönke/Schröder/Bosch, StGB, Vor § 13 ff. Rn. 156; Fischer, StGB, § 13 Rn. 82.

Erfolgsaussichten einer Behandlung sowie die Beachtung anderer schützenswerter Interessen und Pflichten einzustellen sind.[978] Im Rettungsdienst wird die Zumutbarkeit weit gefasst, da das Rettungsdienstpersonal in diesem Bereich vor allem aufgrund seiner beruflichen Stellung zur Hilfeleistung berufen ist.[979] Die Vornahme medizinischer Maßnahmen, die beherrscht werden, ist stets für Notfallsanitäter zumutbar, wenn sie sich selbst damit nicht in Lebensgefahr bringen.[980] Eine Lebensgefahr liegt beispielsweise vor, wenn bei einem Unfall Explosionsgefahr besteht. Aber auch, wenn sich der Patient im Gefahrbereich einer Terrorlage befindet. Eine Unzumutbarkeit liegt allerdings für Notfallsanitäter nicht vor, weil sie sich einer Gefahr der Ansteckung mit einer schweren Krankheit aussetzen würden.

Notfallsanitäter, die eine berufsqualifizierende Prüfung bestanden haben, müssen diejenigen Kenntnisse und Fähigkeiten besitzen, die sie in der Prüfung nachzuweisen haben, deshalb ist es ihnen zumutbar, diese medizinischen Maßnahmen anzuwenden.[981] Die Standardarbeitsanweisungen und Behandlungspfade im Rettungsdienst konkretisieren unter anderem in Nordrhein-Westfalen den Ausbildungsinhalt bezüglich medizinsicher Maßnahmen.[982] Sie müssen daher zum Bestehen der staatlichen Prüfung für Notfallsanitäter beherrscht werden.

Darüber hinaus besteht eine jährliche Fortbildungspflicht für das nichtärztliche Rettungsdienstpersonal. Überdies ist der jeweils zuständige Ärztliche Leiter Rettungsdienst für die regelmäßige Schulung und Überprüfung der von ihm vorgegebenen Arbeitsanweisungen verantwortlich, damit diese in der Einsatzpraxis beherrscht werden.[983] Mithin kann festgehalten werden,

---

[978] Schönke/Schröder/Bosch, StGB, Vor § 13 ff. Rn. 156; Geilen, Jura 1983, 138 (146); Ulsenheimer/Bock, in: Ulsenheimer/Gaede, Arztstrafrecht, Rn. 673.

[979] Lippert, Notfallmedizin 1982, 1571 (1574).

[980] Fischer, StGB, § 13 Rn. 82.

[981] Katzenmeier/Schrag-Slavu, Telemedizin im Rettungsdienst, S. 49; Lippert, NJW 1982, 2089 (2092) mwN.

[982] Auch die in Bayern einheitlich delegierten heilkundlichen Maßnahmen und Medikamentengaben sowie die Handlungsempfehlungen der „Trägergemeinschaft Rettungsdienst in Schleswig-Holstein" und die „Algorithmen zur Notfallversorgung" des Landes Hessen sind in den jeweiligen Bundesländern Ausbildungsinhalt: Lehrplan für die Berufsfachschule für Notfallsanitäter des Bayrischen Staatsministeriums für Unterricht und Kultus, S. 49; Handlungsempfehlungen für den Rettungsdienst im Land Schleswig-Holstein, S. 5; „Algorithmen zur Notfallversorgung" des Hessischen Ministerium für Soziales und Integration, S. 2.

[983] Standardarbeitsanweisungen und Behandlungspfade im Rettungsdienst, S. 9.

dass Maßnahmen, die von einem Ärztlichen Leiter Rettungsdienst delegiert werden und sich an den Standardarbeitsanweisungen und Behandlungspfaden im Rettungsdienst orientieren, von jedem Notfallsanitäter in Nordrhein-Westfalen sowie auch in anderen Bundesländern beherrscht werden müssen.

Problematisch ist allein, was hinsichtlich solcher medizinischen Maßnahmen gilt, die nicht vollumfänglich beherrscht werden. Die Durchführung einer unsachgemäßen Heilbehandlung ist zumutbar, wenn es sich um die letzte Rettungschance handelt und für die Behandlung aufgrund gewisser praktischer und/oder theoretischer Kenntnisse eine zumindest geringe Erfolgsaussicht zu bejahen ist. Denn es kann von einem Notfallsanitäter erwartet werden, jede noch so geringe Rettungschance zu ergreifen, wenn andernfalls der sichere Todeseintritt droht.

VI. Vorsatz und Fahrlässigkeit

Das unechte Unterlassungsdelikt kann als Vorsatz- oder als Fahrlässigkeitsdelikt verwirklicht werden.[984]

Der Vorsatz des Notfallsanitäters muss das Tatobjekt, das Verwirklichen des tatbestandsmäßigen Verhaltens durch Unterlassen einschließlich der physisch-realen Möglichkeit der Erfolgsverhinderung und der Umstände, aus denen sich die Zumutbarkeit ergibt sowie die Garantenstellung umfassen.[985] Beim Erfolgsdelikt muss der Notfallsanitäter in Bezug auf die hypothetische Kausalität in kognitiver Hinsicht den Eintritt eines Rettungserfolges für möglich halten.[986]

Eine Strafbarkeit wegen eines fahrlässigen Tötungs- oder Körperverletzungsdeliktes durch Unterlassen setzt voraus, dass Notfallsanitäter sorgfaltswidrig eine medizinische Maßnahme unterlassen haben. Die Garantenstellung des Notfallsanitäters begründet die Pflicht, eine bestimmte Rettungshandlung vorzunehmen. Kommen Notfallsanitäter ihrer Garantenpflicht nicht nach, so liegt eine Sorgfaltspflichtverletzung vor.[987] Ferner kann die Sorgfaltswidrigkeit in vorwerfbar mangelnder Erkenntnis der tatbestandsmäßigen Situation einschließlich der eigenen Garantenstellung liegen, aber auch in sorgfaltswidriger Nichtbeachtung des bevorstehenden

---

984 HK-GS/Tag, § 13 Rn. 25.
985 BGH, NJW 2021, 326 (327).
986 BGH, Beschl. v. 27.10.2022 – 4 StR 200/21 -, juris.
987 NK-StGB/Gaede, § 13 Rn. 21; Kühl, Strafrecht AT, § 19 Rn. 3.

Erfolgseintritts.[988] Erforderlich für eine Strafbarkeit ist ein Pflichtwidrigkeitszusammenhang, bezogen auf das pflichtwidrige Unterlassen.[989] Die Pflichtwidrigkeit des Unterlassens muss sich also im Erfolg niederschlagen, erst dann kann der Erfolg dem Garanten zugerechnet werden. Wäre der Erfolg mit an Sicherheit grenzender Wahrscheinlichkeit auch bei pflichtgemäßem Verhalten eingetreten, so ist eine Zurechnung abzulehnen, da der Erfolg nicht auf die Pflichtwidrigkeit zurückzuführen ist.[990] Bestehen hieran konkrete Zweifel und somit allenfalls eine hohe Wahrscheinlichkeit für einen Pflichtwidrigkeitszusammenhang, ist der Notfallsanitäter nach dem „in dubio pro reo"-Grundsatz freizusprechen.

Der Eintritt des tatbestandlichen Erfolges muss auch beim fahrlässigen Unterlassungsdelikt für den Notfallsanitäter objektiv vorhersehbar sein. Dies ist zu bejahen, denn die Möglichkeit des Erfolgseintritts ist zum Zeitpunkt des Unterlassens einer indiziert medizinischen Maßnahme der Standardarbeitsanweisungen und Behandlungspfade im Rettungsdienst nach allgemeiner Lebenserfahrung erkennbar. Notfallsanitäter unterlassen die medizinische Maßnahme zudem schuldhaft, wenn sie nach ihren persönlichen Fähigkeiten und Kenntnissen in der Lage gewesen wären, sorgfaltsgemäß zu handeln und die wesentlichen Folgen der Tat absehen zu können. Darüber hinaus dürfte es für einen ausgebildeten Notfallsanitäter im Einzelfall nicht außerhalb der Lebenserfahrung liegen, dass das Unterlassen einer medizinisch indizierten Maßnahme, die von ihrer Garantenpflicht in der konkreten Situation umfasst ist, zu einer Schädigung oder zum Tode des Patienten führen kann. Die Feststellung der subjektiven Voraussehbarkeit wird daher regelmäßig naheliegen.

VII. Exkurs: Die Strafbarkeit des Ärztlichen Leiter Rettungsdienst

In diesem Zusammenhang kann dem Ärztlichen Leiter Rettungsdienst ein Organisationsverschulden vorzuwerfen sein, wenn Notfallsanitäter delegierte medizinische Maßnahmen nicht sicher beherrschen.

---

988 Jescheck/Weigend, Strafrecht AT, § 59 VII 2.

989 Kühl, Strafrecht AT, § 19 Rn. 4a.

990 Wessels/Beulke/Satzger, Strafrecht AT, § 18 Rn. 1133; dies ist wie beim Begehungsdelikt umstritten, vgl. Zweites Kap. F. I. 3.

Der Rettungsdienst wird in medizinischen Belangen und Angelegenheiten des Qualitätsmanagements von einem Ärztlichen Leiter Rettungsdienst geleitet und überwacht.[991] Dem Ärztlichen Leiter Rettungsdienst obliegt zudem die Festlegung, welche heilkundlichen Maßnahmen bei bestimmten notfallmedizinischen Zustandsbildern und -situationen für Notfallsanitäter iSd § 4 Abs. 2 Nr. 2 lit. c) NotSanG standardmäßig vorgegeben werden. In der Folge ist der zuständige Ärztliche Leiter Rettungsdienst dafür verantwortlich, dass die von ihm vorgegebenen Arbeitsanweisungen regelmäßig geschult, überprüft und damit in der Einsatzpraxis von ihm nachgeordneten Notfallsanitätern beherrscht werden.[992]

Hieraus ergibt sich für den Ärztlichen Leiter Rettungsdienst eine allgemeine Organisationspflicht, die die sachgerechte Auswahl, Anweisung und Überwachung der nachgeordneten nichtärztlichen Mitarbeiter verlangt.[993] Dabei muss die Auswahlsorgfalt beim nachgeordneten nichtärztlichen Personal die allgemeine Fachqualifikation sowie die Qualifikation für die fachliche und persönliche Befähigung speziell im übertragenen Aufgabengebiet gewährleisten.[994] Dabei darf der Ärztliche Leiter Rettungsdienst „im Allgemeinen davon ausgehen, dass andere geprüfte Medizinalpersonen diejenigen Kenntnisse besitzen", die zum Prüfungsstoff ihrer Ausbildung gehören.[995] Bei neu eintretenden Mitarbeitern kann sich der Ärztliche Leiter Rettungsdienst somit zunächst auf die in den Zeugnissen ausgewiesene Qualifikation verlassen, muss sich jedoch im Laufe der weiteren Zusammenarbeit ein eigenes Bild machen.[996] Der Ärztliche Leiter Rettungsdienst haftet also primär nur für die sorgfältige Auswahl des Mitarbeiters, für die Erteilung der erforderlichen generellen und speziellen

---

[991] Art. 11 Abs. 1 BayRDG, § 5a Abs. 1 Berl RDG, § 15 Abs. 1 BbgRettG, § 31 BremHilfeG, § 16 Abs. 1 HmbRDG, § 20 Abs. 1 HRDG, § 10 Abs. 2 RDG M-V, § 10 Abs. 3 NRettG, § 7 Abs. 3 RettG NRW, § 10 Abs. 1 RettDG Rh.-Pf., § 7 Abs. 1 SRettG, § 28 Abs. 6 SächsBRKG, § 10 Abs. 1 RettDG LSA, § 1 Abs. 1 SHRDG, § 13 ThürRettG; Enke/Flemming/Hündorf/Knacke/Lipp/Rupp, LPN2, S. 132.

[992] Art. 12 Abs. 1 Nr. 1 und 3 BayRDG, § 5b Abs. 2 Nr. 5 Berl RDG, § 32 S. 3 BremHilfeG, § 16 Abs. 4 Nr. 6 HmbRDG, § 20 Abs. 3 Nr. 2 HRDG, § 10 Abs. 3 S. 2 NRettDG, § 7 Abs. 3 S. 1 RettG NRW, § 10 Abs. 1 Nr. 1 RettDG Rh.-Pf., § 7 Abs. 3 Nr. 5 und 6 SRettG, § 13 ThürRettG; vgl. auch Wissenschaftliche Dienste BT, WD 9 - 3000 - 032/19, S. 73; Standardarbeitsanweisungen und Behandlungspfade im Rettungsdienst, S. 9.

[993] Spickhoff/Greiner, Medizinrecht, BGB, § 839 Rn. 45.

[994] BGH, NJW 1978, 1681; 1979, 1935 (1936); 1981, 628 (629); 1985, 2193.

[995] BGHSt 3, 91 (96).

[996] Bock, in: Ulsenheimer/Gaede, Arztstrafrecht, Rn. 296.

Weisungen und die ordnungsgemäße Überwachung.[997] An die Leitung (Weisungen) und die Überwachung (Kontrolle) des nachgeordneten nichtärztlichen Personals werden indes sehr strenge Anforderungen gestellt.[998] Eine ordnungsgemäße Überwachung verlangt dabei gezielte Kontrolle der Arbeit und Kompetenz des nichtärztlichen Personals. Dies bedeutet jedoch nicht, dass eine lückenlose Überwachung zu fordern ist. Denn es würde dem Sinn der Arbeitsteilung geradezu zuwiderlaufen, nach der Übertragung einer Aufgabe auf einen bewährten, zuverlässigen Mitarbeiter diesen ununterbrochen zu überwachen.[999] Vielmehr hängt die Häufigkeit der Überwachungspflichten von der Schwierigkeit der Aufgabe, den mit ihr verbundenen Risiken sowie vom konkreten Weiterbildungsstand des Notfallsanitäters ab.[1000]

Der Ärztliche Leiter Rettungsdienst genügt seiner Überwachungspflicht, wenn er bei Notfallsanitätern, die sich in langer Zusammenarbeit als fachlich qualifiziert und zuverlässig erwiesen haben, regelmäßig stichprobenartige Überprüfungen vornimmt. Dem dürfte der Ärztliche Leiter Rettungsdienst nachkommen, wenn er im Rahmen der jährlichen Pflichtfortbildung für das nichtärztliche Personal, die von ihm delegierten Maßnahmen in geeigneter Weise schult und abprüft. Zeigen sich aber eindeutige Tendenzen zu Schludrigkeiten oder andere Umstände, die das Vertrauen in den ausgebildeten Notfallsanitäter zu erschüttern geeignet sind, muss der Ärztliche Leiter Rettungsdienst handeln, das heißt, unter anderem die Überwachung intensivieren, entsprechende Anweisungen und Instruktionen erteilen, evtl. Kompetenzen einschränken oder weitere Fortbildungsveranstaltungen einrichten, um die Mängel zu beseitigen.[1001]

Resümierend kann festgehalten werden, wenn Notfallsanitäter für die delegierten Maßnahmen als geschult, erprobt, erfahren und zuverlässig anzusehen sind, sodass ein begangener Fehler außerhalb des Rahmens gewöhnlicher Erfahrung und der besonderen Wissensmöglichkeit des Ärztlichen Leiter Rettungsdienst liegt, scheidet dessen strafrechtliche Verantwortlichkeit aus.[1002] Hingegen kann sich ein Ärztlicher Leiter Rettungsdienst we-

---

[997] Bock, in: Ulsenheimer/Gaede, Arztstrafrecht, Rn. 297; MAH-StV/Warntjen, § 49 Rn. 59.

[998] Spickhoff/Greiner, Medizinrecht, BGB, § 839 Rn. 49.

[999] Bock, in: Ulsenheimer/Gaede, Arztstrafrecht, Rn. 296.

[1000] Zwiehoff, MedR 2004, 364 (370).

[1001] Bock, in: Ulsenheimer/Gaede, Arztstrafrecht, Rn. 297.

[1002] Bock, in: Ulsenheimer/Gaede, Arztstrafrecht, Rn. 297.

gen fahrlässiger Körperverletzung bzw. fahrlässiger Tötung durch Unterlassen gemäß §§ 229 bzw. 222, 13 Abs. 1 StGB strafbar machen, wenn er die an ihn zu stellenden Sorgfaltsanforderungen verletzt, indem er es unterlässt, geeignete organisatorische Maßnahmen dafür zu treffen, dass die ihm untergeordnete Notfallsanitäter, die von ihm delegierten Maßnahmen sicher beherrschen. Der Ärztliche Leiter Rettungsdienst hat gegenüber den Patienten seines rettungsdienstlichen Zuständigkeitsbereichs eine Garantenstellung, die eine Handlungspflicht begründet, geeignete organisatorische Vorkehrungen für eine gefahrenadäquate rettungsdienstliche Versorgung zu treffen. Diese ergibt sich aus den Landesrettungsdienstgesetzen, wonach der Rettungsdienst in medizinischen Belangen und Angelegenheiten des Qualitätsmanagements von einem Ärztlichen Leiter Rettungsdienst geleitet und überwacht wird.
Eine Strafbarkeit des Ärztlichen Leiter Rettungsdienst setzt zudem voraus, dass der Tod oder die Körperverletzung des Patienten durch die Sorgfaltswidrigkeit verursacht worden ist. Es ist daher im Einzelfall festzustellen, dass der tatbestandliche Erfolg bei sorgfaltsgemäßem Handeln mit an Sicherheit grenzender Wahrscheinlichkeit verhindert worden wäre.[1003] Nach dem Grundsatz „in dubio pro reo" wäre der Ärztliche Leiter Rettungsdienst also freizusprechen, wenn das Gericht nicht überzeugt davon ist, dass bei Vornahme der pflichtgemäßen Handlung die Körperverletzungs- oder Todesfolge ausgeblieben wäre.[1004] Hierbei dürften in der Praxis erhebliche Beweisschwierigkeiten bestehen. Auch wenn der Ärztliche Leiter Rettungsdienst keinerlei Fortbildung anbietet und das Beherrschen der delegierten Maßnahmen nicht regelmäßig abprüft bzw. überwacht, kann nicht mit der erforderlichen Sicherheit gesagt werden, dass die Schädigung des Patienten bei sorgfaltsgemäßem Handeln, also auch dann vermieden worden wäre, wenn die nötigen Fortbildungen und Überwachungsmaßnahmen erbracht worden wären. Denn auch einem geschulten, erprobten, erfahrenen und zuverlässigen Notfallsanitäter können Fehler aufgrund eines Augenblicksversagens unterlaufen.
Sollte die Kausalität ausnahmsweise zu bejahen sein, setzt eine Strafbarkeit neben der Verletzung der objektiven Sorgfaltspflicht zusätzlich voraus, dass der Ärztliche Leiter Rettungsdienst auch subjektiv, das heißt nach seinen persönlichen Kenntnissen und Fähigkeiten in der Lage war,

---

[1003] Vgl. zum Pflichtwidrigkeitszusammenhang Zweites Kap. F. I. 3.
[1004] Zwiehoff, MedR 2004, 364 (366).

den objektiven Sorgfaltsmaßstab eines gewissenhaften Ärztlichen Leiter Rettungsdienst in der konkreten Situation einzuhalten.

B. Sterbehilfe

Der Begriff „Sterbehilfe“ bezeichnet iwS jedes Handeln oder Unterlassen, das einem Patienten bei der Herbeiführung des Todes unterstützt. Als reine Sterbehilfe (Sterbebegleitung) werden Maßnahmen zur Schmerzlinderung bezeichnet, die mit keiner Lebensverkürzung verbunden, vielmehr strafrechtlich sogar geboten sind.[1005] Allerdings werden in der Regel Opioide verabreicht, mit denen eine Lebensverkürzung verbunden sein kann, da sie die Empfindlichkeit des Atemzentrums herabsetzen und eine Atemhemmung zur Folge haben können. Daher kann die Grenze zur aktiven Sterbehilfe, bei der medizinische Maßnahmen eine Lebensverkürzung zur Folge haben und die Bestrafung aus einem Tötungsdelikt droht, überschritten werden. Eine indirekte aktive Sterbehilfe, die in Form einer medizinisch indizierten palliativen Maßnahme erfolgt,[1006] hat in der präklinischen Notfallmedizin keinerlei Relevanz, da die Einsatzdauer zu kurz ist, um eine Dauergabe von Schmerzmedikamenten durchzuführen, wie sie zum Eintritt der Nebenwirkung notwendig wäre.[1007]
Als passive Sterbehilfe wird hingegen ein Handeln bezeichnet, bei dem lebensverlängernde Maßnahmen nicht ergriffen werden. Auch hier kommt eine Bestrafung aus einem Tötungsdelikt in Betracht.[1008]

I. Aktive Sterbehilfe

Unter der direkten aktiven Sterbehilfe ist die vorsätzliche aktive Tötung eines sterbenden Patienten zu verstehen. In der Praxis geht es vor allem um Fälle der sog. Mitleidstötung, in denen ein Patient getötet wird, ohne dass er einen Sterbewunsch geäußert hat, aber auch um Fälle in denen Todkranke andere Menschen auffordern, sie zu töten, und schließlich um Fälle, in denen die Behandlung durch aktives Tun abgebrochen wird.
Eine vorsätzliche Tötung, die ohne das Verlangen des Opfers erfolgt ist grundsätzlich nach § 212 StGB strafbar. In den Fällen der Mitleidstötung

---

[1005] Waßmer, Medizinstrafrecht, § 9 Rn. 3.
[1006] BGH, NJW 2010, 2963 (2967); Schönke/Schröder/Eser/Sternberg-Lieben, StGB, Vor § 211 ff. Rn. 26; Wessels/Hettinger/Engländer, Strafrecht BT 1, § 2 Rn. 144.
[1007] Tachezy, Mutmaßliche Einwilligung, S. 121.
[1008] Vgl. Drittes Kap. A.

kann allerdings ein minder schwerer Fall des Totschlags gemäß § 213 StGB vorliegen,[1009] wenn die Gesamtwürdigung von Tat und Täter ergibt, dass der Fall vom Durchschnitt der erfahrungsgemäß vorkommenden Fälle in einem Maße abweicht, dass die Anwendung des Ausnahmestrafrahmens geboten ist.[1010] Eine aktive Sterbehilfe ist aber kraft der Einwilligungssperre des § 216 StGB selbst dann unzulässig, wenn sie auf ausdrückliches und ernsthaftes Verlangen des Getöteten erfolgt ist.[1011]

II. Behandlungsabbruch

Im Folgenden soll die Sterbehilfe durch Behandlungsabbruch näher betrachtet werden.

Bricht der Notfallsanitäter eine bereits aufgenommene Behandlung ab, handelt es sich unstreitig ebenfalls um ein Unterlassen, falls der Abbruch schlicht im Verzicht auf das Ergreifen weiterer Behandlungsmaßnahmen besteht.[1012] Umstritten ist jedoch, ob der Abbruch medizinischer Maßnahmen eine Tatbestandsverwirklichung durch Tun oder durch Unterlassen darstellt, wenn eine mechanisierte Form der Behandlung – wie etwa das Abschalten eines Respirators – durch tätiges Eingreifen beendet wird.[1013] Teilweise wird ein solches Verhalten unter Zugrundelegung der sogenannten Schwerpunktformel als Unterlassen gewertet, da der Schwerpunkt der Vorwerfbarkeit hier auf dem Unterbleiben der weiteren Behandlung liegt.[1014] Die Rechtsprechung hat ein solches Verhalten dagegen früher als aktives Tun beurteilt.[1015] Da eine sinnvolle Grenzziehung zwischen aktivem Tun und Unterlassen in Fällen medizinischer Behandlungen jedoch kaum möglich ist,[1016] hat die Rechtsprechung für den Behandlungsabbruch

---

1009 BGHSt 27, 298 (299).

1010 Waßmer, Medizinstrafrecht, § 9 Rn. 28.

1011 BGHSt 37, 376 (379); Schönke/Schröder/Eser/Sternberg-Lieben, StGB, Vor § 211 ff. Rn. 25; Fischer, StGB, Vor § 211-217 Rn. 33; Hecker, JuS 2020, 82 (83); LK-StGB/Rosenau, Vor § 211 ff. Rn. 36; Ulsenheimer/Biermann, in: Ulsenheimer/Gaede, Arztstrafrecht, Rn. 739; Wessels/Hettinger/Engländer, Strafrecht BT 1, § 2 Rn. 142.

1012 Engländer/Zimmermann, NJW 2020, 1398 (1399).

1013 Geilen, JZ 1968, 145 (151); Roxin, FS Engisch, S. 380 (395).

1014 Engländer/Zimmermann, NJW 2020, 1398 (1399); Kaufmann, MedR 1983, 121 (122); Roxin, FS Engisch, S. 380 (395); ders., NStZ 1987, 345 (349); Schöch, NStZ 1995, 153 (154); Schroth, GA 2006, 549 (551); Wessels/Hettinger, Strafrecht BT I, § 2 Rn. 147.

1015 BGH, NJW 2010, 2963 (2967); Hirsch, FS Lackner, S. 597 (604); Samson, FS Welzel, S. 579 (601); Sax, JZ 1975, 137 (149).

1016 Hoven/Hahn, JA 2020, 481 (483).

die Differenzierung zwischen aktivem Tun und Unterlassen aufgegeben.[1017] Denn der Behandlungsabbruch „kann und wird vielmehr fast regelmäßig eine Vielzahl von aktiven und passiven Handlungen umfassen, deren Einordnung nach Maßgabe der in der Dogmatik und von der Rechtsprechung zu den Unterlassungstaten des § 13 StGB entwickelten Kriterien problematisch ist und teilweise von bloßen Zufällen abhängen kann".[1018] „Die Fortführung von Beatmungsmaßnahmen enthält Elemente des Unterlassens (Nichtabschalten des Beatmungsgeräts) sowie Elemente des aktiven Tuns (die Beatmungsparameter – wie etwa Beatmungsdrücke und Atemfrequenz – müssen kontinuierlich angepasst werden, wenn sich der Zustand des Patienten verändert)."[1019] Der Abbruch dieser Rettungsmaßnahmen lässt sich daher nicht eindeutig als aktives Tun oder Unterlassen einordnen.[1020] Aus diesem Grund werden „alle Handlungen, die mit der Beendigung einer Behandlung im Zusammenhang stehen, in einem normativ-wertenden Oberbegriff des Behandlungsabbruchs zusammengefasst."[1021] Dieser Begriff beinhaltet „neben objektiven Handlungselementen auch die subjektive Zielsetzung des Handelnden (…) eine bereits begonnene medizinische Behandlungsmaßnahme gemäß dem Willen des Betroffenen oder seines Betreuers nach Maßgabe jeweils indizierter Pflege- und Versorgungserfordernisse zu reduzieren (…)."[1022] Dabei setzt der Begriff der Sterbehilfe durch Behandlungsabbruch im Einzelnen voraus, „dass die betroffene Person lebensbedrohlich erkrankt ist und die betreffende Maßnahme medizinisch zur Erhaltung oder Verlängerung des Lebens geeignet ist."[1023] Darüber hinaus muss sich die Sterbehilfehandlung „objektiv und subjektiv unmittelbar auf diese medizinische Maßnahme" beziehen.[1024] Es werden nur das Unterlassen einer lebenserhaltenden Behandlung oder ihr Abbruch sowie Handlungen in der Form der sogenannten indirekten Sterbehilfe erfasst.[1025]

[1017] BGH, NJW 2010, 2963.
[1018] BGH, NJW 2010, 2963 (2967).
[1019] Hoven/Hahn, JA 2020, 481 (483).
[1020] Hoven/Hahn, JA 2020, 481 (483).
[1021] BGH, NJW 2010, 2963 (2967).
[1022] BGH, NJW 2010, 2963 (2967).
[1023] BGH, NJW 2010, 2963 (2967).
[1024] BGH, NJW 2010, 2963 (2967).
[1025] BGH, NJW 2010, 2963 (2967).

Gerechtfertigt ist ein Behandlungsabbruch, wenn er dem behandlungsbezogenen Patientenwillen entspricht.[1026] Das allgemeine Persönlichkeitsrecht umfasst das Recht, nach freiem Willen lebenserhaltende Maßnahmen abzulehnen.[1027] Dieses Recht ist „nicht auf schwere oder unheilbare Krankheitszustände oder bestimmte Lebens- und Krankheitsphasen beschränkt."[1028]

Lehnt der Patient bereits begonnene lebensverlängernde Maßnahmen ausdrücklich ab, gegebenenfalls auch vorab in einer Patientenverfügung – die erst nach Beginn der Behandlung zur Kenntnis genommen wird – oder entspricht der Behandlungsabbruch dem mutmaßlichen Willen des Patienten, so ist dieser gerechtfertigt.[1029] Dabei rechtfertigt eine Patientenverfügung unabhängig von der Frage, ob es sich bei den in einer akuten Notfallsituation vor Ort befindlichen Rettungskräften um Notärzte oder um nichtärztliches Personal handelt, einen Behandlungsabbruch.[1030]

C. Triage

Der Begriff der Triage (von französisch *trier*, „sortieren", „aussondern") hat seinen Ursprung in der Militärmedizin und ist in der Katastrophen- und Notfallmedizin schon lange anerkannt.[1031] Es bezeichnet ein Verfahren, nach dem medizinische Hilfeleistungen priorisiert werden, falls die Anzahl medizinisch Hilfsbedürftiger die vorhandenen personellen oder materiellen Ressourcen übersteigt.[1032] Ziel der Triage ist es dabei, dass möglichst viele Personen die Überlastungssituation überstehen.[1033] Es lassen sich drei Formen der Triage unterscheiden.

Bei der Ex-ante-Triage muss die Entscheidung zwischen zwei Behandlungsbedürftigen getroffen werden, die zeitgleich am Ort der Behandlung erscheinen.[1034] Denkbar ist dies, wenn eine umgehende notfallmedizinische Behandlung indiziert ist oder eine spezifische Medikation verabreicht

---

[1026] BGH, NJW 2010, 2963 (2967); Hecker, JuS 2020, 82 (83).

[1027] BVerfG, NJW 2020, 905 (907).

[1028] BVerfG, NJW 2020, 905 (907).

[1029] BGH, NJW 2020, 3669 (3671) mwN; MAH-StV/Warntjen, § 49 Rn. 128; Wessels/Hettinger/Engländer, Strafrecht BT 1, § 2 Rn. 149.

[1030] BGH, NJW 2010, 2963 (2968), Wachter, medstra 2021, 30 (31).

[1031] Waßmer, JA 2021, 298.

[1032] Sowada, NStZ 2020, 452.

[1033] Rönnau/Wegner, JuS 2020, 403; Waßmer, JA 2021, 298.

[1034] Gaede/Kubiciel/Saliger/Tsambikakis, medstra 2020, 129; Rönnau/Wegner, JuS 2020, 403 (404).

werden muss, die vorhandenen Güter aber nicht ausreichend vorhanden sind, um alle Behandlungsbedürftigen gleich effektiv zu versorgen.[1035] Diese Konstellation könnte im Rettungsdienst beispielsweise vorliegen, wenn der Rettungsdienst zu einem Verkehrsunfall eines Kraftfahrzeuges mit zwei Insassen alarmiert wird, die sich noch im Fahrzeug befinden. Beide Insassen sind lebensbedrohlich verletzt und bedürfen umgehend einer Behandlung mittels Beatmungsgeräts. Auf dem Rettungswagen befindet sich jedoch nur ein solches Gerät, sodass nur ein Patient behandelt werden kann.

Bei der Ex-post-Triage kommt es hingegen zur Auswechslung der aktuell behandelten Person zugunsten einer noch nicht behandelten, die eine höhere Überlebenswahrscheinlichkeit aufweist.[1036] Vorstellbar ist hier unter anderem das Entfernen eines medizinisch indizierten Apparates (zB eines Beatmungsgeräts) oder das Unterlassen/Verringern der verabreichten Medikation zu Gunsten eines (noch) nicht-behandelten Patienten.[1037] Folgendes Beispiel: Ein Kraftfahrzeug mit zwei Insassen erleidet einen Verkehrsunfall bei dem beide Insassen aus dem Fahrzeug geschleudert werden. Der Fahrer landet auf der Fahrbahn, der Beifahrer im Graben am Fahrbahnrand. Ein Rettungswagen trifft ein und das Rettungsdienstpersonal bemerkt zunächst lediglich den Patienten auf der Fahrbahn und beginnt die rettungsdienstliche Versorgung. Erst im weiteren Verlauf wird der Patient am Fahrbahnrand entdeckt. Dieser bedarf ebenfalls einer unverzüglichen rettungsdienstlichen Versorgung. Die personellen und materiellen Ressourcen reichen jedoch nur für die Behandlung eines Patienten.

Bei der vorsorglichen Triage bestehen im Zeitpunkt der Entscheidung noch ausreichend Ressourcen, in Erwartung einer zukünftig eintretenden stärkeren Beanspruchung wird potenziell Behandlungsbedürftigen die Versorgung jedoch verwehrt.[1038] Der Rettungsdienst wird beispielsweise zu einem Verkehrsunfall mit einer leicht verletzten Person alarmiert. Das Rettungsdienstpersonal entscheidet, diesen Patienten nicht zu behandeln, da es davon ausgeht, dass in naher Zukunft ein weiterer Einsatz ansteht, bei dem der Patient dringlicher Hilfe benötigt.

[1035] Esser/Tsambikakis/Gerson, Pandemiestrafrecht, § 3 Rn. 4.

[1036] Busch, ZStW 134, 742 (772); Gaede/Kubiciel/Saliger/Tsambikakis, medstra 2020, 129; Jansen, ZIS 2021, 155; Rönnau/Wegner, JuS 2020, 403 (404); Waßmer, JA 2021, 298.

[1037] Esser/Tsambikakis/Gerson, Pandemiestrafrecht, § 3 Rn. 5; Hoven/Hahn, JA 2020, 481.

[1038] Esser/Tsambikakis/Gerson, Pandemiestrafrecht, § 3 Rn. 6; Jansen, ZIS 2021, 155; Waßmer, JA 2021, 298.

Das nichtärztliche Rettungsdienstpersonal trifft in ihrem Verantwortungsbereich als Garanten eine Pflicht iSv § 13 Abs. 1 StGB, nach der sie rechtlich dafür einzustehen haben, dass Schäden an Leib und Leben der sie aufsuchenden Verletzten und Kranken abgewendet werden, soweit eine Therapie nicht aussichtslos ist und die Behandlung dem ausdrücklichen oder – bei mangelnder Ansprechbarkeit des Patienten und fehlenden Informationen über den Patientenwillen (zB in Gestalt einer Patientenverfügung) – mutmaßlichen Willen des Patienten entspricht. Nehmen sie in einer solchen Situation eine medizinisch indizierte Behandlung nicht vor, können sie sich – je nach Fallkonstellation – wegen eines Körperverletzungs- oder Tötungsdelikts durch (unechtes) Unterlassen strafbar machen.[1039]
Im Folgenden ist zu untersuchen, wann sich das nichtärztliche Rettungsdienstpersonal bei einer solchen Triage-Entscheidung strafbar machen kann.

I. Ex-ante-Triage

Im Ergebnis besteht Einigkeit, dass eine Strafbarkeit ausscheidet, wenn die Zahl, der zu Behandelnden die verfügbaren Mittel überschreitet. Denn die Rechtsordnung kann von ihren Adressaten nach dem Grundsatz „ultra posse nemo obligatur" nichts Unmögliches verlangen.[1040] Kollidieren zwei gleichwertige Handlungspflichten, von denen der Pflichtadressat nur eine erfüllen kann, so ist er nicht strafbar, wenn er eine der Pflichten erfüllt. Umstritten ist jedoch die Begründung.
Teilweise wird angenommen, die Lösung könne bereits auf der Tatbestandsebene erfolgen, da nur eine einzige alternativ gefasste Gefahrenabwendungspflicht bestehe.[1041] Hiergegen spricht jedoch, dass im Hinblick auf das Rechtsgut Leben zwei gleichwertige Handlungspflichten vorliegen und die Nichtabwendung des Erfolgs trotz der Möglichkeit hierzu den Unrechtstatbestand erfüllt.[1042]
Eine Mindermeinung im Schrifttum vertritt die Auffassung, dass dem Behandelnden lediglich eine Entschuldigung zuzugestehen ist, also sein Verhalten als rechtswidrig zu bewerten und ihn lediglich mangels persönlicher

---

[1039] Vgl. Drittes Kap. A.; Hoven/Hahn, JA 2020, 481; Nussbaum, HanLR 2021, 213 (221).
[1040] Hoven/Hahn, JA 2020, 481.
[1041] Freund/Rostalski, Strafrecht AT, § 6 Rn. 132.
[1042] Waßmer, JA 2021, 298 (299).

Vorwerfbarkeit nicht zu bestrafen.[1043] Denn dem nicht behandelten Patienten müsse es rechtlich möglich sein, sich gegen seine Nichtbehandlung zu wehren.[1044] Hierzu müsse das Unterlassen des Behandelnden als rechtswidriger – und lediglich entschuldigter – Angriff auf das Leben des Patienten gewertet werden, um ihm ein Notwehrrecht zu erhalten.[1045] Diese Entschuldigungslösung belässt den betroffenen Patienten, vor allem ihren Angehörigen und Dritten, Notwehr- bzw. Nothilferechte. Die Folge wären erhebliche Störungen des ohnehin sachlich, zeitlich und emotional stark belasteten Hilfspflichtigen bei der Triage-Entscheidung. Mit Blick auf die Situation des Rettungsdienstpersonals ist dies nicht interessengerecht. Die Mitarbeiter befinden sich in einer ethischen Dilemma-Situation und sollten nicht zusätzlich noch das Risiko einer gegen sie gerichteten Notwehrhandlung tragen.[1046] Zudem wäre es unerfindlich, dem Behandelnden eine Rechtspflicht zur Behandlung aufzuerlegen, die er von vornherein beim besten Willen nicht erfüllen kann.[1047]

Überzeugender ist es daher, mit der herrschenden Meinung[1048] von einer rechtfertigenden Pflichtenkollision auszugehen. Hiernach handelt nicht rechtswidrig, wer bei der Kollision verschiedenwertiger rechtlicher Pflichten die höherwertige bzw. bei der Kollision gleichwertiger Pflichten eine Pflicht nach seiner Wahl erfüllt.[1049] Voraussetzung ist dabei, dass die Behandlungsbedürftigen auch mit gleicher Dringlichkeit auf Hilfe angewiesen sind, da es ansonsten an der Gleichwertigkeit der kollidierenden Rettungspflichten fehlt. Die Dringlichkeit wird auch in den meisten Stellungnahmen zur Triage als Entscheidungskriterium genannt.[1050] Hiergegen be-

---

[1043] Busch, ZStW 134, 742 (746); Fischer, StGB, Vor § 32 Rn. 11a; Jescheck/Weigend, Strafrecht AT, § 33 V 1, § 47 I 2; NK-StGB/Paeffgen/Zabel, Vor § 32-35 Rn. 174a.

[1044] Hoven/Hahn, JA 2020, 481.

[1045] Hoven/Hahn, JA 2020, 481; NK-StGB/Paeffgen/Zabel, Vor § 32-35 Rn. 174.

[1046] Hoven/Hahn, JA 2020, 481 (482); Waßmer, JA 2021, 298 (299).

[1047] Gaede/Kubiciel/Saliger/Tsambikakis, medstra 2020, 129 (132).

[1048] Busch, ZStW 134, 742 (745); Engländer/Zimmermann, NJW 2020, 1398 (1399); Gaede/Kubiciel/Saliger/Tsambikakis, medstra 2020, 129 (132); Hoven/Hahn, JA 2020, 481 (482); Rönnau/Wegner, JuS 2020, 403 (404); Sowada, NStZ 2020, 452 (453), Waßmer, JA 2021, 298 (299).

[1049] BGHSt 48, 307 (311), Matt/Renzikowski/Engländer, StGB, Vor § 32 Rn. 29 f.; Wessels/Beulke/Satzger, Strafrecht AT, Rn. 1217.

[1050] Engländer/Zimmermann, NJW 2020, 1398 (1401); Jäger/Gründel, ZIS 2020, 151; Rönnau/Wegner, JuS 2020, 403 (404); Sternberg-Lieben, MedR 2020, 627 (630); Walter, GA 2020, 656 (670); Waßmer, JA 2021, 298 (300).

stehen keine verfassungsrechtlichen Bedenken, denn der Schutz des Lebens wird dadurch gerade gewahrt.[1051] Dass die Hilfe für den, der sie nötiger hat, Vorrang hat vor der Hilfe für den, der noch eine Weile auf Hilfe warten kann, bedeutet zwar eine Ungleichbehandlung. Allerdings liegt aufgrund des unterschiedlichen Grades der Gefahr ein sachlicher Grund für eine Ungleichbehandlung vor.[1052] Demnach ist das Unterlassen der Behandlung des dringender zu behandelnden Patienten nicht aufgrund Pflichtenkollision gerechtfertigt.[1053]

Darüber hinaus nennen mehrere Empfehlungen die klinischen Erfolgsaussicht als Kriterium für die Entscheidung darüber, wer behandelt werden soll.[1054] Insoweit sind unterschiedliche Erfolgskriterien denkbar, sodass auf eine längere Lebensdauer und/oder Lebensqualität oder das Überleben der aktuellen Erkrankung durch die in Betracht kommende Behandlung abzustellen sein könnte. Die Orientierung an der klinischen Erfolgsaussicht ist in der Strafrechtswissenschaft auf Vorbehalte gestoßen. Denn jedes menschliche Leben ist als solches gleich wertvoll und genießt ohne Rücksicht auf die Dauer der physischen Existenz des einzelnen Menschen gleichen verfassungsrechtlichen Schutz.[1055] Ein Abstellen auf die Lebenserwartung widerspricht diesem Prinzip der Lebenswertindifferenz. Nach Ansicht des Deutschen Ethikrats verbietet der Grundsatz der Lebenswertindifferenz allen staatlichen Adressaten „jede unmittelbare oder mittelbare Unterscheidung nach Wert oder Dauer des Lebens“ und widerstreite zugleich einem „rein utilitaristischen Modus des Abwägens im Sinne einer bloßen Maximierung von Menschenleben oder Lebensjahren“.[1056] Auch ein Abstellen auf die Lebensqualität ist mit dem Grundsatz der Lebenswertindifferenz nicht zu vereinbaren.[1057] Die Lebensqualität ist als subjektiver

---

[1051] Jansen, ZIS 2021, 155 (160); Schneider, Verfassungsmäßigkeit des Rechts der Organallokation, S. 161.

[1052] Bader, Organmangel und Organverteilung, S. 352.

[1053] Jansen, ZIS 2021, 155 (160).

[1054] Bundesärztekammer, Deutsches Ärzteblatt 2020, A 1084, DIVI, Klinischethische Empfehlungen, S. 4; Busch, ZStW 134, 742 (753); Gaede/Kubiciel/Saliger/Tsambikakis, medstra 2020, 129 (133 f.); Hoven, JZ 2020, 449 (450); Jäger/Gründel, ZIS 2020, 151.

[1055] BVerfGE 115, 118 (139, 158).

[1056] Deutscher Ethikrat, Solidarität und Verantwortung in der Corona-Krise, S. 3.

[1057] Deutscher Ethikrat, Solidarität und Verantwortung in der Corona-Krise, S. 3; Gaede/Kubiciel/Saliger/Tsambikakis, medstra 2020, 129 (132); Merkel/Augsberg, JZ 2020, 704 (710); Sowada, NStZ 2020, 452 (455); Sternberg-Lieben, MedR 2020, 627 (632).

Faktor[1058] unpraktikabel und wertet Leben danach als unterschiedlich wertvoll ein, was dem Schutz des Lebens und der Würde widerspricht.[1059] Zudem stehen die Kriterien der Dringlichkeit und der Erfolgsaussicht oftmals in Widerspruch zueinander. Denn häufig sinken die Erfolgsaussichten einer Behandlung mit ihrer erhöhten Dringlichkeit. Je näher ein Patient dem Tod ist, desto schwieriger ist es oft, ihn noch zu retten.[1060]
Bei gleich dringlichen Patienten bejaht die herrschende Meinung deshalb ein Wahlrecht des Behandelnden. Dieses wird – unter Verweis auf die Gleichwertigkeit des menschlichen Lebens und das hieraus abgeleitete Verbot der qualitativen und quantitativen Bewertung des Lebensrechts – auch dann angenommen, wenn die Patienten unterschiedlich gute klinische Erfolgsaussichten haben oder das knappe Beatmungsgerät unterschiedlich lange benötigen.[1061]
Nach einer im Schrifttum vertretenen Auffassung wird dem Behandelnden – im Unterschied zur herrschenden Meinung – hingegen kein Wahlrecht hinsichtlich der knappheitsbedingt unausweichlichen Patientenauswahl gewährt, sofern ähnlich akute Patienten um die knappe Behandlungsressource konkurrieren und die Patienten unterschiedliche Überlebenschancen aufweisen.[1062] Die ärztliche Behandlungspflicht gegenüber dem Patienten mit den besseren Überlebenschancen sei höherwertig, mit der Folge, dass eine Rechtfertigung des Totschlags durch Unterlassen durch Pflichtenkollision nur eintrete, wenn der Patient mit den schlechteren Überlebenschancen nicht behandelt würde.[1063] Im Gegensatz zum Alter, zum sozialen Status etc. seien die Überlebenschancen ein zulässiges Kriterium zur Beurteilung der Wertigkeit der Handlungspflichten im Rahmen der Pflichtenkollision, da es die Basisgleichheit des Menschen unangetastet lasse.[1064]
Der in die klinische Erfolgsaussicht einfließende Gesundheitszustand werde in erheblichem Maße durch andere Faktoren wie Vorerkrankungen, den

---

[1058] Schneider, Verfassungsmäßigkeit des Rechts der Organallokation, S. 163; Taupitz, MedR 2020, 440 (448).
[1059] Jansen, ZIS 2021, 155 (162); Junghanns, Verteilungsgerechtigkeit in der Transplantationsmedizin, S. 121.
[1060] Jansen, ZIS 2021, 155 (161).
[1061] Engländer/Zimmermann, NJW 2020, 1398 (1402); Rönnau/Wegner, JuS 2020, 403 (404 f.); Sowada, NStZ 2020, 452 (456); Sternberg-Lieben, MedR 2020, 627 (631 ff.).
[1062] Hoven/Hahn, JA 2020, 481 (482).
[1063] Hoven, JZ 2020, 449 (450 ff.); dies./Hahn, JA 2020, 481 (482, zumindest dann, wenn die Rettung weniger wahrscheinlich sei als die Nichtrettung); Sowada, NStZ 2020, 452 (456, bei einem „gravierenden Übergewicht“ der Erfolgsaussichten).
[1064] Gaede/Kubiciel/Saliger/Tsambikakis, medstra 2020, 129 (133).

bisherigen Krankheitsverlauf, die Reaktion auf Therapien und das Symptombild mitbestimmt. Es fließe somit gerade nicht nur die mit dem Alter verbundene Grundkonstellation, sondern jede andere medizinisch Information in eine einzelfallbezogene Prüfung für den Patienten ein, wodurch keine abwertende Aussage über nicht bedachte Personen liege.[1065] Hiergegen wird insbesondere kritisiert, dass die üblichen Scoring-Mechanismen, die zum Vergleich der Überlebenswahrscheinlichkeit eingesetzt werden, Ältere und Menschen mit Vorerkrankungen massiv benachteiligen und damit zumindest faktisch eine Priorisierung von Lebensrettung am Maßstab prognostizierter Restlebenszeit und (genormter) Restlebensqualität vorgenommen wird.[1066] Menschen mit Vorerkrankungen oder Behinderungen und alte Menschen werden faktisch benachteiligt.[1067] Indes ist das Kriterium der „klinischen Erfolgsaussicht im Sinne des Überlebens der aktuellen Erkrankung“ verfassungsrechtlich unbedenklich.[1068] „Die Aussicht, die akute Erkrankung zu überleben, ist ein zulässiges Auswahlkriterium für die Verteilung knapper Behandlungsressourcen. Dieses Kriterium stellt nicht auf eine Bewertung menschlichen Lebens ab, sondern allein auf die Erfolgsaussichten der nach der aktuellen Erkrankung angezeigten Intensivtherapie.“[1069] Die aus der Medizin stammenden Vorschläge mit dem Abstellen auf die klinischen Erfolgsaussichten verfolgen zudem erklärtermaßen das Ziel, möglichst viele Patienten zu retten,[1070] was eine Berücksichtigung quantitativer Auswirkungen impliziere.[1071] Denn verzichte man auf die Rettung von so vielen Menschen wie möglich, würde deren Wert missachtet.[1072] Es gelte ein Quantifizierungsgebot und die Kapazitäten müssten erschöpfend ausgenutzt werden.[1073] Beim Leben müsse gelten, dass der Wert mit der Anzahl steige.[1074] Dieser Argumentation steht aber die Rechtsprechung des BVerfG entgegen, nach der eine zahlenmäßige Abwägung nicht zulässig ist. Eine Abwägung von Leben gegen Leben, die dazu führt,

---

[1065] Gaede/Kubiciel/Saliger/Tsambikakis, medstra 2020, 129 (133).
[1066] Rönnau/Wegner, JuS 2020, 403 (405).
[1067] Waßmer, JA 2021, 298 (300).
[1068] BVerfG, NJW 2022, 380 (386 Rn. 118).
[1069] BVerfG, NJW 2022, 380 (386 Rn. 116).
[1070] BÄK, Ärzteblatt 2020, A 1084 (A 1085); DIVI, Klinischethische Empfehlungen, S. 4 f.
[1071] Jansen, ZIS 2021, 155 (162).
[1072] Busch, ZStW 134, 742 (765); Dannecker/Streng, JZ 2012, 444 (449); Taupitz, MedR 2020, 440 (445).
[1073] Dannecker/Streng, JZ 2012, 444 (447); Taupitz, MedR 2020, 440 (445).
[1074] Busch, ZStW 134, 742 (765); Taupitz, MedR 2020, 440 (445).

dass eine geringe Zahl im Interesse einer größeren Zahl vernichtet werden dürfe, ist nicht mit der Schutzpflicht in Bezug auf jedes einzelne Leben vereinbar.[1075]

Für die Berücksichtigung des Kriteriums der klinischen Erfolgsaussicht spricht wiederum, dass auch in der Notstandsdogmatik bei der Interessenabwägung zwischen dem Eingriffs- und Erhaltungsinteresse auf den Grad der den Rechtsgütern drohenden Gefahren abzustellen sei und zulässigerweise auf die Dringlichkeit und die Rettungschance rekurriert werden dürfe.[1076] Insofern müsse dies auch bei der Triage im Rahmen der rechtfertigenden Pflichtenkollision zulässig sein,[1077] da sich der Rang der Pflichten bei der Pflichtenkollision nach den für den Notstand geltenden Abwägungsfaktoren bestimme.[1078]

Weiterhin könnte für die im Schrifttum vertretene Auffassung die Wertung des § 5c IfSG sprechen. Mit § 5c IfSG hat der deutsche Gesetzgeber erstmals die Zuteilung lebensnotwendiger, knapper Ressourcen in einem Krisenfall geregelt.[1079] § 5c Abs. 1 S. 1 IfSG enthält zunächst ein „klarstellendes“[1080] Benachteiligungsverbot, wonach niemand bei einer ärztlichen Entscheidung über die Zuteilung aufgrund einer übertragbaren Krankheit nicht ausreichend vorhandener überlebenswichtiger intensivmedizinischer Behandlungskapazitäten benachteiligt werden darf, insbesondere nicht wegen einer Behinderung, des Grades der Gebrechlichkeit, des Alters, der ethnischen Herkunft, der Religion oder Weltanschauung, des Geschlechts oder der sexuellen Orientierung.[1081] Eine Zuteilungsentscheidung darf nach § 5c Abs. 2 S. 1 IfSG ausschließlich aufgrund der aktuellen und kurzfristigen Überlebenswahrscheinlichkeit der betroffenen Patienten getroffen werden. „Die aktuelle Überlebenswahrscheinlichkeit knüpft an die im Zeitpunkt der Zuteilungsentscheidung bestehende Aussicht des Patienten an, die aktuelle Krankheit zu überleben. Maßgeblich für die Feststellung der aktuellen Überlebenswahrscheinlichkeit ist damit insbesondere der individuelle

---

[1075] BVerfGE 39, 1 (58); Jansen, ZIS 2021, 155 (163).
[1076] Vgl. Zweites Kap. A. III. 3.; Gaede/Kubiciel/Saliger/Tsambikakis, medstra 2020, 129 (134).
[1077] Gaede/Kubiciel/Saliger/Tsambikakis, medstra 2020, 129 (134).
[1078] Matt/Renzikowski/Engländer, StGB, Vor § 32 Rn. 30.
[1079] BeckOK InfSchR/Eckart, IfSG, § 5c Rn. 1.
[1080] BT-Drs. 20/3877, S. 12.
[1081] BeckOK InfSchR/Eckart, IfSG, § 5c Rn. 13.

Gesundheitszustand der betroffenen Patientin oder des betroffenen Patienten im Zeitpunkt der Zuteilungsentscheidung."[1082] Die mittel- oder langfristige prognostische Lebenserwartung oder die Lebensqualität sind indes nicht einzubeziehen.[1083] Die kurzfristige Überlebenswahrscheinlichkeit ist nach der Gesetzesbegründung nicht als konkret bestimmter Mindestüberlebenszeitraum von Stunden, Tagen oder Wochen zu verstehen. Abzustellen ist auf die Prognose, die nach der aktuellen Krankheit angezeigte Intensivtherapie zu überleben.[1084] Mithin könnte auch in der präklinischen Notfallmedizin bei einer Entscheidung im Rahmen der Ex-ante-Triage das Kriterium der klinischen Erfolgsaussicht zu berücksichtigen sein.

§ 5c IfSG stellt jedoch keine allgemeinen Regeln für eine Triage in Deutschland auf. Die Vorschrift greift von vornherein nur, wenn es aufgrund „einer übertragbaren Krankheit" zu Zuteilungsentscheidungen bei nicht vorhandenen überlebenswichtigen intensivmedizinischen Behandlungskapazitäten kommt.[1085] In anderen Triage-Situationen greift die Vorschrift nicht. Soweit eine Überlastung der vorhandenen überlebenswichtigen Behandlungskapazitäten daher nicht (auch) auf eine übertragbare Krankheit, sondern beispielsweise auf eine Naturkatastrophe oder ein anderes Großschadensereignis zurückzuführen ist, findet § 5c IfSG keine Anwendung.[1086] Dies ist auf die insoweit beschränkte Gesetzgebungskompetenz des Bundes zurückzuführen. Der Bund stützt sich nämlich bei der Regulierung der Triage im Zusammenhang mit Infektionskrankheiten auf seine Gesetzgebungskompetenz aus Art. 74 Abs. 1 Nr. 19 GG („Maßnahmen gegen gemeingefährliche oder übertragbare Krankheiten bei Menschen und Tieren"). Für andere Bereiche, in denen eine vergleichbare Normierung vorrangig in Betracht kommen könnte, fehlt diese Kompetenz. So ist insbesondere das Rettungsdienstwesen als Teil der allgemeinen Gefahrenabwehr der Gesetzgebungskompetenz der Länder nach Art. 30 und Art. 70 Abs. 1 GG zugewiesen.[1087] Weiterhin stellt der Gesetzgeber in der Begründung ausdrücklich klar, dass es in strafrechtlicher Hinsicht bei den all-

[1082] BT-Drs. 20/3877, S. 21.
[1083] BeckOK InfSchR/Eckart, IfSG, § 5c Rn. 34.
[1084] BT-Drs. 20/3877, S. 21.
[1085] BeckOK InfSchR/Eckart, IfSG, § 5c Rn. 9.
[1086] BeckOK InfSchR/Eckart, IfSG, § 5c Rn. 9.
[1087] Vgl. Erstes Kap. B. I.

gemeinen Regelungen, insbesondere den Vorgaben zur gewohnheitsrechtlich anerkannten rechtfertigenden Pflichtenkollision verbleibt.[1088] Demnach ist aus strafrechtlicher Sicht die klinische Erfolgsaussicht, wenn man auf die Rettungschance abstellt, bei der Beurteilung der Gleichwertigkeit der Pflichten, wenn es um das Rechtsgut Leben geht, in der präklinischen Notfallmedizin nicht zu berücksichtigen. Als Kriterien für die Gleichwertigkeit von Pflichten sind damit ausschließlich der Rang der Rechtsgüter und die Dringlichkeit relevant. Weitere mögliche Kriterien wie beispielsweise Alter, Geschlecht und Herkunft werden überwiegend und zu Recht unter Verweis auf die Menschenwürdegarantie und die Nichtabwägbarkeit von Leben abgelehnt.[1089]

Resümierend ist festzuhalten, dass bei der Ex-ante-Triage der dringlichsten Behandlungspflicht nachzukommen ist, damit das Rettungsdienstpersonal gerechtfertigt ist. Droht dem einen Patient der Tod, dem anderen Patient indes nur ein Gesundheitsschaden, so muss die höherrangige Pflicht zum Lebensschutz erfüllt werden. In den Fällen, in denen beide behandlungsbedürftigen Patienten lebensbedrohlich erkrankt sind und somit gleichwertige, nicht kumulativ erfüllbare Rettungspflichten vorliegen, kann das Rettungsdienstpersonal frei wählen, welchem Patienten eine präklinische Notfallversorgung zu Gute kommt. Die Handlungspflichten sind selbst dann gleichwertig, wenn die Überlebenschancen der Patienten stark differieren, da die notfallmedizinische Behandlung gleichermaßen dringlich ist, da ohne sie mit dem Eintritt des Todes zu rechnen ist.[1090] Insofern führt die Wertung des § 5c Abs. 2 S. 1 IfSG zu keinem anderen Ergebnis, da die Vorschrift weder strafbegründend noch -schärfend wirkt.[1091] Liegt eine gleichrangige Pflichtenkollision vor, ist die Entscheidung nach dem Kriterium der Erfolgsaussicht – so wie nach jedem anderen Kriterium auch – allerdings strafrechtlich nicht zu beanstanden. Bei gleichwertigen Pflichten

---

[1088] BT-Drs. 20/3877, S. 20.

[1089] Brech, Triage und Recht, S. 288; Deutscher Ethikrat, Solidarität und Verantwortung in der Corona-Krise, S. 4; DIVI, Klinischethische Empfehlungen, S. 4; Dönicke, Strafrechtliche Aspekte der Katastrophenmedizin, S. 116 ff.; Gaede/ Kubiciel/Saliger/Tsambikakis, medstra 2020, 129 (132); Jansen, ZIS 2021, 155 (163); Kloepfer/Deye, DVBl. 2009, 1208 (1220).

[1090] Waßmer, JA 2021, 298 (299).

[1091] Kubiciel/Wachter, medstra 2023, 86 (89).

ist eine Rechtfertigung selbst dann nicht ausgeschlossen, wenn für die Entscheidung diskriminierende Maßstäbe herangezogen werden,[1092] da das subjektive Rechtfertigungselement bereits erfüllt ist, wenn der Täter in Kenntnis der Pflichtenkollision handelt.[1093]

II. Ex-post-Triage

Von der Konstellation des anfänglichen Zusammentreffens mehrerer Hilfsbedürftiger ist die Situation zu unterscheiden, in der ein neuer Patient in Konkurrenz zu einem bereits versorgten Patienten tritt. Zu untersuchen ist, ob auch bei der Ex-post-Triage, also bei der Beendigung einer bereits begonnenen Behandlung eines Patienten zugunsten eines anderen, eine Rechtfertigung durch Pflichtenkollision möglich ist.

Nach herrschender Meinung ist die rechtfertigende Pflichtenkollision nicht anwendbar, wenn eine Handlungs- mit einer Unterlassungspflicht kollidiert.[1094] Stellt der Abbruch der Behandlung des einen Patienten ein aktives Tun dar, verstieße das Rettungsdienstpersonal mithin gegen eine Unterlassungspflicht, sodass zu überprüfen ist, ob bei der Ex-post-Triage eine Handlungs- und eine Unterlassungspflicht kollidieren, mithin ob ein Tun oder ein Unterlassen vorliegt. Die herrschende Meinung stellt insoweit auf den Schwerpunkt der Vorwerfbarkeit ab und ordnet das Abschalten und Wegnehmen medizinischer Apparate, wie etwa eines Beatmungsgeräts, als Tun ein. Wird hingegen ein vom Gerät geforderter Impuls zur Aufrechterhaltung des Betriebs nicht gesetzt oder wird keine neue Sauerstoffkartusche eingesetzt, wäre dies eher als Unterlassen einzuordnen.[1095]

Nach einer im Schrifttum vertretenen Auffassung muss es auch mittels der rechtfertigenden Pflichtkollision erlaubt sein, eine schon laufende Behandlung abzubrechen und damit den Tod des Betroffenen in Kauf zu nehmen,

---

[1092] Brech, Triage und Recht, S. 357; Busch, ZStW 134, 742 (770); Hoven/Hahn, JA 2020, 481 (482); Jäger/Gründel, ZIS 2020, 151 (161); Jansen, ZIS 2021, 155 (158); Roxin/Greco, Strafrecht AT I, § 16 Rn. 121; Sowada, NStZ 2020, 452 (456); Sternberg-Lieben, MedR 2020, 627 (634).

[1093] Jäger/Gründel, ZIS 2020, 151 (161); Sternberg-Lieben, MedR 2020, 627 (634).

[1094] MüKoStGB/Erb, § 34 Rn. 47; Gropp, FS Hirsch, S. 207 (209); Kindhäuser/Hilgendorf, StGB, § 34 Rn. 56; Neumann, FS Roxin, S. 421 (427); LK-StGB/Rönnau, Vor § 32 ff. Rn. 119; Roxin/Greco, Strafrecht AT I, § 16 Rn. 117; Satzger, Jura 2010, 753 (754); Wessels/Beulke/Satzger, Strafrecht AT, Rn. 1216.

[1095] Jansen, ZIS 2021, 155 (164).

wenn dafür ein Patient mit höherer Überlebenswahrscheinlichkeit den Behandlungsplatz erhält.[1096] Zur Begründung, selbst eine aktive Tötung von bereits in Behandlung befindlichen Patienten mit einem Unterlassen der Rettung von noch nicht behandelten Patienten gleichzusetzen, wird dabei unter anderem die Rechtsprechung des BGH zum sog. Behandlungsabbruch angeführt.[1097] In dieser wegweisenden Entscheidung hat der 2. Strafsenat einen Behandlungsabbruch bei der Sterbehilfe für gerechtfertigt erachtet, wenn dies dem tatsächlichen oder mutmaßlichen Patientenwillen entspricht, gleich ob er durch aktives Tun oder Unterlassen vorgenommen wird. Ein solcher Behandlungsabbruch darf also auch durch aktives Tun erfolgen, etwa durch das Abschalten eines medizinischen Geräts. In den Fällen der Ex-post-Triage könnte daher ein aktiv vorgenommener Behandlungsabbruch ebenfalls gerechtfertigt sein. Zwar ist im medizinischen Bereich die Abgrenzung von Tun und Unterlassen besonders schwierig, da medizinische Behandlungen regelmäßig eine Vielzahl von aktiven und passiven Handlungen umfassen.[1098] Aus dem Urteil des 2. Strafsenats zur Sterbehilfe lässt sich jedoch nicht herleiten, dass die Behandlungspflichten grundsätzlich normativ gleichwertig seien.[1099] Das Urteil zum Behandlungsabbruch wollte ausschließlich der Autonomie von Patienten in der Endphase ihres Lebens Rechnung tragen, um ihnen ein selbstbestimmtes Sterben zu ermöglichen.[1100] Bei der Ex-post-Triage ist die Situation jedoch anders, der Abbruch der medizinischen Behandlung erfolgt gerade gegen den Willen des Patienten.[1101] Zudem geht es nicht nur um eine Person, sondern um die Kollision von Interessen mehrerer Personen.[1102] Die genannte Rechtsprechung zum Behandlungsabbruch hat daher die in der Strafrechtsdogmatik althergebrachte Unterscheidung zwischen aktivem Tun und Unterlassen nicht dergestalt aufgehoben, dass es erlaubt wäre, einen Menschen zum Nutzen eines anderen zu töten, wenn auch die Rettung des zu Tötenden auf Grund einer rechtfertigenden Pflichtkollision unterlassen

---

[1096] Rönnau/Wegner, JuS 2020, 403 (405).
[1097] BGH, NJW 2010, 2963.
[1098] BGH, NJW 2010, 2963 (2967).
[1099] Jansen, ZIS 2021, 155 (165); so aber Hoven, JZ 2020, 449 (454); in diese Richtung auch Taupitz, MedR 2020, 440 (447).
[1100] Lindner, MedR 2020, 723 (725); Sternberg-Lieben, MedR 2020, 627 (636); Waßmer, JA 2021, 298 (302).
[1101] Waßmer, JA 2021, 298 (302).
[1102] Jäger/Gründel, ZIS 2020, 151 (159); Lindner, MedR 2020, 723 (725); Sowada, NStZ 2020, 452 (457); Sternberg-Lieben, MedR 2020, 627 (636).

werden dürfte.[1103] Vielmehr wurde die Abgrenzung von Tun und Unterlassen lediglich für die Frage der Zulässigkeit des Behandlungsabbruches bei Einwilligung des Patienten für unbeachtlich erklärt.
Die Ex-post-Triage ist demnach grundlegend anders als die Ex-ante-Triage zu behandeln, da in der Ex-post-Konstellation eine Handlungspflicht (hier: die Pflicht, einen Patienten zu behandeln) mit einer Unterlassungspflicht (hier: die Pflicht, das Beatmungsgerät nicht zu entziehen) kollidiert, wodurch für eine rechtfertigende Pflichtenkollision kein Raum ist.[1104] Zudem wird mit der Beginn der notfallmedizinischen Behandlung ein Vertrauenstatbestand und damit eine privilegierte Position begründet.[1105] Ein Behandlungsabbruch zugunsten eines neu hinzugekommenen Patienten würde dieses rechtlich relevante Vertrauen zerstören. Jeder notfallmedizinisch behandelte Patient müsste in ständiger Angst leben, beim Eintreffen eines Patienten mit höheren Überlebenschancen aufgegeben zu werden, und zwar während der gesamten Dauer der präklinischen Notfallversorgung. Der Patient würde damit zum Objekt degradiert.[1106]
Derartige Konstellationen, in denen die aktive Verwirklichung eines Straftatbestands, mit der eine Rettungspflicht erfüllt werden soll (Kollision von Unterlassungs- und Handlungspflicht), können außerhalb von Notwehrsituationen nur unter den Voraussetzungen des rechtfertigenden Notstands gerechtfertigt werden.[1107] Der rechtfertigender Notstand scheidet jedoch aus, weil Menschenleben nach herrschender Meinung im Hinblick auf Art. 2 Abs. 2 GG (Recht auf Leben) iVm Art. 1 Abs. 1 GG (Menschenwürdegarantie) jeder qualitativen oder quantitativen Abwägung nicht zugänglich sind.[1108] Dies wird auch nicht von der verfassungsrechtlich unbedenklichen Wertung des § 5c Abs. 2 S. 1 IfSG berührt, wonach das Kriterium der „klinischen Erfolgsaussicht im Sinne des Überlebens der aktuellen Erkrankung“ herangezogen werden kann, da Entscheidungen im Rahmen der Ex-post-Triage ausdrücklich nicht vom Anwendungsbereich der Vorschrift erfasst sind, § 5c Abs. 2 S. 4 IfSG.

[1103] Rönnau/Wegner, JuS 2020, 403 (405).
[1104] Vgl. Schönke/Schröder/Sternberg-Lieben, StGB, Vor § 32 ff. Rn. 74; NK-StGB/Neumann, § 34 Rn. 130.
[1105] Sowada, NStZ 2020, 452 (459); Schönke/Schröder/Sternberg-Lieben, StGB, Vor § 32 ff. Rn. 74; Waßmer, JA 2021, 298 (302).
[1106] Waßmer, JA 2021, 298 (302).
[1107] Rönnau/Wegner, JuS 2020, 403 (405).
[1108] BVerfGE 115, 118 (140 ff.); Schönke/Schröder/Sternberg-Lieben, StGB, Vor § 32 ff. Rn. 74; Waßmer, JA 2021, 298 (301).

Denkbar bleibt folglich allein die Möglichkeit einer Entschuldigung. Nach § 35 Abs. 1 StGB ist unter den Voraussetzungen des entschuldigenden Notstands ein Behandlungsabbruch nur dann entschuldigt, wenn er vorgenommen wird, um sich selbst, einen Angehörigen (§ 11 Abs. 1 Nr. 1 StGB) oder eine andere nahestehende Person zu retten. Hieran wird es in den einschlägigen Fällen in der Regel fehlen.[1109] Auch ein sog. übergesetzlicher entschuldigender Notstand liegt nicht vor, da hierfür eine absolute Ausnahmesituation verlangt wird, in der durch die Opferung einiger weniger Personen eine Vielzahl von Menschen gerettet würde und das Handeln des aus einem Gewissenskonflikt heraus tötenden Täters verzeihlich erscheint.[1110] Bei der Ex-post-Triage stehen dem Tod oder der Schädigung, die ein Behandlungsabbruch verursacht, jedoch lediglich ein bzw. zwei bis drei gerettete Menschen – im Fall von Schwangeren oder bei langandauernder Belegung des Behandlungsplatzes, in deren Verlauf mehrere andere Patienten hätten behandelt werden können – gegenüber, sodass der für den übergesetzlichen entschuldigenden Notstand erdrückende quantitative Überhang der zu Rettenden nicht besteht.[1111] Zudem kann eine Rechtsfigur, die ganz auf die Frage individueller Schuld in existenziellen Ausnahmesituationen zugeschnitten ist, nicht zur Entschuldigung eines auf Wiederholung angelegten rechtswidrigen Selektionsmechanismus im regulären medizinischen Alltagsbetrieb dienen.[1112]
Es lässt sich somit festhalten, dass der Abbruch einer medizinisch indizierten Behandlung eines Patienten ohne dessen (mutmaßliche) Einwilligung, um den Behandlungsplatz für einen anderen Patienten freizumachen, eine strafbare (versuchte) Tötung oder Körperverletzung darstellt, wenn der Patient dadurch tatsächlich oder nach Vorstellung der Handelnden zu Schaden kommen könnte.

III. Präventive Triage

Aus den vorstehenden Ausführungen ergibt sich auch die Lösung für die präventive Triage, in der gezielt Behandlungskapazitäten für potenzielle Patienten mit hoher Überlebenswahrscheinlichkeit freigehalten werden.

[1109] Vgl. Zweites Kap. A. IV. 1.; Waßmer, JA 2021, 298 (302).

[1110] Matt/Renzikowski/Engländer, StGB, § 35 Rn. 19; NK-StGB/Neumann, § 35 Rn. 54; Schönke/Schröder/Sternberg-Lieben, StGB, Vor § 32 ff. Rn. 117a; Waßmer, JA 2021, 298 (302).

[1111] Rönnau/Wegner, JuS 2020, 403 (405).

[1112] Vgl. Zweites Kap. A. IV. 2.; Rönnau/Wegner, JuS 2020, 403 (406).

Die präventive Triage scheidet als Anwendungsfall der rechtfertigenden Pflichtenkollision aus, da mangels Behandlungsengpass bereits keine Pflichtenkollision vorliegt.[1113] Die Rechtfertigung durch eine Pflichtenkollision ist erst möglich, wenn mehrere Patienten auch tatsächlich einen konkreten Behandlungsanspruch geltend machen. Wird jemandem auf Grund einer solchen präventiven Triage die Behandlung verweigert, obwohl noch keine Konkurrenz mit einem konkreten anderen Patienten besteht, begeht der verantwortliche Entscheidungsträger dadurch Totschlag oder zumindest Körperverletzung durch Unterlassen.[1114]

D. Ergebnis

An dieser Stelle bleibt resümierend festzuhalten, dass die Vornahme medizinischer Maßnahmen nach der Garantenstellung, der Indikation sowie der individuellen Handlungskompetenz zu beurteilen ist.[1115] Die Garantenstellung von Notfallsanitätern umfasst medizinische Maßnahmen, die in der Ausbildung gelehrt werden und die vom jeweiligen Ärztlichen Leiter Rettungsdienst iSd § 4 Abs. 2 Nr. 2 lit. c) NotSanG delegiert sind, da diese auch regelmäßig im Rahmen der jährlichen Pflichtfortbildung geschult werden. Diese Maßnahmen sind auch regelmäßig von der (mutmaßlichen) Einwilligung des Patienten gedeckt, da diese die bestmögliche Behandlung bzw. Versorgung für den Patienten darstellen, mit der Folge, dass Notfallsanitäter diese auch anwenden müssen. Andernfalls droht eine Strafbarkeit aus dem unechten Unterlassungsdelikt.

Beherrschen Notfallsanitäter eine medizinische Maßnahme nicht, die sie im Rahmen der Ausbildung erlernt haben und die durch den Ärztlichen Leiter Rettungsdienst regelmäßig geschult wird, so kommt eine Strafbarkeit wegen eines unechten Unterlassungsdeliktes in Form der „omissio libera in causa" in Betracht. Dabei ist im Einzelfall zu entscheiden, ob es dem Notfallsanitäter möglich war, sich fortzubilden, und ihm infolgedessen das „Nichtbeherrschen" zur Last gelegt werden kann, indem er sich bewusst der Fortbildungspflicht entzogen hat. Notfallsanitäter sind jedoch nicht zur Vornahme medizinischer Maßnahmen verpflichtet, die nicht Teil der Ausbildung sind und daher nicht beherrscht werden müssen bzw. in der

---

[1113] Engländer/Zimmermann, NJW 2020, 1398 (1401); Jansen, ZIS 2021, 155 (156).
[1114] Rönnau/Wegner, JuS 2020, 403 (406 f.); Waßmer, JA 2021, 298 (299).
[1115] BeckOK StGB/Heuchemer, § 13 Rn. 48.3.

Ausbildung zwar gelehrt wurden, aber nicht vom Ärztlichen Leiter Rettungsdienst freigegeben sind und somit nicht regelmäßig geschult werden. Für eine Strafbarkeit wegen eines fahrlässigen Tötungs- oder Körperverletzungsdeliktes durch Unterlassen müssen Notfallsanitäter sorgfaltswidrig eine medizinische Maßnahme unterlassen haben. Die Sorgfaltswidrigkeit kann in vorwerfbar mangelnder Erkenntnis der tatbestandsmäßigen Situation einschließlich der eigenen Garantenstellung liegen oder in sorgfaltswidriger Nichtbeachtung des bevorstehenden Erfolgseintritts.[1116]
Ein gerechtfertigter Behandlungsabbruch durch einen Notfallsanitäter kommt in Betracht, wenn eine ausdrückliche Einwilligung des einwilligungsfähigen Patienten oder eine wirksame Patientenverfügung beim einwilligungsunfähigen Patienten vorliegt, die auf die konkret eingetretene Lebens- und Behandlungssituation zutrifft, da diese verbindlich sind.[1117] Demnach haben lebenserhaltende oder verlängernde Maßnahmen dann zu unterbleiben, wenn dies dem Willen des Patienten entspricht. Bei einem einwilligungsunfähigen Patienten besteht jedoch so lange eine uneingeschränkte Hilfspflicht, bis geklärt ist, ob eine Patientenverfügung wirksam sowie für die Behandlungs- und Lebenssituation einschlägig ist.[1118]
In der präklinischen Notfallmedizin wird der Wille des Patienten nach Ausschöpfung aller verfügbaren Erkenntnisquellen in der Regel nicht festgestellt werden können, denn die klassische Notfallmedizin ist regelmäßig von der persönlichen Unkenntnis des Patienten geprägt. Insbesondere hinsichtlich einer Patientenverfügung ist für die Notfallmedizin resignierend festzustellen, dass Patientenverfügungen „immer noch wenig verbreitet [sind], wenn doch vorhanden, sind sie häufig nicht verfügbar, wenn doch verfügbar sind sie meist – bezogen auf die gegebene Behandlungssituation – nicht aussagekräftig, wenn doch aussagekräftig steht ihre Validität (also Übereinstimmung mit dem tatsächlich intendierten Patientenwillen) in Frage – und wenn tatsächlich einmal verfügbar, aussagekräftig und erkennbar valide, dann muss die konkrete Patientenpräferenz binnen Sekunden, das heißt unter anderem ohne jeglichen Interpretationsbedarf aus dem Schriftstück ermittelbar sein".[1119] Aufgrund der regelmäßig vorliegenden Unklarheiten oder Zweifeln hinsichtlich des Willens des Patienten ist dem

---

[1116] NK-StGB/Gaede, StGB, § 13 Rn. 21.
[1117] BGH, NJW 2003, 1588; Coeppicus, NJW 2013, 2939 (2941); Grüneberg/Götz, § 1827 Rn. 20.
[1118] Brose, VersR 2014, 1172 (1177).
[1119] In der Schmitten/Rixen/Marckmann, Notfall + Rettungsmedizin 2011, 448.

Schutz des Lebens Vorrang einzuräumen und jede medizinisch indizierte Maßnahme zur Lebensrettung durchzuführen.[1120] Somit kommt nur in Ausnahmefällen eine Strafbarkeit wegen Unterlassen in Betracht.
Bei einer Entscheidung im Rahmen der Ex-ante-Triage handelt das Rettungsdienstpersonal nicht rechtswidrig, wenn es bei der Kollision verschiedenwertiger rechtlicher Pflichten die höherwertige bzw. bei der Kollision gleichwertiger Pflichten eine nach ihrer Wahl erfüllt. Das Rettungsdienstpersonal muss demnach zunächst der dringlichsten Behandlungspflicht nachkommen. Droht dem einen Patient der Tod, dem anderen Patient indes nur ein Gesundheitsschaden, so muss die höherrangige Pflicht zum Lebensschutz erfüllt werden. In Fällen, in denen beide behandlungsbedürftigen Patienten lebensbedrohlich erkrankt sind und somit gleichwertige, nicht kumulativ erfüllbare Rettungspflichten vorliegen, kann das Rettungsdienstpersonal frei wählen, welcher Patient behandelt wird. Dabei sind die Handlungspflichten selbst dann gleichwertig, wenn die Überlebenschancen der Patienten stark differieren. Die Wertung des § 5c Abs. 2 S. 1 IfSG führt insoweit zu keinem anderen Ergebnis, da die Vorschrift weder strafbegründend noch -schärfend wirkt. Allerdings ist eine Entscheidung nach dem Kriterium der Erfolgsaussicht strafrechtlich nicht zu beanstanden, da das subjektive Rechtfertigungselement bereits erfüllt ist, wenn der Täter in Kenntnis der Pflichtenkollision handelt.
Die Ex-post-Triage ist grundlegend anders als die Ex-ante-Triage zu behandeln, da in der Ex-post-Konstellation eine Handlungspflicht (hier: die Pflicht, einen Patienten zu behandeln) mit einer Unterlassungspflicht (hier: die Pflicht, das Beatmungsgerät nicht zu entziehen) kollidiert. Der Abbruch einer medizinisch indizierten Behandlung eines Patienten ohne dessen (mutmaßliche) Einwilligung, um den Behandlungsplatz für einen anderen Patienten freizumachen, stellt eine strafbare (versuchte) Tötung oder Körperverletzung dar, wenn der Patient dadurch tatsächlich oder nach Vorstellung der Handelnden zu Schaden kommen könnte. Es kommt weder eine rechtfertigende Pflichtenkollision noch ein rechtfertigender Notstand in Betracht. Auch eine Entschuldigung scheidet aus. Selbiges gilt, wenn das Rettungsdienstpersonal im Rahmen einer präventiven Triage die Behandlung eines Patienten verweigert.

[1120] BGH, NJW 2016, 3297 (3300).

Viertes Kapitel Teil: Täterschaft und Teilnahme des zweiten Besatzungsmitglieds eines Rettungswagens

Ein Rettungswagen ist im Einsatz mit mindestens zwei fachlich geeigneten Personen zu besetzen. Der Fahrer eines Rettungswagens muss mindestens über die Qualifikation eines Rettungssanitäters verfügen.[1121] Somit sind immer zwei fachlich ausgebildete Rettungsdienstmitarbeiter an der Einsatzstelle anwesend, um einen Patienten behandeln zu können. Es stellt sich die Frage, inwieweit sich das zweite Besatzungsmitglied des Rettungswagens strafbar machen kann, wenn sich ein zur Versorgung des Patienten verpflichteter Notfallsanitäter strafbar macht.

A. Mittäterschaft

I. Vorsatzdelikt

Fraglich ist zunächst, ob eine mittäterschaftliche Begehung einer vorsätzlichen Straftat in Betracht kommt. Wie bereits dargestellt, werden Notfallsanitäter bei der Durchführung von medizinischen Maßnahmen vorsätzlich handeln, denn ihnen wird bewusst sein, dass sie die körperliche Unversehrtheit des Patienten beeinträchtigen. Stellt die Wirkung eines per Injektion verabreichten Medikaments eine Gesundheitsschädigung iSd § 223 Abs. 1 StGB dar,[1122] nehmen Notfallsanitäter diese billigend in Kauf, wenn es ihnen gerade auf die pharmakologische Wirkung des Medikamentes ankommt. Ein Notfallsanitäter verwirklicht folglich sowohl den objektiven als auch den subjektiven Tatbestand der vorsätzlichen Körperverletzung. Mittäterschaft gemäß § 25 Abs. 2 StGB liegt vor, wenn mindestens zwei Personen eine Straftat gemeinschaftlich begehen.[1123] Dies bedeutet das bewusste und gewollte Zusammenwirken der Tatbeteiligten.[1124]

[1121] § 9 Abs. 1 S. 2 RDG BW, § 9 Abs. 2 lit. a) Berl RDG, § 7 Abs. 2 Nr. 2 BbgRettG iVm § 6 Abs. 3 S. 3 LRDPV Bbg, § 30 Abs. 4 S. 1 BremHilfeG, § 5 Abs. 1 Nr. 1 HmbRDG, § 15 Abs. 1 HRDG iVm § 26 Abs. 2 Nr. 1 lit. a) DVO HRDG, § 4 Abs. 2 S. 2 RDG M-V, § 4 Abs. 4 Nr. 2 lit. a) RettG NRW, § 22 Abs. 3 Nr. 2 RettDG Rh.-Pf., § 4 Abs. 1 S. 3 SRettG, § 7 Abs. 2 Nr. 1 SächsLRettDPVO, § 18 Abs. 1 RettDG LSA, § 15 Abs. 2 S. 1 SHRDG.

[1122] Vgl. Zweites Kap. A. I. 1.

[1123] Peters/Bildner, JuS 2020, 731.

[1124] Wessels/Beulke/Satzger, Strafrecht AT, § 16 Rn. 815.

Nach ständiger Rechtsprechung ist Mittäter, „wer einen eigenen Tatbeitrag leistet und diesen so in die Tat einfügt, dass er als Teil der Handlung eines anderen Beteiligten und umgekehrt dessen Handeln als Ergänzung des eigenen Tatanteils erscheint. Mittäterschaft erfordert dabei nicht zwingend eine Mitwirkung am Kerngeschehen selbst, ebenso wenig eine Anwesenheit am Tatort. Vielmehr genügt auch ein die Tatbestandsverwirklichung fördernder Beitrag, der sich auf eine Vorbereitungs- oder Unterstützungshandlung beschränkt. Stets muss sich die objektiv aus einem wesentlichen Tatbeitrag bestehende Mitwirkung nach der Willensrichtung des sich Beteiligenden als Teil der Tätigkeit aller darstellen. Ob danach fremde Tatbeiträge gemäß § 25 Abs. 2 StGB zuzurechnen sind, ist aufgrund einer wertenden Gesamtbetrachtung aller festgestellten Umstände des Einzelfalls zu prüfen. Dabei sind die maßgeblichen Kriterien der Grad des eigenen Interesses an der Tat, der Umfang der Tatbeteiligung und die Tatherrschaft oder wenigstens der Wille dazu, sodass die Durchführung und der Ausgang der Tat maßgeblich auch vom Willen des Betreffenden abhängen."[1125]

Die herrschende Ansicht im Schrifttum fordert hingegen von dem Beteiligten einen Beitrag, der diesem nach dem gemeinsamen Tatplan eine Tatherrschaft über das tatbestandsmäßige Geschehen vermittelt.[1126] Nach dieser Tatherrschaftslehre ist Mittäter derjenige, der durch seinen Beitrag zum „Mitherrn" der Gesamttat wird, indem seinem Beitrag eine wesentliche Funktion bei der Tatausführung zukommt. Die Ausführung des gemeinsamen Tatplans muss also von dem funktionsgerechten Beitrag des einzelnen Mittäters abhängen.[1127] Demnach ist Täter, wer die Tat beherrscht, das Tatgeschehen in den Händen hält und über das „Ob" und Wie" der Tat maßgeblich entscheidet und aufgrund dessen als „Zentralgestalt des Geschehens" bei der Tatbestandsverwirklichung fungiert.[1128] Unter Tatherrschaft

---

[1125] BGH, Beschl. v. 12.08.2021 – 3 StR 441/20 -, juris Rn. 50; siehe auch BGH, NJW 2019, 1818 (1825); NStZ-RR 2019, 203 (204); NStZ 2020, 22.

[1126] Schönke/Schröder/Heine/Weißer, StGB, § 25 Rn. 64 mwN; Jescheck/Weigend, Strafrecht AT, § 63 III; MüKoStGB/Scheinfeld, § 25 Rn. 227; BeckOK StGB/Kudlich, § 25 Rn. 45.

[1127] Lackner/Kühl/Heger/Heger, StGB, § 25 Rn. 11; Schönke/Schröder/Heine/Weißer, StGB, § 25 Rn. 64; Seelmann, JuS 1980, 571; grundlegend Roxin, Täterschaft, S. 67 ff.

[1128] Schönke/Schröder/Heine/Weißer, StGB, Vor § 25 ff. Rn. 57; MüKoStGB/Scheinfeld, § 25 Rn. 13; Wessels/Beulke/Satzger, Strafrecht AT, § 16 Rn. 810.

wird „das vom Vorsatz umfasste In-den-Händen-Halten des tatbestandsmäßigen Geschehensablaufs“ verstanden.[1129] Das subjektive Tatherrschaftskriterium liegt im Willen zur Tatherrschaft.[1130] Die Tat erscheint damit als das Werk eines das Geschehen steuernden Willens.[1131] Innerhalb der Tatherrschaftslehre ist jedoch umstritten, ob Mittäterschaft möglich ist, wenn sich eine Person ausschließlich im Vorbereitungsstadium beteiligt hat. Die strenge Tatherrschaftslehre verneint insoweit die Tatherrschaft, wenn nicht zumindest ein Kontakt zu dem Ausführenden bestand, während nach der gemäßigten Tatherrschaftslehre das „Minus“ im Ausführungsstadium durch ein „Plus“ im Vorbereitungsstadium ausgeglichen werden könne.[1132] Unbestritten ist allerdings, dass ein wesentlicher Tatbeitrag während des Ausführungsstadiums Mittäterschaft begründet, während Beiträge von untergeordneter Bedeutung als Beihilfe zu bewerten sind.[1133] Nach beiden Ansichten erfordert Mittäterschaft, dass der Beteiligte aufgrund eines bewussten und gewollten Zusammenwirkens aller Tatbeteiligten seinen eigenen Tatbeitrag in eine gemeinschaftliche Tat einfügt, sodass nach seinem Willen sein Beitrag als Teil der Tätigkeit des anderen und umgekehrt dessen Tun als Ergänzung seines eigenen Tatanteils erscheint.[1134]

In § 25 StGB heißt es, Täter ist, wer die Straftat selbst (§ 25 Abs. 1 Var. 1 StGB), durch einen anderen (§ 25 Abs. 1 Var. 2 StGB) oder mit anderen gemeinschaftlich (§ 25 Abs. 2 StGB) begeht. Folglich wird gefordert, dass die Tat begangen werden muss. Dies spricht letztlich für die Tatherrschaftslehre. Denn für das Beherrschen einer Tat ist die Steuerungsmacht und deren bewusste Ausübung ausschlaggebend.[1135] Tatherrschaft setzt nicht nur ein „Beherrschen-wollen“, sondern auch ein „Beherrschen-können“ voraus.[1136] Fraglich erscheint unter Betrachtung dieses Wortlautes, wie eine wertende Gesamtbetrachtung auf Grundlage der Kriterien, Grades

---

[1129] Kühl, Strafrecht AT, § 20 Rn. 17 ff.; Roxin/Greco, Strafrecht AT I, § 25 Rn. 36; Wessels/Beulke/Satzger, Strafrecht AT, § 16 Rn. 810 mwN.

[1130] Rengier, Strafrecht AT, § 41 Rn. 11.

[1131] Schönke/Schröder/Heine/Weißer, StGB, Vor § 25 ff. Rn. 57.

[1132] Peters/Bildner, JuS 2020, 731 (734).

[1133] Schönke/Schröder/Heine/Weißer, StGB, § 25 Rn. 66.

[1134] BGHSt 14, 123 (124); 24, 286; 34, 124 (125); BGH, NJW 1998, 2149 (2150); HRRS 2016, Nr. 436; Lackner/Kühl/Heger/Heger, StGB, § 25 Rn. 10; Schönke/Schröder/Heine/Weißer, StGB, § 25 Rn. 62; Peters/Bildner, JuS 2020, 731 (732); Seelmann, JuS 1980, 571; Wessels/Beulke/Satzger, Strafrecht AT, § 16 Rn. 812.

[1135] LK-StGB/Schünemann/Greco, § 25 Rn. 9.

[1136] Niehaus, DAR 2015, 720.

des eigenen Interesses an der Tat, Umfang der Tatbeteiligung sowie Tatherrschaft oder wenigstens der Wille zur Tatherrschaft hergeleitet werden kann. Dabei ist zu berücksichtigen, dass nach der Rechtsprechung keinem Kriterium Vorrang zukommt. „Defizite in einem Bereich können durch eine stärkere Ausprägung anderer Kriterien ausgeglichen werden."[1137] Aufgrund dieser fehlenden Hierarchie zwischen den einzelnen Kriterien und eindeutigen Gewichtungsgründen, besteht für das erkennende Gericht ein erheblicher Ermessensspielraum mit der Folge, dass „beliebige" Ergebnisse vertretbar sind. Dies widerspricht den Bedürfnissen der Rechtssicherheit. Das subjektive Element „Interesse an der Tat" findet zudem keinen Niederschlag in § 25 StGB, wobei es normiert hätte werden können. Eine denkbare Lösung wäre gewesen, den Gesetzeswortlaut dahingehend zu ändern, dass es hieße, „Täter ist, wer die Straftat begeht oder ein erhebliches Eigeninteresse an der Tat hat".[1138] Dass der Gesetzgeber dies jedoch gerade nicht wollte, lässt sich aus den Gesetzesmaterialien entnehmen. Der Gesetzgeber erkannte, dass sich entgegen der objektiven Teilnahmelehre in der Rechtsprechung eine subjektive Auffassung durchsetzen konnte.[1139] Danach „sollte die Kennzeichnung und Bewertung einer Tatbeteiligung somit grundsätzlich von inneren Tatsachen, vor allem vom Willen des Tatbeteiligten abhängen, das äußere Tatbild hingegen als maßgebendes Unterscheidungsmerkmal ganz zurücktreten."[1140] Der Gesetzgeber befürchtete daher, dass durch die misslungene Schwerpunktsetzung auf die innere Willensrichtung des Täters die Teilnahmeformen an Umriss und Gestalt verlieren würden und dies sachwidrige und unbefriedigende Ergebnisse zur Folge haben könnte.[1141] Um dem entgegenzuwirken, sollte die Neufassung der Vorschrift über die Täterschaft dem Gedanken der Tatherrschaft mehr Beachtung schenken.[1142]

Eine sachgerechte Abgrenzung von Täterschaft und Teilnahme kann deshalb nur durch eine Zusammenführung objektiver und subjektiver Komponenten gelingen. Diese Synthese vermag das Leitprinzip der Tatherrschaft und deren Definition zu leisten, da sie sich eng auf den Tatbestand bezieht

---

1137 BGH NStZ 2020, 22 (23).
1138 Schweer/Knoop, ZJS 2023, 381 (386).
1139 BT-Drs. IV/650, S. 147.
1140 BT-Drs. IV/650, S. 147.
1141 BT-Drs. IV/650, S. 147.
1142 BT-Drs. IV/650, S. 148.

und damit einer zu großen Ausdehnung der täterschaftlichen Haftung entgegenwirkt.[1143] Darüber hinaus gewährleistet sie eine gleichmäßige und berechenbare Rechtsanwendung.[1144]

Eine mittäterschaftliche Begehung dürfte daher in der Regel nicht anzunehmen sein, wenn die am Einsatzort anwesenden Mitarbeiter des Rettungsdienstes nicht denselben Ausbildungsstand haben.

Zwischen den beruflichen Qualifikationen eines Notfall- und eines Rettungssanitäters besteht ein erheblicher Unterschied, insbesondere bezüglich medizinischer Kenntnisse.[1145] Dies zeigt sich unter anderem daran, dass die Qualifikation zum Rettungssanitäter „nur" ein 520-stündiges Ausbildungsprogramm umfasst, dem gegenüber steht eine dreijährige Vollzeitausbildung zum Notfallsanitäter.

Rettungssanitäter sind grundsätzlich nicht imstande zu entscheiden, welche Maßnahmen der Standardarbeitsanweisungen und Behandlungspfade im Rettungsdienst indiziert sind. Darüber hinaus kommt ihnen nach den Standardarbeitsanweisungen und Behandlungspfaden im Rettungsdienst keine Kompetenz zur eigenverantwortlichen Durchführung von medizinischen Maßnahmen zu. Rettungssanitäter sind demnach in der Regel nicht als Zentralgestalt des Geschehens anzusehen, da sie nicht über das „Ob" und „Wie" einer medizinischen Handlung entscheiden. Die Betreuung und Versorgung des Patienten obliegt nach den Rettungsdienstgesetzen der Länder ausschließlich Notfallsanitätern. Etwas anderes ergibt sich jedoch, wenn sich der Rettungssanitäter beispielsweise aufgrund eines Eigenstudiums das Fachwissen eines Notfallsanitäters angeeignet hat. Verfügt er über ausreichende Kenntnisse bezüglich der Standardarbeitsanweisungen und Behandlungspfade im Rettungsdienst, sodass ihm Indikation, Kontraindikation und Dosierung bekannt sind, so kommt eine mittäterschaftliche Begehung bei Vornahme medizinischer Maßnahmen in Betracht. Denn dann kann der Rettungssanitäter im bewussten und gewollten Zusammenwirkens mit dem Notfallsanitäter handeln und eben nicht nur auf dessen Anweisung und seinen eigenen Tatbeitrag in eine gemeinschaftliche Patientenversorgung einfügen. Erschöpft sich demgegenüber die Mitwirkung des sich beteiligenden Rettungssanitäters in einer bloßen Förderung fremden

---

[1143] HK-GS/Ingelfinger, § 25 Rn. 7.

[1144] Kühl, Strafrecht AT, § 20 Rn. 35.

[1145] Vgl. hierzu die Unterschiede in der Ausbildung zwischen dem NotSanG bzw. der NotSan-APrV und der RettSanAPrV.

Handelns, weil er selbst keine vertieften Kenntnisse über die durchzuführende Maßnahme aufweist, kann ihm lediglich eine Beihilfe zur Last fallen.[1146]

Sind an der Patientenversorgung wiederum zwei Notfallsanitäter beteiligt, können sie stets jeweils entscheiden, ob die Maßnahme indiziert ist und durchgeführt wird. Beide können über das „Ob“ und „Wie“ entscheiden. Beide sind Zentralgestalten der Patientenversorgung. Eine Mittäterschaft erfordert dabei nicht zwingend eine Mitwirkung am Kerngeschehen oder eine Anwesenheit beim Patienten,[1147] falls einer der beiden Notfallsanitäter weiteres Material vom Rettungswagen zur Einsatzstelle beschafft. Solange das jeweilige Handeln vom arbeitsteiligen Zusammenwirken aufgrund des Tatplans vorgesehen ist, muss sich jeder Mittäter den Beitrag des jeweils anderen zurechnen lassen.[1148] Er wird so behandelt, als habe er sämtliche Tatbestandsmerkmale in eigener Person verwirklicht.[1149] Zudem kann ein gemeinsamer Tatplan ausdrücklich oder stillschweigend auch noch nach Beginn der Tatausführung jedenfalls so lange hergestellt werden, als auf seiner Grundlage (weitere) tatbestandsverwirklichende Handlungen (oder Unterlassungen) vorgenommen werden.[1150] Kommt ein Notfallsanitäter in dem Zeitpunkt zum Patienten, in welchem der bereits behandelnde Notfallsanitäter eine medizinische Maßnahme durchführt und unterstützt er diesen dann dabei, handeln sie mittäterschaftlich.

Tritt ein Notfallsanitäter hingegen in eine bereits begonnene Heilbehandlung ein, die nicht aufgrund eines gemeinsamen Tatentschlusses begonnen wurde, scheidet eine sukzessive Mittäterschaft bezüglich der bereits vorgenommenen Körperverletzungshandlungen (medizinische Maßnahmen) des handelnden Notfallsanitäters aus. Zwar kann eine sukzessive Mittäterschaft vorliegen, wenn sich eine weitere Person einer zunächst fremden Tat nach deren Beginn, aber vor Vollendung anschließt, wenn auf Basis eines gemeinsamen Tatplans ein hinreichender Tatbeitrag erbracht wird.[1151] Aber nach „ständiger Rechtsprechung des Bundesgerichtshofs zieht bei einem Geschehen, welches schon vollständig abgeschlossen ist, das Einver-

---

[1146] BGH, Beschl. v. 28.04.2020 – 3 StR 85/20, BeckRS 2020, 10990 Rn. 4.
[1147] BGH, HRRS 2016, Nr. 194; Eisele, JuS 2020, 1081 (1082).
[1148] Wessels/Beulke/Satzger, Strafrecht AT, § 16 Rn. 817.
[1149] BGH, Beschl. v. 28.04.2020 – 3 StR 85/20, BeckRS 2020, 10990 Rn. 4.
[1150] Lackner/Kühl/Heger/Heger, StGB, § 25 Rn. 10 mwN.
[1151] Fischer, StGB, § 25 Rn. 39; Peters/Bildner, JuS 2020, 731 (733).

ständnis des später Hinzutretenden trotz Kenntnis, Billigung oder Ausnutzung der durch andere Mittäter geschaffenen Lage eine strafbare Verantwortung für das bereits abgeschlossene Geschehen nicht nach sich.[1152] Eine sukzessive Mittäterschaft scheidet demnach aus, wenn das Gesamtgeschehen aus mehreren selbständigen, zeitlich aufeinanderfolgenden Straftaten besteht und der Beteiligte erst nach vollständigem Abschluss der ersten dieser strafbaren Handlungen eintritt.[1153] So hat die Rechtsprechung eine sukzessive Mittäterschaft im Falle einer zwar vollendeten, aber nicht beendeten gefährlichen Körperverletzung verneint, wenn schon eine Tatbestandsvariante der Qualifikation vor Hinzutritt des Tatbeteiligten vollständig erfüllt wurde.[1154] Denn bereits verwirklichte erschwerende Umstände sollen nur dann zugerechnet werden können, wenn der Hinzukommende an der Vollendung der erschwerenden Tat mitwirkt.[1155] Der hinzutretende Beteiligte muss einen fördernden Beitrag bezüglich der Qualifikation, also des erschwerenden Umstands, leisten.[1156]
Mithin können bereits abgeschlossene medizinische Behandlungsschritte dem weiteren Notfallsanitäter nicht zugerechnet werden. Dies gilt sowohl für eine gefährliche, als auch für eine einfache Körperverletzung. Eine Heilbehandlung besteht aus mehreren selbständigen, zeitlich aufeinanderfolgenden Behandlungsmaßnahmen, die unmittelbar nach Durchführung abgeschlossen sind. Denn die Körperverletzung ist mit dem Eintritt des Verletzungserfolges bereits vollendet.[1157] Der hinzutretende Notfallsanitäter kann somit bei einer abgeschlossenen medizinischen Maßnahme keinen fördernden Beitrag mehr leisten.
Der subjektive Tatbestand der mittäterschaftlich begangenen Tat setzt voraus, dass sämtliche Tatbeteiligten einen gemeinsamen Tatentschluss fassen. Es genügt, dass die Beteiligten bewusst und gewollt zusammenwirken.[1158] Eine besondere Verabredung ist nicht erforderlich, sodass die erforderliche Willensübereinstimmung ausdrücklich oder auch konkludent hergestellt und erweitert werden kann, was insbesondere bei der Frage nach einem etwaigen Mittäterexzess von Relevanz ist.[1159]

[1152] BGH, Urt. v. 12.08.2014 – 5 StR 264/14, BeckRS 2014, 16935 Rn. 6 mwN.
[1153] Matt/Renzikowski/Haas, StGB, § 25 Rn. 93 mwN.
[1154] BGH, NStZ 1997, 272; NStZ 2008, 386 (388); NStZ-RR 2014, 73.
[1155] BGH, NStZ 1997, 336.
[1156] BGH, NStZ 1984, 548; NJW 2008, 386 (388); NStZ 2009, 631 (632).
[1157] Schönke/Schröder/Sternberg-Lieben, StGB, § 223 Rn. 66.
[1158] MüKoStGB/Scheinfeld, § 25 Rn. 238 mwN.
[1159] Lackner/Kühl/Heger/Heger, StGB, § 25 Rn. 10.

Eine wechselseitige Zurechnung erfolgt nicht, wenn der gemeinsam gefasste Tatplan von einem Mittäter überschritten wird.[1160] Denn jeder Mittäter haftet für das Handeln des anderen nur im Rahmen seines Vorsatzes. Er ist für den Taterfolg nur insoweit verantwortlich, als sein Wille reicht, sodass ihm ein Exzess des anderen nicht zur Last fällt.[1161] Ein Exzess des Mittäters liegt allerdings „nur bei einem wesentlich vom gemeinsamen Tatplan abweichenden Ablauf vor".[1162] Zugerechnet werden „Handlungen eines anderen Tatbeteiligten", wenn damit „nach den Umständen des Falles gerechnet werden muss", auch wenn er sie sich nicht „besonders vorgestellt hat"[1163] oder „wenn ihm die Handlungsweise seines Tatgenossen gleichgültig ist"[1164]. Gleiches gilt für Abweichungen, „bei denen die verabredete Tatausführung durch eine in ihrer Schwere und Gefährlichkeit gleichwertige ersetzt wird".[1165] Ein solcher Mittäterexzess liegt jedenfalls dann vor, wenn der Mittäter einen ganz anderen Tatbestand verwirklicht, als mit dem weiteren Tatbeteiligten verabredet war, auch wenn dies unter einem gewissen fortwirkenden Einfluss der Verabredung geschieht.[1166] Einigkeit besteht auch darüber, dass dem Mittäter eine tatplanwidrige Erhöhung des Unrechts nicht zugerechnet werden kann, beispielsweise die Verwirklichung eines Qualifikationstatbestandes statt des Grundtatbestandes, die Verursachung eines schwereren tatbestandsmäßigen Erfolges oder eines weiteren tatbestandsmäßigen Erfolges über die getroffene Verabredung hinaus.[1167] Hieraus ergibt sich für den Rettungsdienst Folgendes:
Sind sich zwei an der Patientenversorgung beteiligte Notfallsanitäter einig, dass eine Medikamentengabe nach den Standardarbeitsanweisungen und Behandlungspfaden im Rettungsdienst durchzuführen ist und verabreicht einer der Notfallsanitäter eine Überdosis des Medikaments, wobei dies von dem anderen Notfallsanitäter nicht gewollt war, liegt ein Mittäterexzess vor. Denn dies stellt die abredewidrige Verwirklichung eines Qualifikationstatbestandes dar.[1168] Ferner handelt es sich auch um eine wesentliche

---

[1160] RGSt 57, 307; 67, 367; BGH, NStZ 2013, 462; Eisele, JuS 2020, 570 (571).
[1161] BGH, NStZ-RR 2020, 143 (144) mwN.
[1162] BGH, NStZ-RR 2006, 37 (38).
[1163] BGH, NStZ 2017, 272 (273) mwN.
[1164] BGH, NStZ 2005, 261 Rn. 3; NStZ 2013, 400.
[1165] BGH, NStZ-RR 2005, 71 (72).
[1166] Puppe, ZIS 2007, 234 (242).
[1167] MükoStGB/Scheinfeld, § 25 Rn. 245, 247; Puppe, ZIS 2007, 234 (242).
[1168] Vgl. Zweites Kap. B. I.

Abweichung vom gemeinsamen Tatplan, da der nicht verabreichende Notfallsanitäter davon ausgehen darf, dass der unmittelbar handelnde Notfallsanitäter nur die indizierte Dosierung verabreichen wird, wie es die Standardarbeitsanweisungen und Behandlungspfade im Rettungsdienst auch vorgeben. Denn nach dem Vertrauensgrundsatz darf sich jeder bei der Patientenversorgung Mitwirkende darauf verlassen, dass der andere den ihm obliegenden Aufgabenanteil mit den dazu erforderlichen Kenntnissen und der gebotenen Sorgfalt erfüllt.[1169] Dieser Vertrauensgrundsatz findet erst da seine Grenze, wo das Vertrauen zerstörende Mängel beim anderen sichtbar werden. Zeigen sich Anhaltspunkte dafür, dass der den Patienten Mitbetreuende nicht in der Lage ist, seine Aufgaben zu erfüllen, sei es aufgrund von Qualifikationsmängeln oder wegen situativer Gegebenheiten (zB Erschöpfung, Überforderung, Krankheit, Trunkenheit oder Einnahme von Medikamenten oder Drogen), gebietet es die Sicherheit des Patienten, dass derjenige, der diese Schwachstellen erkennt, eingreift.[1170] Hingegen würde keine wesentliche Abweichung vorliegen, wenn einer der Notfallsanitäter bei einer Reanimation das Brustbein oder die Rippen des Patienten frakturiert. Hiermit ist aufgrund des notwendig auszuübenden Drucks auf den Brustkorb stets zu rechnen.

Es ist jedoch zu berücksichtigen, dass ein Tatplan vor Ort konkludent gemeinsam erweitert werden kann.[1171] Erfolgt die Überschreitung des gemeinsamen Tatplans zunächst einseitig ohne Rücksprache, so muss das nachträglich erzielte Einverständnis gegenseitig sein.[1172] Die bloße einseitige Kenntnisnahme oder Billigung durch den anderen Mittäter genügt nicht.[1173] Insbesondere kann ein abredewidriges Abweichen vom Tatplan nicht zugerechnet werden, wenn der Notfallsanitäter erkennt, dass sein Kollege beispielsweise eine Überdosierung verabreichen möchte, und versucht diesen aktiv daran zu hindern, denn in diesem Fall wirkt er nicht weiter an der Tat mit.[1174]

Eine Mittäterschaft bei erfolgsqualifizierten Delikten setzt voraus, dass das Grunddelikt in Mittäterschaft begangen wird.[1175] Für den qualifizierenden

---

[1169] Bock, in: Ulsenheimer/Gaede, Arztstrafrecht, Rn. 220.

[1170] MAH-StV/Warntjen, § 49 Rn. 52.

[1171] Hecker, JuS 2013, 943 ff.; Lackner/Kühl/Heger/Heger, StGB, § 25 Rn. 17; Peters/Bildner, JuS 2020, 731 (733) mwN.

[1172] Wessels/Beulke/Satzger, Strafrecht AT, § 16 Rn. 831.

[1173] BGH, NStZ 2003, 85.

[1174] BGH, NStZ-RR 2002, 9; NStZ-RR 2017, 221; MüKoStGB/Scheinfeld, § 25 Rn. 247.

[1175] MüKoStGB/Scheinfeld, § 25 Rn. 248.

Erfolg haften die Mittäter, wenn sie jeweils selbst mindestens fahrlässig bezüglich der schweren Folge gehandelt haben.[1176] Ob ein Notfallsanitäter wegen des Grunddelikts oder des erfolgsqualifizierten Delikts zu bestrafen ist, hängt nämlich nicht von den Beiträgen der anderen Beteiligten, sondern allein von seiner Beziehung zu der besonderen Folge ab.[1177] Ein solcher Vorwurf wird dabei nicht fern liegen, wenn die Art der Vorgehensweise, die zu dem schwereren Erfolg geführt hat, im Rahmen des gemeinsamen Tatplanes lag.[1178]
Mithin kommt eine Strafbarkeit wegen einer mittäterschaftlich begangenen vorsätzlichen Körperverletzung durch zwei an der Patientenversorgung beteiligte Notfallsanitäter in Betracht, wenn diese aufgrund eines bewussten und gewollten Zusammenwirkens eine nicht gerechtfertigte Heilbehandlung durchführen. Eine mittäterschaftlich zurechenbare Tathandlung scheidet jedoch bei Vorliegen eines Mittäterexzesses aus. Rettungssanitäter sind in der Regel hingegen nicht als Mittäter, sondern nur als Gehilfen zu qualifizieren sein.

II. Fahrlässigkeitsdelikt

Es ist umstritten, ob die Rechtsfigur der Mittäterschaft auch bei Fahrlässigkeitsdelikten angewendet werden kann.
Nach herrschender Meinung beschränkt sich die Mittäterschaft auf Vorsatzdelikte, denn im Bereich der Fahrlässigkeitsdelikte fehle es an einer Grundvoraussetzung der Mittäterschaft, nämlich am gemeinsamen Tatentschluss.[1179] Im Schrifttum wird die fahrlässige Mittäterschaft zwar von einer im Vordringen befindlichen Ansicht anerkannt, allerdings steht ihr die nach wie vor überwiegende Ansicht ablehnend gegenüber.[1180]
Die Konstruktion einer fahrlässigen Mittäterschaft kommt insbesondere immer dann ins Gespräch, wenn bei Zusammenwirken Mehrerer nicht nachgewiesen werden kann, welcher von mehreren fahrlässig geleisteten Beiträgen einen eingetretenen Erfolg unmittelbar verursacht hat. Die Konstruktion der fahrlässigen Mittäterschaft ermögliche durch wechselseitiges

---

[1176] Schönke/Schröder/Heine/Weißer, StGB, § 25 Rn. 100.
[1177] Lackner/Kühl/Heger/Heger, StGB, § 18 Rn. 6.
[1178] MüKoStGB/Joecks/Scheinfeld, § 25 Rn. 248.
[1179] MüKoStGB/Scheinfeld, § 25 Rn. 298 mwN; NK-WSS/Kaspar, StGB, § 25 Rn. 72 mwN; BeckOK StGB/Kudlich, § 25 Rn. 59 mwN.
[1180] Schönke/Schröder/Heine/Weißer, StGB, Vor § 25 Rn. 111 mwN.

Zurechnen von Tatbeiträgen, Beweisschwierigkeiten (hinsichtlich der Kausalität) zu überwinden.[1181]

Die Rechtsprechung löst Zurechnungsprobleme in Fällen fahrlässigen Zusammenwirkens Mehrerer über die Kausalitätsdogmatik,[1182] eine Unterlassungsverantwortung[1183] oder über eine Vorverlagerung des Fahrlässigkeitsvorwurfs[1184]:

In den Fällen, in denen zwei Notfallsanitäter mit übereinstimmenden Willen eine Heilbehandlung durchführen, wobei diese letztlich unsachgemäß durchgeführt wird, es sich jedoch nicht nachweisen lässt, wer der beteiligten Notfallsanitäter die konkret unsachgemäße Maßnahme durchgeführt hat, kann auf die Nichthinderung der Erfolgsverwirklichung abgestellt werden.[1185] Die Kausalität bzw. „Quasi"-Kausalität[1186] des Unterlassens ist ohne Weiteres begründbar.[1187] Allerdings ergeben sich für die Fahrlässigkeitsdogmatik in dieser Fallkonstellationen andere Schwierigkeiten. Zunächst ist fraglich, ob überhaupt auf ein Unterlassen anstelle aktiven Tuns abgestellt werden darf, nur weil die aktive Erfolgsverwirklichung nicht nachvollzogen werden kann.[1188] Jedes Fahrlässigkeitsdelikt kann passiv, das heißt als Unterlassen der gebotenen Sorgfalt formuliert werden, sodass die Abgrenzung von Begehung und Unterlassung gerade bei Fahrlässigkeitsdelikten besonders problematisch erscheint.[1189] Die Rechtsprechung[1190], die wie Teile der Literatur[1191], Tun und Unterlassen anhand des Schwerpunkts der Vorwerfbarkeit abgrenzt, macht sich die Wahl der Verhaltensweise leicht, da ohne belastbare Kriterien der „Schwerpunkt der

---

[1181] Renzikowski, FS Otto, S. 423 (425).

[1182] BGH, NJW 1990, 2560 (2566).

[1183] OLG Schleswig, NStZ 1982, 116; BayObLG, NJW 1990, 3032.

[1184] BGH, NJW 1955, 472 (473).

[1185] BayObLG, NJW 1990, 3032.

[1186] Zur Kausalität beim Unterlassungsdelikt NK-StGB/Puppe, § 13 Rn. 14 ff.; Roxin, Strafrecht AT II, § 31 Rn. 37 ff.

[1187] Vgl. Drittes Kap. A. III.

[1188] Dagegen bspw. Kraatz, Fahrlässige Mittäterschaft, S. 83.

[1189] Struensee, FS Stree und Wessels, S. 133 (152 ff.); Küpper, Grenzen der normativierenden Strafrechtsdogmatik, S. 76; Roxin/Greco, Strafrecht AT I, § 24 Rn. 12.

[1190] BGH, NJW 2010, 1087 (1090); NJW 2012, 546; NJW 2015, 96 (100); NJW 2015, 1190 (1191).

[1191] Fischer, StGB, § 13 Rn. 5; Wessels/Beulke/Satzger, Strafrecht AT, Rn. 700; Rengier, Strafrecht AT, § 48 Rn. 10.

Vorwerfbarkeit“ nahezu beliebig gewählt werden kann.[1192] In der Lehre überwiegt die Ansicht, stets ein Begehungsdelikt zu prüfen, wenn „der Täter Energie in Richtung des gefährdeten Objekts eingesetzt hat, bzw. wenn der tatbestandliche Erfolg durch Energieeinsatz verursacht wurde.“[1193] Fehle es an einer solchen Begehungskausalität, könne auf das subsidiäre Unterlassen ausgewichen werden.[1194] In der dargestellten Konstellation fehlender Kausalität aufgrund von Sachverhaltsunkenntnis steht die Existenz einer Begehungskausalität außer Frage – es kann lediglich nicht nachvollzogen werden, wer diese bewirkt hat. Fraglich ist, ob ein Begehen ein gleichzeitiges Unterlassen ausschließt oder die Tatbestandsverwirklichungen durch beide Verhaltensweisen nebeneinanderstehen können und erst im Rahmen der Konkurrenzen aufgelöst werden müssen. Gegen ein Nebeneinander von strafrechtlichem Tun und Unterlassen argumentiert Wessels, „ein einheitlicher Lebensvorgang [dürfe] nicht willkürlich in seine Einzelbestandteile zerlegt werden“ und die in der Begehung steckenden Unterlassensmomente seien „jeder Verselbstständigung unzugänglich“.[1195] Auch Küpper möchte kein zusätzliches Unterlassen annehmen, „wenn das Unterlassungsmoment nur unselbstständiger Bestandteil eines im ganzen vorliegenden positiven Tuns“ sei.[1196] Es überwiegt jedoch die Ansicht, dass ein Verhalten gleichzeitig ein strafbares Handeln und Unterlassen enthalten kann. Die Unterlassung soll erst auf Ebene der Konkurrenzen subsidiär zurücktreten.[1197] Von der Gegenansicht konnte nie begründet werden, weshalb aktives Tun ein gleichzeitiges Unterlassen ausschließen solle.[1198] Mithin ist der Einwand, dass bei einer Begehungstat, deren Kausalgeschehen nicht rekonstruiert werde kann, nicht gleichzeitig auch ein Unterlassen angenommen werden kann, nicht nachvollziehbar. Gegen die grundsätzliche

---

1192 Brammsen, GA 2002, 193 (198, 199); Böhringer, Fahrlässige Mittäterschaft, S. 35; MüKoStGB/Freund/Rostalski, § 13 Rn. 5; Roxin, Strafrecht AT II, § 31 Rn. 79 f.

1193 Böhringer, Fahrlässige Mittäterschaft, S. 35; vgl. auch Brammsen, GA 2002, 193 (206); Engisch, FS Gallas, S. 163 (171 ff.); Roxin, ZStW 74, 411 (415); ders., Strafrecht AT II, § 31 Rn. 78; Samson, FS Welzel, S. 579 (589 ff.).

1194 MüKoStGB/Freund/Rostalski, § 13 Rn. 10; LK-StGB/Weigend, § 13 Rn. 11.

1195 Wessels, JZ 1967, 449 (450).

1196 Küpper, Grenzen der normativierenden Strafrechtsdogmatik, S. 79.

1197 Baumann/Weber/Mitsch/Eisele, Strafrecht AT, § 21 Rn. 28; Roxin, Strafrecht AT II, § 31 Rn. 86 f.

1198 Struensee, FS Stree und Wessels, S. 133 (152 ff.).

Eignung der Unterlassungslösung wird jedoch vorgebracht, dass die potentiellen Fahrlässigkeitstäter oftmals keine Garanten sein werden.[1199] In vielen Fällen wird einzig eine Garantenstellung aus Ingerenz in Betracht kommen. Deren Zulässigkeit an und für sich und ihre Reichweite im Besonderen sind umstritten.[1200] Allerdings greift dieser Einwand in der präklinischen Notfallmedizin nicht, da Notfallsanitäter stets eine Garantenstellung gegenüber dem Patienten innehaben.[1201]

Die Fälle, in denen Notfallsanitäter fahrlässig eine Heilbehandlung unterlassen,[1202] die sie nur gemeinsam durchführen können, bedarf es zur Begründung der Fahrlässigkeitsstrafbarkeit nicht einer fahrlässigen Mittäterschaft, sondern es kann nach Auffassung der Rechtsprechung mit den folgenden Erwägungen auf Ebene der Kausalität argumentiert werden.[1203] Der Teilbeitrag eines jeden Notfallsanitäters ist mit den Teilbeiträgen des anderen Notfallsanitäters im Zusammenwirken ursächlich. Die individuelle Verantwortlichkeit ist nicht zweifelhaft, wenn mehrere unabhängig voneinander den tatbestandsmäßigen Erfolg erst durch die Gesamtheit ihrer Beiträge bewirken.[1204] Dies gilt erst recht bei einem Zusammenwirken: „Kann die zur Schadensabwendung gebotene Maßnahme [...] nur durch das Zusammenwirken mehrerer Beteiligter zustandekommen, so setzt jeder, der es trotz seiner Mitwirkungskompetenz unterläßt, seinen Beitrag dazu zu leisten, eine Ursache dafür, daß die gebotene Maßnahme unterbleibt".[1205]

Davon abzugrenzen sind diejenigen Fälle, in welchen Notfallsanitäter die Heilbehandlung allein – also ohne Mitwirkung eines weiteren Notfallsanitäters – erbringen können. Denn bei kollektivem Unterlassen durch Garanten, die – jeder für sich – zu Abwendung des Erfolgs verpflichtet sind und denen die Verhinderung des Erfolgseintritts allein möglich ist, liegt Nebentäterschaft vor.[1206]

1199 Kraatz, Fahrlässige Mittäterschaft, S. 83 f.

1200 Siehe zum Stand der Diskussion Roxin, Strafrecht AT II, § 32 Rn. 143 ff. mwN; Kühl, Strafrecht AT, § 18 Rn. 92 ff. mwN; NK-StGB/Gaede, § 13 Rn. 43 ff. mwN; Schönke/Schröder/Bosch, § 13 Rn. 33 ff. mwN.

1201 Vgl. Drittes Kap. A. II.

1202 Zur Fahrlässigkeit beim Unterlassungsdelikt Drittes Kap. A. VI.

1203 Samson, StV 1991, 182 (185), bescheinigt dem BGH „[a]n dieser Stelle [..] dann tatsächlich zum ‚reinen' Kausalitätsproblem" zu gelangen.

1204 Vgl. BGH, NJW 1990, 2560 (2566) mwN zu Ansichten in der Literatur.

1205 BGH, NJW 1990, 2560 (2566).

1206 Fischer, StGB, § 25 Rn. 53.

Darüber hinaus scheint auch ein anderer Weg möglich. Bei Fahrlässigkeitsdelikten ist es nicht unüblich, durch die Vorverlagerung der Sorgfaltspflichtverletzung zu den gewünschten Ergebnissen zu kommen. Behandelt beispielsweise ein Arzt einen Patienten, obwohl er weiß, dass er von der Behandlung überfordert ist und der Patient sodann bei der Behandlung stirbt, kann der Arzt sich nicht wegen der individuellen Unmöglichkeit der Erfolgsverhinderung während der Behandlung entlasten. Vielmehr wird ihm bereits der Beginn der Behandlung als sorgfaltswidriges Verhalten – das sog. Übernahmeverschulden – zum Vorwurf gemacht.[1207] Eine derartige Vorverlagerung bietet auch dann eine Lösung, wenn mehrere Personen sich zu einem Verhalten verabreden und durch dieses Verhalten ein strafrechtlicher Erfolg verwirklicht wird, auch wenn nicht feststeht, wer den Erfolg letztendlich verursacht hat.[1208] Zwar kann das Verhalten selbst keine taugliche kausale Handlung darstellen. Etwas anderes gilt jedoch für die Verabredung hierzu.[1209] Dieser Weg wird von einigen Stimmen in der Literatur bevorzugt: Rotsch hält die fahrlässige Mittäterschaft in solchen Konstellationen für nicht notwendig, da der Vorwurf einer Sorgfaltswidrigkeit bereits an die Verabredung zu einem Verhalten angeknüpft werden könne, soweit alle weiteren Voraussetzungen des Fahrlässigkeitsdeliktes vorliegen.[1210] Hardtung, der die Legitimität der strafbarkeitserweiternden fahrlässigen Mittäterschaft ebenfalls grundsätzlich bestreitet, gibt zu bedenken, man könne „klarstellend von fahrlässiger Mittäterschaft reden", falls mehrere fahrlässig zusammenwirken; dies gelte bereits für die, „die ein gemeinsames Verhalten gemeinsam beschließen".[1211] Eine Erweiterung der Strafbarkeit durch die Mittäterschaft sei nicht notwendig, denn die pflichtwidrige Mitverursachung des Handlungsentschluss reiche für die Fahrlässigkeitsstrafbarkeit aus.[1212] Eine derartige Verabredung wäre dabei auch ursächlich für den Erfolgseintritt. Ursächlich ist im Strafrecht jede Handlung, die nicht hin weggedacht werden kann, ohne dass der Erfolg entfällt. In diesem Sinne wäre das Verhalten der Notfallsanitäter für den Erfolgseintritt beim Patienten ursächlich. Denn der Patient wäre nicht

[1207] BGHSt 55, 121 (133) mAnm. Brüning, ZJS 2010, 549 (552); Kaspar, JuS 2012, 112 (116); vgl. Zweites Kap. F. I. 1. c.
[1208] Böhringer, Fahrlässige Mittäterschaft, S. 39.
[1209] OLG Schleswig-Holstein, Urt. v. 10.12.1984 – 2 Ss 549/84, OLGSt. StGB § 25 Nr. 1.
[1210] Rotsch, FS Puppe, S. 887 (905).
[1211] MüKoStGB/Hardtung, § 222 Rn. 98.
[1212] MüKoStGB/Hardtung, § 222 Rn. 99.

zu Schaden gekommen, wenn die Notfallsanitäter sich nicht zu einer (unsachgemäßen) Heilbehandlung verabredet und diese ausgeführt hätten. Letztlich besteht kein Bedürfnis nach einer fahrlässigen Mittäterschaft.[1213] Denn die Fallgruppen, zu deren Bewältigung die fahrlässige Mittäterschaft notwendig sein soll, lassen sich – wie die Rechtsprechung zeigt – auf andere Weise zufriedenstellend lösen.[1214]

B. Mittelbare Täterschaft

Nunmehr soll der Frage nachgegangen werden, wie es sich mit einer Strafbarkeit des Notfallsanitäters verhält, wenn er eine Heilbehandlung nicht selbst vornimmt, sondern diese durch einen Rettungssanitäter durchführen lässt. In Betracht kommt eine Strafbarkeit nach Maßgabe einer mittelbaren Täterschaft.

Nach § 25 Abs. 1, 2. Alt. StGB ist mittelbarer Täter derjenige, der die Tat durch einen anderen begeht. Das die mittelbare Täterschaft kennzeichnende Merkmal ist, dass der Hintermann die Tat nicht unmittelbar selbst ausführt, sondern sich eines Tatmittlers bedient, der ihm aus tatsächlichen oder rechtlichen Gründen derart unterlegen ist, dass er in den Händen des mittelbaren Täters wie ein Werkzeug funktioniert.[1215] Durch die Ausnutzung eines Defekts erwächst dem mittelbaren Täter Tatherrschaft, da er das Gesamtgeschehen kraft seines planvoll lenkenden Willens in den Händen hält.[1216] Der Hintermann, der die Tat durch sein Werkzeug begehen lässt, wird deshalb so behandelt, als habe er die tatbestandsmäßige Handlung selbst vorgenommen.[1217] Der mittelbare Täter muss neben dem von § 15 StGB geforderten Tatbestandsvorsatz, der sich auf die Voraussetzungen der mittelbaren Täterschaft beziehen muss, auch alle sonstigen subjektiven Tatbestandsvoraussetzungen in eigener Person erfüllen.[1218]

[1213] Böhringer, Fahrlässige Mittäterschaft, S. 306; Ko, Fahrlässige Mittäterschaft und Schuldprinzip, S. 164.

[1214] Siehe hierzu im Einzelnen Böhringer, Fahrlässige Mittäterschaft, S. 306 ff.

[1215] Lackner/Kühl/Heger/Heger, StGB, § 25 Rn. 2; Jescheck/Weigend, Strafrecht AT, § 62 I; Wessels/Beulke/Satzger, Strafrecht AT, § 16 Rn. 844.

[1216] Jescheck/Weigend, Strafrecht AT, § 62 I 3; Wessels/Beulke/Satzger, Strafrecht AT, § 16 Rn. 844.

[1217] Wessels/Beulke/Satzger, Strafrecht AT, § 16 Rn. 845 mwN.

[1218] Wessels/Beulke/Satzger, Strafrecht AT, § 16 Rn. 845.

Das Werkzeug muss einen Strafbarkeitsmangel aufweisen, der die Tatherrschaft des Hintermannes begründet.[1219] Die Straflosigkeit des Werkzeugs kann ihren Grund auf jeder Stufe des dreiteiligen Deliktsaufbaus haben,[1220] wobei ein vorsatzlos handelnder Rettungssanitäter bei einer einfachen Körperverletzung nach § 223 Abs. 1 StGB nicht in Betracht kommen dürfte. Auch Rettungssanitäter wissen, dass es sich bei der Vornahme medizinischer Maßnahmen der Standardarbeitsanweisungen und Behandlungspfade im Rettungsdienst um eine Körperverletzung gemäß § 223 Abs. 1 StGB handelt. Allerdings ist ein vorsatzloses Handeln des Rettungssanitäters im Hinblick auf eine gefährliche Körperverletzung in Erwägung zu ziehen. Eine Sonderform der mittelbaren Täterschaft bei voller Strafbarkeit des Vordermannes ist gegeben, wenn der Hintermann die Voraussetzungen eines qualifizierten Tatbestandes schafft, dem Tatmittler aber nur eine Tat nach dem Grunddelikt zur Last fällt.[1221] Eine mittelbare Täterschaft des Notfallsanitäters kommt demnach beispielsweise in Betracht, wenn eine durch den Rettungssanitäter durchgeführte Überdosierung eines Medikamentes zu einem Schaden beim Patienten führt und die Medikamentengabe nach Anweisung des Notfallsanitäters durchgeführt wurde. Denn in einer solchen Sachverhaltskonstellation darf der Rettungssanitäter davon ausgehen, dass der anwesende Notfallsanitäter nur indizierte medizinische Maßnahmen anweist.[1222] Eine indizierte Medikamentengabe stellt indes keine gefährliche Körperverletzung nach § 224 Abs. 1 Nr. 1 StGB dar.[1223] Der Rettungssanitäter handelt somit vorsatzlos hinsichtlich des Qualifikationstatbestandes.

Unterliegt der Rettungssanitäter einem Erlaubnistatbestandsirrtum und nutzt der anwesende Notfallsanitäter den Umstand aus, dass das „Werkzeug“ irrig die tatsächlichen Voraussetzungen eines Rechtfertigungsgrundes annimmt, so hat der Notfallsanitäter Tatherrschaft kraft überlegenen

---

1219 Wessels/Beulke/Satzger, Strafrecht AT, § 16 Rn. 846.

1220 BeckOK StGB/Kudlich, StGB, § 25 Rn. 21; Wessels/Beulke/Satzger, Strafrecht AT, § 16 Rn. 846.

1221 Schönke/Schröder/Heine/Weißer, StGB, § 25 Rn. 25 mwN.

1222 Vgl. zum Vertrauensgrundsatz MAH-StV/Warntjen, § 49 Rn. 52, 58; Zwiethoff, MedR 2004, 364 (368 ff.)

1223 Vgl. Zweites Kap. B. I.

Wissens und ist als mittelbarer Täter zu qualifizieren.[1224] Aus diesem Grund kommt eine mittelbare Täterschaft des Notfallsanitäters in Betracht, wenn der Rettungssanitäter eine nicht indizierte – und damit nicht gerechtfertigte – medizinische Maßnahme nach Anweisung des Notfallsanitäters durchführt. In einer solchen Sachverhaltskonstellation dürfte der Rettungssanitäter einem Erlaubnistatbestandsirrtum unterliegen, denn er darf davon ausgehen, dass der anwesende Notfallsanitäter nur gerechtfertigte medizinische Maßnahmen anweist. Die Frage, ob dem Werkzeug ein Fahrlässigkeitsvorwurf hinsichtlich des Irrtums gemacht werden kann oder nicht, ist für die Verantwortlichkeit des Hintermannes als mittelbarer Täter irrelevant.[1225]

Für die Schuldebene relevante Irrtümer des Rettungssanitäters können ebenfalls zur mittelbaren Täterschaft des Notfallsanitäters führen. Das gilt zunächst für den schuldausschließenden unvermeidbaren Verbotsirrtum, nach zutreffender herrschender Meinung aber auch für den vermeidbaren.[1226] Denn selbst wenn sich der Verbotsirrtum als vermeidbar erweist, handelt der Vordermann – ebenso wie der in einem unvermeidbaren Verbotsirrtum handelnde – im Tatzeitpunkt ohne Unrechtseinsicht.[1227] Die für die Rechtsfolge eines Verbotsirrtums entscheidende Frage, ob der Irrtum im Tatzeitpunkt vermeidbar war, hat für die Steuerungsmacht des Hintermanns nämlich keine Relevanz. Vielmehr löst dieser das Geschehen – unabhängig vom Ergebnis der Vermeidbarkeitsprüfung – mithilfe des von ihm bewusst hervorgerufenen Irrtums gewollt aus und steuert dessen Ablauf, weshalb der Irrende bei wertender Betrachtung als ein – wenn auch schuldhaft handelndes – Werkzeug anzusehen ist.[1228]

Handelt der Rettungssanitäter hingegen volldeliktisch, weil ihm bewusst ist, dass dem Notfallsanitäter die indizierte Dosierung des Medikamentes nicht bekannt ist bzw. dieser eine nicht indizierte Dosierung verabreicht

---

[1224] BGHSt 30, 363 (364); 42, 65 (70); OLG München, NJW 2006, 3364; Schönke/Schröder/Heine/Weißer, StGB, § 25 Rn. 18; SK-StGB/Hoyer, § 25 Rn. 72; MüKoStGB/Scheinfeld, § 25 Rn. 97; NK-StGB/Schild/Kretschmer, § 25 Rn. 102, LK-StGB/Schünemann/Greco, § 25 Rn. 108.

[1225] Schönke/Schröder/Heine/Weißer, StGB, § 25 Rn. 16; Kühl, Strafrecht AT, § 29 Rn. 52.

[1226] BGH, NJW 1989, 912 (914); NJW 1995, 204 (206); HK-GS/Ingelfinger, § 25 Rn. 26; Rönnau, JuS 2021, 923 (925).

[1227] HK-GS/Ingelfinger, § 25 Rn. 26; Rönnau, JuS 2021, 923 (925); Wessels/Beulke/Satzger, Strafrecht AT, § 16 Rn. 857.

[1228] BGH, NJW 1995, 204 (206); Schaffstein, NStZ 1998, 153 f.; LK-StGB/Schünemann/Greco, § 25 Rn. 111; Wessels/Beulke/Satzger; Strafrecht AT, § 16 Rn. 857.

oder eine anderweitige nicht gerechtfertigte medizinische Maßnahme anweist, kann ihm ein Vorwurf hinsichtlich einer (gefährlichen) Körperverletzung zur Last gelegt werden. Hier stellt sich die Frage, wie es sich in diesem Fall mit der Strafbarkeit des anweisenden Notfallsanitäters verhält, wenn dieser irrtümlich von einem Strafbarkeitsmangel des Rettungssanitäters ausgeht. Ob mittelbare Täterschaft auch bei voller strafrechtlicher Verantwortlichkeit des Rettungssanitäters in Betracht kommt, ist umstritten.
Der Wortlaut des § 25 Abs. 1, 2. Alt. StGB, der nur die Begehung einer Straftat „durch einen anderen“ fordert, hindert die Annahme der mittelbaren Täterschaft ohne strafrechtlich relevanten Defekt des Vordermanns zunächst nicht.[1229] Gleichwohl zeigt insbesondere der Vergleich mit der Mittäterschaft, dass ein Tätigwerden „auf Augenhöhe“ vom Gesetz nicht als Fall der mittelbaren Täterschaft eingestuft wird.[1230] Vielmehr besagt das Verantwortlichkeitsprinzip, dass die Täterschaft des Hintermanns endet, wo die strafrechtliche Verantwortlichkeit des Tatmittlers beginnt.
Nach herrschender Meinung[1231] liegt zwar subjektiv aus Sicht des Notfallsanitäters mittelbare Täterschaft vor, objektiv jedoch nur eine Anstiftung gemäß § 26 StGB. Die Anstiftung stelle im Vergleich zur mittelbaren Täterschaft die minder schwere Beteiligungsform dar und der Anstiftervorsatz sei als „Minus“ im Tatherrschaftswillen des mittelbaren Täters enthalten, sodass vorliegend wegen vollendeter Anstiftung zu bestrafen sei. Neben die vollendete Anstiftung tritt dann nach Auffassung einiger eine versuchte mittelbare Täterschaft.[1232] Nach einer weit verstandenen subjektiven Theorie[1233] sei der Notfallsanitäter, selbst bei objektiv fehlender Tatherrschaft, Täter, da er mit Täterwillen die Tat veranlasse. Die objektiv fehlende Tatherrschaft sei entbehrlich, da primär die innere Einstellung, also der Wille zur Tatherrschaft, über die Form der Beteiligung entscheide. Nach einer weiteren Auffassung sei der Notfallsanitäter wegen versuchter mittelbarer Täterschaft zu bestrafen, da er immerhin Vorsatz hatte, „durch einen anderen“ zu handeln, indem er den Tatentschluss hatte, den Patienten durch einen Rettungssanitäter zu behandeln und durch das Einwirken auf

---

1229 Rönnau, JuS 2021, 923 (924); Wessels/Beulke/Satzger, Strafrecht AT, § 16 Rn. 855.
1230 Wessels/Beulke/Satzger, Strafrecht AT, § 16 Rn. 855.
1231 Lackner/Kühl/Heger/Heger, StGB, § 25 Rn. 5; Jescheck/Weigend, Strafrecht AT, § 62 III 1; MüKoStGB/Scheinfeld, § 25 Rn. 174; Kühl, Strafrecht AT, § 20 Rn. 85; Wessels/Beulke/Satzger, Strafrecht AT, § 16 Rn. 862.
1232 HK-GS/Ingelfinger, § 25 Rn. 34; LK-StGB/Schünemann/Greco, § 25 Rn. 166 f.
1233 Baumann, JZ 1958, 230 (232 f.).

diesen bereits unmittelbar zur Tatbestandsverwirklichung angesetzt hatte.[1234] Entgegen der herrschenden Meinung erscheint im Ergebnis die Behandlung als versuchte mittelbare Täterschaft vorzugswürdig. Der hiergegen erhobene Einwand, dass der Täter so behandelt würde, als habe er an der tatsächlich vollendeten Rechtsgutverletzung nicht mitgewirkt, ist wenig überzeugend.[1235] Denn es wird in Fällen nicht erkannter Bösgläubigkeit des unmittelbaren Täters regelmäßig einen Beteiligten geben, der voll deliktisch verantwortlich gemacht werden kann, wodurch einer Verantwortlichkeitszuweisung für die erfolgte Rechtsgutsverletzung Genüge getan wird. Weiterhin wird eine Strafbarkeit wegen „versuchter mittelbarer Täterschaft" für den Hintermann dem Unwertgehalt seines Verhaltens gerecht. Schließlich hat er versucht, in einer Tatherrschaft begründenden Weise auf ein Geschehen Einfluss zu nehmen, was ihm aber nicht gelungen ist.[1236] Dass hierdurch Strafbarkeitslücken wegen mangelnder Versuchsstrafbarkeit mancher – hier nicht einschlägiger – Delikte bestehen, steht dem nicht entgegen, da dies die notwendige Konsequenz der zu akzeptierenden Entscheidung des Gesetzgebers ist, den Versuch nicht uneingeschränkt zu pönalisieren. Mithin kommt für einen Notfallsanitäter eine Strafbarkeit wegen versuchter mittelbarer Täterschaft in Betracht, wenn der Rettungssanitäter volldeliktisch handelt und der Notfallsanitäter irrtümlich von einem Strafbarkeitsmangel ausgeht.

Geht der Notfallsanitäter dagegen umgekehrt irrtümlich davon aus, dass der Rettungssanitäter volldeliktisch handelt, liegt jedenfalls subjektiv kein Tatherrschaftswille vor, sodass nur eine Anstiftungsstrafbarkeit in Betracht kommt. Soweit es dem Rettungssanitäter am Vorsatz fehlt, kommt mangels vorsätzlicher Haupttat nur eine versuchte Anstiftung in Betracht, die nur bei Verbrechen strafbar ist, § 30 Abs. 1 StGB.[1237]

Erkennt der Notfallsanitäter hingegen, dass beim Rettungssanitäter kein Strafbarkeitsdefizit vorliegt, stellt sich die Frage, ob eine Strafbarkeit wegen mittelbarer Täterschaft in Gestalt des „Täter hinter dem Täter" angenommen werden kann. Nach herrschender Meinung scheidet eine mittelbare Täterschaft grundsätzlich aus, wenn der Vordermann ohne jeglichen

---

[1234] Schönke/Schröder/Heine/Weißer, StGB, Vor § 25 ff. Rn. 76.

[1235] BeckOK StGB/Kudlich, § 25 Rn. 39.2.

[1236] BeckOK StGB/Kudlich, § 25 Rn. 39.2.

[1237] Schönke/Schröder/Heine/Weißer, StGB, Vor § 25 ff. Rn. 76; MüKoStGB/Scheinfeld, § 25 Rn. 170; BeckOK StGB/Kudlich, § 25 Rn. 40.

Strafbarkeitsdefizit handelt.[1238] Seine Herrschaft über die Tat soll zugleich die Herrschaft des Hintermanns und damit den „Täter hinter dem Täter" ausschließen. Von diesem Grundsatz wird jedoch eine Ausnahme gemacht, wenn der Hintermann eine „Steuerung des Tatmittlers durch einen organisatorischen Machtapparat" ausübt.[1239] Hiernach kann der Hintermann eines uneingeschränkt schuldhaft handelnden Täters dann mittelbarer Täter sein, „wenn er durch Organisationsstrukturen bestimmte Rahmenbedingungen ausnutzt, innerhalb derer sein Tatbeitrag regelhafte Abläufe auslöst. Derartige Rahmenbedingungen mit regelhaften Abläufen kommen insbesondere bei staatlichen, unternehmerischen oder geschäftsähnlichen Organisationsstrukturen und bei Befehlshierarchien in Betracht."[1240] Entwickelt wurde diese Fallgruppe einst von Roxin, um bei der Bewältigung der Unrechtstaten des NS-Regimes eine sachgerechte Bestrafung der befehlsgebenden „Schreibtischtäter" sicherzustellen.[1241] Im Rahmen der Aufarbeitung des DDR-Unrechts wurde die Rechtsfigur sodann durch die Rechtsprechung aufgegriffen, die ehemalige DDR-Politfunktionäre, welche für den Schießbefehl an der innerdeutschen Grenze verantwortlich zeichneten, als mittelbare Täter der von den Grenzsoldaten zulasten Flüchtender begangenen Tötungsdelikte ansah.[1242] Hintergrund der Ausweitung der mittelbaren Täterschaft ist, dass Tatmittler nicht nur durch Zwang und Täuschung beherrscht werden können, sondern auch durch einen Machtapparat, dessen Organisationsstrukturen und Mitglieder häufig sogar eher die Begehung der befohlenen Straftaten sicherstellen können als die Ausnutzung von Verantwortungsdefiziten in den anerkannten Fällen.[1243] Allerdings erfolgt eine solche Ausweitung der mittelbaren Täterschaft nur unter ganz engen Voraussetzungen. Erstens muss sich der hierarchisch strukturierte Machtapparat vollständig von den Normen des Rechts gelöst haben, was allerdings nicht nur im Rahmen staatlicher Unrechtsregime, sondern auch bei Verbrecherbanden oder Terrorgruppen mit mafiaähnlichen Organisationstrukturen der Fall sein kann.[1244] Zweitens muss der Hintermann

[1238] Matt/Renzikowski/Haas, StGB, § 25 Rn. 25.
[1239] BGH, NJW 1994, 2703 ff.; NJW 1995, 1564 ff.; NJW 2000, 443 ff.; Fischer, StGB, § 25 Rn. 11 ff. mwN; Wessels/Beulke/Satzger, Strafrecht AT, § 16 Rn. 855 ff.
[1240] BGH, NJW 2000, 443 (448).
[1241] Roxin, GA 1963, 193 ff.; ders., GA 2012, 395 ff.; ders., Strafrecht AT II, § 25 Rn. 105 ff.
[1242] BGH, NJW 1994, 2703 ff.
[1243] Rönnau, JuS 2021, 923 (926).
[1244] Matt/Renzikowski/Haas, StGB, § 25 Rn. 27; Roxin, Strafrecht AT II, § 25 Rn. 129 ff.

über diesen Machtapparat Anordnungsgewalt haben. Drittens darf derjenige, der letztlich den Straftatbestand eigenhändig verwirklicht, lediglich als beliebig austauschbares Mitglied der betreffenden Organisation erscheinen (sog. „Fungibilität" des unmittelbar Ausführenden).[1245] Schließlich muss der Ausführenden eine wesentlich erhöhte, organisationsspezifische Tatgeneigtheit aufweisen.[1246] Nach ständiger Rechtsprechung sei diese Form der mittelbaren Täterschaft auch auf wirtschaftliche Unternehmen zu übertragen.[1247] Die herrschende Lehre lehnt diese Ausweitung völlig zu Recht ab, denn die Anordnung und Duldung strafbarer Handlungen vermag für sich allein keine Organisationsherrschaft zu begründen, sofern die Organisation auf der Basis des Rechts arbeitet und der unmittelbar Ausführende in die Arbeitsstrukturen eingebunden und damit nicht beliebig austauschbar sei.[1248] Das Unternehmen sei nicht in der Lage, den Druck aufzubauen, der erforderlich sei, um Tatherrschaftsgleich die Ausführung der Tat durch den Vordermann sicherzustellen.[1249] Im Ergebnis wird aber, jedenfalls soweit es um rechtsgelöste organisatorische Machtapparate geht, die mittelbare Täterschaft kraft Organisationsherrschaft von der überwiegenden Ansicht innerhalb der Literatur anerkannt.[1250]

Die dargestellten engen Voraussetzungen sind in der präklinischen Notfallrettung indes nicht erfüllt. Zum einen ist der organisierte Rettungsdienst in den Kreisen und kreisfreien Städten bereits kein rechtsgelöster organisatorischer Machtapparat. Zum anderen steuert der Notfallsanitäter die konkrete Tat nicht durch die Beherrschung der rettungsdienstlichen Organisation. Die „Werkzeugqualität" des strafrechtlich voll verantwortlichen Rettungssanitäters folgt auch nicht aus seiner beliebigen Austauschbarkeit. Im konkreten Einsatzgeschehen sind schließlich nur zwei Rettungsdienstmitarbeiter vor Ort.

Im Fall eines erkannt vollverantwortlich handelnden Rettungssanitäters kommt danach für den Notfallsanitäter Mittäterschaft, Anstiftung oder Beihilfe in Betracht, abhängig von seiner konkreten Tatbeteiligung.

[1245] Matt/Renzikowski/Haas, StGB, § 25 Rn. 26.

[1246] BGH, NStZ 2008, 89; Schönke/Schröder/Heine/Weißer, StGB, § 25 Rn. 27; Rönnau, JuS 2021, 923 (926).

[1247] BGH, NJW 1994, 2703 (2706).

[1248] Wessels/Beulke/Satzger, Strafrecht AT, § 16 Rn. 856 mwN.

[1249] Graf/Jäger/Wittig/Hoffmann-Holland/Singelnstein, StGB, § 25 Rn. 66 ff.; Rönnau, JuS 2021, 923 (926).

[1250] Schönke/Schröder/Heine/Weißer, StGB, § 25 Rn. 28 mwN.

C. Der Rettungssanitäter als Teilnehmer

Rettungssanitäter sind bei einer möglichen Straftat im Rahmen der Körperverletzungsdelikte in der Regel nicht als „Zentralgestalt" zu qualifizieren und damit nicht als Täter gemäß § 25 StGB einzuordnen. Es besteht jedoch die Möglichkeit einer Bestrafung als Teilnehmer. Voraussetzung der Teilnehmerstrafbarkeit ist zunächst, dass der Teilnehmer sich an einer vorsätzlich begangenen rechtswidrigen Haupttat beteiligt hat.[1251] Ausreichend hierfür ist eine im strafbaren Versuchsstadium stecken gebliebene Haupttat.[1252] Die Haupttat muss zum einen tatbestandsmäßig sein, also alle objektiven und subjektiven Voraussetzungen des Deliktstatbestandes erfüllen und zum anderen rechtswidrig iSd § 11 Abs. 1 Nr. 5 StGB sein.[1253] Die Haupttat muss hingegen nicht schuldhaft begangen worden sein.
Eine Teilnahme an einem Fahrlässigkeitsdelikt scheidet mangels vorsätzlicher Tat von vornherein aus.[1254] Eine Teilnahme an einer gerechtfertigten Haupttat ist auch dann ausgeschlossen, wenn der Rechtfertigungsgrund nur zugunsten des Haupttäters wirkt.
Unterliegt der Notfallsanitäter einem Erlaubnistatbestandsirrtum, so liegt nach der rechtsfolgenverweisenden Schuldtheorie eine teilnahmefähige vorsätzliche rechtswidrige Haupttat vor,[1255] da lediglich die Vorsatzschuld entfällt und der Notfallsanitäter daher ohne Schuld handelt.[1256] Es verbleibt aber eine vorsätzliche, rechtswidrige Haupttat.
Im Folgenden werden die Voraussetzungen der Begehungsformen der Anstiftung und Beihilfe dargestellt und auf die rettungsdienstliche Praxis angewandt.

[1251] Jescheck/Weigend, Strafrecht AT, § 61 VII 1; Wessels/Beulke/Satzger, Strafrecht AT, § 16 Rn. 868.
[1252] Rengier, Strafrecht AT, § 45 Rn. 17.
[1253] Jescheck/Weigend, Strafrecht AT, § 61 VII 2.
[1254] NK-StGB/Schild/Kretschmer, Vor § 26, 27 Rn. 10.
[1255] Rengier, Strafrecht AT, § 45 Rn. 16.
[1256] Vgl. Zweites Kap. A. V. 1.

I. Anstiftung

Unter Anstiftung ist zu verstehen, dass ein anderer zur Begehung der Haupttat bestimmt wird.[1257] Bestimmen meint das Hervorrufen des Tatentschlusses.[1258] Es ist nicht erforderlich, dass das Verhalten des Anstifters – also die Willensbeeinflussung – die einzige Ursache für das Verhalten des anderen ist, sodass auch derjenige noch zur Tat angestiftet werden kann, der bereits allgemein zu derartigen Taten geneigt war und diese Bereitschaft auch aufgezeigt oder sogar selbst die Initiative zu den Taten ergriffen hat, welche der Anstifter in konkrete Bahnen lenkt.[1259]
Ist jedoch der Haupttäter zu einer konkreten Tat bereits fest entschlossen (sog. omnimodo facturus), ist eine vollendete Anstiftung nicht mehr möglich.[1260] Es kommt aber eine psychische Beihilfe durch Bestärken des Tatentschlusses bzw. versuchte Anstiftung gemäß § 30 Abs. 1 StGB in Betracht.[1261] Bis zum Tatentschluss bleibt allerdings ein Bestimmen zu einer konkreten Tat selbst dann noch möglich, wenn der Haupttäter bereits allgemein zu derartigen Taten bereit war und diese Bereitschaft auch aufgezeigt oder sogar selbst die Initiative zu den Taten ergriffen hat.[1262]
Im subjektiven Tatbestand genügt dolus eventualis bezüglich des Hervorrufens des Tatentschlusses und der Ausführung und Vollendung einer bestimmten vorsätzlich und rechtswidrig begangenen Haupttat.[1263] Der Anstiftervorsatz muss die Haupttat in ihren sie individualisierenden Merkmalen umfassen. Welche zur Tatindividualisierung tauglichen Merkmale jeweils erforderlich sind, entzieht sich dabei einer abstrakt-generellen Bestimmung und kann nur nach den jeweiligen Umständen des Einzelfalls entschieden werden.[1264] Taugliche Merkmale können zB Zeit und Ort, Person des Opfers und Art der Begehungsweise sein.[1265] Nicht erforderlich ist

---

[1257] Lackner/Kühl/Heger/Heger, StGB, § 26 Rn. 1.
[1258] BGH, NStZ 1994, 29 (30); Wessels/Beulke/Satzger, Strafrecht AT, § 16 Rn. 885.
[1259] BGH, NStZ-RR 2018, 80; NStZ-RR 2021, 273 (274) mwN; LG Ravensburg, NStZ-RR 2008, 256; MüKoStGB/Scheinfeld, § 26 Rn. 31; SSW-StGB/Murmann, § 26 Rn. 5.
[1260] BGH, NStZ-RR 2021, 273 (274); Rönnau, JuS 2020, 919 (921).
[1261] RGSt 72, 373; Puppe, GA 2013, 514 (520 f.); Satzger, Jura 2017, 1169; Wessels/Beulke/Satzger, Strafrecht AT, § 16 Rn. 887 mwN.
[1262] BGH, NStZ-RR 2021, 273 (274) mwN.
[1263] BGH, NStZ-RR 2021, 273 (274); Wessels/Beulke/Satzger, Strafrecht AT, § 16 Rn. 892.
[1264] BGH, NStZ-RR 2021, 273 (274).
[1265] BGH, JZ 1997, 209; Lackner/Kühl/Heger/Heger, StGB, § 26 Rn. 5.

indes, dass der Anstifter jede Einzelheit der Haupttat kennt.[1266] Der Anstifter haftet jedoch nur, soweit sein Tatvorsatz reicht. Exzesse des Haupttäters werden dem Anstifter nicht zugerechnet.[1267] Hierbei ist jedoch zu berücksichtigen, dass es zum typischen Erscheinungsbild der Anstiftung gehört, dass der Anstifter dem Täter die Einzelheiten der Tatausführung überlässt.[1268]

Folgendes Beispiel soll eine mögliche Anstiftung des Rettungssanitäters veranschaulichen: Der Patient willigt in eine medizinische Maßnahme ausdrücklich nicht ein bzw. eine wirksame Patientenverfügung steht der Durchführung einer medizinischen Maßnahme entgegen. Eine Rechtfertigung scheidet somit aus, was der Notfallsanitäter auch weiß. Wirkt der Rettungssanitäter in der Folge auf den Notfallsanitäter dahingehend ein, die medizinische Maßnahme trotz fehlender Rechtfertigung durchzuführen, macht sich der Rettungssanitäter wegen einer Anstiftung zur Körperverletzung gemäß §§ 223 Abs. 1, 26 StGB strafbar, da er Vorsatz bezüglich der Anstiftungshandlung und auch der Vollendung einer vorsätzlich rechtswidrigen Haupttat aufweist.

Wird der Tatentschluss fahrlässig hervorgerufen und der Haupttäter nicht von der Tatbegehung abgehalten, nachdem dies erkannt wurde, scheidet zwar eine Strafbarkeit wegen einer Anstiftung mangels Anstiftervorsatz aus, jedoch verbleibt eine Strafbarkeit wegen Beihilfe zur Haupttat durch Unterlassen gemäß §§ 26, 13 StGB. Die erforderliche Garantenstellung des Gehilfen ergibt sich hierbei aus Ingerenz.[1269]

II. Beihilfe

Weitaus praxisrelevanter dürfte jedoch eine mögliche strafrechtlich relevante Beihilfe eines Rettungssanitäters zu einer Straftat seitens eines Notfallsanitäters sein. Im Rahmen der Beihilfe gemäß § 27 StGB leistet der Gehilfe einen die Haupttat fördernden Beitrag, der ihm jedoch keine Tatherrschaft vermittelt, sodass er als Täter nicht infrage kommt.[1270]

[1266] Bülte/Hagemeier, NStZ 2015, 317 (321) mwN; Lackner/Kühl/Heger/Heger, StGB, § 26 Rn. 5.

[1267] RGSt 70, 293; BGHSt 2, 223.

[1268] BGH, NStZ 1996, 434 (435); NJW 2005, 996 (997); Rengier, Strafrecht AT, § 45 Rn. 55.

[1269] BGH, NStZ-RR 2019, 74; Otto, JuS 2017, 289.

[1270] Wessels/Beulke/Satzger, Strafrecht AT, § 16 Rn. 903.

1. Die Hilfeleistung

Als Hilfeleistung iSv § 27 StGB ist jede Handlung anzusehen, die die Herbeiführung des Taterfolgs durch den Haupttäter objektiv fördert oder erleichtert.[1271] Beihilfe kann dabei schon im Vorbereitungsstadium der Tat geleistet werden.[1272]
Nach herrschender Meinung muss der Gehilfenbeitrag nicht im Sinne der conditio-sine-qua-non-Formel ursächlich für die Rechtsverletzung geworden sein.[1273] Es sei daher nicht erforderlich, dass die Hilfeleistung für den Eintritt des Erfolgs in seinem konkreten Gepräge in irgendeiner Weise kausal geworden ist.[1274] Es genüge, dass der Gehilfe einen Beitrag geleistet habe, der zur Förderung der Haupttat geeignet ist.[1275] Nach einer im Schrifttum vertretenen Auffassung muss der Gehilfe einen kausalen Beitrag zur Rechtsverletzung geleistet haben, er müsse also Art und Weise der Tatausführung beeinflusst haben, da der Strafgrund der Teilnahme nach der Verursachungstheorie in der Mitwirkung an fremdem Unrecht zu sehen sei.[1276] Dies könne durch Ermöglichung oder Erleichterung der Tat vonseiten des Gehilfen geschehen oder dadurch, dass der Gehilfe dem Haupttäter Handlungen abnehme, die dieser ansonsten hätte persönlich vornehmen müssen.
Eine mögliche strafbare Beihilfe kann im Rettungsdienst durch eine physische oder psychische Beihilfe vorliegen.[1277] Physische Beihilfe ist jede sinnlich wahrnehmbare Handlung des Rettungssanitäters, die die Haupttat ermöglicht oder erleichtert oder die Rechtsverletzung intensiviert.[1278] Hierzu zählt beispielsweise die Vorbereitung eines Medikamentes zur intravenösen Injektion. Psychische Beihilfe unterstützt die Haupttat durch geistige Einwirkung auf den Notfallsanitäter.[1279] Hierunter fällt unter anderem die technische Rathilfe, beispielsweise indem der Rettungssanitäter

---

[1271] BGH, NJW 2009, 1155 (1157); Wessels/Beulke/Satzger, Strafrecht AT, § 16 Rn. 904.
[1272] BGH, NJW 2000, 3010 (3012).
[1273] BGH, NJW 2001, 2409 (2410); NJW 2009, 1155 (1157); Seher, JuS 2009, 793 (795).
[1274] BGH, NJW 2009, 1155 (1157); Drenkhahn/Momsen/Diederichs, NJW 2020, 2582 (2584).
[1275] BGHSt 46, 107 (109), BGH, Urt. v. 09.05.2017 – 1 StR 265/16, BeckRS 2017, 114578 Rn. 22; Wessels/Beulke/Satzger, Strafrecht AT, § 16 Rn. 905.
[1276] Schönke/Schröder/Heine/Weißer, StGB, § 27 Rn. 3 mwN.
[1277] Lackner/Kühl/Heger/Heger, StGB, § 27 Rn. 4; NK-StGB/Schild/Kretschmer, § 27 Rn. 9.
[1278] BGH, NStZ-RR 2009, 311 (312); MüKoStGB/Scheinfeld, § 27 Rn. 6.
[1279] Schönke/Schröder/Heine/Weißer, StGB, § 27 Rn. 15.

dem Notfallsanitäter Ratschläge zur Durchführung der Haupttat erteilt.[1280] Die Förderung des Tatentschlusses stellt ebenfalls eine psychische Beihilfe dar, beispielsweise indem der Rettungssanitäter gegenüber dem Notfallsanitäter in erkennbarer Weise seine Billigung in Bezug auf dessen Tatentschluss zum Ausdruck bringt, woraus resultiert, dass dieser sich in seinem Tatentschluss bestärkt fühlt.[1281] Auf diese Weise kann einem bereits fest entschlossenen Notfallsanitäter, der als omnimodo facturus nicht mehr angestiftet werden kann, noch psychische Beihilfe geleistet werden. Ferner ist anerkannt, dass Beihilfe auch durch bloßes Anwesendsein bei der Haupttat geleistet werden kann, sofern die Tat durch die Anwesenheit in ihrer konkreten Gestalt gefördert oder erleichtert worden ist und sich der Rettungssanitäter dessen bewusst war.[1282]

2. Doppelter Gehilfenvorsatz

Eine Strafbarkeit wegen Beihilfe setzt auf subjektiver Seite einen doppelten Gehilfenvorsatz voraus. Dieser muss die Unterstützungshandlung umfassen und sich auf die Vollendung einer vorsätzlich begangenen rechtswidrigen Haupttat richten. Es genügt hier, dass der Rettungssanitäter erkennt und billigend in Kauf nimmt, dass sich sein Beitrag als unterstützender Bestandteil in einer Straftat manifestieren wird.[1283] Daran mangelt es, wenn der Rettungssanitäter glaubt, dass sein Beitrag untauglich ist und daher die Haupttat nicht fördern kann.[1284] Ferner muss der Rettungssanitäter die wesentlichen Merkmale kennen, die das Unrecht der Tat kennzeichnen.[1285] Für den Rettungssanitäter ist die Erfassung der „Dimension des Unrechts der ins Auge gefassten Tat“, also deren wesentlicher Unrechtsgehalt und Angriffsrichtung, ausreichend.[1286] Es bedarf keiner genauen

---

[1280] RGSt 13, 265; 73, 52 f.; BGH, Beschl. v. 12.04.1988 – 1 StR 142/88, BeckRS 1988, 31091712; BGHR StGB § 27 Abs. 1 Hilfeleisten 2.

[1281] BGH, NJW 1951, 451; NStZ 2008, 284; Schönke/Schröder/Heine/Weißer, StGB, § 27 Rn. 15 mwN.

[1282] BGH, StV 1982, 517; StV 1993, 467 (468); NStZ-RR 2007, 37.

[1283] BGHSt 42, 135 (137 f.); BGH, NStZ 2007, 289 (290); wistra 2015, 148 (150); HRRS 2017, Nr. 79.

[1284] Schönke/Schröder/Heine/Weißer, StGB, § 27 Rn. 33.

[1285] Schönke/Schröder/Heine/Weißer, StGB, § 27 Rn. 29; Lackner/Kühl/Heger/Heger, StGB, § 27 Rn. 7 mwN.

[1286] BGHSt 56, 203 (219); BGH, NStZ 1990, 501; NStZ 2011, 399 (400); NStZ-RR 2015, 75 (76); NStZ 2016, 39 (40); NStZ 2017, 274 (275); Fischer, StGB, § 27 Rn. 22; Kudlich, JA 2007, 308 (309).

Kenntnis der einzelnen Tatumstände.[1287] Es begeht daher auch derjenige eine Beihilfe, der dem Notfallsanitäter ein entscheidendes Tatmittel zur Verfügung stellt und damit bewusst das Risiko des Begehens einer gerade durch dieses Mittel geförderten Haupttat erhöht.[1288]

D. Ergebnis

Resümierend kann festgehalten werden, dass eine mittäterschaftliche Begehung in Betracht kommt, wenn sich zwei fachlich ausgebildete Notfallsanitäter an der Einsatzstelle befinden und den Patienten gemeinsam behandeln und dabei eine nicht gerechtfertigte Heilbehandlung durchführen. Sind an der Patientenversorgung ein Notfall- und ein Rettungssanitäter beteiligt und verwirklicht der Notfallsanitäter eine vorsätzlich rechtswidrige Körperverletzung, kommt für den Rettungssanitäter insbesondere eine Strafbarkeit wegen Beihilfe in Betracht, wenn er die Tat des Notfallsanitäters erleichtert oder gefördert hat. Die Ausbildung zum Rettungssanitäter beinhaltet die für den Rettungsdienst zugrunde liegenden Gesetze, Verordnungen und Vorschriften.[1289] Mithin ist davon auszugehen, dass Rettungssanitätern bewusst ist, dass es sich bei der Vornahme von invasiv medizinischen Maßnahmen um eine strafbare Körperverletzung handelt, die einer Rechtfertigung bedarf. Erkennt der Rettungssanitäter im Rahmen der Behandlung des Patienten, dass für die Durchführung einer medizinischen Maßnahme keine Rechtfertigung vorliegt, und unterstützt er die Handlung des Notfallsanitäters, indem er beispielsweise die Applikation eines Medikamentes vorbereitet, handelt der Rettungssanitäter vorsätzlich bezüglich der Gehilfenhandlung und auch bezüglich der Vollendung einer vorsätzlichen, rechtswidrigen Körperverletzung. Wirkt der Rettungssanitäter auf den Notfallsanitäter dahingehend ein, eine medizinische Maßnahme trotz fehlender Rechtfertigung durchzuführen, macht er sich wegen einer Anstiftung zur Körperverletzung gemäß §§ 223 Abs. 1, 26 StGB strafbar, wenn er vorsätzlich bezüglich der Anstiftungshandlung und auch der Vollendung einer vorsätzlich rechtswidrigen Haupttat handelt.

[1287] BGH, NJW 2007, 384 (389); NStZ 2017, 274 (275); Schönke/Schröder/Heine/Weißer, StGB, § 27 Rn. 29.

[1288] BGHSt 42, 135 (138); BGH, NStZ 2000, 34; Schönke/Schröder/Heine/Weißer, StGB, § 27 Rn. 29 mwN.

[1289] Vgl. hierzu nur Anlage 1 Abs. 8 RettAPO NRW; Anlage 1 RettAPO Rh.-Pf.; „Grundsätze zur Ausbildung des Personals im Rettungsdienst" (520-Stundenprogramm) vom Bund-Länderausschuss „Rettungswesen" vom 20.09.1977.

Darüber hinaus kommt eine mittelbare Täterschaft des Notfallsanitäters in Betracht, wenn dieser eine medizinische Maßnahme durch den Rettungssanitäter durchführen lässt und bei diesem ein Strafbarkeitsmangel vorliegt. Die Straflosigkeit des Werkzeugs kann ihren Grund auf jeder Stufe des dreiteiligen Deliktsaufbaus haben. Ein Strafbarkeitsmangel auf der Vorsatzebene kommt in Betracht, wenn Rettungssanitäter eine medizinische Maßnahme durchführen, die einen Qualifikationstatbestand des § 224 Abs. 1 StGB erfüllt, ihm jedoch lediglich eine einfache Körperverletzung zur Last fällt. Rettungssanitäter dürfen davon ausgehen, dass Notfallsanitäter nur indizierte medizinische Maßnahmen anweisen, wobei beispielsweise eine indizierte Medikamentengabe nicht die Qualifikation des § 224 Abs. 1 Nr. 1 StGB erfüllt. Hinsichtlich des Qualifikationstatbestandes handelt der Rettungssanitäter somit in der Regel vorsatzlos. Ein Strafbarkeitsmangel auf der Schuldebene wäre gegeben, wenn der Rettungssanitäter einem Erlaubnistatbestandsirrtum unterliegt und deshalb nach der rechtsfolgenverweisenden eingeschränkten Schuldtheorie schuldlos handelt. Aber auch nach der vorsatzausschließenden eingeschränkten Schuldtheorie liegt ein Strafbarkeitsmangel vor, da beim Rettungssanitäter der Unrechtsvorsatz entfällt, weshalb er vorsatzlos handeln würde.[1290] Weiterhin führt sowohl der unvermeidbare als auch der vermeidbare Verbotsirrtum zu einem Strafbarkeitsmangel des Rettungssanitäters, der eine mittelbare Täterschaft des Notfallsanitäters begründen kann.

Handelt der Rettungssanitäter hingegen volldeliktisch, geht der Notfallsanitäter jedoch von einem schuldlosen Handeln des Rettungssanitäters aus, kommt eine Strafbarkeit wegen versuchter mittelbarer Täterschaft in Betracht. Geht der Notfallsanitäter dagegen umgekehrt irrtümlich davon aus, dass der Rettungssanitäter volldeliktisch handelt, liegt subjektiv kein Tatherrschaftswille vor, sodass nur eine Anstiftungsstrafbarkeit in Betracht kommt. Im Fall eines erkannt vollverantwortlich handelnden Rettungssanitäters kommt für den Notfallsanitäter hingegen Mittäterschaft, Anstiftung oder Beihilfe in Betracht, abhängig von seiner konkreten Tatbeteiligung.

[1290] MüKoStGB/Scheinfeld, § 25 Rn. 97; BeckOK StGB/Kudlich, § 25 Rn. 24.

Fünftes Kapitel: Weitere Straftaten

In diesem Teil sollen Strafbarkeitsrisiken für das nichtärztliche Rettungsdienstpersonal außerhalb der Körperverletzungs- und Tötungsdelikte dargestellt werden.

A. Zur Strafbarkeit aus Urkundsdelikten

Im folgenden Abschnitt soll zunächst eine mögliche Strafbarkeit des Rettungsdienstpersonals in Bezug auf Transportscheine und Einsatzprotokolle erläutert werden.

I. Rettungsdienstliche Einsatzprotokolle

Die Durchführung der Rettungsdiensteinsätze und deren Abwicklung sind zu dokumentieren.[1291] Macht der Aussteller Falschangaben, nachträglich Änderungen oder Ergänzungen, stellt sich die Frage nach einer Strafbarkeit wegen Urkundenfälschung gemäß § 267 StGB. Primär gilt es zu untersuchen, ob es sich bei einem Einsatzprotokoll um eine Urkunde handelt. Darauffolgend werden die einzelnen Tathandlungen der Strafnorm in gebotener Kürze dargestellt und auf den Rettungsdienst angewandt. Weiterhin wird eine Strafbarkeit wegen einer Urkundenunterdrückung nach § 274 StGB betrachtet.

1. Strafbarkeit gemäß § 267 StGB

a. Urkunde

Der objektive Tatbestand der Urkundenfälschung setzt zunächst voraus, dass es sich bei einem rettungsdienstlichen Einsatzprotokoll um eine Urkunde handelt. Bei einer Urkunde handelt es sich um eine verkörperte Gedankenerklärung, die ihrem gedanklichen Inhalt nach dazu geeignet und bestimmt ist, für eine rechtserhebliche Tatsache Beweis zu erbringen, und

---

[1291] § 2 Abs. 3 S. 1 RDG BW, Art. 46 Abs. 1 S. 1 BayRDG, § 19 Abs. 2 S. 1 BbgRettG, § 33 Abs. 2 S. 1 BremHilfeG, § 8 Abs. 1 S. 1 HmbRDG, § 32 Abs. 1 DVO HRDG, § 15 Abs. 1 RDG M-V, § 11 Abs. 1 S. 2 NRettG, § 7a Abs. 1 S. 1 RettG NRW, § 29 Abs. 1 S. 1 RettDG Rh.-Pf., § 9 Abs. 2 S. 1 SächsLRettDPVO, § 20 Abs. 2 S. 3 RettDG LSA, § 9 Abs. 2 S. 1 SHRDG, § 31 Abs. 1 S. 1 ThürRettG.

die einen Aussteller erkennen lässt.[1292] Die Urkunde hält einen menschlichen Gedanken fest.[1293] Diese Gedankenerklärung ist dabei mit einer körperlichen Sache fest verbunden, erforderlich ist eine stoffliche Fixierung von einer gewissen Dauerhaftigkeit.[1294] In einem rettungsdienstlichen Einsatzprotokoll zeichnen Notfallsanitäter sämtliche aus fachlicher Sicht für die derzeitige und künftige Behandlung wesentlichen Maßnahmen und deren Ergebnisse auf, insbesondere die Anamnese, Diagnosen, Untersuchungen, Untersuchungsergebnisse, Befunde, Therapien und ihre Wirkungen, Eingriffe und ihre Wirkungen, Einwilligungen und Aufklärungen (§ 630f Abs. 2 BGB).

Mithin handelt es sich um eine in Schriftform verkörperte Gedankenerklärung eines Lebenssachverhaltes, die stofflich auf Papier fixiert wird. Weiterhin muss die verkörperte Gedankenerklärung zum Beweis für eine rechtserhebliche Tatsache geeignet und bestimmt sein.[1295] Die Gedankenerklärung ist dann zum Beweis geeignet, wenn sie für ein Rechtsverhältnis Beweis zu erbringen vermag. Rechtserheblich ist die Erklärung dann, wenn sie allein oder in Verbindung mit anderen Beweismitteln für die Entstehung, Erhaltung, Veränderung oder das Erlöschen eines Rechts oder Rechtsverhältnisses öffentlicher oder privater Natur von Bedeutung ist.[1296] Für die Beweiseignung genügt die Eignung, auf die Bildung einer Überzeugung mitbestimmend einzuwirken, es ist nicht erforderlich, dass sie allein vollen Beweis erbringt.[1297] Die Erklärung muss darüber hinaus dazu bestimmt sein, für ein Rechtsverhältnis Beweis zu erbringen. Die Beweisbestimmung wird regelmäßig darin liegen, dass die Urkunde vom Aussteller zu dem Zweck hergestellt wird, einem anderen den Beweis zu ermöglichen. Ein zweckgerichtetes Handeln ist nicht nötig, sondern es ist ausreichend, dass der Aussteller sich der Tatsache bewusst ist, dass ein anderer

---

[1292] BGHSt 16, 94 (96); 24, 140 (141); MüKoStGB/Erb, § 267 Rn. 25; Puppe, Jura 1979, 630 (636).

[1293] Spickhoff/Schuhr, Medizinrecht, StGB, § 267 Rn. 6.

[1294] BGHSt 34, 375 (376); Schönke/Schröder/Heine/Schuster, StGB, § 267 Rn. 6.

[1295] BGHSt 4, 60 (61); 5, 295 (296); 16, 94 (96); 24, 140 (141); Schönke/Schröder/Heine/Schuster, StGB, § 267 Rn. 8; SSW-StGB/Wittig, § 267 Rn. 25.

[1296] Schönke/Schröder/Heine/Schuster, StGB, § 267 Rn. 12.

[1297] Fischer, StGB, § 267 Rn. 14; Schönke/Schröder/Heine/Schuster, StGB, § 267 Rn. 11; SK-StGB/Hoyer, § 267 Rn. 30; Matt/Renzikowski/Maier, StGB, § 267 Rn. 16; SSW-StGB/Wittig, § 267 Rn. 27; LK-StGB/Zieschang, § 267 Rn. 77.

mit der Urkunde Beweis erbringen könnte.[1298] Zweck der rettungsdienstlichen Dokumentationspflicht sind sowohl die Therapie- als auch die Beweissicherung sowie die Rechenschaftslegung gegenüber dem Patienten.[1299] Ein sorgfältiges, aussagekräftiges Einsatzprotokoll soll medizinisch und juristisch absichern.[1300] Die Eintragungen in das Einsatzprotokoll dienen als Beweis dafür, in welchem medizinischen Zustand sich der Patient befunden hat und welche indizierten diagnostischen und therapeutischen Maßnahmen durchgeführt wurden. Infolgedessen sind sie zum Beweis für die Richtigkeit der von einem Notfallsanitäter während der Behandlung angewandten Therapie objektiv geeignet und subjektiv bestimmt.[1301]

Eine Urkunde muss den Aussteller als den Urheber der Erklärung bezeichnen oder erkennbar machen, weil sie ihren Beweiswert erst dadurch erhält, dass ihr Urheber hinter der beurkundeten Erklärung steht und für diese eintritt.[1302] Aussteller ist derjenige, von dem die Urkunde herrührt. Hierbei ist nicht entscheidend, wer die Urkunde körperlich hergestellt hat, sondern wer als geistiger Urheber für die Erklärung einsteht bzw. wem die Erklärung im Rechtsverkehr als eigene zugerechnet wird.[1303] Da das Einsatzprotokoll den Namen des Dokumentierenden enthält und von diesem unterschrieben wird, lässt das Einsatzprotokoll seinen Aussteller erkennen. Basierend auf alledem kann festgehalten werden, dass es sich bei einem Einsatzprotokoll um eine Urkunde iSd § 267 StGB handelt.

[1298] Schönke/Schröder/Heine/Schuster, StGB, § 267 Rn. 14 mwN.

[1299] OLG Koblenz, NJW 1995, 1624 (1625); Hahn, NZFam 2022, 237 (238); Katzenmeier, in: Laufs/Katzenmeier/Lipp, Arztrecht, Kap. IX Rn. 48.

[1300] Tries, Strafrechtliche Probleme, S. 73.

[1301] OLG Koblenz, NJW 1995, 1624 (1625); Jauernig/Mansel, BGB, § 630f Rn. 2.

[1302] OLG Köln, NJW 2002, 527 (528) mBespr. Hecker, JuS 2002, 224 (225); MüKoStGB/Erb, § 267 Rn. 24; Schönke/Schröder/Heine/Schuster, StGB, § 267 Rn. 16; SK-StGB/Hoyer, § 267 Rn. 41 f.; LK-StGB/Zieschang, § 267 Rn. 28.

[1303] BGHSt 13, 382 (385); SK-StGB/Hoyer, § 267 Rn. 41; SSW-StGB/Wittig, § 267 Rn. 41; LK-StGB/Zieschang, § 267 Rn. 28.

b. Tathandlungen

aa. Herstellen einer unechten Urkunde

Das Wesen der Urkundenfälschung besteht darin, dass der Täter über die Identität des Ausstellers täuscht. Eine Urkunde ist unecht, wenn scheinbarer und tatsächlicher Aussteller auseinanderfallen.[1304] Aussteller ist dabei nicht notwendig, wer die Urkunde körperlich hergestellt hat, sondern wer sich zu ihr als Urheber bekennt, das heißt wem sie geistig zuzurechnen ist.[1305] Es ist daher möglich, dass ein anderer den fremden Gedanken und sogar eine bereits erfolgte Verkörperung übernimmt und sich so zu einer Erklärung bekennt, dass sie im Rechtsverkehr – unabhängig von der Urheberschaft – als seine Erklärung gilt, beispielsweise indem dieser einen ihm vorgelegten Entwurf unterschreibt.[1306] Infolgedessen wird keine unechte Urkunde hergestellt, wenn ein Rettungssanitäter das Einsatzprotokoll inhaltlich erstellt und dieses dann vom verantwortlichen Notfallsanitäter übernommen und unterschrieben wird. Wird hingegen ein rettungsdienstliches Einsatzprotokoll nicht von dem verantwortlichen Notfallsanitäter, sondern vom zweiten Besatzungsmitglied des Rettungswagens angefertigt, obwohl dieses den verantwortlichen Notfallsanitäter durch fälschliches Zeichnen mit dessen Namen als Aussteller erkennen lässt, wurde eine unechte Urkunde hergestellt.[1307]

Auf die inhaltliche Richtigkeit des in der Urkunde Erklärten kommt es nicht an.[1308] Macht der ausstellende Notfallsanitäter Falschangaben beispielsweise zu Vitalparametern, so begründet dies nicht den Tatvorwurf der Urkundenfälschung, da schriftliche Lügen oder ungeprüfte Übernahmen nicht den Tatbestand des Herstellens einer unechten Urkunde erfüllen.[1309]

[1304] BGHSt 1, 117 (121); 9, 44 (45); 33, 159 (160); 40, 203 (204); BGH, NStZ 1993, 491; SSW-StGB/Wittig, § 267 Rn. 62.

[1305] Lackner/Kühl/Heger/Heger, StGB, § 267 Rn. 14.

[1306] Spickhoff/Schuhr, Medizinrecht, StGB, § 267 Rn. 30.

[1307] Lackner/Kühl/Heger/Heger, StGB, § 267 Rn. 21; Spickhoff/Schuhr, Medizinrecht, StGB, § 267 Rn. 26.

[1308] BGH, wistra 1986, 109.

[1309] BGH, NStZ 2003, 543 (544); Spickhoff/Schuhr, Medizinrecht, StGB, § 267 Rn. 36; Tries, Strafrechtliche Probleme, S. 73.

bb. Das Verfälschen einer echten Urkunde

Eine echte Urkunde verfälscht, wer den gedanklichen Inhalt einer ursprünglichen echten Urkunde nachträglich verändert.[1310] Der Täter erweckt dadurch den Eindruck, der scheinbare Aussteller habe die Erklärung in der Form abgeben, die sie durch die Verfälschung erlangt hat. Die inhaltliche Veränderung kann durch eine Ergänzung oder Streichung, aber auch durch eine Vernichtung eines Teils der Erklärung erfolgen.[1311] Andernfalls ist die Urkunde nicht gemäß § 267 Abs. 1, 2. Alt. StGB verfälscht, sondern gemäß § 274 StGB vernichtet.
Wird eine Inhaltsänderung dadurch erreicht, dass zunächst Teile der bisherigen Erklärung beseitigt und dann durch Einfügung eines neuen Inhalts der Urkunde eine andere Beweisrichtung gegeben wird, so liegt eine Urkundenfälschung vor.[1312] Der Inhalt muss durch eine Einwirkung auf den Urkundskörper geändert werden.[1313] Eine darin liegende Urkundenvernichtung tritt hinter § 267 StGB zurück.[1314]
Von besonderem Interesse ist die Frage, ob nachträgliche Änderungen oder Ergänzungen im Einsatzprotokoll durch den ausstellenden Notfallsanitäter selbst als Urkundenfälschung gemäß § 267 Abs. 1, 2. Alt. StGB strafbar sind. Dies ist umstritten:
Nach herrschender Meinung[1315] könne auch der Aussteller selbst die Urkunde verfälschen, wenn dies zu einem Zeitpunkt geschehe, zu dem er die Dispositionsbefugnis über seine Erklärung verloren habe, weil ein Dritter einen Anspruch auf den unveränderten Bestand der Urkunde erworben oder ein berechtigtes Interesse an der Unterlassung von Veränderungen des Urkundeninhalts erlangt habe. Der Täter täusche ausnahmsweise nicht über die Identität des Ausstellers, sodass das Verfälschen in dieser Variante kein Unterfall des Herstellens sei, sondern eine selbstständige Begehungs-

---

[1310] RGSt 62, 11 (12), OLG Hamm, NJW 1969, 625; OLG Köln, VRS 59, 342; Schönke/Schröder/Heine/Schuster, StGB, § 267 Rn. 64; SSW-StGB/Wittig, § 267 Rn. 73.
[1311] Fischer, StGB, § 267 Rn. 33; SSW-StGB/Wittig, § 267 Rn. 73; LK-StGB/Zieschang, § 267 Rn. 193.
[1312] MüKoStGB/Erb, § 267 Rn. 182.
[1313] MüKoStGB/Erb, § 267 Rn. 183.
[1314] Schönke/Schröder/Heine/Schuster, StGB, § 267 Rn. 65.
[1315] BGHSt 13, 383 (386); BGH, NStZ 2015, 651; Fischer, StGB, § 267 Rn. 34; Lackner/Kühl/Heger/Heger, StGB, § 267 Rn. 21; Helle, Nachträgliche Veränderung, S. 82, 152; Spickhoff/Schuhr, Medizinrecht, StGB, § 267 Rn. 35.

form darstelle. § 267 StGB schütze in diesen Fällen nicht die Echtheit, sondern den inhaltlichen Bestand der Urkunde. Die herrschende Meinung begründet die dadurch bedingte Ausdehnung des Echtheitsbegriffs der Urkunde mit rein praktischen Erwägungen, um eine Strafbarkeitslücke zu schließen, zumal der Begriff der Echtheit der Urkunde gesetzlich nicht definiert ist. Zum anderen wäre die ausdrückliche Benennung des Verfälschens in § 267 StGB überflüssig, wenn jedes Verfälschen ein Unterfall des Herstellens wäre.

Nach anderer Ansicht[1316] sei die nachträgliche Veränderung der Urkunde durch den Aussteller selbst kein Verfälschen iSd § 267 Abs. 1, 2. Alt. StGB, da das Ergebnis einer jeden Urkundenfälschung eine unechte Urkunde sein müsse, bei der scheinbarer und tatsächlicher Aussteller auseinanderfallen. Der dem Täter bei der nachträglichen Verfälschung gemachte Vorwurf laute jedoch nicht, ein falsches Beweismittel zu schaffen, sondern den bisherigen Beweisinhalt durch die Modifikation zu zerstören. Diese Zerstörung der Urkunde sei aber nicht gemäß § 267 StGB, sondern ausschließlich nach § 274 StGB strafbar.[1317] Etwas anderes gelte nur dann, wenn die Veränderung der Urkunde durch deren Aussteller zugleich einen auf der Urkunde fest angebrachten Beglaubigungs- oder Kontrollvermerk, also eine weitere Urkunde, verfälsche. Hier verfälsche der Täter eine Beweiseinheit in Form einer zusammengesetzten Urkunde.[1318]

Vorzugswürdig erscheint die herrschende Meinung. Nachdem die Urkunde in den Rechtsverkehr gelangt ist, muss der Aussteller sie in dieser Fassung gegen sich gelten lassen. Andernfalls würde die Dokumentationspflicht ihren Zweck der Therapie- und Beweissicherung gegenüber dem Patienten verlieren. Das rettungsdienstliche Einsatzprotokoll ist dabei in den Rechtsverkehr gelangt, wenn es in der Notaufnahme dem weiterbehandelnden Arzt oder dem Patienten übergeben wurde. Verändert der ausstellende Notfallsanitäter das Einsatzprotokoll nach der Übergabe, macht er sich demnach gemäß § 267 Abs. 1, 2. Alt. StGB strafbar. Die weiterbehandelnden Ärzte und auch der Patient haben einen Anspruch auf Unversehrtheit des Beweismittels, um die Richtigkeit der vom Notfallsanitäter angewandten

---

[1316] Schönke/Schröder/Heine/Schuster, StGB, § 267 Rn. 68; Krack, JR 1998, 479; Puppe, JZ 1986, 938 (944); dies., JZ 1991, 550; dies., JZ 1997, 490 (491); SK-StGB/Hoyer, § 267 Rn. 83.

[1317] SK-StGB/Hoyer, § 267 Rn. 83; NK-StGB/Puppe/Schumann, § 267 Rn. 90.

[1318] Schönke/Schröder/Heine/Schuster, StGB, § 267 Rn. 69 mwN.

Therapie überprüfen zu können, damit sich eine indizierte und kunstgerechte Weiterbehandlung an der bisherigen Therapie durch den Rettungsdienst nahtlos anschließen kann.[1319]

cc. Das Gebrauchmachen von einer unechten bzw. verfälschten Urkunde

Ferner besteht die Möglichkeit, dass sich das Rettungsdienstpersonal gemäß § 267 Abs. 1, 3. Alt. StGB strafbar macht, wenn es von einer solch verfälschten Urkunde Gebrauch macht, indem es dieses Einsatzprotokoll demjenigen zugänglich macht, der durch die Urkunde getäuscht und dadurch zu einem rechtserheblichen Verhalten bestimmt werden soll.[1320] Dies erfolgt dadurch, dass dem Tatopfer die Möglichkeit verschafft wird, vom Inhalt der Urkunde Kenntnis zu nehmen.[1321] Zu denken ist dabei an eine Übergabe des nachträglich veränderten Einsatzprotokolls an den Ärztlichen Leiter Rettungsdienst, wenn dieser seiner Aufgabe der Qualitätssicherung nachkommen und Unstimmigkeiten eines Einsatzes aufarbeiten möchte. Weiterhin wird von einer unechten Urkunde Gebrauch gemacht, wenn dem Patienten das Einsatzprotokoll zugänglich gemacht wird, um ihn beispielsweise darüber zu täuschen, dass im Einsatzgeschehen alle medizinischen Maßnahmen lege artis durchgeführt wurden, obwohl dies nicht den Tatsachen entspricht, um keine strafrechtlichen oder zivilrechtlichen Konsequenzen zu erleiden.
Die Urkundenfälschung ist in diesem Fall bereits vollendet, wenn der Patient oder der Ärztliche Leiter Rettungsdienst die Urkunde hätte lesen können. Hierzu muss die Urkunde in den Machtbereich des zu Täuschenden gelangt sein.[1322] Im bloßen Beisichführen der Urkunde liegt hingegen noch kein Gebrauchmachen seitens des Rettungsdienstpersonals.

c. Subjektiver Tatbestand

In subjektiver Hinsicht muss das Rettungsdienstpersonal vorsätzlich handeln. Das Rettungsdienstpersonal muss wissen, dass das Einsatzprotokoll eine Urkunde ist und dass es durch die Tat über die Identität des Ausstellers

---

1319 Hahn, NZFam 2022, 237 (238); Jauernig/Mansel, BGB, § 630f Rn. 2; Katzenmeier, in: Laufs/Katzenmeier/Lipp, Arztrecht, Kap. IX Rn. 47.

1320 RGSt 59, 394 (395); Schönke/Schröder/Heine/Schuster, StGB, § 267 Rn. 73 ff.; MüKo-StGB/Erb, § 267 Rn. 196.

1321 Schönke/Schröder/Heine/Schuster, StGB, § 267 Rn. 74.

1322 BGHSt 36, 64.

täuscht.[1323] Es ist nicht erforderlich, dass das Rettungsdienstpersonal den Begriff der Urkunde juristisch korrekt definieren kann. Ausreichend ist, dass in Form einer Parallelwertung in der Laiensphäre der soziale Sinngehalt der Erklärung zutreffend erfasst wird, also das Rettungsdienstpersonal weiß, dass es ein Rettungsdienstprotokoll ausfüllt.[1324] Es genügt dolus eventualis bezüglich der Urkundeneigenschaft und der Unechtheit.[1325] Darüber hinaus muss in der Absicht gehandelt werden, den Rechtsverkehr über die Echtheit der Urkunde, also über die Identität des Ausstellers, zu täuschen. Zur Täuschung im Rechtsverkehr handelt, wer im Zeitpunkt der Tathandlung erreichen möchte, dass ein anderer die Urkunde für echt hält und durch diese irrige Annahme zu einem rechtlich erheblichen Verhalten bestimmt wird.[1326] Insoweit genügt, dass eine rechtserhebliche Reaktion als sichere Folge der Täuschung vorausgesehen wird, ohne dass es dem Täter auf diese anzukommen braucht.[1327] Bei den Alternativen des Herstellens und Verfälschens einer unechten Urkunde muss in subjektiver Hinsicht hinzukommen, dass die Urkunde dazu bestimmt ist, zur Täuschung im Rechtsverkehr gebraucht zu werden. Hierfür muss mindestens sicheres Wissen (dolus directus 2. Grades) dahingehend vorliegen, dass die Urkunde im Rechtsverkehr gebraucht werden soll.[1328] Die Tat ist vollendet, sobald der Täter die Urkunde zur Täuschung im Rechtsverkehr hergestellt, verfälscht oder gebraucht hat. Für die Vollendung ist es nicht notwendig, dass die bezweckte Täuschung erreicht wurde.[1329]

2. Strafbarkeit gemäß § 274 StGB

Weiterhin kommt eine Strafbarkeit gemäß § 274 StGB in Betracht. Tatobjekt ist auch hier eine Urkunde. Der Begriff der Urkunde in § 274 Abs. 1 Nr. 1 StGB entspricht dem in § 267 StGB.[1330] Es sind nur echte

---

1323 SK-StGB/Hoyer, § 267 Rn. 89.

1324 BGH, JR 1991, 113 (114); Schönke/Schröder/Heine/Schuster, StGB, § 267 Rn. 83; LK-StGB/Zieschang, § 267 Rn. 251.

1325 BGHSt 38, 345; BGH, NStZ 1999, 619 (620); MüKoStGB/Erb, § 267 Rn. 201.

1326 BGHSt 2, 50; 5, 149; 33, 105 (109); Freund, JuS 1994, 125 (126); SSW-StGB/Wittig, § 267 Rn. 83.

1327 BGH, NStZ 1999, 619 (620); Schönke/Schröder/Heine/Schuster, StGB, § 267 Rn. 87b; SSW-StGB/Wittig, § 267 Rn. 84.

1328 BayObLG, NJW 1998, 2917.

1329 BGHSt 5, 291 (293); Fischer, StGB, § 267 Rn. 45; Schönke/Schröder/Heine/Schuster, StGB, § 267 Rn. 94.

1330 SSW-StGB/Wittig, § 274 Rn. 5.

Urkunden geschützt.[1331] Wie bereits dargestellt, handelt es sich bei einem rettungsdienstlichen Einsatzprotokoll um eine Urkunde iSd § 267 Abs. 1 StGB. § 274 StGB schützt nicht das Eigentum, sondern das Recht der Beweisführung mithilfe der Urkunde. Hieraus folgt, dass die Urkunde demjenigen gehört, der das Recht hat, mit der Urkunde einen Beweis zu führen.[1332] Für eine Strafbarkeit ist demnach erforderlich, dass nicht nur das Rettungsdienstpersonal das Recht hat, mit dem Einsatzprotokoll einen Beweis zu führen.[1333] Gemäß § 810 BGB kann jedermann die Vorlage der Urkunde verlangen, der ein berechtigtes Interesse daran hat, weil die Urkunde ein Rechtsverhältnis betrifft, an dem auch er beteiligt ist, und daher die Urkunde auch in seinem Interesse erstellt wurde. Dies trifft auf den Patienten, aber auch auf die weiterbehandelnden Ärzte in der Notaufnahme zu. Mithin steht dem Rettungsdienstpersonal nicht ausschließlich das Recht zu, mit dem Einsatzprotokoll einen Beweis zu führen. Die Tathandlung des § 274 StGB besteht in der Vernichtung, Beschädigung oder Unterdrückung der Urkunde. Vernichtet ist die Urkunde, wenn ihr gedanklicher Inhalt überhaupt nicht mehr zu erkennen ist und sie daher als Beweismittel nicht mehr zur Verfügung steht. Beschädigt ist die Urkunde, wenn derart auf diese eingewirkt wird, dass die Beweisführung erschwert ist.[1334] Dies ist gegeben, wenn Teile des Inhalts beseitigt werden oder bei einer zusammengesetzten Urkunde die Verbindung zwischen der Gedankenerklärung und dem Bezugsobjekt aufgelöst wird.[1335] Unterdrücken bedeutet, dass die Urkunde demjenigen pflichtwidrig vorenthalten wird, der das Recht hat, mit diesem Schriftstück einen Beweis zu führen.[1336] Eine besondere Heimlichkeit des Vorgehens oder eine räumliche Entfernung der Urkunde ist nicht erforderlich.

Das Rettungsdienstpersonal erfüllt demnach den objektiven Tatbestand des § 274 StGB, wenn etwa das Einsatzprotokoll einem Aktenvernichter

---

1331 BGH, HRRS 2007, Nr. 1123, MüKoStGB/Freund, § 274 Rn. 4; Lackner/Kühl/Heger/Heger, StGB, § 274 Rn. 1.

1332 BGHSt 29, 192 (194); Fischer, StGB, § 274 Rn. 3; Lackner/Kühl/Heger/Heger, StGB, § 274 Rn. 2; Schönke/Schröder/Heine/Schuster, StGB, § 274 Rn. 5; LK-StGB/Zieschang, § 274 Rn. 5.

1333 SSW-StGB/Wittig, § 274 Rn. 7 mwN.

1334 OLG Düsseldorf, NJW 1983, 2341 (2342); MüKoStGB/Freund, § 274 Rn. 46; Schönke/Schröder/Heine/Schuster, StGB, § 274 Rn. 8; SSW-StGB/Wittig, § 274 Rn. 12.

1335 HK-GS/Koch, § 274 Rn. 7; NK-StGB/Puppe/Schumann, § 274 Rn. 9.

1336 OLG Düsseldorf, NStZ 1981, 25 (26); MüKoStGB/Freund, § 274 Rn. 42; SSW-StGB/Wittig, § 274 Rn. 13.

zugeführt und damit vollständig zerstört wird. Weiterhin unterdrückt das Rettungsdienstpersonal eine Urkunde, wenn sie das Einsatzprotokoll in der Notaufnahme nicht den weiterbehandelnden Ärzten beziehungsweise dem Patienten aushändigen. Denn wie bereits dargestellt dienen die Eintragungen in das Einsatzprotokoll als Beweis dafür, in welchem medizinischen Zustand sich der Patient befunden hat und welche indizierten medizinischen Maßnahmen durchgeführt wurden. Infolgedessen sind sie zum Beweis für die Richtigkeit der von einem Notfallsanitäter während der Behandlung angewandten Therapie objektiv geeignet und subjektiv bestimmt.[1337]

In subjektiver Hinsicht muss sich der Vorsatz darauf erstrecken, eine Urkunde zu vernichten, zu beschädigen oder sie demjenigen vorzuenthalten, der das Recht hat, damit etwas Rechtserhebliches zu beweisen. Für die Nachteilszufügungsabsicht genügt sicheres Wissen im Sinne von dolus directus 2. Grades. Vereinzelt wird in der Literatur vertreten, hinsichtlich der Beeinträchtigung fremder Beweisführungsrechte reiche auch Eventualvorsatz aus.[1338] Diese Ansicht ist indes abzulehnen, da sie sich bewusst und unangemessen weit vom Wortlaut der Norm entfernt.[1339] Der Begriff „Nachteil" umfasst jede Schädigung fremder Beweisführungsrechte, sodass es sich nicht um einen Vermögensnachteil handeln muss.[1340]

II. Transportscheine

Im Folgenden gilt es, Strafbarkeitsrisiken bezüglich von Transportscheinen zu betrachten.

Das nichtärztliche Rettungsdienstpersonal und vor allem niedergelassene, den Transport verordnende Ärzte sind gelegentlich unterschiedlicher Auffassung über die Indikation eines Krankentransportwagen- oder Rettungswageneinsatzes.[1341] Die Krankentransport-Richtlinien des Gemeinsamen Bundesausschusses regeln die Verordnung von Krankenbeförderungen. Ein Transportschein soll gemäß § 1 Krankentransport-Richtlinie durch einen Arzt ausgestellt werden und dient der Abrechnung eines Rettungsmittels gegenüber der Krankenkasse bzw. dem privatversicherten Patienten.

[1337] OLG Koblenz, NJW 1995, 1624 (1625).
[1338] NK-StGB/Puppe/Schumann, § 274 Rn. 12.
[1339] OLG Hamm, NStZ 2021, 430.
[1340] BGHSt 29, 192; OLG Zweibrücken, NStZ 2000, 201 (202); Lackner/Kühl/Heger/Heger, StGB, § 274 Rn. 7.
[1341] Tries, Strafrechtliche Probleme, S. 71.

Die Entscheidung des Arztes über das Beförderungsmittel richtet sich ausschließlich nach der medizinischen Indikation, §§ 3 ff. der Krankentransport-Richtlinie. Die Indikation für den Einsatz eines Rettungsmittels ist dabei an den Umständen zum Zeitpunkt des Einsatzes zu messen. Die Durchführung von Einsätzen im Rettungsdienst setzt grundsätzlich die vorherige Verordnung einer Krankenbeförderung voraus. Diese wird vom behandelnden Vertragskassenarzt ausgestellt. Bei plötzlich eingetretenen Notfallsituationen kann die ärztliche Verordnung auch nachgeholt werden, § 2 Abs. 2 der Krankentransport-Richtlinie. Ein Transportschein ist eine Urkunde iSd § 267 StGB, da es sich um eine schriftlich festgehaltene Gedankenerklärung handelt, die zur Beweisführung im Rechtsverkehr geeignet und bestimmt ist.[1342] Das nichtärztliche Rettungsdienstpersonal macht sich daher gemäß § 267 Abs. 1, 1. Alt. StGB strafbar, wenn es einen Transportschein abschließend ausstellt oder abändert, da scheinbarer (Arzt) und tatsächlicher (Rettungsdienstpersonal) Aussteller der Verordnung in diesem Fall auseinanderfallen.
Weiterhin macht sich das Rettungsdienstpersonal gemäß § 274 StGB strafbar, wenn es den Transportschein nicht zur Abrechnung weitergibt, beispielsweise um dem eigenen Arbeitgeber die Möglichkeit der Abrechnung zu nehmen und ihn hierdurch zu schädigen. In diesem Fall wird eine Urkunde unterdrückt. Der Nachteil besteht darin, dass der Transport respektive der rettungsdienstliche Einsatz nicht abgerechnet werden kann. Weiterhin besteht die Möglichkeit, dass sich das Rettungsdienstpersonal gemäß § 274 Abs. 1 Nr. 1 StGB strafbar macht, wenn es den Transportschein vorsätzlich vernichtet oder beschädigt.

B. Abrechnungsbetrug im Rettungsdienst

In der rettungsdienstlichen Praxis kann sich für das Rettungsdienstpersonal ein Strafbarkeitsrisiko wegen eines Abrechnungsbetruges ergeben. Stellt ein Rettungsdienstmitarbeiter selbst einen Transportschein aus und beinhaltet dieser Leistungen, die nicht indiziert waren oder gar nicht erbracht wurden, macht er sich möglicherweise des Betruges zulasten der Krankenkasse oder des privatversicherten Patienten strafbar.[1343]
Nach § 263 Abs. 1 StGB macht sich des Betruges strafbar, wer in der Absicht, sich oder einem Dritten einen rechtswidrigen Vermögensvorteil zu

---

[1342] Tries, Strafrechtliche Probleme, S. 71.
[1343] Schultz, medstra 2021, 339 (340).

verschaffen, das Vermögen eines anderen dadurch beschädigt, dass er durch Vorspiegelung falscher oder durch Entstellung oder Unterdrückung wahrer Tatsachen einen Irrtum erregt oder unterhält. Geschädigter des privatärztlichen Abrechnungsbetruges ist regelmäßig der Patient, da dieser die Rechnung zunächst aus eigenem Vermögen begleicht.[1344] Selbst wenn die private Krankenversicherung die Kosten im Anschluss erstattet, wird der einmal beim Patienten eingetretene Vermögensschaden nicht durch eine spätere Erstattung beseitigt.[1345] Einen Vermögensschaden erleidet die private Krankenversicherung nur im Einzelfall, wenn die Abrechnung direkt gegenüber dieser erfolgt oder der Patient mit dem falsch abrechnenden Arzt kollusiv zusammenwirkt.[1346] Bei gesetzlich versicherten Patienten übernimmt die gesetzliche Krankenkasse die Fahrtkosten für die Benutzung eines Krankentransport- oder Rettungswagens, §§ 60, 133 SGB V iVm der Krankentransport-Richtlinie.[1347] Dabei existieren in den Bundesländern zwei Modelle, und zwar das Gebühren- und das Vertragsmodell. Im Rahmen des Gebührenmodells[1348] erheben die Träger zur Finanzierung des Rettungsdienstes Benutzungsgebühren. Dazu erlassen die Landkreise, kreisfreien Städten oder Zweckverbänden entsprechende Satzungen.[1349] Das Land als Träger der Luftrettung regelt die Gebühren in einer Rechtsverordnung. Im Rahmen des Vertragsmodells[1350] vereinbart der Träger des Rettungsdienstes mit den Kostenträgern und ggf. mit den eingeschalteten Leistungserbringern die Entgelte für die Leistungen des Rettungsdienstes.[1351]

Die in den §§ 60, 133 SGB V verankerte Leistungspflicht der Krankenkassen für Krankentransporte und Rettungsfahrten setzt unter anderem voraus, dass der Transport des Patienten einer weiteren Krankenkassenleistung

---

[1344] Gercke/Leimenstoll/Stirner, Handbuch Medizinstrafrecht, Rn. 726; Spickhoff/Schuhr, Medizinrecht, StGB, § 263 Rn. 49.

[1345] Spickhoff/Schuhr, Medizinrecht, StGB, § 263 Rn. 38.

[1346] Gercke/Leimenstoll/Stirner, Handbuch Medizinstrafrecht, Rn. 726.

[1347] Enke/Flemming/Hündorf/Knacke/Lipp/Rupp, LPN2, S. 67; Hobusch, NZS 2023, 801 (802).

[1348] Vgl. § 17 BbgRettG, § 20 Berl RDG, § 18 HmbRDG, § 14 RettG NRW.

[1349] Vgl. hierzu nur die Gebührensatzung für die Inanspruchnahme des Rettungsdienstes der Bundesstadt Bonn vom 14.12.2018, zuletzt geändert am 18.12.2023.

[1350] Vgl. Art. 34, 36 BayRDG; § 28, 30 Abs. 2 BW RDG; § 58 BremHilfeG; § 10 HRDG; § 12 RDG M-V; § 15, 15a NRettDG; § 12 RettDG Rh.-Pf.; § 13 SRettG; § 39 RettDG LSA; § 32 SächsBRKG; § 7 SHRDG; § 20 ThürRettG.

[1351] Hobusch, NZS 2023, 801 (807).

dient und er tatsächlich durchgeführt worden ist.[1352] Danach sind die Krankenkassen nicht leistungspflichtig, wenn der Patient im Rahmen der Notfallrettung zwar am Einsatzort medizinisch versorgt, aber anschließend nicht transportiert wird, weil der Patient zu Hause bleiben möchte oder eine Weiterbehandlung im Krankenhaus nicht notwendig ist. Diese fehlende Leistungspflicht wird teilweise und in unterschiedlichen Vorgehensweisen von den Rettungsdienstträgern auf der Basis landesrechtlicher Regelungen kompensiert. Beispielsweise werden im Vertragsmodell abrechnungsfähige Entgelte für die Versorgung am Einsatzort ohne Transport zwischen dem Rettungsdienstträger und den Kostenträgern vereinbart, oder es werden im Vertrags- oder Gebührenmodell die „Leerfahrten" bei den Gesamtkosten des Rettungsdienstbereichs berücksichtigt und auf die Entgelte der abrechenbaren Leistungen umgelegt.[1353]
Übernimmt letztlich die gesetzliche Krankenversicherung die Kosten für ein Rettungsmittel, werden diese aus dem Vermögen der jeweiligen Krankenkasse beglichen,[1354] sodass bei dieser ein Vermögensschaden eintritt.

I. Täuschung

Zunächst müsste das Rettungsdienstpersonal den Sachbearbeiter der Krankenkasse oder den Patienten täuschen. „Täuschungshandlung ist jedwede Einwirkung des Täters auf die Vorstellung des Getäuschten, die geeignet und dazu bestimmt ist, beim Adressaten der Erklärung eine Fehlvorstellung über tatsächliche Umstände hervorzurufen. Sie besteht in der Vorspiegelung falscher oder in der Entstellung oder Unterdrückung wahrer Tatsachen."[1355] Welchen Erklärungswert eine konkludent abgegebene Äußerung besitzt, wird nach dem Empfängerhorizont und der Verkehrsanschauung beurteilt.[1356] Wird der Krankenkasse des Patienten ein Transportschein eingereicht, enthält die Abrechnung von Leistungen die konkludente Behauptung, die abgerechneten Leistungen seien medizinisch indiziert und kostengünstigere Methoden nicht vorhanden.[1357] Ebenso enthält sie die kon-

---

1352 Hobusch, NZS 2023, 801 (802).
1353 Hobusch, NZS 2023, 846.
1354 Vgl. SG Detmold, WzS 2020, 142.
1355 BGH, NStZ 2015, 341.
1356 BGH, NJW 2009, 2900 (2901); NStZ 2015, 341; NJW 2019, 1759.
1357 Hellmann/Herffs, Abrechnungsbetrug, Rn. 276 ff.; Schultz, medstra 2021, 339 (341).

kludente Behauptung, dass abgerechnete Leistungen auch tatsächlich erbracht wurden.[1358] Bezüglich der medizinischen Notwendigkeit des Einsatzes eines Rettungswagens oder Krankentransportwagens bedarf es einer ärztlichen Beurteilung.[1359] Werden Leistungen abgerechnet, die tatsächlich nicht oder nicht vollständig erbracht wurden, liegt hierin unstreitig eine Täuschung iSd § 263 StGB, insbesondere bei einer Abrechnung über eine Gebührenordnung.[1360] Selbiges gilt, wenn der Einsatz eines Rettungswagens nicht indiziert war, aber dennoch ein Transportschein bei der Krankenkasse eingereicht bzw. dem Patienten eine Rechnung zugesandt wird. Ferner liegt dann eine Täuschung vor, wenn ein tatsächlich durchgeführter Krankentransport als Rettungswageneinsatz abgerechnet wird, da der Einsatz von nicht qualifiziertem Personal nicht den formalen Voraussetzungen entspricht.[1361] In der Notfallrettung ist nämlich mindestens ein Rettungsassistent bzw. ein Notfallsanitäter zur Betreuung und Versorgung des Patienten einzusetzen. Darüber hinaus ist Grundlage einer rettungsdienstlichen Abrechnung auch die Verwendung eines Rettungsmittels, das den Voraussetzungen der DIN EN 1789 entspricht.[1362] Beides wird bei einem Transport mit einem Krankentransportwagen nicht erfüllt.

Das nichtärztliche Rettungsdienstpersonals übersendet Abrechnungen nicht selbst an die Krankenkasse bzw. den Patienten. Dies geschieht entweder durch den Träger des Rettungsdienstes oder den jeweiligen Leistungserbringer (= Arbeitgeber des nichtärztlichen Rettungsdienstpersonals). Übersendet der Träger des Rettungsdienstes oder der konkrete Leistungserbringer seine Abrechnung an den Kostenträger bzw. den Patienten wird auch hiermit – wahrheitswidrig – konkludent erklärt, der eingeforderte Anspruch bestehe. Diese konkludente Erklärung erfolgt zwar nicht durch das nichtärztliche Rettungsdienstpersonal, ist diesem jedoch gemäß § 25 Abs. 1, 2. Alt. StGB im Wege der mittelbaren Täterschaft zurechen-

---

[1358] BGH, NStZ 2015, 341 (342); NStZ 2015, 591 (593); OLG Hamm, NStZ 1997, 130 (131).

[1359] Krauskopf/Dettling-Kuchler, SGB V, § 60 Rn. 12.

[1360] BGH, NJW 1990, 1549 (1550); NStZ 1994, 188 (189); Ellbogen/Wichmann, MedR 2007, 10 (11); Frister/Lindemann/Peters, Arztstrafrecht, 2. Kap. Rn. 64; Volk, NJW 2000, 3385 (3386).

[1361] Magnus, NStZ 2017, 249 (252); Volk, NJW 2000, 3385 (3386).

[1362] Tries, Strafrechtliche Probleme, S. 72; vgl. die unterschiedliche Ausstattung eines Krankentransportwagens (Typ A) und eines Rettungswagens (Typ B) nach der DIN EN 1789.

bar. Voraussetzung für das Vorliegen einer mittelbaren Täterschaft ist allgemein ein für die Tatbestandsverwirklichung kausales eigenes Verhalten des Hintermanns, ein „Defizit“ des Tatmittlers sowie eine überlegene, die Handlung des Tatmittlers steuernde Stellung des Hintermanns.[1363] Das nichtärztliche Rettungsdienstpersonal, welches Leistungsnachweise in Form von Transportscheinen für tatsächlich nicht abrechenbare Leistungen an den Träger des Rettungsdienstes oder den Leistungserbringer übergibt, setzt hierdurch die Voraussetzung dafür, dass der Träger des Rettungsdienstes bzw. der Leistungserbringer die Forderung gegenüber der Krankenkasse bzw. dem Patienten geltend macht. Die verantwortlichen Mitarbeiter des Trägers des Rettungsdienstes oder der Leistungserbringer haben (in der Regel) keine Kenntnis vom Nichtbestand der Forderung. Schließlich haben sie an dem konkreten Einsatzgeschehen nicht selbst teilgenommen. Sie handeln deshalb nicht vorsätzlich iSd § 16 Abs. 1 S. 1 StGB und haben damit „Werkzeugqualität“. Sollte es sich hingegen um einen „unredlichen“ Verwaltungsmitarbeiter des Trägers des Rettungsdienstes bzw. Leistungserbringers handeln, scheidet eine mittelbare Täterschaft des Rettungsdienstpersonals mangels Werkzeugqualität der verantwortlichen Mitarbeiter aus. Die verantwortlichen Personen machen sich vielmehr ihrerseits des Betrugs strafbar, wenn sie tatsächlich nicht bestehende Forderungen gegenüber den Kostenträgern geltend machen. Das Rettungsdienstpersonal macht sich dann aber wegen versuchter mittelbarer Täterschaft strafbar.[1364] Handelt das Rettungsdienstpersonal im bewussten und gewollten Zusammenwirken mit den Verwaltungsmitarbeitern, kommt ein mittäterschaftlich begangener Betrug in Betracht.

II. Irrtum

Durch die Täuschungshandlung muss ein Irrtum eines Menschen erregt oder unterhalten werden. Bei juristischen Personen oder Personenvereinigungen ist auf die Menschen abzustellen, die für diese Konstrukte tätig sind.[1365] Werden Abrechnungen elektronisch geprüft, trifft in aller Regel die abschließende Entscheidung ein Sachbearbeiter, sodass auf den Irrtum eines Menschen abzustellen ist.[1366]

[1363] Fischer, StGB, § 25 Rn. 5.
[1364] Vgl. Viertes Kap. B.
[1365] Waßmer, Medizinstrafrecht, § 16 Rn. 36.
[1366] Frister/Lindemann/Peters, Arztstrafrecht, 2. Kap. Rn. 144.

Unter einem Irrtum ist der Widerspruch zwischen einer subjektiven Fehlvorstellung und der Wirklichkeit zu verstehen.[1367] Ein Irrtum iSv § 263 StGB liegt nach herrschender Meinung nur bei einer positiven Fehlvorstellung des Getäuschten vor, während dessen bloße Tatsachenunkenntnis (sog. ignorantia facti) für die Tatbestandsvoraussetzung nicht ausreicht.[1368] Nicht erforderlich ist allerdings, dass der Getäuschte den Aussagegehalt der konkreten Täuschung aktiv reflektiert.[1369] Die herrschende Meinung nimmt einen Irrtum vielmehr bereits beim Vorliegen eines sachgedanklichen Mitbewusstseins bzw. eines ständigen Begleitwissens des Adressaten an, das diesem ein Vorstellungsbild vermittelt, das aus seiner Sicht eine Vermögensverfügung rechtfertigt.[1370] Im Zusammenhang mit standardisierten, auf Massenerledigung angelegten Abrechnungsverfahren ist es daher nicht erforderlich, dass der jeweilige Sachbearbeiter der Krankenkasse hinsichtlich jeder einzelnen geltend gemachten Position die positive Vorstellung hatte, sie sei nach Grund und Höhe berechtigt; vielmehr genügt die stillschweigende Annahme, die ihm vorliegende Abrechnung sei insgesamt in Ordnung.[1371] Es ist für den Irrtum nicht erforderlich, dass im Einzelfall tatsächlich eine Überprüfung der Abrechnungen durchgeführt wurde.[1372] Für die Annahme eines täuschungsbedingten Irrtums ist deshalb das Vorliegen eines sachgedanklichen Mitbewusstseins des Sachbearbeiters der Krankenkasse ausreichend, das die Annahme einschloss, allen Abrechnungen hätten tatsächlich ordnungsgemäße Transportscheine zugrunde gelegen. Im Rahmen des sachgedanklichen Mitbewusstseins bedarf es weder einer Individualisierung des jeweils handelnden Mitarbeiters der Krankenkassen noch der Feststellung seiner individuellen Vorstellungen.[1373] Es ist daher stets davon auszugehen, dass die Mitarbeiter der Krankenkassen irrtümlich von dem normativ geprägten Vorstellungsbild ausgehen, es würden nur gerechtfertigte Ansprüche für tatsächlich durchgeführte und indizierte rettungsdienstliche Einsätze geltend gemacht.[1374]

[1367] Fischer, StGB, § 263 Rn. 54; SK-StGB/Hoyer, § 263 Rn. 63; Schönke-Schröder/Perron, StGB, § 263 Rn. 33.

[1368] BGH, wistra 1990, 97; wistra 1992, 141; MüKoStGB/Hefendehl, § 263 Rn. 250.

[1369] MüKoStGB/Hefendehl, § 263 Rn. 252; Schönke/Schröder/Perron, StGB, § 263 Rn. 39.

[1370] BGH, NJW 2014, 2132; OLG Hamburg, NJW 1983, 768 (769); Fischer, StGB, § 263 Rn. 62; NK-StGB/Kindhäuser/Hoven, § 263 Rn. 174.

[1371] BGH, NStZ 2015, 341 (342); Magnus, NStZ 2017, 249 (252).

[1372] BGHSt 57, 95 (100); BGH, NStZ 2007, 213 (215); NJW 2012, 1377 (1379).

[1373] BGH, NStZ 2015, 341 (342).

[1374] BGH, NStZ 2015, 341 (342).

Bei einer Abrechnung gegenüber dem Patienten erhält dieser eine Rechnung mit den aufgelisteten Leistungen, sodass eine Überprüfung vonseiten des Patienten grundsätzlich möglich ist. Für den Laien ist es jedoch nicht leicht verständlich, welche rettungsdienstlichen Leistungen indiziert waren.[1375] Entsteht durch die Abrechnung eine unrichtige, der Wirklichkeit nicht entsprechende Vorstellung von der Indikation eines bestimmten Rettungsmittels, unterliegt der Patient einem Irrtum. Wurde eine Leistung gar nicht erbracht, dem Patienten aber dennoch in Rechnung gestellt, wird der Patient hingegen wohl keinem Irrtum unterliegen, denn er wird den Abrechnungsfehler erkennen und die Abrechnung beanstanden.
Hier kommt allerdings eine Versuchsstrafbarkeit in Betracht. Beim Versuch muss der Täter den subjektiven Tatbestand[1376] im Sinne eines sogenannten Tatentschlusses erfüllen und dieser Vorstellung entsprechend zur Vornahme der Täuschung unmittelbar angesetzt haben.[1377] Mithin erfüllt das Rettungsdienstpersonal die Versuchsstrafbarkeit bereits bei Übermittlung des unrichtigen Transportscheines zur Abrechnung, wenn ihr Handeln darauf gerichtet ist, den Adressaten unmittelbar zur schädigenden Verfügung zu veranlassen.[1378] Die Herstellung eines falschen Transportscheins, mittels dessen später getäuscht werden soll, genügt aber nicht.[1379]

III. Vermögensverfügung

Unter einer Vermögensverfügung ist jedes Handeln, Dulden oder Unterlassen des Getäuschten zu verstehen, das unmittelbar eine Vermögensminderung im wirtschaftlichen Sinne bei dem Getäuschten selbst oder einer dritten Person herbeiführt.[1380] Es handelt sich um ein ungeschriebenes Tatbestandsmerkmal, das Irrtum und Vermögensschaden miteinander verbindet und dadurch den Betrug als Selbstschädigungsdelikt vom Diebstahl als Fremdschädigungsdelikt abgrenzt.[1381] Die Vermögensminderung bei dem

[1375] Magnus, NStZ 2017, 249.
[1376] Siehe Fünftes Kap. B. V.
[1377] MüKoStGB/Hefendehl, § 263 Rn. 1176; Schönke/Schröder/Perron, StGB, § 263 Rn. 179; Spickhoff/Schuhr, Medizinrecht, StGB, § 263 Rn. 67.
[1378] BGHSt 37, 294 (296 ff.); BGH, NStZ 2011, 400 (401); MüKoStGB/Hefendehl, § 263 Rn. 1176; Spickhoff/Schuhr, Medizinrecht, StGB, § 263 Rn. 67.
[1379] BGHSt 40, 299 (302); Spickhoff/Schuhr, Medizinrecht, StGB, § 263 Rn. 67.
[1380] BGHSt 14, 170 (171); Schönke/Schröder/Perron, StGB, § 263 Rn. 55; Spickhoff/Schuhr, Medizinrecht, StGB, § 263 Rn. 29.
[1381] BGHSt 17, 206 (209); 41, 198; Fischer, StGB, § 263 Rn. 70; Lackner/Kühl/Heger/Heger, StGB, § 263 Rn. 21, 25.

Geschädigten muss unmittelbar durch die Vermögensverfügung eintreten.[1382] Getäuschte und verfügende Person müssen identisch sein.[1383] Wird die Verfügung in einem arbeitsteiligen Unternehmen von einem in eine Hierarchie eingebundenen Mitarbeiter getroffen, der die Befugnis von seinem Vorgesetzten ableitet, ist allein auf die Vorstellung des Vorgesetzten abzustellen.[1384] Kennt dieser den wahren Sachverhalt, ist der Betrugstatbestand nicht verwirklicht.[1385] Bei mehraktigen Entscheidungen, bei denen Anordnung und Ausführung der Vermögensverfügung durch verschiedene Personen erfolgt, liegt eine irrtumsbedingte Vermögensverfügung nur dann vor, wenn die finale Entscheidung auf einem Irrtum beruht und diese später Eingang in die Verfügung findet, ohne dass sich die verfügende Person tatsächlich selbst irren muss.[1386]

Nicht erforderlich ist hingegen die Personenidentität zwischen dem Verfügenden und dem Geschädigten.[1387] Vielmehr ist der Betrugstatbestand auch dann verwirklicht, wenn die Vermögensverfügung nicht vom Vermögensinhaber getroffen wurde, diesem aber zuzurechnen ist (sog. Dreiecksbetrug). Umstritten ist, welche Kriterien für eine Zurechenbarkeit anzulegen sind. Nach der (engen) Befugnistheorie[1388] ist entscheidend, ob der Verfügende gesetzlich oder rechtsgeschäftlich zur Verfügung ermächtigt wurde. Da die Anknüpfung an rechtliche Befugnisse im Hinblick auf den weiten wirtschaftlichen Vermögensbegriff zu eng erscheint, folgt die herrschende Meinung[1389] der (weiten) Lagertheorie, wonach der Verfügende zum Zeitpunkt der Täuschung in einem normativen Näheverhältnis zum geschädigten Vermögensinhaber zu stehen hat, wofür der Geschädigte ihm zumindest faktisch den Zugriff auf sein Vermögen ermöglicht haben muss. Die Verfügung des Sachbearbeiters einer geschädigten Krankenkasse bzw. ei-

---

1382 BGHSt 14, 170 (171); MüKoStGB/Hefendehl, § 263 Rn. 295; NK-StGB/Kindhäuser/Hoven, § 263 Rn. 201; Spickhoff/Schuhr, Medizinrecht, StGB, § 263 Rn. 29.

1383 Schönke/Schröder/Perron, StGB, § 263 Rn. 65; Spickhoff/Schuhr, Medizinrecht, StGB, § 263 Rn. 31.

1384 BGH, NStZ 2006, 623 (624).

1385 BGH, NStZ 2006, 623 (624); LK-StGB/Tiedemann, § 263 Rn. 82 mwN.

1386 Schuhr, ZStW 123, 517 (534 ff., 547).

1387 Fischer, StGB, § 263 Rn. 79, 80.

1388 MüKoStGB/Hefendehl, § 263 Rn. 465 ff.

1389 BGHSt 18, 221 (223 f.); BGH, NStZ 2008, 339; NK-StGB/Kindhäuser/Hoven, § 263 Rn. 213; Schönke/Schröder/Perron, StGB, § 263 Rn. 66; Spickhoff/Schuhr, Medizinrecht, StGB, § 263 Rn. 31; LK-StGB/Tiedemann, § 263 Rn. 114 ff.

nes geschädigten Krankenversicherers ist bereits nach der (engen) Befugnistheorie der Krankenkasse bzw. dem Krankenversicherer zuzurechnen.[1390]
Mit der irrtumsbedingten Vornahme der Zahlung auf die Abrechnung des rettungsdienstlichen Einsatzes erfolgt eine Vermögensverfügung der gesetzlichen Krankenkasse.[1391] Da zwischen den Sachbearbeitern und der geschädigten Krankenversicherung keine Personenidentität besteht, handelt es sich um Fälle des Dreiecksbetrugs. Beim privatversicherten Patienten liegt die Vermögensverfügung in der Begleichung des Rechnungsbetrags durch den Patienten, sodass hier kein Dreiecksbetrug vorliegt.

IV. Vermögensschaden

Es ist der Frage nachzugehen, ob die Krankenkasse oder der Patient durch die Vermögensverfügung einen Vermögensschaden erleidet. Ein solcher ist anzunehmen, wenn die durch die Vermögensverfügung erfolgte Vermögensminderung nicht durch den Erhalt eines Äquivalents in vollem Umfang kompensiert wird.[1392]
Versagt die Rechtsordnung einer Leistung die Abrechenbarkeit, weil etwa die für die Abrechenbarkeit vorgesehene Qualifikations- oder Leistungsmerkmale nicht erfüllt sind, kann ihr nach der Rechtsprechung[1393] und einem Teil der Lehre[1394] kein für die Beurteilung des Schadens maßgeblicher wirtschaftlicher Gegenwert zugesprochen werden. Führe die (nicht) erbrachte Leistung mangels Abrechenbarkeit nicht zum Entstehen eines Zahlungsanspruchs finde eine saldierende Kompensation nicht statt.[1395] Dies sei zu bejahen, wenn Leistungen abgerechnet werden, die nicht in dem angegebenen Umfang oder nicht vollständig erbracht wurden.[1396] Gleiches gilt, wenn die Abrechnung zu einem überhöhten Gebührensatz erfolge.[1397]
Der Schaden besteht demnach aus den insgesamt abgerechneten Kosten des Rettungsmittels, wenn überhaupt gar kein Rettungsmittel indiziert war

---

[1390] Waßmer, Medizinstrafrecht, § 16 Rn. 44.
[1391] BGH, MedR 2015, 879 (890).
[1392] BGH, NStZ 1997, 32; NJW 2021, 90 (93); Hoven/Hahn, JA 2020, 481 (487).
[1393] BGH, NStZ 1993, 388 f.; NJW 1995, 85 (86); NJW 2012, 1377 (1383); NJW 2012, 3665 (3668); NStZ-RR 2017, 313 (314); NStZ 2021, 90 (94 f.).
[1394] Spickhoff/Schuhr, Medizinrecht, StGB, § 263 Rn. 44 mwN.
[1395] BGH, NJW 2012, 1377 (1383).
[1396] BGH, NStZ 1990, 197.
[1397] Spickhoff/Schuhr, Medizinrecht, StGB, § 263 Rn. 43.

oder ein Transport des Patienten nicht durchgeführt wurde, aber auch wenn statt eines indizierten Krankentransportwagens ein Rettungswagen mittels des Transportscheines abgerechnet wird. Eine Saldierung mit den Gebühren für einen indizierten Krankentransportwagen findet nicht statt. Es ist dabei unerheblich, dass bei einigen Einsätzen mit Krankentransportwagen der Personal- und Materialeinsatz weit über dem eines gewöhnlichen Rettungswageneinsatzes liegen kann.
Die herrschende Lehre[1398] lässt hingegen eine Saldierung zu, da die erbrachte Leistung werthaltig war. Hiernach bestünde der Vermögensschaden in der Differenz der Gebühren für das jeweilige Rettungsmittel.[1399] Dies wird überzeugend damit begründet, dass die Anknüpfung an Vorschriften, die sozialrechtliche Zwecke verfolgen, eine „Rechtsgutsvertauschung" bewirkt.[1400] Selbst wenn aus sozialrechtlicher Sicht die Einhaltung der formellen Voraussetzungen „in erster Linie der Wirtschaftlichkeit und der finanziellen Stabilität der gesetzlichen Kranken- und Pflegeversicherung (dient), welche einen überragend wichtigen Gemeinwohlbelang darstellen",[1401] schützt der Betrugstatbestand nicht das System und die Leistungsfähigkeit des Gesundheitssystems, sondern dient allein dem Vermögensschutz.[1402] Der Schadensbegriff ist deshalb primär vermögensrechtlich und nicht sozialrechtlich auszulegen.[1403] Mithin findet bei erbrachter Teilleistung eine Saldierung statt. In den Fällen, in denen der Patient gar keine Leistung erhalten hat, kommen beide Ansichten zum selben Ergebnis.

[1398] Gercke/Leimenstoll/Stirner, Handbuch Medizinstrafrecht, Rn. 853; Herffs, wistra 2004, 281 (286 ff.); Kraatz, Arztstrafrecht, Rn. 295; MAH-MedR/Sommer/Tsambikakis, § 3 Rn. 140 f.; Volk, NJW 2000, 3385 (3387 ff.); Waßmer, Medizinstrafrecht, § 16 Rn. 49.
[1399] Vgl. Gebührensatzung für die Inanspruchnahme des Rettungsdienstes der Bundesstadt Bonn vom 14.12.2018, zuletzt geändert am 18.12.2023, S. 4 f.: Bei der Inanspruchnahme eines Krankentransportwagens mit Transport eines Patienten von der Abholstelle bis zum Ziel entsteht in der Bundesstadt Bonn eine Gebühr in Höhe von 324,05 Euro. Bei der Inanspruchnahme eines Rettungswagens mit Versorgung und Transport eines Patienten von der Notfallstelle bis zum Ziel entsteht wiederum eine Gebühr in Höhe von 628,98 Euro. Der Schaden würde demnach 304,93 Euro betragen.
[1400] Waßmer, Medizinstrafrecht, § 16 Rn. 49.
[1401] BVerfG, NJW 2014, 2340 (2341).
[1402] Waßmer, Medizinstrafrecht, § 16 Rn. 49.
[1403] Magnus, NStZ 2017, 249 (253) mwN.

V. Subjektiver Tatbestand

In subjektiver Hinsicht muss das Rettungsdienstpersonal vorsätzlich hinsichtlich aller objektiven Tatbestandsmerkmale handeln, wobei dolus eventualis genügt.[1404] Das Rettungsdienstpersonal muss die Unwahrheit der behaupteten Tatsache sowie die wesentlichen schadensbegründenden Umstände wenigstens für möglich halten und billigend in Kauf nehmen.[1405] Weiterhin muss mit der Absicht gehandelt werden, sich oder einem Dritten einen rechtswidrigen Vermögensvorteil zu verschaffen.[1406] Voraussetzung ist, dass der Rettungsdienstmitarbeiter die schadensbegründenden Umstände kannte und in der Annahme gehandelt hat, eine Zahlung in der geltend gemachten Höhe beanspruchen zu können.[1407] Vorliegend wird es nicht um die eigene Bereicherung gehen, sondern um die Bereicherung des eigenen Arbeitgebers bzw. des Trägers des Rettungsdienstes, da es dem nichtärztlichen Personal darauf ankommt, diesem den Vermögensvorteil zu verschaffen. Der Vorteil muss rechtswidrig sein, wobei die Rechtswidrigkeit vom Vorsatz umfasst sein muss.[1408] Dies bedeutet, dass kein wirksamer, fälliger und einredefreier Anspruch auf den erlangten Vermögensvorteil besteht.[1409] Einredefrei ist der Anspruch dann, wenn er frei von jeglichen Einwendungen und Einreden ist und keine Gestaltungsrechte wie Anfechtung, Rücktritt, Kündigung, Minderung oder Widerruf geltend gemacht werden können.[1410]

Geht das Rettungsdienstpersonal irrtümlich davon aus, dass ein solcher Anspruch besteht, liegt ein Tatbestandsirrtum nach § 16 StGB vor, der eine

---

[1404] Fischer, StGB, § 263 Rn. 180; MüKoStGB/Hefendehl, § 263 Rn. 1091; Lackner/Kühl/Heger/Heger, StGB, § 263 Rn. 57.

[1405] Fischer, StGB, § 263 Rn. 180 f.; Frister/Lindemann/Peters, Arztstrafrecht, 2. Kap Rn. 193; Gercke/Leimenstoll/Stirner, Handbuch Medizinstrafrecht, Rn. 890; Schönke/Schröder/Perron, StGB, § 263 Rn. 165.

[1406] Fischer, StGB, § 263 Rn. 186; MüKoStGB/Hefendehl, § 263 Rn. 1147; Lackner/Kühl/Heger/Heger, StGB, § 263 Rn. 58.

[1407] BGH, wistra 1988, 188; MedR 1992, 36; NJW 2012, 1377 (1384); Magnus, NStZ 2017, 249 (250).

[1408] BGHSt 4, 105; BGH, NJW 1997, 750 (751); NJW 2003, 3283 (3285); NStZ 2003, 663 (664).

[1409] BGHSt 3, 160 (162); BGH, NJW 1964, 824 (827); NStZ-RR 2009, 17 (18); Fischer, StGB, § 263 Rn. 191; MüKoStGB/Hefendehl, § 263 Rn. 1157 f.; Lackner/Kühl/Heger/Heger, StGB, § 263 Rn. 61.

[1410] MüKoStGB/Hefendehl, § 263 Rn. 1157.

Strafbarkeit wegen Betruges ausschließt.[1411] Dies könnte der Fall sein, wenn das Rettungsdienstpersonal davon ausgeht, dass jeder Transport mit einem Rettungswagen auch als solcher abzurechnen sei, obwohl nur der Einsatz eines Krankentransportwagens indiziert gewesen wäre. Mithin die Indikation irrelevant für die Abrechnung sei. Das Rettungsdienstpersonal handelt dann nicht vorsätzlich. Sollte sich das Rettungsdienstpersonal indes dahingehend irren, dass der Transportschein die Grundlage der Abrechnung darstellt, würde es sich hierbei nur um einen vermeidbaren Verbotsirrtum handeln.[1412]

Der durch die Vermögensverfügung erstrebte Vorteil muss ferner stoffgleich mit dem eingetretenen Vermögensschaden sein.[1413] Dies bedeutet, dass er unmittelbare Folge der tatbestandlichen Vermögensverfügung und damit Kehrseite des Schadens sein muss.[1414] Der Stoffgleichheit steht die Zwischenschaltung einer Verrechnungsstelle nicht entgegen, da diese insoweit lediglich eine Botenfunktion ausübt.[1415]

C. Untreue

Es stellt sich nun die Frage, ob sich für das Rettungsdienstpersonal ein Strafbarkeitsrisiko wegen einer Untreue ergeben kann, indem rettungsdienstliche Leistungen ohne medizinische Indikation erbracht oder überhaupt nicht erbracht werden, aber gegenüber der Krankenkasse abgerechnet werden sollen.

§ 266 Abs. 1 StGB enthält mit dem Missbrauchstatbestand (Abs. 1 Var. 1) und dem Treubruchtatbestand (Abs. 1 Var. 2) zwei Begehungsformen. Nach herrschender Meinung stellt der Missbrauchstatbestand einen speziellen Unterfall des Treubruchtatbestands dar und ist deshalb ihm gegenüber als lex specialis vorrangig.[1416]

[1411] BGHSt 4, 105 (106 f.); MüKoStGB/Hefendehl, § 263 Rn. 1170; Spickhoff/Schuhr, Medizinrecht, StGB, § 263 Rn. 66.

[1412] Beck, ZJS 2013, 156 (160).

[1413] Lackner/Kühl/Heger/Heger, StGB, § 263 Rn. 59 mwN.

[1414] BGHSt 6, 115 (116); 34, 379 (391); BGH, NStZ 2003, 264; NStZ 2024, 41 (42); Fischer, StGB, § 263 Rn. 187; Jäger, JuS 2010, 761 (765 f.); Spickhoff/Schuhr, Medizinrecht, StGB, § 263 Rn. 64.

[1415] BGH, wistra 2015, 231.

[1416] BGHSt 50, 331 (342); Lackner/Kühl/Heger/Heger, StGB, § 266 Rn. 21; NK-MedizinStR/Magnus, § 266 Rn. 7.

Beim Missbrauchstatbestand überschreitet der Täter durch ein (im Außenverhältnis) im Rahmen seines rechtlichen Könnens wirksam eingegangenes Rechtsgeschäft (im Innenverhältnis) sein rechtliches Dürfen.[1417] Besteht für das betreffende Vermögen keine rechtliche Verfügungsbefugnis, kann nur der Treuebruchtatbestand vorliegen. Er gelangt zur Anwendung, wenn der Treupflichtige durch ein Verhalten in seinem Aufgabenkreis das im Innenverhältnis festgelegte Dürfen überschreitet.[1418] Das Verhalten kann in jedem pflichtwidrigen Tun oder Unterlassen bestehen.[1419] Der Treubruchtatbestand setzt eine vermögensrelevante Handlung voraus, durch welche der Täter die „Pflicht, fremde Vermögensinteressen wahrzunehmen, verletzt".[1420] Die rechtsgeschäftliche oder tatsächliche Pflichtverletzung knüpft an „außerstrafrechtliche Normkomplexe und Wertungen an, die das Verhältnis zwischen dem Vermögensinhaber und dem Vermögensverwalter im Einzelnen gestalten und so erst den Inhalt der – strafbewehrten – Pflicht und die Maßstäbe für deren Verletzung festlegen".[1421] Eine Pflichtverletzung liegt demnach nur vor, wenn die verletzten Normen (auch) vermögenschützenden Charakter haben.[1422] Der Treubruchtatbestand erfasst jedoch nur Fälle deutlicher, evidenter Pflichtverletzungen.[1423] Die jüngere Rechtsprechung bejaht eine Pflichtverletzung nur, wenn sie gravierend ist.[1424]

Täter einer Untreue kann nur sein, wem eine „qualifizierte" Vermögensbetreuungspflicht obliegt.[1425] Dies setzt „eine durch Eigenverantwortlichkeit geprägte, als Hauptpflicht geschuldete Geschäftsbesorgung in einer wirtschaftlich nicht ganz unbedeutenden Angelegenheit" voraus.[1426] Die Treuepflicht „wird begründet durch Überantwortung einer Schutzfunktion für das Vermögen des Treugebers und erweist sich deshalb als Sonderpflicht zu dessen Schutz".[1427] Resultieren kann die herausgehobene Pflicht aus

[1417] BGHSt 5, 61 (63).
[1418] BGHSt 8, 254 (257 f.); 24, 386 (387).
[1419] Lackner/Kühl/Heger/Heger, StGB, § 266 Rn. 2; Waßmer, Medizinstrafrecht, § 17 Rn. 12.
[1420] NK-MedizinStR/Magnus, § 266 Rn. 16 mwN.
[1421] BVerfG, NJW 2010, 3209 (3213); BGH, NJW 2021, 1473 (1475).
[1422] BGHSt 55, 288 (300); 56, 203 (211).
[1423] Schünemann, NStZ 2005, 473 (475).
[1424] BGH, NJW 2002, 1211 (1213 f.); NJW 2002, 1585 (1587); NStZ 2006, 221 (222); NJW 2011, 1747 (1749); NJW 2016, 2585 (2592).
[1425] BGH, wistra 1999, 420 (423); Waßmer, Medizinstrafrecht, § 17 Rn. 5.
[1426] BGH, NStZ 2022, 109 (110).
[1427] BGH, NStZ 2022, 109 (110).

Gesetz, behördlichen Auftrag, Rechtsgeschäft oder auch nur aus einem (faktischen) Treueverhältnis, § 266 Abs. 1 StGB. Die Vermögensbetreuungspflicht ist nach Rechtsprechung und herrschender Meinung sowohl für den Missbrauchs- als auch den Treubruchtatbestand erforderlich.[1428]
Dabei entscheidet die Rechtsprechung im Wege einer Gesamtbetrachtung, ob dem Täter die Wahrnehmung von Vermögensinteressen zukommt. Von maßgeblicher Bedeutung ist dabei an erster Stelle, ob die fremdnützige Vermögensfürsorge den Hauptgegenstand der Rechtsbeziehung bildet, die Vermögensbetreuungspflicht mithin als Hauptpflicht der Rechtsbeziehung einzuordnen ist.[1429] Dem Täter muss die „Vermögensbetreuung als Hauptpflicht, also als zumindest mitbestimmende und nicht nur beiläufige Verpflichtung“ obliegen.[1430] Die Rechtsprechung verlangt für eine Hauptpflicht indes keine exklusive, den Aufgabenbereich des Täters ausschließlich oder an erster Stelle bestimmende Pflicht.[1431] Es muss sich nicht um die einzige oder wichtigste Pflicht handeln, damit eine Hauptpflicht vorliegt.[1432] Ausschlaggebend ist vielmehr deren über eine unter- oder nachgeordnete Pflicht hinausgehende Bedeutung, welche sie zu einer der Hauptpflichten, also einer zumindest mitbestimmenden Verpflichtung erhebt.[1433]
Die Behandlung des Patienten muss im Rahmen der gesetzlichen Krankenversicherung dem Wirtschaftlichkeitsgebot (§§ 12 Abs. 1 S. 2, 70 Abs. 1 S. 2 SGB V) entsprechen.[1434] Das Wirtschaftlichkeitsgebot gilt als allgemeiner Grundsatz für sämtliche Leistungen im Rahmen der gesetzlichen Krankenversicherung.[1435] Die Rechtsprechung erhebt das Wirtschaftlichkeitsgebot zur maßgeblichen Grundlage der Treuepflicht iSd § 266 StGB.[1436] Im Wirtschaftlichkeitsgebot komme deshalb die Vermögensbetreuungspflicht des Vertragsarztes iSd § 266 StGB zum Ausdruck, „die

---

[1428] BGHSt 1, 186 (188); BGH, NStZ 2013, 40; NJW 2016, 3253; Fischer, StGB, § 266 Rn. 6a; NK-MedizinStR/Magnus, § 266 Rn. 25.
[1429] BGHSt 1, 186 (188 f.); Ulsenheimer, MedR 2005, 622 (625).
[1430] BGH, NZWiSt 2013, 468 (469); NJW 2015, 1618 (1619); NJW 2016, 2585 (2590); NJW 2016, 3253; NK-MedizinStR/Magnus, § 266 Rn. 27.
[1431] BGH, NJW 2016, 3253; Spickhoff/Schuhr, Medizinrecht, StGB, § 266 Rn. 10.
[1432] OLG Hamm, NStZ 2010, 334 (335); Bülte, NZWiSt 2013, 346 (349).
[1433] BGH, NJW 2013, 1615; NJW 2015, 1618 (1619); NJW 2016, 2585 (2590); vgl. auch Bülte, NZWiSt 2013, 346 (349 f.).
[1434] BGH, NJW 2016, 3253 (3255).
[1435] BVerfG, NJW 2006, 891 ff.
[1436] BGH, NJW 2016, 3253 (3255); Hoven, NJW 2016, 3213 (3214).

ihm zumindest gebietet, Heilmittel nicht ohne jegliche medizinische Indikation in der Kenntnis zu verordnen, dass die verordneten Leistungen nicht erbracht, aber gegenüber den Krankenkassen abgerechnet werden sollen".[1437] Dabei genügt es, dass das Wirtschaftlichkeitsgebot „mittelbar vermögensschützenden Charakter" habe.[1438] Dic Verpflichtung, dem Gebot der Wirtschaftlichkeit zu folgen, stelle eine gesetzliche Hauptpflicht des Vertragsarztes im Verhältnis zur Krankenkasse dar. Das Wirtschaftlichkeitsgebot begrenzt die Leistungspflicht der Krankenkassen und das Leistungsrecht der Leistungserbringer, zu denen neben den Vertragsärzten aber auch alle weiteren Leistungserbringer des Gesundheitssystems zählen.[1439] Das Wirtschaftlichkeitsgebot ist daher nicht auf Vertragsärzte beschränkt, sondern trifft Apotheker, Pflegedienste und sonstige Heilberufe gleichermaßen. Es ist die „Grundlage für das notwendigerweise auch auf Vertrauen gestützte Abrechnungssystem".[1440] Die Wahrung des Wirtschaftlichkeitsgebotes diene dem Schutz von Stabilität und Funktionsfähigkeit der gesetzlichen Krankenversicherung.[1441] Entsprechend dürfte auch die Pflicht des Notfallsanitäters zur Patientenversorgung vor dem Hintergrund einer Verantwortlichkeit für die Gemeinschaft der gesetzlich Versicherten zu sehen sein. Mithin dürfte das Wirtschaftlichkeitsgebot nach Auffassung der Rechtsprechung auch das nichtärztliche Rettungsdienstpersonal erfassen. Schließlich kommt dem nichtärztlichen Rettungsdienstpersonal aufgrund der Berechtigung und Verpflichtung zur Durchführung rettungsdienstlicher Maßnahmen im Hinblick auf die Gabe von Medikamenten und Durchführung von Heilbehandlungen ein erheblicher Einfluss auf die Kostenbelastung für die gesetzlichen Krankenkassen zu. Das Wirtschaftlichkeitsgebot beschränkt nämlich die Ansprüche der gesetzlich versicherten Patienten, indem sie keinen Anspruch auf Finanzierung von nicht medizinisch indizierten, unzweckmäßigen und mehr als ausreichenden Leistungen haben.[1442] Es dient der bestmöglichen Nutzung der vorhandenen Ressourcen[1443] und insbesondere dem Schutz der beitragspflichtigen Versicherten

[1437] BGH, NStZ 2017, 32 (33).
[1438] BGH, NJW 2016, 3253.
[1439] NK-MedizinStR/Magnus, § 266 Rn. 40.
[1440] BGH, NJW 2016, 3253 (3255).
[1441] BVerfG, Beschl. v. 28.08.2007 – 1 BvR 1098/07, BeckRS 2010, 91718; BGH, NJW 2016, 3253 (3255); NK-MedizinStR/Magnus, § 266 Rn. 40.
[1442] Leimenstoll, wistra 2013, 121 (124).
[1443] BGH, NJW 2016, 3253 (3255).

vor einer Unverhältnismäßigkeit von Beitrag und Leistung,[1444] was auch dadurch gewährleistet wird, dass die gesetzliche Krankenversicherung den Versicherten Leistungen nur unter Beachtung des Wirtschaftlichkeitsgebots zur Verfügung stellt.[1445]

Eine Vermögensbetreuungspflicht erfordert aber weiter, dass bei der Besorgung des fremden Geschäfts der Verpflichtete zum selbstständigen und eigenverantwortlichem Handeln innerhalb eines gewissen Ermessensspielraums berufen sein muss.[1446] Daran mangelt es, wenn die zu erfüllenden Pflichten in allen Einzelheiten vorgegeben sind und eine Dispositionsbefugnis nicht besteht.[1447] Entscheidend ist, ob dem Verpflichteten bei der Wahrnehmung der fremden Vermögensinteressen „ein gewisser Spielraum, eine gewisse Bewegungsfreiheit oder Selbstständigkeit, mit anderen Worten die Möglichkeit zur verantwortlichen Entscheidung innerhalb eines gewissen Ermessensspielraums verbleibt".[1448] Die dem Täter übertragene Tätigkeit darf also nicht durch ins Einzelne gehende Weisungen vorgezeichnet sein.[1449] Sie muss ihm vielmehr Raum für eigenverantwortliche Entscheidungen und eine gewisse Selbstständigkeit belassen.[1450]

Hiernach haben Notfallsanitäter die für eine Vermögensbetreuungspflicht erforderliche Eigenständigkeit in ihrer rettungsdienstlichen Tätigkeit nicht. Notfallsanitäter verfügen bei der Auswahl des medizinisch Notwendigen nicht über einen Beurteilungsspielraum. Vielmehr sind die medizinischen Entscheidungen durch die Standardarbeitsanweisungen und Behandlungspfade im Rettungsdienst präzise formuliert, sodass sie keinen Bewertungsspielraum für Notfallsanitäter vorsehen. Notfallsanitäter ermitteln lediglich die Vitalparameter und Symptome des Patienten und ordnen diese einem Algorithmus zu, dem sie dann folgen. Sie entscheiden letztlich nicht über den Umfang der den gesetzlich versicherten Patienten zu gewähren-

---

[1444] BVerfG, NJW 2006, 891 (892).

[1445] BVerfG, NJW 2006, 891 (893).

[1446] Spickhoff/Schuhr, Medizinrecht, StGB, § 266 Rn. 15.

[1447] BGH, NStZ 1982, 201; NStZ 1983, 455; StV 1987, 535.

[1448] BVerfG, NJW 2010, 3209 (3215); BGHSt 1, 186 (188 f.); 3, 289 (294); 4, 170 (172); 13, 315 (317); MüKoStGB/Dierlamm/Becker, § 266 Rn. 41, 54; NK-MedizinStR/Magnus, § 266 Rn. 29.

[1449] BGH, NJW 2016, 2585 (2591); NJW 2016, 3253.

[1450] BGH, NJW 2016, 2585 (2591); NJW 2016, 3253; NK-MedizinStR/Magnus, § 266 Rn. 29.

den Gesundheitsleistungen. Die Entscheidung über die Therapie und darüber, welche medizinischen Maßnahmen durchgeführt werden sollen, obliegt vielmehr dem Ärztlichen Leiter Rettungsdienst.[1451]
Im Ergebnis dürfte das nichtärztliche Rettungsdienstpersonal nach Ansicht der Rechtsprechung zwar dem Wirtschaftlichkeitsgebot unterfallen, wodurch eine Treuepflicht iSd § 266 StGB gegenüber der Krankenkasse begründet werden kann. Allerdings fehlt es Notfallsanitätern an der erforderlichen Eigenständigkeit bei der rettungsdienstlichen Patientenversorgung, weshalb letztlich keine Vermögensbetreuungspflicht gegenüber der gesetzlichen Krankenversicherung besteht.
Aus diesem Grund scheidet auch eine mittäterschaftliche Begehung des nichtärztlichen Personals – auch bei bewusstem und gewolltem Zusammenwirken mit einem Vertragsarzt – aus. Denn als Täter bzw. Mittäter einer Untreue kommt nur derjenige in Betracht, den die Vermögensbetreuungspflicht selbst trifft.[1452] Die Vermögensbetreuungspflicht stellt ein besonderes persönliches Merkmal iSd § 28 Abs. 1 StGB dar.[1453] Beteiligte, die dieses Merkmal nicht aufweisen, können daher nur Gehilfen und Anstifter sein.[1454] Das nichtärztliche Rettungsdienstpersonal kann sich daher wegen Anstiftung bzw. Beihilfe zur Untreue strafbar machen, wenn sie von einem Vertragsarzt die Verordnung von rettungsdienstlichen Leistungen verlangen, die gegen das Wirtschaftlichkeitsgebot verstoßen und der Arzt diese Leistungen zum Nachteil der Krankenkasse bewirkt.[1455]

D. Zur Strafbarkeit wegen Verstoßes gegen die Schweigepflicht

Im Folgenden wird untersucht, inwieweit sich das Rettungsdienstpersonal einem Strafbarkeitsrisiko wegen Verletzung von Privatgeheimnissen aussetzt.
Gemäß § 203 Abs. 1 Nr. 1 StGB ist es nicht erlaubt, unbefugt ein Geheimnis zu offenbaren, das einem Arzt, Zahnarzt, Tierarzt, Apotheker oder Angehörigen eines anderen Heilberufs, der für die Berufsausübung oder die

---

[1451] Vgl. Zweites Kap. G. I.
[1452] Spickhoff/Schuhr, Medizinrecht, StGB, § 266 Rn. 75.
[1453] BGH, wistra 1988, 305 (306); BGH, NStZ 1997, 281; MüKoStGB/Dierlamm/Becker, § 266 Rn. 321.
[1454] BGHSt 9, 203 (217); NK-MedizinStR/Magnus, § 266 Rn. 142.
[1455] Vgl. zu den Voraussetzungen von Anstiftung und Beihilfe im Einzelnen Viertes Kap. C.

Führung der Berufsbezeichnung eine staatlich geregelte Ausbildung erfordert, anvertraut worden oder sonst bekannt geworden ist. Notärzte fallen unter die ausdrücklich genannte Gruppe der Ärzte und gehören somit zum Kreis der potenziellen Täter. Der Beruf des Notfallsanitäters und des Rettungsassistenten erfordert – entgegen dem des Rettungssanitäters – eine staatlich geregelte Ausbildung und ist als Berufsbezeichnung geschützt.[1456] Notfallsanitäter und Rettungsassistenten sind demnach Geheimnisträger iSv § 203 StGB und können sich nach dieser Vorschrift strafbar machen.[1457] Rettungssanitäter zählen hingegen nicht zu den in § 203 Abs. 1 Nr. 1 StGB genannten Personen. Allerdings stehen den Personen des § 203 Abs. 1 StGB „ihre berufsmäßig tätigen Gehilfen" gleich, § 203 Abs. 3 S. 2 StGB. Aus diesem Grund können sich auch diejenigen nach § 203 StGB strafbar machen, die die zuvor genannten Personen bei deren beruflicher Tätigkeit in einer Weise unterstützen, die die Kenntnis von Privatgeheimnissen mit sich bringt.[1458] Bei rettungsdienstlichen Einsätzen, die ohne einen anwesenden Notarzt durchgeführt werden, wird das Rettungsdienstpersonal als Hilfsperson des einweisenden oder aufnehmenden Arztes tätig.[1459] Hierunter fallen neben Notfallsanitätern und Rettungsassistenten auch Rettungssanitäter, sodass sich das gesamte Rettungsdienstpersonal – unabhängig von der Qualifikation – nach § 203 StGB strafbar machen kann.

I. Verletzung von Privatgeheimnissen

§ 203 StGB stellt die unbefugte Verletzung von Privatgeheimnissen unter Strafe. Die Vorschrift schützt nach überwiegender Auffassung in Rechtsprechung und Schrifttum vorrangig die Geheim- und Individualsphäre des Einzelnen, die im verfassungsrechtlich geschützten allgemeinen Persönlichkeitsrecht (Art. 2 Abs. 1 iVm Art. 1 Abs. 1 GG) verankert ist und im Recht auf informationelle Selbstbestimmung ihren Ausdruck findet.[1460] Das Bundesverfassungsgericht leitet aus den genannten verfassungsrechtlichen Bestimmungen eine Befugnis des Einzelnen her, grundsätzlich

---

[1456] Vgl. § 1 Abs. 1, 5 NotSanG, § 1 Abs. 1, 4 RettAssG.

[1457] Dittrich, medstra 2021, 151 (153); Schönke/Schröder/Eisele, StGB, § 203 Rn. 62.

[1458] Katzenmeier/Schrag-Slavu, Telemedizin im Rettungsdienst, S. 107.

[1459] Tries, Strafrechtliche Probleme, S. 175.

[1460] BVerfGE 65, 1 (43); BVerfG, NJW 1972, 1123 (1124); BGHZ 26, 349; 35, 363 (367 f.); BGH, NJW 1957, 1146 (1147); Deutsch/Spickhoff, Medizinrecht, Rn. 483; Katzenmeier, in: Laufs/Katzenmeier/Lipp, Arztrecht, Kap. IX Rn. 11.

selbst über die Preisgabe und Verwendung seiner persönlichen Daten zu bestimmen.[1461] Die Vorschrift des § 203 StGB umfasst als geschütztes Rechtsgut das Allgemeininteresse an der Verschwiegenheit der Angehörigen medizinischer Heilberufsgruppen.[1462]
Bezugspunkt der Schweigepflicht ist das Geheimnis, das dem Täter in seiner Funktion als Berufsgeheimnisträger anvertraut oder sonst bekannt geworden ist. Geheimnisse im Sinne dieser Vorschrift sind diejenigen Tatsachen, die nur einem bestimmten, abgrenzbaren Personenkreis bekannt sind und an deren Geheimhaltung derjenige, den sie betreffen, ein von seinem Standpunkt aus sachlich begründetes, verständliches Interesse hat oder bei Kenntnis haben würde.[1463] Hinsichtlich des (mutmaßlichen) Geheimhaltungswillen gilt ein rein subjektiv-individueller Maßstab ohne rechtliche, ethische oder moralische Wertung.[1464] Hierunter fallen grundsätzlich sämtliche Informationen über den Gesundheitszustand des Patienten, also die Art der Krankheit, ihr Verlauf, Anamnese, Diagnose, Therapiemaßnahmen, Prognose, psychische Auffälligkeiten sowie körperliche und geistige Mängel bzw. Besonderheiten.[1465] Der Patient kann erwarten, dass alles, was im Rahmen der Berufsausübung über die gesundheitliche Verfassung erfahren wird, geheim bleibt.[1466] Gleichermaßen fallen sämtliche Angaben über persönliche, familiäre, berufliche, wirtschaftliche und finanzielle Gegebenheiten unter den Geheimnisbegriff.[1467] Somit stellen sämtliche Informationen, die der Berufsgeheimnisträger während der Behandlung erfährt und an denen ein Geheimhaltungsinteresse besteht, ein Geheimnis dar.[1468]
Die Tatsache muss aber geheim sein. Dies ist gegeben, wenn sie lediglich einem eingeschränkten Personenkreis bekannt ist. Ist die Tatsache zur Kenntnis einer ungewissen Vielzahl von Personen gelangt oder beliebigen

---

[1461] BVerfGE 65, 1 (41 f.); 78, 84; 80, 367 (373); 84, 192 (194); Mand, MedR 2003, 393 (394).
[1462] BGH, NJW 1993, 803 (804); OLG Köln, NJW 2000, 3656 (3657); Schönke/Schröder/Eisele, StGB, § 203 Rn. 3.
[1463] OLG Köln, NJW 2000, 3656; Dittrich, medstra 2021, 151 (153); Schönke/Schröder/Eisele, StGB, § 203 Rn. 5; Fischer, StGB, § 203 Rn. 9; Langkeit, NStZ 1994, 6; Ulsenheimer, in: Laufs/Kern/Rehborn, ArztR-HdB, § 140 Rn. 1.
[1464] Fischer, StGB, § 203 Rn. 9.
[1465] Langkeit, NStZ 1994, 6; Ulsenheimer, in: Laufs/Kern/Rehborn, ArztR-HdB, § 140 Rn. 2.
[1466] BVerfG, NJW 1972, 1123 (1124).
[1467] Ulsenheimer, in: Laufs/Kern/Rehborn, ArztR-HdB, § 140 Rn. 2.
[1468] Dittrich, medstra 2021, 151 (153); Spickhoff/Knauer/Brose, Medizinrecht, StGB, § 203 Rn. 2 f.

Dritten ohne Weiteres zugänglich, steht sie außerhalb der schützenswerten und geschützten Individualsphäre des Einzelnen und gilt als offenkundig.[1469]

Die Kenntniserlangung des Geheimnisses muss in einem inneren Zusammenhang mit der Berufstätigkeit des Rettungsdienstpersonals stehen. Erforderlich – aber auch genügend – ist die berufsspezifische Konnexität zwischen Kenntniserlangung und beruflicher Tätigkeit.[1470] Die Kenntnis muss aus spezifischem Anlass und nicht nur bei Gelegenheit der Berufsausübung erlangt sein.[1471] Die Art und Weise des Anvertrauens ist gleichgültig und kann mündlich, schriftlich oder auch durch Zeichen geschehen. Anvertrauen bedeutet die Mitteilung eines Geheimnisses „unter dem (ausdrücklichen) Siegel der Verschwiegenheit" oder unter Umständen, aus denen sich diese Pflicht ergibt.[1472] Hierbei ist es unerheblich, ob derjenige, den das Geheimnis betrifft oder ein Dritter dem Schweigepflichtigen das Geheimnis anvertraut hat.[1473] Alternativ zum Anvertrauen stellt § 203 Abs. 1 StGB auf das sonstige „Bekanntgeworden sein" des Geheimnisses ab. Hierbei kommt eine Kenntniserlangung durch eigene oder fremde Handlungen außerhalb des Anvertrauens in Betracht.[1474] Auch in diesen Fällen setzt der Tatbestand die Erlangung der Kenntnis durch die spezifische Berufsausübung des Rettungsdienstpersonals voraus.[1475] Eine genaue Differenzierung zwischen den beiden Arten der Kenntniserlangung ist nicht notwendig.[1476] Letztendlich ist entscheidend, dass dem gemäß § 203 Abs. 1 StGB zur Verschwiegenheit Verpflichteten die Tatsache überhaupt bekannt geworden ist.[1477]

Tathandlung ist das Offenbaren eines fremden Geheimnisses. Offenbaren bedeutet die Weitergabe des Geheimnisses und die Person des Betroffenen an einen Dritten, dem diese Tatsache noch nicht, nicht in dem Umfang,

---

[1469] Schönke/Schröder/Eisele, StGB, § 203 Rn. 6.

[1470] MüKoStGB/Cierniak/Niehaus, § 203 Rn. 46; LK-StGB/Hilgendorf, § 203 Rn. 58.

[1471] Schönke/Schröder/Eisele, StGB, § 203 Rn. 13 mwN.

[1472] OLG Köln, NStZ 1983, 412.

[1473] Fischer, StGB, § 203 Rn. 11; Spickhoff/Knauer/Brose, Medizinrecht, StGB, § 203 Rn. 26.

[1474] Fischer, StGB, § 203 Rn. 12; LK-StGB/Hilgendorf, § 203 Rn. 58.

[1475] Ulsenheimer, in: Laufs/Kern/Rehborn, ArztR-HdB, § 140 Rn. 10.

[1476] von Bar, Offenbarungspflichten, S. 38; LK-StGB/Hilgendorf, § 203 Rn. 58.

[1477] LK-StGB/Hilgendorf, § 203 Rn. 58.

nicht in dieser Form oder noch nicht sicher bekannt ist, selbst wenn er seinerseits zum Kreis der schweigepflichtigen Personen gehört.[1478] Ein Informationsaustausch zwischen den in das Behandlungsgeschehen eingebundenen Personen, beispielsweise zwischen dem behandelnden Notfallsanitäter und dem hinzugezogenen Notarzt, stellt tatbestandsmäßig indes kein Offenbaren dar, § 203 Abs. 3 S. 2 StGB.[1479] Eine Weitergabe von Geheimnissen kann durch Worte, Schrift, Bilder oder auf sonstige Weise erfolgen. Unter Verwerten wird die eigene wirtschaftliche Nutzung des in dem Geheimnis verkörperten Wertes zum Zwecke der Gewinnerzielung für sich oder einen anderen verstanden.[1480] Die Tathandlung des Offenbarens kann bei bestehender Garantenpflicht auch durch Unterlassen begangen werden. Dies ist beispielsweise der Fall, wenn das Rettungsdienstpersonal Patientenunterlagen unverschlossen liegen lässt und dadurch die Einsichtnahme bzw. Mitnahme seitens unbefugter Dritter ermöglicht.[1481]

Das Rettungsdienstpersonal macht sich allerdings nur dann strafbar, wenn die Offenbarung des fremden Geheimnisses unbefugt erfolgt. Unbefugt im Sinne der Vorschrift ist die Offenbarung, wenn sie ohne die Zustimmung des Betroffenen, des Verfügungsberechtigten oder ohne ein anderes Recht zur Mitteilung erfolgt.[1482] Insoweit kommen spezielle gesetzliche Offenbarungspflichten und die allgemeinen Rechtfertigungsgründe für den Ausschluss der Rechtswidrigkeit in Betracht.[1483] Von herausragender Relevanz ist die Beantwortung der Frage, ob ein Rettungsdienstmitarbeiter, der im Einsatz von einer Straftat Kenntnis erlangt, schweigen muss oder ob er die

---

[1478] RGSt 38, 62 (65); BGH, NJW 1992, 737 (739); OLG Stuttgart, NJW 1987, 1490 (1491); BayObLG, NStZ 1995, 187; Schönke/Schröder/Eisele, StGB, § 203 Rn. 21 f.; Fischer, StGB, § 203 Rn. 33 f.; Gropp, JR 1996, 478; LK-StGB/Hilgendorf, § 203 Rn. 67; Langkeit, NStZ 1994, 6.

[1479] Schönke/Schröder/Eisele, § 203 Rn. 24 ff.; Langkeit, NStZ 1994, 6 (7); Ulsenheimer, in: Laufs/Kern/Rehborn, ArztR-HdB, § 140 Rn. 12.

[1480] BayObLG, NStZ 1984, 169; Schönke/Schröder/Eisele, StGB, § 204 Rn. 5 f. mwN.

[1481] Lackner/Kühl/Heger/Heger, StGB, § 203 Rn. 17; Langkeit, NStZ 1994, 6; Ulsenheimer in: Laufs/Kern/Rehborn, ArztR-HdB, § 140 Rn. 13; restriktiver Schönke/Schröder/Eisele, StGB, § 203 Rn. 23, der den Tatbestand des § 203 StGB durch Unterlassen nur dann als erfüllt ansieht, wenn der Dritte von dem Inhalt des Geheimnisses tatsächlich Kenntnis erlangt oder das Dokument an sich genommen hat.

[1482] OLG Bremen, MedR 1984, 112; OLG Schleswig, NJW 1985, 1090 (1092) mAnm. Wente, NStZ 1986, 366; LK-StGB/Hilgendorf, § 203 Rn. 171; SK-StGB/Hoyer, § 203 Rn. 71; Klug, FS Oehler, S. 397 (401); Rogall, NStZ 1983, 1 (6); Warda, Jura 1979, 286 (296); Schönke/Schröder/Eisele, StGB, § 203 Rn. 29 spricht von einer „Doppelfunktion“: teils Tatbestands-, teils allgemeines Rechtswidrigkeitsmerkmal.

[1483] Ulsenheimer, in: Laufs/Kern/Rehborn, ArztR-HdB, § 141 Rn. 2.

Ermittlungsbehörden hierüber unterrichten darf. Der Rettungsdienst hat durch seinen unmittelbar auf ein Schadensereignis folgenden Einsatz noch am Ort des Geschehens besondere Berührungspunkte mit Tätern und Opfern von Straftaten. Dabei kann ein Patient Opfer oder selbst Täter sein.

II. Gesetzliche Offenbarungspflichten

Gesetzliche Offenbarungspflichten sind beispielsweise in den §§ 138, 139 Abs. 3 StGB, 6 ff., 11, 12, 49 IfSG normiert. Insbesondere die Meldepflichten des Infektionsschutzgesetzes sind für den Rettungsdienst relevant. Grundsätzlich besteht gemäß § 8 Abs. 1 Nr. 5 IfSG eine Meldepflicht für die dort genannten Fälle des § 6 IfSG für Angehörige eines Heilberufes, die für die Berufsausübung oder die Führung der Berufsbezeichnung eine staatlich geregelte Ausbildung oder Anerkennung erfordert. Keine Meldepflicht besteht seitens des nichtärztlichen Rettungsdienstpersonals, wenn ein Patient unverzüglich in eine ärztlich geleitete Einrichtung transportiert wird, § 8 Abs. 2 IfSG. Im Umkehrschluss muss das Rettungsdienstpersonal gemäß § 8 Abs. 2 S. 2 IfSG der Meldepflicht nachkommen, wenn es von einer dort genannten Infektionskrankheit Kenntnis erlangt und ein Patient keinen Transport in ein Krankenhaus wünscht bzw. kein Notarzt hinzugezogen wird. Ferner besteht keine Meldepflicht, wenn die Meldung bereits erfolgte und hierzu ein Nachweis vorliegt, § 8 Abs. 3 IfSG.
Eine gesetzliche Offenbarungspflicht resultiert zudem aus der Pflicht zur Anzeige geplanter Straftaten gemäß § 138 StGB.[1484] Diese gilt aber für Ärzte, psychologische Psychotherapeuten, Kinder- und Jugendpsychotherapeuten sowie ihre berufsmäßig tätigen Gehilfen und die Personen, die bei diesen zur Vorbereitung auf den Beruf tätig sind gemäß § 139 Abs. 3 S. 2 und 3 StGB nicht – außer bei Mord, Totschlag und Völkermord und bestimmten weiteren Verbrechen des Völkerstrafgesetzbuches sowie den durch eine terroristische Vereinigung begangenen Delikten nach §§ 239a Abs. 1, 239b Abs. 1 und 316c Abs. 1 StGB –, falls sie von der geplanten Straftat in ihrer beruflichen Eigenschaft Kenntnis erlangt haben. Voraussetzung ist, dass sich ernstlich bemüht wird, den Täter von der Tat abzuhalten oder den Erfolg zu verhindern, also die Durchführung der Tat auf andere Weise als durch Anzeige unmöglich zu machen.[1485] Zwischen den

---

[1484] MüKoStGB/Cierniak/Niehaus, § 203 Rn. 96; NK-StGB/Kargl, § 203 Rn. 126.
[1485] Schönke/Schröder/Sternberg-Lieben, StGB, § 139 Rn. 5.

Möglichkeiten des § 139 Abs. 3 S. 1 StGB hat der Geheimnisträger grundsätzlich die Wahl, er muss aber den aus seiner Sicht erfolgversprechendsten Weg wählen.[1486]

Eine Offenbarungspflicht folgt zudem aus der Zeugnispflicht des § 48 Abs. 1 StPO. Denn die materiell-rechtliche Schweigepflicht begründet für sich allein kein Aussageverweigerungsrecht.[1487] Allerdings steht Ärzten und ihren berufsmäßig tätigen Gehilfen im Strafprozess ein Zeugnisverweigerungsrecht gemäß §§ 53 Abs. 1 Nr. 3, 53a StPO zu. Dieses umfasst den Gesamtbereich der rettungsdienstlichen Behandlungstätigkeit.[1488] Gemäß § 53 Abs. 1 Nr. 3 StPO müssen Notärzte über dasjenige, was ihnen in dieser Eigenschaft anvertraut worden ist, nicht aussagen. Sehr wohl aussagen müssen sie allerdings gemäß dem zweiten Absatz dieser Vorschrift, wenn der Patient sie von der Verpflichtung zur Verschwiegenheit entbunden hat. Da das Rettungsdienstpersonal als berufsmäßig tätige Gehilfen des Notarztes bzw. des einweisenden oder aufnehmenden Arztes tätig wird, besteht ein Zeugnisverweigerungsrecht für das nichtärztliche Rettungsdienstpersonal. Eine Entbindung von der Schweigepflicht gilt gemäß § 53a Abs. 2 StPO gleichermaßen für das Hilfspersonal mit der Folge, dass dieses aussagen muss. Das Gericht hat gegenüber dem zeugnisverweigerungsberechtigten Rettungsdienstpersonal keine Belehrungspflicht über das Zeugnisverweigerungsrecht, weil davon auszugehen ist, dass es seine Berufsrechte und -pflichten kennt.[1489] Eine Aussage ist jedoch auch ohne Entbindung von der Schweigepflicht dann zu tätigen, wenn der Patient geäußert hat, eine der in § 139 Abs. 3 S. 1 StGB aufgezählten Straftaten begehen zu wollen.[1490]

Zunächst ist somit festzuhalten, dass das nichtärztliche Rettungsdienstpersonal eine Aussage tätigen darf, wenn der Patient sich ausdrücklich mit einer Aussage einverstanden erklärt, §§ 53 Abs. 2, 53a Abs. 2 StPO. In Sachverhaltskonstellationen, in denen dem Rettungsdienstpersonal eine patientenschädigende Behandlung vorgeworfen wird, können sie sich zu der Beschuldigung äußern oder nicht zur Sache aussagen, § 136 Abs. 1 S. 2 StPO.

1486 Fischer, StGB, § 139 Rn. 6.

1487 MüKoStGB/Cierniak/Niehaus, § 203 Rn. 96 mwN.

1488 Ulsenheimer, in: Laufs/Kern/Rehborn, ArztR-HdB, § 141 Rn. 4.

1489 MüKoStPO/Kreicker, § 53 Rn. 66 mwN.

1490 Cropp, Rechtliche Grundlagen der Schweigepflicht, S. 36.

III. Rechtfertigungsgründe

Im Folgenden wird die Rechtfertigung des nichtärztlichen Rettungsdienstpersonals nach Maßgabe der allgemeinen Rechtfertigungsgründe betrachtet.

1. Einwilligung

Unter dem Gesichtspunkt der Strafbarkeit gemäß § 203 StGB ist es notwendig, dass der Patient in die Weitergabe seiner Daten im Rahmen der rettungsdienstlichen Behandlung einwilligt (sog. Entbindung von der Schweigepflicht). Nach teilweise vertretender Ansicht handelt es sich bei der Entbindung von der Schweigepflicht bereits um ein tatbestandsausschließendes Einverständnis.[1491]

Die Verfügungsberechtigung über ein anvertrautes Geheimnis wird allein dem Geheimnisträger zugesprochen.[1492] Voraussetzung für eine rechtfertigende Einwilligung ist, dass der Patient einwilligungsfähig ist und Inhalt und Umfang des Rechtsgutsverzichts kennt.[1493] Der einwilligende Patient muss daher eine im Wesentlichen zutreffende Vorstellung davon haben, worin er einwilligt, und er muss weiterhin die Bedeutung und Tragweite seiner Entscheidung überblicken können.[1494] Der Patient muss auch wissen, aus welchem Anlass und mit welcher Zielsetzung er welche Personen von ihrer Schweigepflicht entbindet. Überdies muss der Patient über Art und Umfang der Einschaltung Dritter unterrichtet sein.[1495] Ein Patient kann ausdrücklich oder konkludent zustimmen, einer besonderen Form bedarf es nicht. Von einer konkludenten Einwilligung ist regelmäßig auszugehen, wenn die Behandlung und Kontaktaufnahme durch mehrere an der Behandlung Beteiligte sich aus den Umständen der Behandlung ergibt.[1496] Die Aushändigung der Versichertenkarte durch den Patienten stellt ein Einverständnis und damit eine Befugnis in die Weitergabe aller für die

[1491] Schönke/Schröder/Eisele, StGB, § 203 Rn. 30 mwN.
[1492] Kern, MedR 2006, 205.
[1493] Spickhoff/Knauer/Brose, Medizinrecht, StGB, § 203 Rn. 34.
[1494] BGH, NJW 1992, 2348 (2350).
[1495] OLG Frankfurt a. M., NJW 1988, 2488.
[1496] Cropp, Rechtliche Grundlagen der Schweigepflicht, S. 12 f.; Spickhoff/Knauer/Brose, Medizinrecht, StGB, § 203 Rn. 34.

Feststellung der Leistungspflicht der Krankenkasse erforderlichen Tatsachen dar.[1497]
Bei der Behandlung Minderjähriger steht die Schweigepflicht im unmittelbaren Zusammenhang damit, ob der Minderjährige oder die Eltern die Einwilligung in eine medizinische Behandlung erteilen müssen.[1498] Es stellt sich daher die Frage, inwieweit die Eltern über den Gesundheitszustand zu informieren sind. Minderjährige bis zum 14. Lebensjahr gelten allgemein als nicht einsichts- und urteilsfähig, sodass die Eltern zu informieren sind, weil das elterliche Personensorgerecht ihnen die Entscheidungskompetenz zuweist.[1499] Eine Auskunft gegenüber den Sorgeberechtigten hinsichtlich des Gesundheitszustandes des Minderjährigen darf deshalb nicht verweigert werden.[1500] Da die Einwilligungsfähigkeit für medizinische Eingriffe gesetzlich nicht an bestimmte Altersgrenzen gebunden ist, kommt es bei den 14- bis 18-jährigen Minderjährigen auf deren Einsichts- und Urteilsfähigkeit im konkreten Einzelfall an.[1501] Ist der Minderjährige einsichts- und urteilsfähig, entscheidet er alleine, sodass eine Schweigepflicht gegenüber den Eltern besteht. Es bedarf daher einer Entbindung von der Schweigepflicht durch den einsichtsfähigen Minderjährigen.[1502]

2. Die mutmaßliche Einwilligung

Von Bedeutung ist der Rechtfertigungsgrund der mutmaßlichen Einwilligung vor allem dann, wenn ein Patient aufgrund seines gesundheitlichen Zustandes nicht mehr in der Lage ist, sich zu äußern, aber auch dort, wo er sich im konkreten Fall nicht geäußert hat, jedoch sein mangelndes Interesse an der Einhaltung der Schweigepflicht offen zutage liegt.[1503] Bei Mitteilungen an nächste Angehörige sind diese Voraussetzungen vielfach gegeben.[1504] Liegen keine Anhaltspunkte dafür vor, dass der Patient der Weitergabe seiner höchstpersönlichen und vertraulichen Daten widersprochen

---

[1497] Cropp, Rechtliche Grundlagen der Schweigepflicht, S. 29.
[1498] Ludyga, NZFam 2017, 1121 (1122).
[1499] Ulsenheimer, in: Laufs/Kern/Rehborn, ArztR-HdB, § 141 Rn. 21.
[1500] Coester-Waltjen, MedR 2012, 553 (559).
[1501] Vgl. Zweites Kap. A. III. 1. b.
[1502] MüKoBGB/Wagner, § 630d Rn. 64.
[1503] Schönke/Schröder/Eisele, StGB, § 203 Rn. 40; Ulsenheimer, in: Laufs/Kern/Rehborn, ArztR-HdB, § 141 Rn. 14.
[1504] Schönke/Schröder/Eisele, StGB, § 203 Rn. 40 mwN.

hätte, so ist diese durch mutmaßliche Einwilligung gerechtfertigt.[1505] Ein erkennbar entgegenstehender Wille ist dagegen indes zu berücksichtigen und schließt eine Rechtfertigung nach Maßgabe einer mutmaßlichen Einwilligung aus.[1506] Begründen die beim Einsatz erkannten und erkennbaren Umstände die Wahrscheinlichkeit, dass ein Patient die Aufnahme der Ermittlungen durch die Polizei wünscht, dann kann diese mit einer Sachverhaltsschilderung hinzugerufen werden. Von einer solchen mutmaßlichen Einwilligung ist insbesondere dann auszugehen, wenn der Patient Opfer einer Straftat ist.[1507] Werden später Umstände bekannt, wonach der Patient die gemutmaßte Einwilligung nicht erteilt hätte, so war der Bruch der Schweigepflicht desjenigen, der gewissenhaft die Wahrscheinlichkeit einer Einwilligung geprüft hat, dennoch gerechtfertigt.[1508]

3. § 4 KKG

Gelangt das Rettungsdienstpersonal bei der Behandlung eines Minderjährigen nach medizinischem Standard zu dem Verdacht einer Kindesmisshandlung, so besteht gemäß § 4 Abs. 3 KKG die Befugnis, zur Abwendung der Kindeswohlgefährdung das Jugendamt, nicht aber Staatsanwaltschaft und Polizeibehörden zu informieren.[1509] § 4 Abs. 3 KKG ist dabei gegenüber § 34 StGB lex specialis.[1510] § 4 KKG[1511] richtet sich dabei an bestimmte Geheimnisträger, angelehnt an den Katalog des § 203 Abs. 1 und 2 StGB, welche aufgrund ihrer beruflichen Tätigkeit in unmittelbaren Kontakt zu Kindern und Jugendlichen stehen und befähigt sind, in einem solchen Fall die Problemlage mit den Eltern zu erörtern.[1512] Gemäß § 4 Abs. 1 Nr. 1 KKG sind unter anderem Angehörige eines anderen Heilberufs, der für die Berufsausübung oder die Führung der Berufsbezeichnung eine staatlich geregelte Ausbildung erfordert Adressaten dieser Regelung. Berufsmäßig tätige Gehilfen oder Personen, die bei ihnen zur Vorbereitung

---

[1505] Ulsenheimer, in: Laufs/Kern/Rehborn, ArztR-HdB, § 141 Rn. 14.

[1506] Schönke/Schröder/Sternberg-Lieben, StGB, Vor § 32 Rn. 57.

[1507] Tries, Strafrechtliche Probleme, S. 176.

[1508] Schönke/Schröder/Sternberg-Lieben, StGB, Vor § 32 ff. Rn. 58; NK-StGB/Paeffgen/Zabel, Vor § 32 ff. Rn. 163.

[1509] Sommer, Verletzung der ärztlichen Schweigepflicht, S. 121; Ulsenheimer in: Laufs/Kern/Rehborn, ArztR-HdB, § 141 Rn. 16.

[1510] BT-Drs. 17/6256, S. 20; BeckOGK-KKG/Jox, § 4 Rn. 63.

[1511] Eine kritische Betrachtung des § 4 KKG bietet Sommer, Verletzung der ärztlichen Schweigepflicht, S. 133 ff.

[1512] BT-Drs. 17/6256, S. 17.

auf den Beruf tätig sind, werden nicht erfasst. Demnach sind zwar Notfallsanitäter und Rettungsassistenten Adressaten, Rettungssanitäter hingegen nicht.[1513] § 4 KKG enthält drei unterschiedliche Regelungskomplexe, die mittelbar zusammenhängen.[1514] Es ist ein mehrstufiges Verfahren vorgesehen.[1515]

Gemäß § 4 Abs. 1 KKG ist festgelegt, dass wenn ein Angehöriger eines Heilberufes in Ausübung seiner beruflichen Tätigkeit gewichtige Anhaltspunkte für die Gefährdung des Wohls eines Kindes oder eines Jugendlichen erfährt, dieser verpflichtet ist, diese mit dem Kind oder Jugendlichen und den Erziehungsberechtigten zu erörtern. Mit dieser Vorgabe wird dem grundrechtlichen, aus dem Recht auf informationelle Selbstbestimmung (Art. 2 Abs. 1 iVm Art. 1 Abs. 1 GG) abgeleiteten Transparenzgebot Rechnung getragen.[1516] Darüber hinaus ist bei den Erziehungsberechtigten auf die Inanspruchnahme von Hilfen hinzuwirken, wenn dadurch der wirksame Schutz des Kindes oder des Jugendlichen nicht gefährdet wird. Den Eltern soll hierdurch ihre „vorrangige elterliche Erziehungsverantwortung“[1517] und das „Primat der elterlichen Gefahrenabwendung“[1518] nicht genommen werden.[1519] Entsprechend ist § 4 Abs. 1 KKG als Informationspflicht ausgestaltet worden, welche Bestandteil der Aufklärungspflicht gegenüber den Eltern ist.[1520] Hiervon darf nur abgewichen werden, wenn der wirksame Schutz des Kindes oder des Jugendlichen infrage gestellt wird.[1521] Dies erfordert eine Prognose und Abwägung durch das nichtärztliche Personal, inwiefern das Kind oder der Jugendliche durch ein Gespräch gefährdet wird.

§ 4 Abs. 1 KKG regelt damit zunächst das mildeste Mittel, mit dem das nichtärztliche Personal bei dem Verdacht einer Kindeswohlgefährdung

---

[1513] Vgl. Fünftes Kap. D. I.

[1514] Sommer, Verletzung der ärztlichen Schweigepflicht, S. 117.

[1515] Streichsbier/Schlegel/Voelzke, in: jurisPK-SGB VIII, § 4 KKG Rn. 9.

[1516] Meysen, in: Münder/Meysen/Trenczek, SGB VIII, § 4 KKG Rn. 97; Wiesner/Wapler/Walther, SGB VIII, § 4 KKG Rn. 19.

[1517] BT-Drs. 17/6256, S. 19.

[1518] BT-Drs. 17/6256, S. 19.

[1519] Streichsbier/Schlegel/Voelzke, in: jurisPK-SGB VIII, § 4 KKG Rn. 9.

[1520] BT-Drs. 17/6256, S. 19.

[1521] Sommer, Verletzung der ärztlichen Schweigepflicht, S. 117.

vorgehen soll. Das nichtärztliche Personal soll versuchen, im eigenen Verantwortungsbereich beratend und motivierend der Gefährdung entgegenzutreten.[1522]
§ 4 Abs. 2 KKG ergänzt § 4 Abs. 1 KKG um einen Beratungsanspruch durch eine „insoweit erfahrene Fachkraft". Die Möglichkeit, eine solche Beratung in Anspruch zu nehmen, muss vom jeweils zuständigen Jugendamt offeriert werden, da die Berufsgeheimnisträger einen Rechtsanspruch darauf haben.[1523] Berufsgeheimnisträgern wird damit ermöglicht, sich bei der Einschätzung, ob eine Kindeswohlgefährdung vorliegt, an eine kompetente Fachkraft zu wenden, welche bei der Beurteilung unterstützend tätig sein soll.[1524] Die Einbeziehung fachlicher Expertise soll aber nur auf konkrete Einzelfälle bezogen sein und keine Sammlung von Verdachtsmomenten ermöglichen.[1525] Denn es geht um eine Gefährdungseinschätzung für den Einzelfall, nicht darum, Berufsgeheimnisträgern das wahllose Sammeln und Austauschen von Daten zu ermöglichen.[1526] Vielmehr geht es neben der Einschätzungshilfe auch um die in Betracht kommende Hilfe, die mit den Erziehungsberechtigten zu erörtern ist.[1527] Dabei sind die zu übermittelnden Daten zu pseudonymisieren.[1528]
Wird mit einer solchen Erörterung die Gefährdung nicht abgewendet oder kommt diese von vornherein nicht infrage, darf das Jugendamt informiert werden, § 4 Abs. 3 S. 1 KKG.[1529] Eine Abwendung der Gefahr auf anderem Weg scheidet beispielsweise aus, wenn sich die Erziehungsberechtigten

---

[1522] BeckOGK-KKG/Jox, § 4 Rn. 4; Streichsbier/Schlegel/Voelzke, in: jurisPK-SGB VIII, § 4 KKG Rn. 9; Sommer, Verletzung der ärztlichen Schweigepflicht, S. 118; Wiesner/Wapler/Walther, SGB VIII, § 4 KKG Rn. 20.
[1523] BeckOGK-KKG/Jox, § 4 Rn. 41; Streichsbier/Schlegel/Voelzke, in: jurisPK-SGB VIII, § 4 KKG Rn. 18, 21; Sommer, Verletzung der ärztlichen Schweigepflicht, S. 119.
[1524] Sommer, Verletzung der ärztlichen Schweigepflicht, S. 119.
[1525] BT-Drs. 17/6256, S. 19.
[1526] BT-Drs. 17/6256, S. 19.
[1527] BeckOGK-KKG/Jox, § 4 Rn. 44.
[1528] Pseudonymisieren bedeutet, die Verarbeitung personenbezogener Daten in einer Weise, dass die personenbezogenen Daten ohne Hinzuziehung zusätzlicher Informationen nicht mit einer spezifischen betroffenen Person zugeordnet werden können, sofern diese zusätzlichen Informationen gesondert aufbewahrt werden und technischen und organisatorischen Maßnahmen unterliegen, die gewährleisten, dass die personenbezogenen Daten nicht einer identifizierten oder identifizierbaren natürlichen Person zugewiesen werden, vgl. Art. 4 Nr. 5 DS-GVO.
[1529] Cropp, Rechtliche Grundlagen der Schweigepflicht, S. 28; Meysen, in: Münder/Meysen/Trenczek, SGB VIII, § 4 KKG Rn. 106; Streichsbier/Schlegel/Voelzke, in: jurisPK-SGB VIII, § 4 KKG Rn. 9, 23; Sommer, Verletzung der ärztlichen Schweigepflicht, S. 120.

weigern an der Verbesserung der Situation mitzuwirken, Hilfe ablehnen oder bereits das Gespräch verweigern.[1530] Denkbar ist zudem, dass Erziehungsberechtigte aufgrund von Suchtproblemen nicht in der Lage sind, in geeigneter Form an der Abwendung der Gefährdungssituation mitzuwirken.[1531] Erfolglos bleibt dagegen eine Abwendung der Gefährdung, wenn zwar Hilfsangebote zunächst wahrgenommen, jedoch später abgebrochen wurden, oder die Erziehungsberechtigten initial zwar kooperativ waren, im Nachhinein aber keine Mitwirkung mehr gezeigt haben.[1532] Sind diese Voraussetzungen gegeben, kann das Jugendamt informiert werden, wenn dies für notwendig erachtet wird. Erforderlich ist ein Einschreiten des Jugendamtes beispielsweise, wenn ein Zuwarten die Gefahr weiterer Verschlechterung für das Kind oder den Jugendlichen nach sich zieht oder weitere Schäden drohen.[1533] § 4 Abs. 3 S. 2 KKG normiert, dass die Betroffenen vorab auf die Information des Jugendamtes hinzuweisen sind, es sei denn, dies gefährde das Kind oder den Jugendlichen. Betroffene sind dabei sowohl die Erziehungsberechtigten als auch das Kind bzw. der Jugendliche.[1534]

§ 4 Abs. 3 KKG stellt eine Befugnisnorm für die Offenbarung von Informationen an das Jugendamt dar, wodurch dem Selbstbestimmungsrecht des Geheimnisträgers keine Beachtung mehr geschenkt wird.[1535] In diesem Zusammenhang stellt sich das Problem, dass auch das Selbstbestimmungsrecht einwilligungsfähiger Minderjähriger nicht beachtet wird. Der mögliche Wille eines einsichtsfähigen Minderjährigen, die Erziehungsberechtigten nicht zu involvieren, wird von § 4 KKG nicht berücksichtigt. Dabei wird übersehen, dass eben auch die Rechte des Minderjährigen in einem solchen Fall berührt sind. Es wurde bereits dargelegt, dass einsichtsfähige Minderjährige allein über die Weitergabe medizinisch relevanter Informa-

---

[1530] BeckOGK-KKG/Jox, § 4 Rn. 51; Sommer, Verletzung der ärztlichen Schweigepflicht, S. 120.

[1531] BeckOGK-KKG/Jox, § 4 Rn. 51; Sommer, Verletzung der ärztlichen Schweigepflicht, S. 120.

[1532] Meysen, in: Münder/Meysen/Trenczek, SGB VIII, § 4 KKG Rn. 99, 106; Sommer, Verletzung der ärztlichen Schweigepflicht, S. 121.

[1533] BeckOGK-KKG/Jox, § 4 Rn. 53.

[1534] BeckOGK-KKG/Jox, § 4 Rn. 53; Sommer, Verletzung der ärztlichen Schweigepflicht, S. 121.

[1535] Dittrich, medstra 2021, 151 (154); Streichsbier/Schlegel/Voelzke, in: jurisPK-SGB VIII, § 4 KKG Rn. 9.

tionen entscheiden, sodass eine Schweigepflicht gegenüber den Eltern besteht.[1536] Äußert der einwilligungsfähige Minderjährige den Wunsch der Geheimhaltung der Informationen, kann gegenüber dem Jugendamt nichts anderes gelten als gegenüber den Eltern.[1537] Bei der von § 4 KKG vorgesehenen Vorgehensweise bleibt dies allerdings unberücksichtigt.[1538] Deshalb ist bei einwilligungsfähigen Minderjährigen die Pflicht zur Offenbarung von Informationen im Wege verfassungskonformer Auslegung einzuschränken,[1539] oder insoweit zu ergänzen, dass klar wird, dass der Wille einsichtsfähiger Minderjähriger bezüglich der Weitergabe ihrer Daten berücksichtigt werden müssen. Denn das Kindeswohl hat sich am Kindeswillen zu orientieren.[1540] Fordert man das nichtärztliche Personal insbesondere auf, die Norm im Spannungsfeld von Kinderschutz, Schweigepflicht und Offenbarungsbefugnis verfassungskonform auszulegen, wird erneut das erklärte Ziel des Gesetzgebers, Handlungs- und Rechtssicherheit zu schaffen, verfehlt.[1541] Im Ergebnis besteht bei einwilligungsfähigen Minderjährigen, die den Wunsch der Geheimhaltung äußern, eine Schweigepflicht auch gegenüber dem Jugendamt.

Für die Meldebefugnis verlangt der Wortlaut des § 4 Abs. 3 KKG bzw. § 4 Abs. 1 KKG, dass „gewichtige Anhaltspunkte" für die Gefährdung des Wohls eines Kindes oder Jugendlichen bekannt sein müssen. Hierunter werden Tatsachen verstanden, die eine Gefährdung des Kindes- und Jugendlichenwohls nicht von vornherein ausschließen, wofür wiederrum auf § 1666 BGB abgestellt werden kann.[1542] Eine Kindeswohlgefährdung betrifft insbesondere das körperliche, geistige oder seelische Wohl und setzt voraus, dass die Erziehungsberechtigten nicht gewillt oder nicht in der Lage sind, die Gefährdung durch erforderliche und geeignete Maßnahmen abzuwenden.[1543] Bezüglich der Voraussetzungen des § 1666 BGB müssen

---

[1536] Vgl. Fünftes Kap. D. III. 1.
[1537] Weber/Duttge/Höger, MedR 2014, 777 (784).
[1538] Sommer, Verletzung der ärztlichen Schweigepflicht, S. 156; Weber/Duttge/Höger, MedR 2014, 777 (781).
[1539] Weber/Duttge/Höger, MedR 2014, 777 (784).
[1540] Sommer, Verletzung der ärztlichen Schweigepflicht, S. 157.
[1541] Sommer, Verletzung der ärztlichen Schweigepflicht, S. 157; Weber/Duttge/Höger, MedR 2014, 777 (784).
[1542] Meysen, in: Münder/Meysen/Trenczek, SGB VIII, § 4 KKG Rn. 93; Sommer, Verletzung der ärztlichen Schweigepflicht, S. 123.
[1543] Dittrich, medstra 2021, 151.

also Indizien vorliegen.[1544] Es werden konkrete Hinweise oder ein ernstzunehmender Verdacht einer solchen Kindesgefährdung vorausgesetzt.[1545] Maßgeblich ist das Gesamtbild der Hinweise: Diese dürfen nicht nur entfernt eine potenzielle Gefahr vermuten lassen, sondern müssen ein gewisses Gewicht haben.[1546] Dies entspricht dem gesetzgeberischen Willen zum Schutz des Wohls von Kindern und Jugendlichen, aber auch der Rechtsprechung.[1547] Stellt sich im Nachhinein heraus, dass die Anhaltspunkte getäuscht haben, kann dennoch eine Rechtfertigung des meldenden Berufsgeheimnisträgers vorliegen. Denn für das Vorliegen einer Meldebefugnis ist wie bei einer Beurteilung der Notstandslage die ex-ante-Betrachtung einschlägig.[1548] Das Kriterium der gewichtigen Anhaltspunkte ersetzt die Voraussetzung der gegenwärtigen Gefahr im Rahmen des § 34 StGB.[1549] Bemerkenswert ist die in § 4 Abs. 4 KKG enthaltene Soll-Vorschrift zur Rückmeldung des Jugendamtes an den meldenden Berufsgeheimnisträger über die Bestätigung der gewichtigen Anhaltspunkte und das weitere Vorgehen. Denn neben der Information an den Berufsgeheimnisträger, ob die Gefährdung noch besteht, wird dieser für zukünftige Einschätzungen geschult, indem er seine Ergebnisse der Gefährdungseinschätzung überprüfen kann und anhand der eingeleiteten Maßnahmen sieht, ob möglicherweise doch auch eine Erörterung erfolgversprechender gewesen wäre.[1550] Diese Rückmeldungsregelung stärkt die Gefährdungseinschätzung und Interessenabwägung für das Brechen der Schweigepflicht in zukünftigen Fällen.[1551]

4. Der rechtfertigende Notstand

In bestimmten Notsituationen kann eine Verletzung von Privatgeheimnissen auch ohne eine Einwilligung des Patienten gemäß § 34 StGB gerecht-

---

1544 Streichsbier/Schlegel/Voelzke, in: jurisPK-SGB VIII, § 4 KKG Rn. 13.

1545 Dittrich, medstra 2021, 151 (154).

1546 Meysen, in: Münder/Meysen/Trenczek, SGB VIII, § 4 KKG Rn. 94; Sommer, Verletzung der ärztlichen Schweigepflicht, S. 124 mwN.

1547 KG Berlin, NJW 2014, 640 (641); Ludyga, NZFam 2017, 1121 (1125).

1548 MüKoStGB/Erb, § 34 Rn. 76 mwN.

1549 Vitkas, JR 2015, 353 (356).

1550 Dittrich, medstra 2021, 151 (154); Streichsbier/Schlegel/Voelzke, in: jurisPK-SGB VIII, § 4 KKG Rn. 28.

1551 Dittrich, medstra 2021, 151 (154).

fertigt sein, wenn eine gegenwärtige Gefahr für ein wesentlich überwiegendes Rechtsgut besteht und diese Notstandslage nicht anders als durch Verletzung der Schweigepflicht abwendbar ist, § 34 S. 1 StGB. Die Notstandshandlung muss sich dabei als ein angemessenes Mittel zur Gefahrenabwehr erweisen, § 34 S. 2 StGB.[1552] Insbesondere die Mitteilung einer Straftat kann unter dem Gesichtspunkt der Güter- und Interessenabwägung gerechtfertigt sein.[1553]

Kann die Gefährdung des Kindes oder Jugendlichen mit den Maßnahmen nach § 4 KKG nicht abgewendet werden, kann die Verletzung der Schweigepflicht durch Informationen an die Strafverfolgungsbehörden gemäß § 34 StGB gerechtfertigt sein, wenn aus ex-ante-Sicht ein ernst zu nehmender Verdacht einer zugefügten Kindesmisshandlung bzw. zumindest einer vorsätzlichen Körperverletzung bestand und insoweit Wiederholungsgefahr besteht.[1554] Unter diesen Umständen besteht eine Berechtigung nach § 34 StGB, die Ermittlungsbehörden ohne Nennung eines Tatverdächtigen zu unterrichten, da die Gesundheit des Kindes oder Jugendlichen Vorrang hat.[1555] Der Heilauftrag umfasst nicht bloß das Erkennen und die Behandlung von Erkrankungen, sondern auch die Vermeidung von künftigen Gesundheitsgefährdungen.[1556] Auch wenn lediglich der Verdacht einer vorsätzlichen Körperverletzung gegeben ist, ist bei schwerwiegenden Verletzungen, die lebensbedrohlich sind, von einer Wiederholungsgefahr auszugehen.[1557] Für eine Rechtfertigung gemäß § 34 StGB muss eine Misshandlung nicht erwiesen sein, auch ein hinreichender Tatverdacht gemäß § 170 Abs. 1 StPO ist nicht erforderlich.[1558] Es genügt, dass die Verletzungen typischerweise durch eine Kindesmisshandlung hervorgerufen werden können und dadurch ein begründeter Verdacht vorliegt.[1559] Im Rahmen des

---

1552 Ulsenheimer in: Laufs/Kern/Rehborn, ArztR-HdB, § 141 Rn. 16.

1553 von Bar, Offenbarungspflichten, S. 91.

1554 Bender, MedR 2002, 626 (629); NK-StGB/Kargl, § 203 Rn. 66; Ulsenheimer in: Laufs/Kern/Rehborn, ArztR-HdB, § 141 Rn. 16.

1555 KG Berlin, MedR 2013, 787 ff.; MüKoStGB/Cierniak/Niehaus, § 203 Rn. 95; Fischer, StGB, § 203 Rn. 89; Ludyga, NZFam 2017, 1121 (1125 f.); Ulsenheimer in: Laufs/Kern/Rehborn, ArztR-HdB, § 141 Rn. 16.

1556 KG Berlin, MedR 2013, 787 (789).

1557 Wasserburg/Meller, NStZ 2018, 514 (521).

1558 KG Berlin, MedR 2013, 787 (788); Ulsenheimer in: Laufs/Kern/Rehborn, ArztR-HdB, § 141 Rn. 16; hinreichender Tatverdacht liegt vor, wenn bei vorläufiger Beurteilung der Beweissituation die Verurteilung des Beschuldigten mit Wahrscheinlichkeit zu erwarten ist, Meyer-Goßner/Schmitt, StPO, § 203 Rn. 2.

1559 KG Berlin, MedR 2013, 787 (789).

Verdachts eines Kindesmissbrauchs oder einer Kindesmisshandlung überwiegen die Rechtsgüter Gesundheit und Leben des Kindes das beeinträchtigte Rechtsgut der Schweigepflicht.[1560] Bei gegenwärtiger Gefahr für das Kind ist die Einschaltung der Polizei daher als ultima ratio gemäß § 34 StGB zulässig.[1561]

Darüber hinaus kommt eine Durchbrechung der Schweigepflicht zugunsten der Eltern bei einwilligungsfähigen Minderjährigen nach Maßgabe des rechtfertigenden Notstandes in Betracht, wenn die Abwägung der widerstreitenden Interessen ein Überwiegen der Personensorge der Eltern gemäß § 1626 Abs. 1 BGB gegenüber dem Recht auf informationelle Selbstbestimmung des Kindes gemäß Art. 2 Abs. 1, Art. 1 Abs. 1 GG ergibt.[1562] Bei einer Suizidgefahr oder Anorexia nervosa (Magersucht)[1563] einwilligungsfähiger Minderjähriger geht das elterliche Erziehungsrecht dem Recht des Kindes auf informationelle Selbstbestimmung grundsätzlich vor.[1564] Eine gegen den ausdrücklichen Willen eines einsichtsfähigen Patienten erfolgende Mitteilung eines lebensbedrohlichen Zustands an Angehörige kann ebenfalls gemäß § 34 StGB gerechtfertigt sein, wenn die Unterrichtung Dritter ein erforderliches und angemessenes Mittel zur Rettung des Patienten darstellt und es somit der Rettung des höherwertigen Rechtsguts dient.[1565] Auch die Benachrichtigung Dritter bei Suizidankündigung eines psychisch Kranken kann nach § 34 StGB gerechtfertigt sein, wenn die Benachrichtigung erforderlich und geeignet ist, das Leben des Patienten zu schützen.[1566]

Von Interesse ist zudem die Frage, ob das Rettungsdienstpersonal trotz seiner grundsätzlichen Schweigepflicht nach § 34 StGB berechtigt ist, der Strafverfolgungsbehörde Tatsachen mitzuteilen, die Bedenken gegen die körperliche oder geistige Kraftfahrtauglichkeit des Patienten begründen, beispielsweise aufgrund von Alkoholkonsum. Besteht die Gefahr, dass ein Patient mit einem Kraftfahrzeug am Straßenverkehr teilnehmen möchte,

---

[1560] Ulsenheimer in: Laufs/Kern/Rehborn, ArztR-HdB, § 141 Rn. 16.

[1561] Halstrick, Frauenarzt 2015, 220 (224).

[1562] Weber/Duttge/Höger, MedR 2014, 777 (778).

[1563] Anorexia nervosa ist eine Essstörung, die durch einen unablässigen Schlankheitswahn, ein verzerrtes Körperbild, eine extreme Angst vor Fettleibigkeit sowie die Einschränkung der Nahrungsaufnahme gekennzeichnet ist, was zu einem erheblichen Gewichtsverlust führt.

[1564] Ludyga, NZFam 2017, 1121 (1123).

[1565] BGH, NStZ 1983, 313 (314); von Bar, Offenbarungspflichten, S. 94.

[1566] Schönke/Schröder/Eisele, StGB, § 203 Rn. 59; NK-StGB/Kargl, § 203 Rn. 121.

obwohl dieser zum Führen eines Kraftfahrzeugs nicht mehr imstande ist, ohne sich und andere zu gefährden, kann das Rettungsdienstpersonal trotz seiner grundsätzlichen Schweigepflicht gemäß § 34 StGB gerechtfertigt sein, die Strafverfolgungsbehörde zu benachrichtigen.[1567] Dies kommt beispielsweise in Betracht, wenn der alkoholisierte Patient eine Behandlung des Rettungsdienstes ablehnt und die Einsatzstelle mittels Kraftfahrzeug verlassen möchte. Für eine Rechtfertigung nach § 34 StGB ist es jedoch im Hinblick auf das Merkmal „nicht anders abwendbar“ erforderlich, dass das Rettungsdienstpersonal zunächst den Patienten auf die Zweifel an der Kraftfahrtauglichkeit hinweist.[1568] Eine Ausnahme gilt dann, wenn ein Zureden des Rettungsdienstpersonals aufgrund der Art der Erkrankung oder wegen der Uneinsichtigkeit des Patienten von vornherein zwecklos ist. Die Unterrichtung der Strafverfolgungsbehörde muss aber in dem konkreten Umfang angemessen und erforderlich sein. Die Mitteilung ist daher auf das Notwendigste zu beschränken. Es genügt, wenn der Strafverfolgungsbehörde unter Bezeichnung der Diagnose mitgeteilt wird, dass Zweifel an der Kraftfahrtauglichkeit bestehen.[1569]
Das nichtärztliche Rettungsdienstpersonal sollte indes beachten, dass die Durchbrechung der Schweigepflicht nach den Grundsätzen des rechtfertigenden Notstands in der präklinischen Notfallversorgung stets einer pflichtgemäßen und gewissenhaften Interessenabwägung bedarf.[1570]

IV. Irrtum

Ein Tatbestandsirrtum iSv § 16 Abs. 1 StGB liegt vor, wenn der Schweigepflichtige irrig annimmt, es liege kein Geheimnis (mehr) vor.[1571] Sofern er irrig vom tatsächlichen Vorliegen eines Rechtfertigungsgrundes, bei-

---

[1567] BGH, NJW 1968, 2288 mAnm. Händel, NJW 1969, 555 f.; Laufs, NJW 1986, 1515 (1517).
[1568] MüKoStGB/Cierniak/Niehaus, § 203 Rn. 95; Schlund, JR 1977, 265 (268); Ulsenheimer/Gaede, in: Ulsenheimer/Gaede, Arztstrafrecht, Rn. 1087.
[1569] Wasserburg/Meller, NStZ 2018, 514 (519).
[1570] Katzenmeier/Schrag-Slavu, Telemedizin im Rettungsdienst, S. 108.
[1571] NK-StGB/Kargl, § 203 Rn. 99; Spickhoff/Knauer/Brose, Medizinrecht, StGB, § 203-205 Rn. 53.

spielsweise der Einwilligung des Geheimnisträgers ausgeht, liegt ein Erlaubnistatbestandsirrtum vor.[1572] Selbiges gilt, wenn das Rettungsdienstpersonal das Vorliegen einer Kindesmisshandlung annimmt, während es sich in Wirklichkeit um multiple Sturzverletzungen handelt.[1573] Ein Verbotsirrtum gemäß § 17 StGB ist hingegen anzunehmen, wenn sich das rettungsdienstliche Personal über die Grenzen der Schweigepflicht irrt, etwa wenn es irrig davon ausgeht, dass es zur Offenbarung des Geheimnisses gegenüber einer ebenfalls schweigepflichtigen Person befugt ist.[1574] Zu einem Schuldausschluss führt der Verbotsirrtum nur im Falle der Unvermeidbarkeit. War der Irrtum vermeidbar, räumt § 17 S. 2 StGB einen fakultativen Strafmilderungsgrund nach § 49 Abs. 1 StGB ein.

V. Die postmortale Schweigepflicht

Es besteht gemäß § 203 Abs. 5 StGB ein uneingeschränkter Geheimnisschutz und damit die Pflicht zur Verschwiegenheit in vollem Umfang auch nach dem Tod des Patienten.[1575] Die Verfügungsbefugnis über Geheimnisse aus dem persönlichen Lebensbereich des Patienten geht mit dessen Tod nicht auf die Angehörigen oder Erben über, sodass eine Entbindung von der Schweigepflicht nicht mehr in Betracht kommt.[1576] Allerdings kann die postmortale Schweigepflicht durch eine ausdrückliche oder konkludente Willensäußerung des Verstorbenen zu Lebzeiten aufgehoben sein.[1577] Ob ein Fortbestehen des Geheimhaltungsinteresses anzunehmen oder dieses mit dem Tod erloschen ist, muss anhand der konkreten Umstände des Einzelfalles sorgfältig ermittelt werden.

[1572] OLG Köln, MDR 1962, 591; NK-StGB/Kargl, § 203 Rn. 100; Spickhoff/Knauer/Brose, Medizinrecht, StGB, § 203-205 Rn. 53.

[1573] NK-StGB/Kargl, § 203 Rn. 100

[1574] MüKoStGB/Cierniak/Niehaus, § 203 Rn. 89; NK-StGB/Kargl, § 203 Rn. 100.

[1575] von Bar, Offenbarungspflichten, S. 45; Lackner/Kühl/Heger/Heger, StGB, § 203 Rn. 27; LK-StGB/Hilgendorf, § 203 Rn. 88.

[1576] RGSt 71, 21; BGHZ 91, 392 (398); BayObLG, NJW 1987, 1492; LSG München, NJW 1962, 1789 (1790); OLG Naumburg, NJW 2005, 2017 (2018); Müller, Postmortaler Rechtsschutz, S. 96.

[1577] Spickhoff, NJW 2005, 1982 (1984).

E. Zur Strafbarkeit wegen einer Freiheitsberaubung

In diversen Einsatzsituationen ist es notwendig, einen Patienten gegen seinen Willen in eine medizinische Einrichtung zu verbringen und ihn hierfür an der Trage im Rettungswagen zu fixieren oder durch die Gabe von Medikamenten an der Fortbewegung zu hindern. Für das Rettungsdienstpersonal besteht diesbezüglich die Gefahr, sich gemäß § 239 Abs. 1 StGB strafbar zu machen.

I. Tatbestand

§ 239 Abs. 1 StGB schützt die potenzielle persönliche Bewegungsfreiheit.[1578] Es kommt nicht darauf an, ob der Betroffene sich überhaupt fortbewegen möchte, sondern darauf, ob ihm diese Möglichkeit potenziell genommen wird.[1579] Entscheidend ist allein, ob es unmöglich gemacht wird, den Aufenthalt nach eigenem Belieben zu verändern.[1580] Ausschlaggebend ist, ob es ohne die ausgehende Beeinträchtigung möglich wäre, sich fortzubewegen, wenn dies gewollt wäre.[1581] Der objektive Tatbestand des § 239 Abs. 1 StGB ist demnach erfüllt, wenn in die persönliche Bewegungsfreiheit eingegriffen wird, wodurch jemand des Gebrauchs der persönlichen Freiheit beraubt wird.[1582] Die Fortbewegungsfreiheit muss hierbei vollständig aufgehoben werden.[1583] Geschützt sind auch Betrunkene, Geisteskranke, Gelähmte und Kinder, sofern sie zur willkürlichen Ortsveränderung imstande sind.[1584] Eine Freiheitsberaubung kann jedoch nicht verwirklicht werden, wenn es der betroffenen Person aus objektiven Gründen an der Fähigkeit zur Fortbewegung fehlt.[1585] Eine Freiheitsberaubung

---

[1578] BGHSt 14, 314; 32, 183; BGH, NJW 2022, 2422 (2423); Bloy, ZStW 96, 703; Bosch, Jura 2012, 604; Lackner/Kühl/Heger/Heger, StGB, § 239 Rn. 1; Strauß, NStZ 2024, 1 (2); a.A. SK-StGB/Wolters, § 239 Rn. 3, wonach nur der aktuelle sowie der hypothetische Wille zur Ortsveränderung geschützt ist.

[1579] BGHSt 14, 314 (316); BGH, NJW 1984, 673 (674); OLG Köln, NJW 1986, 333 (334).

[1580] RGSt 61, 239 (241).

[1581] BGHSt 14, 314 (316).

[1582] Lackner/Kühl/Heger/Heger, StGB, § 239 Rn. 2; MüKoStGB/Wieck-Noodt, § 239 Rn. 18.

[1583] BGH, NJW 1993, 1807; LK-StGB/Schluckebier, § 239 Rn. 16.

[1584] Bloy, ZStW 96, 703 (724); Schönke/Schröder/Eisele, StGB, § 239 Rn. 2; Lackner/Kühl/Heger/Heger, StGB, § 239 Rn. 2; LK-StGB/Schluckebier, § 239 Rn. 4 ff.; a.A. SK-StGB/Wolters, § 239 Rn. 3.

[1585] Klein/Di Bella, RDG 2015, 220 (221).

nach § 239 Abs. 1 StGB kann durch Einsperren (1. Alt.) oder auf eine andere Weise (2. Alt.) geschehen. Unter der Tathandlung des Einsperrens wird das Verhindern des Verlassens eines umschlossenen Raumes durch äußere, nicht notwendig unüberwindbare Vorrichtungen verstanden.[1586] Ein Mensch ist eingesperrt, sobald es ihm objektiv nicht möglich ist, von seiner Fortbewegungsfreiheit Gebrauch zu machen.[1587] Eine Freiheitsberaubung auf andere Weise ist jedes Tun oder Unterlassen, durch das ein anderer unter vollständiger Aufhebung seiner Fortbewegungsfreiheit daran gehindert wird, seinen Aufenthaltsort zu verlassen.[1588] Der objektive Tatbestand des § 239 Abs. 1 StGB kann nach den dargestellten Grundsätzen im Rettungsdienst verwirklicht werden, wenn ein Patient aufgrund einer Betäubung, durch Nichtanhalten des Rettungswagens, aber ebenso durch Fixierung des Patienten an der Trage seinen Aufenthaltsort nicht verlassen kann.[1589] Im Übrigen erfüllt auch ein gewaltsames Festhalten des Patienten den objektiven Tatbestand.[1590]
Die Tat ist ein Dauerdelikt, also mit Eintritt des Freiheitsentzugs vollendet und erst mit dessen Wiederaufhebung beendet.[1591] Sukzessive Beihilfe und Mittäterschaft sind daher nach Vollendung möglich.[1592]

II. Rechtfertigung

Eine mögliche Freiheitsberaubung durch den Rettungsdienst wird in aller Regel gerechtfertigt sein. Eine wirksame Einwilligung des Patienten schließt bereits die Tatbestandsmäßigkeit der rettungsdienstlichen Handlung aus.[1593] Bei nicht einsichtsfähigen minderjährigen Patienten kommt eine Rechtfertigung aufgrund des Erziehungsrechts der Eltern in Betracht, denn das Aufenthaltsbestimmungsrecht der Eltern und ihre Fürsorgepflicht für das Kind umfassen grundsätzlich auch die Unterbringung des Kindes

---

1586 Schönke/Schröder/Eisele, StGB, § 239 Rn. 5.
1587 MüKoStGB/Wieck-Noodt, § 239 Rn. 21 mwN.
1588 MüKoStGB/Wieck-Noodt, § 239 Rn. 26 mwN.
1589 BGH, NStZ 1992, 33 (34); NStZ 2005, 507 (508); NJW-RR 2015, 1347 (1348); OLG Koblenz, NJW 1985, 1409; Müller, MedR 2011, 339.
1590 OLG Hamm, NJW 1964, 29 (31 f.).
1591 Lackner/Kühl/Heger/Heger, StGB, § 239 Rn. 8 mwN.
1592 Kühl, Strafrecht AT, § 20 Rn. 126.
1593 BGH, NJW 1993, 1807; Müller, MedR 2001, 339 (341) mwN; Strauß, NStZ 2024, 1 (4).

in ein Krankenhaus.[1594] Die Dispositionsbefugnis der Eltern über das Rechtsgut der Freiheit des Minderjährigen wird aber durch § 1631b BGB beschränkt.[1595] Eine Unterbringung ist demnach nur zulässig, wenn sie zum Wohl des Minderjährigen, insbesondere zur Abwendung einer Selbst- oder Fremdgefährdung, erforderlich und die Gefahr nicht auf andere Weise abwendbar ist. Eine Unterbringung bedarf dabei grundsätzlich der Genehmigung des Familiengerichts. Sie darf nur dann ohne Genehmigung stattfinden, wenn mit dem Aufschub Gefahr verbunden ist. Da im Rahmen der rettungsdienstlichen Versorgung von Notfallpatienten durchweg eine lebensbedrohliche Situation besteht, bedarf es keiner Genehmigung des Familiengerichts.
Einsichtsfähigen Minderjährigen steht im Rahmen einer medizinischen Unterbringung das Alleinentscheidungsrecht zu, sodass den gesetzlichen Vertretern keine Entscheidungskompetenz zusteht.[1596]
Die Unterbringung eines betreuten Patienten in ein Krankenhaus ist nach Maßgabe des § 1831 BGB zulässig, solange sie zum Wohl des Betreuten erforderlich ist, weil aufgrund einer psychischen Krankheit oder geistigen oder seelischen Behinderung des Betreuten die Gefahr besteht, dass er sich selbst tötet oder sich einen erheblichen gesundheitlichen Schaden zufügt.[1597] Alkoholismus ist für sich gesehen keine psychische Krankheit bzw. geistige oder seelische Behinderung iSv § 1831 Abs. 1 Nr. 1 BGB. Anders verhält es sich, wenn der Alkoholismus entweder im ursächlichen Zusammenhang mit einem geistigen Gebrechen steht, insbesondere einer psychischen Erkrankung, oder ein auf den Alkoholmissbrauch zurückzuführender Zustand eingetreten ist, der das Ausmaß eines geistigen Gebrechens erreicht hat.[1598] Die Unterbringung durch einen Betreuer nach § 1831 Abs. 1 Nr. 1 BGB verlangt keine akute, unmittelbar bevorstehende Gefahr für den Betreuten. Notwendig, aber auch ausreichend ist eine ernstliche und konkrete Gefahr für Leib oder Leben des Betreuten.[1599] Eine völlige Verwahrlosung kann indes ausreichen, wenn damit eine Gesundheitsgefahr durch körperliche Verelendung und Unterversorgung verbunden

---

[1594] Gernhuber/Coester-Waltjen, Familienrecht, § 59 Rn. 20; SK-StGB/Wolters, § 239 Rn. 12a; Otto, Jura 2001, 670 (671).
[1595] Müller, MedR 2011, 339 (342).
[1596] Müller, MedR 2011, 339 (345).
[1597] BGH, NJW-RR 2015, 770 (771); Heiderhoff, JA 2024, 107 (109 f.).
[1598] BGH, NJW 2011, 3518 (3519) mwN.
[1599] BGH, NJW-RR 2010, 291.

ist.[1600] Damit ein Betreuer überhaupt im Bereich freiheitsentziehender Maßnahmen entscheiden darf, muss ihm der Aufgabenkreis bezüglich Entscheidungen zu freiheitsentziehenden Maßnahmen oder des Aufenthaltsbestimmungsrechts zugeschrieben sein.[1601] Per se bedarf eine Unterbringung des betreuten Patienten durch den Betreuer einer Genehmigung des Betreuungsgerichts gemäß § 1831 Abs. 2 S. 1 BGB. Gleiches gilt für eine einfache Fixierung.[1602] Einer Genehmigung bedarf es indes nicht, wenn erhebliche Gefahr für die Gesundheit des Patienten besteht, § 1831 Abs. 2 S. 2 BGB. Steht ein Patient nicht unter einer rechtlichen Betreuung, wurde jedoch eine Vorsorgevollmacht erteilt, so gelten diese Anforderungen gemäß § 1831 Abs. 5 BGB entsprechend für die Einwilligung des Bevollmächtigten. Hierbei ist jedoch zu beachten, dass ein Betreuer gemäß § 1832 Abs. 1 Nr. 3 BGB in medizinische Zwangsmaßnahmen nur einwilligen darf, wenn diese dem von ihm gemäß § 1827 BGB zu beachtenden Willen des Betreuten entspricht. Ist dies nicht der Fall, ist es dem Betreuer untersagt, als gesetzlicher Vertreter für den Betroffenen, in die von dem Betreuten untersagten ärztlichen Maßnahmen einzuwilligen.[1603] Hat der Betroffene in einer Patientenverfügung ausdrücklich untersagt, ihn auf eine psychische Erkrankung hin zu untersuchen und bei Vorliegen einer solchen Erkrankung zu behandeln, so scheidet eine Einwilligung des Betreuers aus.[1604]

Befindet sich ein Patient in einem die freie Willensbestimmung ausschließenden Zustand, können freiheitsentziehende Maßnahmen aufgrund mutmaßlicher Einwilligung gerechtfertigt sein.[1605] Lassen sich zum Zeitpunkt der Vornahme freiheitsentziehender Maßnahmen keine individuellen Präferenzen des Patienten ermitteln, so kann und muss davon ausgegangen werden, dass sein mutmaßlicher Wille mit dem übereinstimmt, was ge-

---

1600 BGH, NJW-RR 2010, 291 (292).
1601 Klein/Di Bella, RDG 2015, 220 (222).
1602 BGH, NJW 2011, 520; Rodenbusch, NJW 2020, 2509 (2510).
1603 LG Berlin, Beschl. v. 16.04.2020 – 88 T 97/18, BeckRS 2020, 44421 Rn. 14.
1604 LG Berlin, Beschl. v. 16.04.2020 – 88 T 97/18, BeckRS 2020, 44421 Rn. 15.
1605 Riedel, BtPrax 2010, 99 (100).

meinhin als vernünftig angesehen wird und den Interessen eines verständigen Menschen üblicherweise entspricht.[1606] Es ist davon auszugehen, dass der Patient die bestmögliche Behandlung bzw. Versorgung wünscht.[1607] Ferner kommt bei einer Selbstgefährdung des nicht einsichtsfähigen Patienten eine Rechtfertigung nach Maßgabe des rechtfertigenden Notstandes in Betracht. Der Schutz des Lebens bzw. der Gesundheit des Patienten überwiegt im Rahmen der Abwägung das beeinträchtigte Rechtsgut der Freiheit des Patienten. Ist für eine Unterbringung des Patienten auf die mutmaßliche Einwilligung oder den rechtfertigenden Notstand abzustellen, so gebührt der mutmaßlichen Einwilligung auch in diesen Sachverhaltskonstellationen stets der Vorrang zwecks Wahrung des Selbstbestimmungsrechts des Patienten.
Die Rechtswidrigkeit scheidet auch bei Unterbringungen aufgrund von Sondergesetzen aus.[1608] Im Rahmen einer sofortigen Unterbringung eines Patienten nach den Landesgesetzen über Hilfen und Schutzmaßnahmen bei psychischen Krankheiten (PsychKG) wird dieser zwangsweise in ein dafür vorgesehenes Fachkrankenhaus verbracht. Für eine sofortige Unterbringung ist ein ärztliches Zeugnis erforderlich, das besagt, dass eine gegenwärtige erhebliche Selbst- oder Fremdgefährdung des Patienten vorliegt, vgl. beispielsweise §§ 11, 14 Abs. 1 PsychKG NRW. Besteht der Grund für das selbstgefährdende Verhalten des Patienten in einer Intoxikation mit Alkohol oder anderen psychotropen Substanzen, in einer Krankheit, Schädigung oder Funktionsstörung des Gehirns oder in einer sonstigen organischen Störung, so kommt eine Unterbringung nach dem PsychKG nicht in Betracht. Solche Krankheitsbilder bedürfen nämlich primär einer internistischen respektive intensivmedizinischen oder neurologischen Versorgung, die in psychiatrischen Einrichtungen regelmäßig nicht geleistet werden kann.[1609] Die Landesgesetze über Hilfen und Schutzmaßnahmen bei psychischen Krankheiten bietet in diesen Fällen keine taugliche Rechtsgrundlage für freiheitsentziehende Maßnahmen, da diese außerhalb von psychiatrischen Einrichtungen behandelt werden müssen. In diesen Fällen

---

[1606] BGHSt 35, 246 (250); 45, 219 (221).

[1607] BGHSt 35, 246 (250); BGH, FamRZ 2016, 1671; FamRZ 2019, 999; Baumann/Weber/Mitsch/Eisele, Strafrecht AT, § 15 Rn. 154; Grüneberg/Götz, § 1827 Rn. 17; Kühl, Strafrecht AT, § 9 Rn. 47.

[1608] Schönke/Schröder/Eisele, StGB, § 239 Rn. 8.

[1609] Riedel, BtPrax 2010, 99 (101).

kommt nur eine Unterbringung nach den bereits genannten Grundsätzen in Betracht.

F. Zur Strafbarkeit wegen eines Sexualdeliktes

Das folgende Kapitel beinhaltet eine Untersuchung der Strafbarkeit vonseiten des Rettungsdienstpersonals wegen eines Sexualdeliktes, wenn medizinische Maßnahmen am Patienten durchgeführt werden und dieser dabei körperlich berührt wird.
Eine Strafbarkeit könnte sich aus § 174c Abs. 1 StGB ergeben. Hiernach macht sich strafbar, wer sexuelle Handlungen an einer Person, die ihm wegen einer geistigen oder seelischen Krankheit oder Behinderung einschließlich einer Suchtkrankheit oder wegen einer körperlichen Krankheit oder Behinderung zur Beratung, Behandlung oder Betreuung anvertraut ist, unter Missbrauch des Beratungs-, Behandlungs- oder Betreuungsverhältnisses vornimmt oder an sich vornehmen lässt.
Die Norm schützt geistig oder seelisch Kranke oder Behinderte einschließlich Suchtkranken sowie körperlich Kranke oder Behinderte in bestimmten Obhutsverhältnissen.[1610] Geistige oder seelische Krankheiten sind die von § 20 StGB umfassten krankhaften seelischen Störungen, die dort genannte Intelligenzminderung sowie die unter den Begriff der schweren anderen seelischen Abartigkeit zu fassenden Persönlichkeitsstörungen, die aufgrund ihrer Schwere einen vergleichbaren Krankheitswert erreichen.[1611] Zu einer Behinderung werden diese Beeinträchtigungen dann, wenn sie sich als nicht reversibel herausstellen.[1612] Unter Suchtkrankheit fallen die Alkohol-, Drogen- und Medikamentenabhängigkeit.[1613] Körperlich krank oder behindert sind Personen mit vorübergehenden oder dauerhaften physischen Beeinträchtigungen, wozu beispielsweise Funktionsstörungen des Stütz- und Bewegungsapparats, der inneren Organe oder der Sinnesorgane gehören.[1614] Durch die Aufnahme des Begriffs der Krankheit werden auch gewöhnliche Arztbesuche bei nur einfachen und kurzfristigen Erkrankungen erfasst. Damit kommt praktisch das gesamte Gesundheitswesen als

---

[1610] Schönke/Schröder/Eisele, StGB, § 174c Rn. 2.
[1611] BT-Drs. 11/4528, S. 115 f.; Schönke/Schröder/Eisele, StGB, § 174c Rn. 4.
[1612] Fischer, StGB, § 174c Rn. 4, NK-StGB/K. Schumann, § 174c Rn. 3, Lackner/Kühl/Heger/Heger, StGB, § 174c Rn. 2a.
[1613] Lackner/Kühl/Heger/Heger, StGB, § 174c Rn. 2b.
[1614] Lackner/Kühl/Heger/Heger, StGB, § 174c Rn. 2c.

Anknüpfungspunkt einer Strafbarkeit in Betracht, mithin auch die präklinische Notfallversorgung.[1615] Im subjektiven Tatbestand genügt dolus eventualis bezüglich aller objektiven Tatbestandsmerkmale.[1616]

I. Anvertrautsein

Das Opfer muss dem Täter zur Beratung, Behandlung oder Betreuung anvertraut sein. Beratung meint zum einen die einer möglichen Behandlung vorausgehende Besprechung, zum anderen auch sonst jede ratgebende Begleitung, die auf die Bewältigung der mit der Erkrankung oder Behinderung spezifisch verbundenen Probleme gerichtet ist.[1617] Die Behandlung umfasst alle Maßnahmen der Diagnose, Therapie und Rehabilitation.[1618] Die Betreuung setzt voraus, dass die Verantwortung für das leibliche und/oder geistig-sittliche Wohl des Kranken oder Behinderten zumindest in Teilbereichen übernommen wird, wobei eine längere Dauer nicht erforderlich ist.[1619] „Das für die Tatbestandserfüllung notwendige ‚Anvertrautsein' setzt weder das Vorliegen einer rechtsgeschäftlichen Beziehung zwischen Täter und Opfer voraus, noch kommt es darauf an, auf wessen Initiative das Verhältnis begründet wird."[1620] Entscheidend ist allein die tatsächliche Übertragung der Beratungs-, Behandlungs- oder Betreuungsaufgabe.[1621] Nicht von Belang ist, ob tatsächlich eine behandlungsbedürftige Krankheit oder eine Behinderung vorliegt, sofern die betroffene Person subjektiv eine Behandlungs- oder Beratungsbedürftigkeit empfindet.[1622]

1615 Schönke/Schröder/Eisele, StGB, § 174c Rn. 4a; Fischer, StGB, § 174c Rn. 5.

1616 Schönke/Schröder/Eisele, StGB, § 174c Rn. 10; Fischer, StGB, § 174c Rn. 11; Lackner/Kühl/Heger/Heger, StGB, § 174c Rn. 10; a.A. Matt/Renzikowski/Eschelbach, StGB, § 174c Rn. 19; MüKoStGB/Renzikowski, § 174c Rn. 32, demnach ist Vorsatz iSv von dolus directus erforderlich, der sich auf die Umstände beziehen muss, die die abhängige Stellung der geschützten Person begründen, dies wird seitens des Rettungsdienstpersonals erfüllt sein.

1617 MüKoStGB/Renzikowski, § 174c Rn. 21, SK-StGB/Wolters, § 174c Rn. 5.

1618 BT-Drs. 13/8267, S. 11; Lackner/Kühl/Heger/Heger, StGB, § 174c Rn. 4; MüKoStGB/Renzikowski, § 174c Rn. 21; NK-StGB/K. Schumann, § 174c Rn. 7.

1619 BT-Drs. 13/8267, S. 4, 7; LG Ravensburg, NStZ-RR 2012, 44.

1620 BGH, NJW 2016, 2965 (2966); Beschl. v. 07.04.2020 – 3 StR 44/20, BeckRS 2020, 10184 Rn. 26; Fischer, StGB, § 174c Rn. 7; MüKoStGB/Renzikowski, § 174c Rn. 24 mwN.

1621 BGH, NStZ 2012, 440 (441); NStZ 2016, 529 (530); LG Ravensburg, NStZ-RR 2012, 44; Fischer, StGB, § 174c Rn. 7; MüKoStGB/Renzikowski, § 174c Rn. 24; a.A. Lackner/Kühl/Heger/Heger, StGB, § 174c Rn. 4; SK-StGB/Wolters, § 174c Rn. 5, wonach ein (nicht notwendigerweise rechtswirksamer) Vertrag erforderlich ist.

1622 BGH, NStZ 2016, 529 (530); NJW 2021, 2223 (2224).

Das Opfer ist dem Täter anvertraut, wenn es ihm entweder von einem sorgeberechtigten Dritten überantwortet wird[1623] oder wenn es sich aus eigener Entscheidung in das Beratungs-, Behandlungs- oder Betreuungsverhältnis begeben hat.[1624] Das Opfer muss die fürsorgliche Tätigkeit entgegennehmen.[1625] Das Beratungs-, Behandlungs- oder Betreuungsverhältnis muss nicht von einer solchen Intensität und Dauer sein, dass eine Abhängigkeit entstehen kann, die es dem Opfer erschwert, einen Abwehrwillen zu bilden.[1626]
Eine einseitige Übernahme dieser Aufgaben durch den Täter oder die Übernahme lediglich unbedeutender Beratungs- oder Betreuungstätigkeiten genügen jedoch nicht.[1627] Eine bestimmte berufliche Stellung oder Qualifikation des Täters ist nicht erforderlich, sodass auch medizinisches Hilfspersonal bei entsprechender Aufgabenwahrnehmung einbezogen ist.[1628]
Nach diesen Grundsätzen ist davon auszugehen, dass Patienten dem nichtärztlichen Rettungsdienstpersonal im Sinne dieser Vorschrift anvertraut sind, da sie die rettungsdienstliche Beratung, Behandlung oder Betreuung aufsuchen bzw. von einem sorgeberechtigten Dritten in diese überantwortet werden und das Rettungsdienstpersonal eine entsprechende Tätigkeit tatsächlich übernimmt. Aufgrund ihrer Garantenstellung[1629] übernehmen sie auch die Verantwortung für das leibliche und/oder geistig-sittliche Wohl des Kranken oder Behinderten.

II. Sexuelle Handlung

Die Verwirklichung des objektiven Tatbestandes des § 174c Abs. 1 StGB setzt voraus, dass das Rettungsdienstpersonal eine sexuelle Handlung am

---

[1623] Beispielsweise durch die gesetzlichen Vertreter eines Minderjährigen oder durch einen Betreuer iSd § 1896 BGB bei Volljährigen.
[1624] BT-Drs. 13/8267, S. 6 f.; Fischer, StGB, § 174c Rn. 7; LK-StGB/Hörnle, § 174c Rn. 13; SK-StGB/Wolters, § 174c Rn. 5.
[1625] BGH, NJW 2021, 2223 (2224).
[1626] BGH, NJW 2021, 2223 (2224).
[1627] BGH, NJW 2016, 2965 (2966); Beschl. v. 07.04.2020 – 3 StR 44/20, BeckRS 2020, 10184 Rn. 26; Schönke/Schröder/Eisele, StGB, § 174c Rn. 5a; MüKoStGB/Renzikowski, § 174c Rn. 24
[1628] LG Ravensburg, NStZ-RR 2012, 44 (45); Matt/Renzikowski/Eschelbach, StGB, § 174c Rn. 8.
[1629] Vgl. Drittes Kap. A. II.

Patienten vornimmt. Sexuelle Handlungen sind zum einen solche, die bereits objektiv, also allein gemessen an ihrem äußeren Erscheinungsbild, die Sexualbezogenheit erkennen lassen.[1630] Zum anderen sind solche Tätigkeiten tatbestandsmäßig, die für sich betrachtet nicht ohne Weiteres einen sexuellen Charakter aufweisen, aufgrund von objektiven Rahmenbedingungen aus der Sicht eines Beobachters, der alle Einzelheiten des Geschehens wahrnimmt, jedoch als sexuell zu qualifizieren sind.[1631] Eine sexuelle Handlung muss gemäß § 184h Nr. 1 StGB im Hinblick auf das geschützte Rechtsgut von einiger Erheblichkeit sein. „Als erheblich in diesem Sinne sind solche sexualbezogenen Handlungen zu werten, die nach Art, Intensität und Dauer eine sozial nicht mehr hinnehmbare Beeinträchtigung des im jeweiligen Tatbestand geschützten Rechtsguts besorgen lassen."[1632] Dies bedarf einer Gesamtbetrachtung aller Umstände im Hinblick auf die Gefährlichkeit der Handlung für das betroffene Rechtsgut.[1633] Bei Tatbeständen, die die sexuelle Selbstbestimmung des Opfers schützen, genügt schon jedes Handeln ohne den Willen des Betroffenen zur Erfüllung der Erheblichkeit.[1634] Unerheblich ist, ob das Opfer den sexuellen Charakter der Handlung erkennt.[1635]

Eine sexuelle Handlung liegt beispielsweise bei der Entblößung des Unterkörpers vor.[1636] Ferner sind Berührungen von Geschlechtsorganen oder den sonstigen geschlechtlichen „Tabuzonen" – wie beispielsweise das Gesäß und die weibliche Brust – sowie deren unmittelbare Umgebung und Versuche einer vaginalen oder analen Penetration einer anderen Person mit

---

[1630] BGHSt 29, 336 (338); BGH, NStZ 1983, 167; NStZ 1985, 24; NJW 1992, 325; NStZ-RR 1999, 353 (357); NStZ-RR 2008, 339 (340); NStZ 2015, 457; NStZ-RR 2015, 33 (35); Beschl. v. 07.04.2020 – 3 StR 44/20, BeckRS 2020, 10184 Rn. 13; NJW 2021, 2223 (2224); OLG Oldenburg, NStZ-RR 2010, 240 (241); Schönke/Schröder/Eisele, StGB, § 174c Rn. 6; SK-StGB/Wolters, § 174c Rn. 3.

[1631] BGH, NStZ 2002, 431 (432); NJW 2016, 2049; Beschl. v. 07.04.2020 – 3 StR 44/20, BeckRS 2020, 10184 Rn. 13; NJW 2021, 2223 (2224); Matt/Renzikowski/Eschelbach, StGB, § 184h Rn. 5 mwN.

[1632] BGHSt 29, 336 (338); BGH, NStZ 2012, 269 (270); NJW 2016, 2049; Beschl. v. 07.04.2020 – 3 StR 44/20, BeckRS 2020, 10184 Rn. 20.

[1633] BGH, NStZ 2012, 269 (270); Matt/Renzikowski/Eschelbach, StGB, § 184h Rn. 7; Lackner/Kühl/Heger/Heger, StGB, § 184h Rn. 5.

[1634] Schönke/Schröder/Eisele, StGB, § 184h Rn. 18; SK-StGB/Wolters, § 184h Rn. 2.

[1635] Schönke/Schröder/Eisele, StGB, § 184h Rn. 18; MüKoStGB/Hörnle, § 184h Rn. 11; NK-StGB/K. Schumann, § 184h Rn. 3.

[1636] BGH, NStZ 2015, 457.

Fingern oder Gegenständen nach ihrem äußeren Erscheinungsbild eindeutig sexualbezogen.[1637] Mithin kommt eine sexuelle Handlung vonseiten des Rettungsdienstpersonals in Betracht, wenn ein Patient entkleidet wird, urologische und gynäkologische Untersuchungen durchgeführt werden oder bei einer Patientin ein EKG im Brustbereich angelegt wird.[1638]

Im juristischen Schrifttum wird überwiegend vertreten, dass medizinisch indizierte und lege artis vorgenommene Behandlungsmaßnahmen keine sexuellen Handlungen darstellen.[1639] Nach anderer Ansicht soll auch bei gegebener Indikation und einer Ausführung de lege artis eine sexuelle Handlung vorliegen können, wenn die sexuellen Motive Anlass zu der Handlung waren[1640] oder das Verhalten des Täters im Rahmen des Gesamtgeschehens als ein sexualbezogenes Agieren zu verstehen ist.[1641] Die Rechtsprechung hat noch nicht abschließend beantwortet, ob und gegebenenfalls unter welchen näheren Voraussetzungen medizinisch indizierte und lege artis durchgeführte Handlungen grundsätzlich als sexuelle Handlungen ausscheiden.[1642]

Da auch medizinisch indizierte und lege artis vorgenommene Behandlungsmaßnahmen nach ihrem äußeren Erscheinungsbild eine Beziehung zum Geschlechtlichen aufweisen können, ist es nicht sachgerecht ihnen diesen Charakter abzusprechen, nur weil sie medizinisch veranlasst sind. Konsequenz wäre nämlich, dass beispielsweise das heimliche Anfertigen von Bildaufnahmen bei einer indizierten Untersuchung oder Behandlung im Intimbereich, ohne Abweichung von der lex artis beim Untersuchungsvorgang als solchem, nicht von § 174c StGB erfasst wäre, obwohl für einen objektiven Beobachter die Sexualisierung deutlich erkennbar ist.[1643] Im Ergebnis ist daher zu differenzieren:

Eine dem rettungsdienstlichen Standard entsprechende und indizierte Untersuchung eines Patienten weist grundsätzlich keinen sexuellen Charakter

---

[1637] BT-Drs. 18/9097, S. 30; BGH, Beschl. v. 07.04.2020 – 3 StR 44/20, BeckRS 2020, 10184 Rn. 19; NJW 2021, 2223 (2224); MüKoStGB/Hörnle, § 184h Rn. 10.

[1638] Vgl. zur Durchführung eines EKGs Köhler, EKG-Grundlagenwissen, S. 40 ff.

[1639] Lackner/Kühl/Heger/Heger, StGB, § 174c Rn. 9; LK-StGB/Hörnle, § 174c Rn. 17; MüKoStGB/Hörnle, § 184h Rn. 4.

[1640] Zauner, Sexueller Missbrauch unter Ausnutzung eines Beratungs-, Behandlungs- oder Betreuungsverhältnisses, S. 103.

[1641] Laubenthal, FS Streng, S. 87 (92).

[1642] BGH, Beschl. v. 07.04.2020 – 3 StR 44/20, BeckRS 2020, 10184 Rn. 15; NJW 2021, 2223 (2224).

[1643] Eisele, JR 2021, 536 (538).

auf. Objektiv lässt eine solche Behandlung, also allein gemessen an ihrem äußeren Erscheinungsbild, die Sexualbezogenheit nicht erkennen. Schließlich steht allein die sachgerechte Behandlung im Vordergrund. Etwas anderes ergibt sich jedoch, wenn sexuelle Motive Anlass zu der Behandlung sind. Denn hierdurch wird für einen objektiven Beobachter die Sexualisierung deutlich. In diesem Fall stellen auch medizinisch indizierte und lege artis ausgeführte Behandlungsmaßnahmen eine sexuelle Handlung dar. Maßgeblich ist daher die Intention des Behandelnden.

III. Missbrauch

Der objektive Tatbestand des § 174c Abs. 1 StGB erfordert ferner den Missbrauch eines Beratungs-, Behandlungs- oder Betreuungsverhältnisses. Ein Missbrauch in dem vom Gesetz vorausgesetzten Sinne liegt vor, wenn der Täter im konkreten Fall eine aufgrund des Beratungs-, Behandlungs- oder Betreuungsverhältnisses bestehende Autoritäts- oder Vertrauensstellung gegenüber dem Opfer zur Vornahme der sexuellen Handlung ausgenutzt hat.[1644] Ein Missbrauch setzt damit die bewusst pflichtwidrige Wahrnehmung einer Gelegenheit voraus, die das Vertrauensverhältnis mit sich bringt.[1645] Hierbei muss nicht festgestellt werden, dass der Patient im konkreten Tatzeitpunkt vom nichtärztlichen Rettungsdienstpersonal abhängig war oder dass eine Hilflosigkeit oder die Bedürftigkeit des Patienten ausgenutzt wurde. Im Regelfall kann davon ausgegangen werden, dass bei sexuellen Handlungen in einem Beratungs-, Behandlungs- oder Betreuungsverhältnis dessen Missbrauch vorliegt.[1646] An einem Missbrauch fehlt es lediglich dann, wenn ausnahmsweise nicht eine auf das Beratungs-, Behandlungs- oder Betreuungsverhältnis gegründete Vertrauensstellung zur Vornahme der sexuellen Handlung ausgenutzt wurde.[1647] Ein solcher Ausnahmefall ist aufgrund einer Gesamtwürdigung der den jeweiligen Einzelfall kennzeichnenden Umstände festzustellen.[1648] Hierfür ist eine vom Patienten zum Ausdruck gebrachte Zustimmung zu der sexuellen Handlung

---

[1644] BT-Drs. 13/8267, S. 7; BGH, NJW 2016, 2965 (2967); Beschl. v. 07.04.2020 – 3 StR 44/20, BeckRS 2020, 10184 Rn. 27; Lackner/Kühl/Heger/Heger, StGB, § 174c Rn. 5.
[1645] Schönke/Schröder/Eisele, StGB, § 174c Rn. 6a; Matt/Renzikowski/Eschelbach, StGB, § 174c Rn. 17.
[1646] BGH, NStZ 2011, 694 (697); Matt/Renzikowski/Eschelbach, StGB, § 174c Rn. 17.
[1647] BGH, NStZ 2011, 694 (697); NJW 2016, 2965 (2967).
[1648] BGH, NStZ 2011, 694 (697); OLG Karlsruhe, Urt. v. 04.06.2009 – 3 Ss 113/08, BeckRS 2009, 20082.

eine gewichtige, regelmäßig unerlässliche Voraussetzung, sofern sie nicht auf einem Willensmangel infolge einer psychischen Krankheit oder Behinderung, der Sucht oder der seelischen Beeinträchtigung des Patienten beruht oder erst aus dem Vertrauensverhältnis zwischen dem Behandelnden und dem Patienten entsteht.[1649] Bei seelischen Krankheiten oder Behinderungen oder psychischen Beeinträchtigungen wird in der Regel davon auszugehen sein, dass ein tatbestandsausschließendes Einverständnis mit sexuellen Handlungen während des bestehenden Beratungs- oder Behandlungsverhältnisses ausscheidet.[1650] Physische Krankheiten heben dagegen die Einwilligungsfähigkeit grundsätzlich nicht auf, sodass die Bejahung eines Missbrauchs der einzelfallbezogenen Begründung bedarf.[1651]

Jedoch genügt ein Einverständnis allein nicht, um einen Missbrauch auszuschließen. „Vielmehr müssen weitere Umstände hinzukommen, aufgrund derer davon auszugehen ist, dass eine […] Vertrauensbeziehung entweder tatsächlich nicht bestand oder für die Hinnahme der sexuellen Handlung ohne Bedeutung war. Solche besonderen Umstände können etwa vorliegen bei einer […] unabhängigen ‚Liebesbeziehung' und in deren Folge nur gelegentlich der Behandlung oder nach deren Abschluss vorgenommenen sexuellen Handlung."[1652]

Werden sexuelle Handlungen am Patienten im Rahmen eines rettungsdienstlichen Versorgung vorgenommen, so wird das Vertrauensverhältnis hingegen missbraucht, wenn durch das nichtärztliche Rettungsdienstpersonal vorgegeben wird, die sexuelle Handlung sei medizinisch notwendig, wenn behandlungsbezogene Nachteile beim Zurückweisen des Ansinnens in den Raum gestellt werden oder wenn die schutzlose Lage eines Patienten – etwa die einer auf Aufforderung hin unnötig vollständig entkleideten Frau – zur Vornahme sexueller Handlungen ausgenutzt wird.[1653] Denn in diesen Fällen wird illegitim die Behandlungssituation ausgenutzt.

[1649] Matt/Renzikowski/Eschelbach, StGB, § 174c Rn. 18; Zauner, Sexueller Missbrauch unter Ausnutzung eines Beratungs-, Behandlungs- oder Betreuungsverhältnisses, S. 111.

[1650] MüKoStGB/Renzikowski, § 174c Rn. 29; NK-StGB/K. Schumann, § 174c Rn. 12.

[1651] MüKoStGB/Renzikowski, § 174c Rn. 30; NK-StGB/K. Schumann, § 174c Rn. 12.

[1652] BGH, NStZ 2011, 694 (697); NJW 2016, 2965 (2967); Schönke/Schröder/Eisele, StGB, § 174c Rn. 6b; Matt/Renzikowski/Eschelbach, StGB, § 174c Rn. 18; Lackner/Kühl/Heger/Heger, StGB, § 174c Rn 5.

[1653] BGH, NStZ 2011, 694 (697); NJW 2016, 2965 (2967).

Im Übrigen liegt ein Missbrauch nicht vor, wenn medizinisch indizierte Behandlungsmaßnahmen lege artis vorgenommen werden und der Patient sachgerecht aufgeklärt worden ist.[1654]

IV. Rechtswidrigkeit

Einer Strafbarkeit wegen sexuellen Missbrauchs unter Ausnutzung eines Beratungs-, Behandlungs- oder Betreuungsverhältnisses nach § 174c Abs. 1 StGB steht das Einvernehmen des Opfers mit der vom Täter vorgenommenen sexuellen Handlung nicht entgegen. Ein solches Einvernehmen schließt weder als Einverständnis den Tatbestand noch als Einwilligung die Rechtswidrigkeit der Tat aus, denn ein Missbrauch soll auch durch einvernehmliche sexuelle Handlungen verhindert werden.[1655] Eine Strafbarkeit gemäß § 174c Abs. 1 StGB ergibt sich demnach, wenn das Rettungsdienstpersonal eine nicht indizierte Maßnahme am Patienten vornimmt und dabei eine sexuelle Handlung im beschriebenen Sinne vorliegt.

G. Zur Strafbarkeit wegen einer Sachbeschädigung

Das Rettungsdienstpersonal könnte sich wegen einer Sachbeschädigung gemäß § 303 Abs. 1 StGB strafbar machen, wenn es die Kleidung des Patienten bei Vorliegen eines schweren Traumas zerschneidet, um eine ausführliche körperliche Untersuchung durchzuführen, denn in diesem Fall wird eine fremde Sache beschädigt[1656] bzw. zerstört.[1657] Die tatbestandlich verwirklichte Sachbeschädigung wird jedoch gerechtfertigt sein. Entweder wird der Patient in die Beschädigung der Kleidung ausdrücklich einwilligen oder die Beschädigung wird dem mutmaßlichen Willen des Patienten entsprechen, um eine vollständige körperliche Untersuchung zu ermöglichen, damit das Rettungsdienstpersonal die erforderliche medizinische

---

[1654] Schönke/Schröder/Eisele, StGB, § 174c Rn. 6b; Matt/Renzikowski/Eschelbach, StGB, § 174c Rn. 16; LK-StGB/Hörnle, § 174c Rn. 17.

[1655] BGH, NStZ 2011, 694 (695); NStZ 2016, 529 (530); SK-StGB/Wolters, § 174c Rn. 9.

[1656] Beschädigen ist jede körperliche Einwirkung auf eine Sache, durch die ihre Substanz nicht nur unerheblich verletzt oder ihre bestimmungsgemäße Brauchbarkeit nicht nur unerheblich beeinträchtigt wird, BGHSt 44, 34 (38); BGH, NStZ 1982, 508; LG Karlsruhe, NStZ 1993, 543 (544).

[1657] Bei einer Zerstörung wird die Sache vollständig in ihrer Existenz vernichtet oder zumindest eine so weitgehende Beschädigung, dass die Sache ihre bestimmungsgemäße Brauchbarkeit vollständig verliert, Lackner/Kühl/Heger/Heger, StGB, § 303 Rn. 7.

Therapie beurteilen kann. Etwas anderes gilt jedoch, wenn der Patient eine Behandlung ablehnt. In diesem Fall wird auch keine Einwilligung in die Beschädigung der Kleidung zwecks Untersuchungsmöglichkeit gegeben sein.

H. Zur Strafbarkeit wegen eines Hausfriedensbruches

Durch das Aufsuchen des Notfallpatienten und die gegebenenfalls erforderliche Zugangsverschaffung kommt zudem die Verwirklichung eines Hausfriedensbruches nach § 123 StGB in Betracht. Nach § 123 Abs. 1 StGB macht sich strafbar, wer in die Wohnung, in die Geschäftsräume oder in das befriedete Besitztum eines anderen oder in abgeschlossene Räume, die zum öffentlichen Dienst oder Verkehr bestimmt sind, widerrechtlich eindringt (1. Alt.), oder wer, wenn er ohne Befugnis darin verweilt, auf die Aufforderung des Berechtigten sich nicht entfernt (2. Alt.).[1658] Ein Eindringen liegt beim Betreten gegen oder ohne den Willen des Berechtigten vor. Der Täter muss dabei mit einem Teil seines Körpers in die jeweilige Räumlichkeit gelangt sein.[1659] Das Einverständnis des Berechtigten schließt bereits den objektiven Tatbestand aus, sodass die Strafnorm in den Fällen, in denen das Rettungsdienstpersonal die Räumlichkeiten eines Patienten betritt, der selbst den Rettungsdienst alarmiert hat, nicht erfüllt sein wird, da der Patient die Hilfe des Rettungsdienstes in Anspruch nehmen möchte. Interessanter sind indes diejenigen Fälle, in denen die Person des Berechtigten und des Patienten auseinanderfallen und der Berechtigte das Rettungsdienstpersonal nicht in seinen Räumlichkeiten haben möchte. Hier wird der objektive Tatbestand des § 123 Abs. 1, 1. Alt. StGB durch das Rettungsdienstpersonal erfüllt, jedoch dürfte die Tat gemäß § 34 StGB gerechtfertigt sein, da das Leben und die Gesundheit des Patienten das Hausrecht des Berechtigten wesentlich überwiegen wird. Selbiges gilt, wenn der Tatbestand des § 123 Abs. 1, 2. Alt. StGB durch das Rettungsdienstpersonal erfüllt wird, indem es trotz Aufforderung, sich zu entfernen, in den Räumlichkeiten des Berechtigten zum Zwecke der Patientenversorgung verweilt.[1660] Verlangt hingegen der einsichtsfähige Patient als Berechtigter, dass das Rettungsdienstpersonal die Räumlichkeit wieder verlässt, scheidet

---

[1658] Zur Definition der geschützten Örtlichkeiten MüKoStGB/Feilcke, § 123 Rn. 10 ff.
[1659] MüKoStGB/Feilcke, § 123 Rn. 25; Lackner/Kühl/Heger/Heger, StGB, § 123 Rn. 5.
[1660] Lackner/Kühl/Heger/Heger, StGB, § 123 Rn. 9.

eine Rechtfertigung nach § 34 StGB aus, da dann kein schutzwürdiges Interesse vorliegt.

I. Ergebnis

Resümierend ist festzuhalten, dass im Rahmen der rettungsdienstlichen Tätigkeit weitere Strafbarkeitsrisiken – außerhalb der Körperverletzungs- und Tötungsdelikte – in Erscheinung treten können.
In der rettungsdienstlichen Praxis kommt für das nichtärztliche Rettungsdienstpersonal eine Strafbarkeit wegen Urkundenfälschung gemäß § 267 StGB in Betracht, da die Durchführung von Rettungsdiensteinsätzen und deren Abwicklung zu dokumentieren sind. Das daraus resultierende Dokument ist eine Urkunde iSd § 267 Abs. 1 StGB. In der rettungsdienstlichen Praxis kommt vor allem das Verfälschen einer Urkunde durch den Aussteller selbst in Betracht. Nach der vorzugswürdigen herrschenden Meinung macht sich ein Notfallsanitäter, der das Einsatzprotokoll im Nachhinein verändert, wegen Urkundenfälschung strafbar, da die weiterbehandelnden Ärzte und auch der Patient einen Anspruch auf Unversehrtheit des Beweismittels haben. Darüber hinaus wird von einer solch verfälschten Urkunde Gebrauch gemacht, wenn dieses Einsatzprotokoll an den Ärztlichen Leiter Rettungsdienst oder den Patienten selbst weitergegeben wird, um beispielsweise darüber zu täuschen, dass im Einsatzgeschehen alle medizinischen Maßnahmen ordnungsgemäß durchgeführt wurden, obwohl dies nicht den Tatsachen entspricht. Ferner kommt eine Strafbarkeit wegen Urkundenunterdrückung in Betracht, wenn das Rettungsdienstpersonal das Einsatzprotokoll vollständig zerstört oder in der Notaufnahme nicht den weiterbehandelnden Ärzten beziehungsweise dem Patienten aushändigt.
Transportscheine stellen ebenfalls Urkunden dar. Das Rettungsdienstpersonal begeht daher eine Urkundenfälschung, wenn es einen Transportschein abschließend ausstellt oder abändert. Zudem stellt das Rettungsdienstpersonal eine unechte Urkunde her, wenn es die Verordnung für den Transport abändert, da scheinbarer (Arzt) und tatsächlicher (Rettungsdienstpersonal) Aussteller der Verordnung dann auseinanderfallen. Wird der Transportschein nicht zur Abrechnung weitergeleitet, beispielsweise um dem eigenen Arbeitgeber die Möglichkeit der Abrechnung zu nehmen und ihn hierdurch zu schädigen, begeht das Rettungsdienstpersonal eine Urkundenunterdrückung.
Darüber hinaus macht sich das nichtärztliche Rettungsdienstpersonal wegen eines Abrechnungsbetruges gemäß § 263 Abs. 1 StGB strafbar, wenn

rettungsdienstliche Leistungen abgerechnet werden, die nicht indiziert waren oder tatsächlich nicht bzw. nicht vollständig erbracht wurden. Wird ein tatsächlich durchgeführter Krankentransport als Rettungswageneinsatz abgerechnet, so ist auch in diesem Fall ein Abrechnungsbetrug gegeben, denn aufgrund des Einsatzes von nicht qualifiziertem Personal entspricht dies nicht den formalen Voraussetzungen eines Rettungswageneinsatzes. Für die Annahme eines täuschungsbedingten Irrtums ist es im Zusammenhang mit standardisierten Abrechnungsverfahren ausreichend, dass ein sachgedankliches Mitbewusstsein beim Sachbearbeiter der Krankenkasse vorlag, welches die Annahme einschloss, allen Abrechnungen hätten tatsächlich ordnungsgemäße Transportscheine zugrunde gelegen. Es ist nicht erforderlich, dass tatsächlich eine Überprüfung der Abrechnungen im Einzelfall durchgeführt wurde. Wurde eine Leistung gar nicht erbracht, dem Patienten jedoch in Rechnung gestellt, wird der Patient selbst in aller Regel keinem Irrtum unterliegen, denn schließlich wird er wissen, dass er keine rettungsdienstliche Leistung in Anspruch genommen hat. Der Vermögensschaden besteht in den hier untersuchten Sachverhaltskonstellationen aus den insgesamt abgerechneten Kosten des Rettungsmittels, wenn überhaupt kein Rettungsmittel indiziert war oder ein Transport des Patienten nicht durchgeführt wurde. Wird statt eines indizierten Krankentransportwagens ein Rettungswagen mittels des Transportscheines abgerechnet, besteht – nach hier vertretener Ansicht – der Schaden in der Differenz der Kosten zwischen dem Einsatz eines Rettungswagens und eines Krankentransportwagens.

Eine täterschaftlich begangene Untreue scheidet für das nichtärztliche Rettungsdienstpersonal wegen fehlender Vermögensbetreuungspflicht aus. Zwar unterliegen Notfallsanitäter dem Wirtschaftlichkeitsgebot (§§ 12 Abs. 1 S. 2, 70 Abs. 1 S. 2 SGB V), welches durch die Rechtsprechung zur maßgeblichen Grundlage der Treuepflicht iSd § 266 StGB erhoben wird. Indes erfordert eine Vermögensbetreuungspflicht weiter, dass bei der Besorgung des fremden Geschäfts der Verpflichtete zum selbstständigen und eigenverantwortlichem Handeln innerhalb eines gewissen Ermessensspielraums berufen sein muss. An einer solchen Eigenständigkeit fehlt es Notfallsanitätern, denn die medizinischen Entscheidungen sind durch die Standardarbeitsanweisungen und Behandlungspfade im Rettungsdienst präzise vorgegeben, sodass kein Bewertungsspielraum verbleibt. Allerdings kann sich das nichtärztliche Rettungsdienstpersonal wegen Anstiftung bzw. Beihilfe zur Untreue strafbar machen, wenn sie von einem Vertragsarzt die

Verordnung von rettungsdienstlichen Leistungen verlangen, die gegen das Wirtschaftlichkeitsgebot verstoßen, und der Arzt diese Verordnung zum Nachteil der Krankenkasse ausstellt.
Ferner besteht ein Strafbarkeitsrisiko wegen Verstoßes gegen die Schweigepflicht nach § 203 StGB. Das gesamte rettungsdienstliche Personal unterliegt unabhängig von der Qualifikation einer Schweigepflicht. Unter die Schweigepflicht fallen sämtliche Informationen über den Gesundheitszustand des Patienten, wenn eine berufsspezifische Konnexität zwischen Kenntniserlangung und beruflicher Tätigkeit besteht. Ein uneingeschränkter Geheimnisschutz und damit die Pflicht zur Verschwiegenheit besteht in vollem Umfang nach dem Tod des Patienten fort. Bei der Behandlung von einwilligungsfähigen Minderjährigen besteht auch gegenüber den gesetzlichen Vertretern eine Schweigepflicht. Eine Strafbarkeit droht jedoch nur, wenn das Rettungsdienstpersonal unbefugt handelt. Dabei ergibt sich eine gesetzliche Offenbarungspflicht für die rettungsdienstliche Praxis vor allem aus den Regelungen des Infektionsschutzgesetzes, es sei denn, der Patient wird einem Arzt zugeführt. In diesem Fall geht die gesetzliche Offenbarungspflicht auf den Arzt über. Darüber hinaus handelt das Rettungsdienstpersonal nicht unbefugt, wenn die Offenbarung gerechtfertigt ist. Hier kommt zum einen die Einwilligung des Patienten in Betracht, wenn er mit der Weitergabe seiner Daten im Rahmen der rettungsdienstlichen Versorgung einverstanden ist. Ferner kommt eine Rechtfertigung aufgrund des mutmaßlichen Willens des Patienten in Betracht, wenn keine Anhaltspunkte dafür vorliegen, dass der Patient der Weitergabe seiner höchstpersönlichen und vertraulichen Daten widersprochen hätte. In bestimmten Notsituationen kann eine Verletzung von Privatgeheimnissen zudem gemäß § 34 StGB gerechtfertigt sein. Eine Durchbrechung der Schweigepflicht zugunsten der gesetzlichen Vertreter kommt bei der Behandlung von einwilligungsfähigen Minderjährigen nach Maßgabe des rechtfertigenden Notstandes dann in Betracht, wenn die Personensorge der Eltern das Recht auf informationelle Selbstbestimmung des Kindes überwiegt. Dies ist vor allem bei einer Suizidgefahr oder Anorexia nervosa gegeben. Auch die Benachrichtigung Dritter bei Suizidankündigung eines psychisch Kranken ist nach § 34 StGB gerechtfertigt, da das Leben des Patienten im Rahmen der Interessenabwägung überwiegt. Insbesondere die Mitteilung einer Straftat kann unter dem Gesichtspunkt der Güter- und Interessenabwägung gerechtfertigt sein.

Ein gerechtfertigter Bruch der Schweigepflicht ist gegeben, wenn aus ex-ante-Sicht ein ernst zu nehmender Verdacht einer zugefügten Kindesmisshandlung beziehungsweise zumindest einer vorsätzlichen Körperverletzung bestand und Wiederholungsgefahr besteht. Die Weiterleitung von Informationen an die Strafverfolgungsbehörden ist in diesem Fall nach § 34 StGB gerechtfertigt. Vorrangig besteht gemäß § 4 Abs. 3 KKG die Befugnis, zur Abwendung einer Kindeswohlgefährdung das Jugendamt, nicht aber Staatsanwaltschaft und Polizeibehörden zu informieren. Zudem dürfen Strafverfolgungsbehörden informiert werden, wenn Bedenken gegen die körperliche oder geistige Kraftfahrtauglichkeit des Patienten bestehen und dieser weiterhin mit einem Kraftfahrzeug am Straßenverkehr teilnehmen möchte und dadurch sich oder andere gefährdet. Zunächst ist es jedoch erforderlich, dass der Patient auf diese Bedenken hingewiesen wird, es sei denn, dies ist wegen der Uneinsichtigkeit des Patienten von vornherein zwecklos.

Des Weiteren erfüllt das Rettungsdienstpersonal den objektiven Tatbestand der Freiheitsberaubung nach § 239 Abs. 1 StGB, wenn ein Patient aufgrund einer Betäubung, durch Nichtanhalten des Rettungswagens, Fixierung an der Trage oder gewaltsames Festhalten seinen Aufenthaltsort nicht verlassen kann. Insbesondere die zwangsweise Verbringung in eine psychiatrische Anstalt kann unter Berücksichtigung der Umstände des Einzelfalls eine Freiheitsberaubung darstellen. Die wirksame Einwilligung des Patienten schließt dabei bereits die Tatbestandsmäßigkeit der rettungsdienstlichen Handlung aus. Eine Rechtfertigung von freiheitsentziehenden Maßnahmen kommt aufgrund der mutmaßlichen Einwilligung des Patienten, des Erziehungsrechts der Sorgeberechtigten bei minderjährigen Patienten und des Betreuungsrechts in Betracht. Das Aufenthaltsbestimmungsrecht der Eltern und ihre Fürsorgepflicht für das Kind umfassen auch die Unterbringung des Kindes in ein Krankenhaus, wenn dies zu dessen Wohl ist. Die Unterbringung eines betreuten Patienten ist nach Maßgabe des § 1831 BGB zulässig, solange sie zum Wohl des Betreuten erforderlich ist, weil aufgrund einer psychischen Krankheit oder geistigen oder seelischen Behinderung des Betreuten die Gefahr besteht, dass er sich selbst tötet oder sich erheblichen gesundheitlichen Schaden zufügt. Eine solche Unterbringung verlangt keine akute, unmittelbar bevorstehende Gefahr für den Betreuten. Ausreichend ist eine ernstliche und konkrete Gefahr für Leib oder Leben des Betreuten. Ferner kann eine Rechtfertigung nach Maßgabe des rechtfertigenden Notstandes bei einer Selbstgefährdung des nicht einsichtsfähigen Patienten eingreifen. Die Rechtswidrigkeit scheidet auch bei einer sofortigen Unterbringung eines Patienten nach den Landesgesetzen über Hilfen und Schutzmaßnahmen bei psychischen Krankheiten aus.

Auch im Bereich des Sexualstrafrechts bestehen Strafbarkeitsrisiken für das Rettungsdienstpersonal. Denn Patienten sind dem Rettungsdienst iSd § 174c Abs. 1 StGB anvertraut. Das Rettungsdienstpersonal kann sich nach dieser Vorschrift strafbar machen, wenn es während der rettungsdienstlichen Versorgung sexuelle Handlungen am Patienten vornimmt, und dabei die aufgrund des Beratungs-, Behandlungs- oder Betreuungsverhältnisses bestehende Autoritäts- oder Vertrauensstellung gegenüber dem Patienten ausnutzt. Sexuelle Handlungen vonseiten des Rettungsdienstpersonals können vorliegen, wenn ein Patient entkleidet wird, urologische und gynäkologische Untersuchungen durchgeführt werden oder bei einer Patientin ein EKG im Brustbereich angelegt wird. Dabei weist nach hier vertretender Ansicht eine medizinisch indizierte und lege artis vorgenommene Behandlungsmaßnahme grundsätzlich keinen sexuellen Charakter auf, da die sachgerechte Behandlung im Vordergrund steht. Etwas anderes ergibt sich jedoch, wenn sexuelle Motive Anlass zu der Behandlung sind. Allerdings fehlt es an einem Missbrauch des Vertrauensverhältnisses, wenn medizinisch indizierte Behandlungsmaßnahmen lege artis vorgenommen werden und der Patient sachgerecht aufgeklärt worden ist. Das Vertrauensverhältnis wird indes missbraucht, wenn durch das nichtärztliche Rettungsdienstpersonal vorgegeben wird, die sexuelle Handlung sei medizinisch notwendig, wenn behandlungsbezogene Nachteile beim Zurückweisen des Ansinnens in den Raum gestellt werden oder wenn die schutzlose Lage eines Patienten – etwa die einer auf Aufforderung hin unnötig vollständig entkleideten Frau – zur Vornahme sexueller Handlungen ausgenutzt wird. Ein Strafbarkeitsrisiko besteht daher nur, wenn das Rettungsdienstpersonal eine nicht indizierte Maßnahme am Patienten vornimmt.

Zerschneidet das Rettungsdienstpersonal die Kleidung des Patienten, um eine vollständige körperliche Untersuchung zu ermöglichen, wird zwar der Tatbestand der Sachbeschädigung erfüllt, diese wird jedoch gerechtfertigt sein. Die Beschädigung der Kleidung wird dem (mutmaßlichen) Willen des Patienten entsprechen. Schließlich wird er eine vollumfängliche Behandlung seitens des Rettungsdienstes wünschen. Es besteht auch kein Strafbarkeitsrisiko wegen Hausfriedensbruchs, wenn Notfallpatienten in ihrer Wohnung aufgesucht werden. Denn das Einverständnis des berechtigten Wohnungsinhabers lässt die Strafbarkeit entfallen, sodass keine Bestrafung zu befürchten ist. Fallen die Person des Berechtigten und des Patienten auseinander und möchte der Berechtigte das Rettungsdienstpersonal nicht in seinen Räumlichkeiten haben, wird der verwirklichte Hausfriedensbruch nach § 34 StGB gerechtfertigt sein, da das Leben und die Gesundheit des Patienten das Hausrecht wesentlich überwiegen werden. Verlangt der einsichtsfähige Patient als Berechtigter indes selbst, dass das Rettungsdienstpersonal die Räumlichkeit verlässt, so scheidet eine Rechtfertigung nach § 34 StGB aus, da kein schutzwürdiges Interesse vorliegt.

Sechstes Kapitel: Zusammenfassung und Fazit

Notfallsanitäter erfüllen bei der Vornahme invasiv-medizinischer Maßnahmen regelmäßig den Tatbestand der Körperverletzung weshalb es einer Rechtfertigung bedarf. In der präklinischen Notfallmedizin kommt eine Rechtfertigung unter dem Gesichtspunkt der Einwilligung in Betracht, wenn ein Patient einwilligungsfähig ist und ordnungsgemäß über den bevorstehenden Eingriff aufgeklärt wurde. Dies erfordert seitens eines Notfallsanitäters ein umfangreiches Wissen über die durchzuführende Heilbehandlung. Umfang und Maß der Aufklärungspflicht stehen dabei in einem umgekehrten Verhältnis zum Grad der Dringlichkeit der Heilbehandlung, weshalb gemäß § 630e Abs. 3 BGB ausnahmsweise eine Aufklärung vollständig entfallen kann, wenn eine Heilbehandlung keinen Aufschub duldet und erhebliche Gefahren für die Gesundheit des Patienten drohen, sodass keinerlei Zeit für jedwede Aufklärung besteht.

In den Fällen, in denen keine wirksame Einwilligung des Patienten eingeholt werden kann, eine sofortige medizinische Intervention jedoch ohne ein weiteres Abwarten geboten ist, kommt eine Rechtfertigung nach den Grundsätzen der mutmaßlichen Einwilligung in Betracht. In Sachverhaltskonstellationen, in denen eine lebensbedrohliche Situation vorliegt, in der es unmöglich ist, rechtzeitig den mutmaßlichen Willen des Patienten festzustellen, darf seitens des nichtärztlichen Rettungsdienstpersonals angenommen werden, dass ein Patient die bestmögliche Behandlung für sich wünscht. Es gilt der Grundsatz: „in dubio pro vita“. Selbst eine unsachgemäße Heilbehandlung kann hierbei dem Interesse des Patienten entsprechen.

Eine Rechtfertigung gemäß § 34 StGB muss in solchen Fällen ausscheiden, in denen Anhaltspunkte für den Willen des Patienten vorliegen, da dem Selbstbestimmungsrecht des Patienten absoluter Vorrang gebührt. Liegen allerdings keine Anhaltspunkte vor, können lebensrettenden Heilbehandlungen durch Anwendung des rechtfertigenden Notstandes gemäß § 34 StGB gerechtfertigt sein, wenn sie in der konkreten Situation erforderlich sind und das Eintreffen eines Notarztes nicht abgewartet werden kann. Dabei kann auch hier eine nicht sicher beherrschte Maßnahme gerechtfertigt sein, wenn nach Abwägung die mit der Rettungshandlung verbundenen Risiken geringer sind als diejenigen Gefahren, denen das bedrohte Rechtsgut bei Unterlassen der Rettungshandlung ausgesetzt wäre.

Verstirbt der Patient im Rahmen der präklinischen Versorgung aufgrund einer vom Notfallsanitäter durchgeführten Heilbehandlung scheidet eine Strafbarkeit wegen vorsätzlicher Tötung in den hier interessierenden Fälle mangels Vorsatzes aus. Es kommt hinsichtlich des deliktischen Erfolges lediglich eine Bestrafung wegen fahrlässiger Begehung in Betracht. Der Inhalt der im Verkehr erforderlichen Sorgfalt wird in der präklinischen Notfallmedizin durch die Standardarbeitsanweisungen und Behandlungspfade im Rettungsdienst festgelegt.

Der Tatbestand der fahrlässigen Tötung ist daher als erfüllt anzusehen, wenn der Patient durch eine nicht sicher beherrschte Heilbehandlung ums Leben kommt. Die Rechtswidrigkeit der Tatbestandserfüllung kann indes auch in diesen Fällen durch Rechtfertigungsgründe ausgeschlossen sein. Für die rechtfertigende Einwilligung ist es bei der Aufklärung von besonderer Relevanz, dass der Patient ausdrücklich darüber informiert wird, dass die durchzuführende medizinische Maßnahme vom behandelnden Notfallsanitäter nicht sicher beherrscht wird. Die Einwilligung des Patienten in eine solche Maßnahme scheitert nicht an der Sittendwidrigkeitsklausel des § 228 StGB, wenn es sich um die letzte Rettungschance handelt und sie der Abwendung des Todes oder des Eintritts einer weitergehenden schweren Gesundheitsschädigung dient.

Im Rahmen einer Rechtfertigung aufgrund des mutmaßlichen Willens des Patienten entspricht auch eine unsachgemäße Heilbehandlung und damit risikoreicher, hochgefährlicher Eingriff dem Interesse des Patienten, wenn ein Notfallsanitäter für die durchzuführende medizinische Maßnahme gewisse theoretische oder praktische Kenntnisse oder Erfahrungen aufweist, sodass Grund zur Annahme einer Rettungschance im Falle der Durchführung besteht. Der rechtfertigende Notstand nach § 34 StGB greift gleichermaßen ein, wenn es allein um ein und dasselbe Rechtsgut eines Rechtsgutsträgers (*das* Leben *eines* Patienten) geht. Besteht angesichts vorhandener theoretischer oder auch praktischer Kenntnisse eine nicht unerhebliche Wahrscheinlichkeit, dass eine Heilbehandlung Erfolg haben kann, und besteht deshalb eine Rettungschance für den Patienten, so kann ein Interessenübergewicht zugunsten der Vornahme einer unsachgemäßen Heilbehandlung zu konstatieren sein. Der Zustand des Patienten muss hierfür entsprechend kritisch sein und es dürfen keinerlei Handlungsalternativen bestehen.

Gegen das Heilpraktikergesetz wird nicht verstoßen, wenn medizinische Maßnahmen durch den Ärztlichen Leiter Rettungsdienst standardmäßig vorgegeben sind und diese entsprechend ausgeführt werden. Darüber hinaus liegt gemäß § 2a Abs. 1 NotSanG eine zulässige Ausübung heilkundlicher Tätigkeiten vor, wenn die medizinische Maßnahme durch einen Notfallsanitäter beherrscht wird und sich der Patient in Lebensgefahr befindet. Führen Notfallsanitäter eine nicht ordnungsgemäße Heilbehandlung durch, indem sie von den Standardarbeitsanweisungen und Behandlungspfaden im Rettungsdienst abweichen, liegt allerdings keine ärztliche Delegation vor, sodass grundsätzlich gegen § 5 HeilprG verstoßen wird. Allerdings ist die Ausübung einer unsachgemäß vorgenommen heilkundlichen Tätigkeit gemäß § 2a Abs. 1 Nr. 1 NotSanG zulässig, wenn die Maßnahme vom Notfallsanitäter grundsätzlich beherrscht wird. Behandlungsfehler bei der Durchführung wirken sich nicht ex-post auf die Zulässigkeit aus. Die zulässige Ausübung einer heilkundlichen Tätigkeit scheidet jedoch aus, wenn bereits bei Vornahme feststeht, dass der Notfallsanitäter diese nicht sicher beherrscht. Ein Verstoß kann aber gemäß § 34 StGB gerechtfertigt sein.

Unterlassen Notfallsanitäter eine in der konkreten Situation indizierte medizinische Maßnahme, die beherrscht wird, so kann sich hieraus der Vorwurf einer Körperverletzung bzw. Tötung durch Unterlassen ergeben. Notfallsanitäter haben hinsichtlich des Lebens und der Gesundheit des Patienten eine Garantenstellung inne und es kann erwartet werden, dass sie die Maßnahmen der Standardarbeitsanweisungen und Behandlungspfade im Rettungsdienst beherrschen, denn diese stellen die Grundlage der Ausbildung zum Notfallsanitäter dar. Unterlassen Notfallsanitäter eine medizinisch indizierte Maßnahme, die nicht sicher beherrscht wird, so trifft sie eine Strafbarkeit aus einem unechten Unterlassungsdelikt nur dann, wenn ein Fall der sogenannten „omissio libera in causa“ vorliegt.

Eine Garantenpflicht besteht nicht, wenn der Patient seine Einwilligung in die Behandlung gegebenenfalls auch vorab in einer Patientenverfügung verweigert oder sein mutmaßlicher Wille der Behandlungsaufnahme entgegensteht. Eine Strafbarkeit wegen Unterlassen scheidet ebenfalls bei einem gerechtfertigten Behandlungsabbruch aus.

Bei einer Entscheidung im Rahmen der Ex-ante-Triage handelt das Rettungsdienstpersonal nicht rechtswidrig, wenn es bei der Kollision verschiedenwertiger rechtlicher Pflichten die höherwertige bzw. bei der Kollision gleichwertiger Pflichten eine nach ihrer Wahl erfüllt. Droht dem einen Patient der Tod, dem anderen Patient indes nur ein Gesundheitsschaden, so muss die höherrangige Pflicht zum Lebensschutz erfüllt werden. In Fällen, in denen beide behandlungsbedürftigen Patienten lebensbedrohlich erkrankt sind und somit gleichwertige, nicht kumulativ erfüllbare Rettungspflichten vorliegen, kann das Rettungsdienstpersonal frei wählen, welcher Patient behandelt wird. Dabei sind die Handlungspflichten selbst dann gleichwertig, wenn die Überlebenschancen der Patienten stark differieren. Eine Rechtfertigung für Entscheidungen der Ex-post-Triage und präventiven Triage scheiden aus.

Sind auf einem Rettungswagen zwei Notfallsanitäter eingesetzt, kommt bei Vornahme medizinischer Maßnahmen eine mittäterschaftlich begangene Körperverletzung in Betracht. Denn beide sind als gleichberechtigte Partner an der Patientenversorgung beteiligt und entscheiden, ob medizinische Maßnahmen ergriffen werden. Sind hingegen ein Notfall- sowie ein Rettungssanitäter an der Patientenversorgung beteiligt, scheidet eine Mittäterschaft des Rettungssanitäters in der Regel aus, da zwischen diesen Berufsqualifikationen ein erheblicher Unterschied hinsichtlich medizinischer Kenntnisse besteht. Etwas anderes kann sich ergeben, wenn sich Rettungssanitäter beispielsweise aufgrund eines Eigenstudiums das Fachwissen eines Notfallsanitäters aneignen.
In Sachverhaltskonstellation, in denen der Notfallsanitäter eine medizinische Maßnahme durch den Rettungssanitäter durchführen lässt, kommt eine mittelbare Täterschaft des Notfallsanitäters in Betracht, wenn beim Rettungssanitäter ein Strafbarkeitsmangel vorliegt.

Das nichtärztliche Rettungsdienstpersonal ist auch außerhalb der Körperverletzungs- und Tötungsdelikte Strafbarkeitsrisiken ausgesetzt.

Das von einem Notfallsanitäter ausgestellte Einsatzprotokoll stellt eine Urkunde iSd § 267 StGB dar. Verändert ein Notfallsanitäter das Einsatzprotokoll im Nachhinein – also nachdem er die Dispositionsbefugnis über das Protokoll verloren hat –, verfälscht er eine Urkunde, da die weiterbehandelnden Ärzte und auch der Patient einen Anspruch auf Unversehrtheit des Beweismittels haben. Darüber hinaus wird von einer solch verfälschten Urkunde Gebrauch gemacht, wenn dieses Einsatzprotokoll an den Ärztlichen Leiter Rettungsdienst oder den Patienten selbst weitergegeben wird, um beispielsweise über den ordnungsgemäßen Ablauf der Patientenversorgung zu täuschen. Wird das Einsatzprotokoll vollständig zerstört oder in der Notaufnahme nicht den weiterbehandelnden Ärzten aushändigt, erfüllt dies den Straftatbestand einer Urkundenunterdrückung gemäß § 274 StGB.

Ebenfalls stellen Transportscheine Urkunden dar. Transportscheine sind dabei von einem Arzt auszustellen. Das Rettungsdienstpersonal begeht daher eine Urkundenfälschung, wenn es einen Transportschein abschließend ausstellt, und dieser einen Arzt als scheinbaren Aussteller erkennen lässt oder einen Transportschein abändert, nachdem dieser von einem Arzt ausgestellt wurde. Wird der Transportschein nicht zur Abrechnung weitergeleitet, begeht das Rettungsdienstpersonal ebenfalls eine Urkundenunterdrückung.

Das nichtärztliche Rettungsdienstpersonal kann einer Strafbarkeit wegen Abrechnungsbetruges gemäß § 263 Abs. 1 StGB ausgesetzt sein, wenn rettungsdienstliche Leistungen mittels Übermittlung eines entsprechenden Transportscheines abgerechnet werden, die nicht indiziert waren oder tatsächlich nicht bzw. nicht vollständig erbracht wurden. Mit der irrtumsbedingten Vornahme der Zahlung auf die Abrechnung des rettungsdienstlichen Einsatzes erfolgt eine Vermögensverfügung der gesetzlichen Krankenkasse bzw. des privatversicherten Patienten. Der Vermögensschaden besteht in den hier untersuchten Sachverhaltskonstellationen aus den insgesamt abgerechneten Kosten des Rettungsmittels, wenn überhaupt kein Rettungsmittel indiziert war oder ein Transport des Patienten nicht durchgeführt wurde. Wird statt eines indizierten Krankentransportwagens ein Rettungswagen mittels des Transportscheines abgerechnet, besteht – nach hier vertretener Ansicht – der Schaden in der Differenz der Kosten zwischen dem Einsatz eines Rettungswagens und eines Krankentransportwagens.

Eine täterschaftlich begangene Untreue scheidet für das nichtärztliche Rettungsdienstpersonal wegen fehlender Vermögensbetreuungspflicht aus.

Das gesamte rettungsdienstliche Personal unterliegt unabhängig von der Qualifikation einer Schweigepflicht, sodass bei Offenbarung von Informationen über den Gesundheitszustand des Patienten eine Zuwiderhandlung gegen § 203 StGB vorliegt. Eine Strafbarkeit scheidet allerdings aus, wenn das Rettungsdienstpersonal nicht unbefugt handelt. Eine Befugnis ergibt sich dabei vor allem aus gesetzlichen Offenbarungspflichten des Infektionsschutzgesetzes. Ferner kommt eine Befugnis aufgrund der allgemeinen Rechtfertigungsgründe in Betracht.

Gelangt das Rettungsdienstpersonal bei der Behandlung eines Minderjährigen nach medizinischem Standard zu dem Verdacht einer Kindesmisshandlung, so besteht gemäß § 4 Abs. 3 KKG die Befugnis, zur Abwendung der Kindeswohlgefährdung das Jugendamt zu informieren. Zunächst ist jedoch gemäß § 4 Abs. 1 KKG die Kindeswohlgefährdung mit dem Minderjährigen und den Erziehungsberechtigten zu erörtern. Dabei ist zu berücksichtigen, dass einsichtsfähige Minderjährige allein über die Weitergabe medizinisch relevanter Informationen entscheiden, sodass eine Information an das Jugendamt zu unterbleiben hat, wenn der einwilligungsfähige Minderjährige den Wunsch der Geheimhaltung äußert.
Kann die Gefährdung des Minderjährigen mit den Maßnahmen nach § 4 KKG nicht abgewendet werden und besteht aus ex-ante-Sicht Wiederholungsgefahr dürfen im Rahmen des rechtfertigenden Notstandes Informationen auch an die Strafverfolgungsbehörden weitergeleitet werden.
Zudem dürfen Strafverfolgungsbehörden informiert werden, wenn Bedenken gegen die Kraftfahrtauglichkeit des Patienten bestehen und dieser mit seinem Kraftfahrzeug die Einsatzstelle verlassen möchte und dadurch sich oder andere gefährdet.

Ein weiteres Strafbarkeitsrisiko kann sich aus der Verwirklichung einer Freiheitsberaubung nach § 239 StGB ergeben, wenn ein Patient aufgrund einer Betäubung, durch Nichtanhalten des Rettungswagens, Fixierung an der Trage oder gewaltsames Festhalten seinen Aufenthaltsort nicht verlassen kann. Eine Rechtfertigung von freiheitsentziehenden Maßnahmen kommt in der präklinischen Notfallmedizin aufgrund der mutmaßlichen Einwilligung des Patienten, des Erziehungsrechts der Sorgeberechtigten bei minderjährigen Patienten und des Betreuungsrechts in Betracht. Voraussetzung ist jedoch stets, dass es zum Wohl des Patienten erforderlich ist. Ferner kann eine Rechtfertigung nach Maßgabe des rechtfertigenden Notstandes bei einer Selbstgefährdung des nicht einsichtsfähigen Patienten eingreifen. Die Rechtswidrigkeit scheidet auch bei der Unterbringung eines Patienten nach den Landesgesetzen über Hilfen und Schutzmaßnahmen bei psychischen Krankheiten (PsychKG) aus.

Im Bereich des Sexualstrafrechts besteht die Möglichkeit, dass sich das Rettungsdienstpersonal wegen sexuellem Missbrauch unter Ausnutzung eines Beratungs-, Behandlungs- oder Betreuungsverhältnisses gemäß § 174c Abs. 1 StGB strafbar macht. Ein Strafbarkeitsrisiko ergibt sich, wenn das Rettungsdienstpersonal während der rettungsdienstlichen Versorgung sexuelle Handlungen am Patienten vornimmt, beispielsweise der Patient entkleidet wird, urologische und gynäkologische Untersuchungen durchgeführt werden oder bei einer Patientin ein EKG im Brustbereich angelegt wird. Dabei stellt nach – hier vertretender Ansicht – eine medizinisch indizierte und lege artis vorgenommene Behandlungsmaßnahme grundsätzlich keine sexuelle Handlung dar, da die sachgerechte Behandlung im Vordergrund steht. Etwas anderes ergibt sich jedoch, wenn sexuelle Motive Anlass zu der Behandlung sind, beispielweise die heimliche Anfertigung von Bildaufnahmen des Intimbereichs des Patienten bei einer indizierten Untersuchung. Ein Strafbarkeitsrisiko besteht daher insbesondere, wenn das Rettungsdienstpersonal eine nicht indizierte Maßnahme am Patienten vornimmt.

Eine Strafbarkeit wegen Sachbeschädigung und Hausfriedensbruch scheidet in der rettungsdienstlichen Praxis hingegen aus, da die jeweilige Tat gerechtfertigt sein wird.

Zusammenfassend bleibt festzuhalten, dass in der präklinischen Notfallmedizin diverse Strafbarkeitsrisiken bestehen. Das nichtärztliche Rettungsdienstpersonal muss sich hierüber stets im Klaren sein und ihre Tätigkeit gewissenhaft ausüben. Insbesondere im Hinblick auf ein Strafbarkeitsrisiko im Bereich der Körperverletzungsdelikte wegen Vornahme einer invasiv-medizinischen Maßnahme ist zu betonen, dass Notfallsanitäter zur Durchführung solcher Maßnahmen, die in der Ausbildung gelehrt werden und die vom jeweiligen Ärztlichen Leiter Rettungsdienst delegiert sind, verpflichtet sind. Kommen sie dieser Pflicht nicht nach, droht eine Strafbarkeit aus dem unechten Unterlassungsdelikt. Dabei kann sogar eine Pflicht zur Durchführung einer unsachgemäßen Heilbehandlung bestehen, wenn es sich hierbei um die letzte verbleibende Rettungschance handelt.

Literaturverzeichnis

Abanador, Michelle: Die Zulässigkeit der Substitution ärztlicher Leistungen durch Leistungen nichtärztlichen Pflegepersonals, 2011 (zit.: Abanador, Substitution ärztlicher Leistungen)
Achterfeld, Claudia: Aufgabenverteilung im Gesundheitswesen – Rechtliche Rahmenbedingungen der Delegation ärztlicher Leistungen, 2014 (zit.: Achterfeld, Aufgabenverteilung)
dies.: Anmerkung zu LG Heidelberg, Urteil vom 29.06.2011 – 4 O 95/08, in: MedR 2012, S. 140 - 143
dies.: Anmerkung zu OLG Dresden, Beschluss vom 07.06.2018 – 4 U 307/18, in: MedR 2019, S. 152 - 154
Albrecht, Andreas: Die „hypothetische Einwilligung" im Strafrecht, 2010 (zit.: Albrecht, Hypothetische Einwilligung)
Amelung, Knut: Irrtum und Täuschung als Grundlage von Willensmängeln bei der Einwilligung der Verletzten, 1998 (zit.: Amelung, Grundlage von Willensmängeln)
Amelung, Knut/Eyemann, Frieder: Die Einwilligung des Verletzten im Strafrecht, in: JuS 2001, S. 937 - 946
Arzt, Gunther: Willensmängel bei der Einwilligung, 1970 (zit.: Arzt, Willensmängel)
ders.: Recht auf den eigenen Tod?, in: JR 1986, S. 309 - 314
Arzt, Gunther/Weber, Ulrich/Heinrich, Bernd/Hilgendorf, Eric: Strafrecht Besonderer Teil, 4. Auflage 2021 (zit.: Arzt/Weber/Heinrich/Hilgendorf, Strafrecht BT)
Ärztlicher Leiter Rettungsdienst Bayern: Algorithmen für die Delegation heilkundlicher Maßnahmen an die in Bayern tätigen Notfallsanitäter, Stand: 01.10.2023, abrufbar unter: https://www.aelrd-bayern.de/images/stories/pdf/notsan/Delegationsalgorithmen-2c_231001.pdf (zit.: ÄLRD Bayern, Algorithmen NotSan)
ders.: Zu erlernende und beherrschende Medikamente im Rahmen der Delegation gemäß § 4 Abs. 2 Nr. 2c NotSanG, Stand 13.07.2022, abrufbar unter: http://www.aelrd-bayern.de/images/2022-07-13_Medikamente_nach_4_Abs._2c_NotSanG_1.0.pdf (zit.: ÄLRD Bayern, Medikamente nach § 4 Abs. 2c NotSanG)
Ausschuss Rettungswesen: Empfehlungen für die Ausbildung von Rettungssanitäterinnen und Rettungssanitätern, 16./17. September 2008, abrufbar unter https://www.stmi.bayern.de/assets/stmi/sus/rettungswesen/

id3_23_landrettung_ar_empfehlung_rettsan_20130222.pdf.
ders.: Empfehlung für eine Verordnung über die Ausbildung und Prüfung von Rettungssanitäterinnen und Rettungssanitätern (RettSan-APrV) vom 11./12. Februar 2019
Bader, Mathis: Organmangel und Organverteilung, 2010
von Bar, Nikolaus: Gesetzlich nicht normierte ärztliche Auskunfts- und Offenbarungspflichten, 2017 (zit.: von Bar, Offenbarungspflichten)
Bartsch, Tillmann: Anmerkung zu LG Köln, Urteil vom 07.05.2012 – 151 Ns 169/11, in: StV 2012, S. 604 - 609
Bauer, Wolfgang: Die strafrechtliche Beurteilung des ärztlichen Heileingriffs, 2008 (zit.: Bauer, Strafrechtliche Beurteilung)
Baumann, Jürgen: Körperverletzung oder Freiheitsdelikt, in: NJW 1958, S. 2092 - 2094
ders.: Mittelbare Täterschaft oder Anstiftung bei Fehlvorstellung über den Tatmittler?, in JZ 1958, S. 230 - 235
Baumann, Jürgen/Weber, Ulrich/Mitsch, Wolfgang/Eisele, Jörg: Strafrecht Allgemeiner Teil, 13. Auflage 2021 (zit.: Baumann/Weber/Mitsch/Eisele, Strafrecht AT)
Bäumel, Monika/Hergeth, Kurt/Bein, Thomas/Creutzenberg, Marcus: Pharmakotherapie in der Intensivmedizin, 5. Auflage 2021
Bayrischen Staatsministeriums für Bildung und Kultus: Lehrplan für die Berufsfachschule für Notfallsanitäter, Stand: September 2018, abrufbar unter: http://www.isb.bayern.de/download/24262/bfs_lp_notfallsanitaeter.pdf
Bayerisches Staatsministerium des Innern, für Sport und Integration: Hinweise zur Umsetzung von Heilkundekompetenz und Delegation heilkundlicher Maßnahmen und Medikamentengaben durch die ÄLRD Bayern an die in Bayern tätigen Notfallsanitäterinnen und Notfallsanitäter, Stand: 05.05.2022, abrufbar unter: http://www.aelrd-bayern.de/images/stories/pdf/notsan/Umsetzungshinweise_NotSan-Delegation_05_05_2022.pdf (zit.: Bayerisches Staatsministerium des Inneren, Umsetzungshinweise NotSanG)
Beck, Susanne: Kurzfälle aus dem Medizinstrafrecht – Teil 2, in: ZJS 2013, S. 156 - 162
Belling, Detlev W./Eberl, Christina/Michlik, Frank: Das Selbstbestimmungsrecht Minderjähriger bei medizinischen Eingriffen, 1994 (zit.: Belling/Eberl/Michlik, Selbstbestimmungsrecht Minderjähriger)

Beling, Ernst: Die strafrechtliche Verantwortung des Arztes bei Vornahme und Unterlassung operativer Eingriffe, in: ZStW 44 (1924), S. 220 - 244

Bender, Albrecht W.: Zeugen Jehovas und Bluttransfusionen, in: MedR 1999, S. 260 - 267

Bender, Denise: Grenzen der Schweigepflicht des Arztes bei Kenntnis von Misshandlungen oder entwürdigenden Behandlungen durch Eltern, in: MedR 2002, S. 626 - 630

Bergmann, Alfred: Die Grundstruktur des rechtfertigenden Notstandes (§ 34 StGB), in: JuS 1989, S. 109 - 111

Bergmann, Karl-Otto: Die Haftung des Arztes als Anwender von Arzneimitteln und Medizinprodukten für Behandlungsfehler, 1997 (zit.: Bergmann, Haftung des Arztes)

ders.: Delegation und Substitution ärztlicher Leistungen auf/durch nichtärztliches Personal, in: MedR 2009, S. 1 - 9

ders.: Zulässigkeit der Übertragung von Injektionen auf nichtärztliches Fachpersonal – Anmerkung zu OLG Dresden, Urteil vom 24.07.2008 – 4 U 1857/07, in: GesR 2010, S. 119 - 122

Bergmann, Karl-Otto/Pauge, Burkhard/Steinmeyer, Heinz-Dietrich (Hrsg.): Gesamtes Medizinrecht, 4. Auflage 2024 (zit.: Bearbeiter, in: Bergmann/Pauge/Steinmeyer, Medizinrecht)

Bergschneider, Michael: Die Rechtfertigung medizinischer Notfallbehandlung nicht ansprechbarer Patienten, 2020

Berster, Lars: Leber oder Leben, in: JA 2015, S. 911 - 916

Bertschat, F.-L./Möller, J.-H./Zander, J. F. (Hrsg.): Lehrbuch für den Rettungsdienst, 1999

Berufsverband der Ärztlichen Leiter Rettungsdienst e.V.: Orientierungsrahmen für ein sicherstellbares Kompetenzniveau von invasiven Maßnahmen im Rettungsdienst, in: Notfall + Rettungsmedizin 2019, S. 667 - 674 (zit.: BV ÄLRD)

Beulke, Werner: Die hypothetische Einwilligung im Arztstrafrecht. Eine Zwischenbilanz, in: medstra 2015, S. 67 - 76

Bichler, Christian: Der Minderjährige und sein Recht auf Einwilligung in ärztliche Maßnahmen, in: GesR 2014, S. 208 - 212

Bichlmeier, Gerd: Die Wirksamkeit der Einwilligung in einen medizinisch nicht indizierten ärztlichen Eingriff, in: JZ 1980, S. 53 - 56

Binding, Karl: Lehrbuch des Gemeinen Deutschen Strafrechts, Besonderer Teil 1, 2. Auflage 1902 (zit.: Binding, Deutsches Strafrecht BT I)

Bloy, Rene: Freiheitsberaubung ohne Verletzung der Autonomie?, in: ZStW 96 (1984), S. 703 - 725

Bockelmann, Paul: Rechtliche Grundlagen und rechtliche Grenzen der ärztlichen Aufklärungspflicht, in: NJW 1961, S. 945 - 951

ders.: Operativer Eingriff und Einwilligung des Verletzten, in: JZ 1962, S. 525 - 529

ders.: Strafrecht des Arztes, 1968

ders.: Der ärztliche Heileingriff in Beiträgen zur Zeitschrift für die gesamte Strafrechtswissenschaft im ersten Jahrhundert ihres Bestehens, in: ZStW 93 (1981), S. 105 - 150

Böcker, Philipp: Die „hypothetische Einwilligung" im Zivil- und Strafrecht, in: JZ 2005, S. 925 - 932

Böhringer, Jacob: Fahrlässige Mittäterschaft, 2017

Boll, Matthias: Strafrechtliche Probleme bei Kompetenzüberschreitungen nichtärztlicher medizinischer Hilfspersonen in Notsituationen, 2001 (zit.: Boll, Kompetenzüberschreitung)

Bollacher, Florian/Stockburger, Jochen: Der ärztliche Heileingriff in der strafrechtlichen Fallbearbeitung, in: Jura 2006, S. 908 - 914

Bosch, Nikolaus: Grenzen der hypothetischen Einwilligung bei ärztlichem Eingriff, in: JA 2008, S. 70 - 72

ders.: Der Schutz der Fortbewegungsfreiheit durch den Tatbestand der Freiheitsberaubung (§ 239 StGB), in: Jura 2012, S. 604 - 611

ders.: Der Einfluss des Gesetzes sowie materieller Kriterien auf die Entstehung von Garantenpflichten, in: Jura 2019, S. 1239 - 1251

Böse, Martin: Unrechtsausschluss durch hypothetische Dispositionen über das geschützte Rechtsgut?, in: ZIS 2016, S. 495 - 504

Brammsen, Joerg: Tun oder Unterlassen? – Die Bestimmung der strafrechtlichen Verhaltensformen, in: GA 2002, S. 193 - 213

Brandts, Ricarda/Schlehofer, Horst: Die täuschungsbedingte Selbsttötung im Lichte der Einwilligungslehre, in: JZ 1987, S. 442 - 448

Brech, Alexander: Triage und Recht, 2008

Bremer, Michael: Das System des Notarztes, Aufgabe, Stellung im Recht und Haftung, 1993 (zit.: Bremer, Das System des Notarztes)

Brocke, Holger/Weidling, Matthias: Zur Frage der Strafbarkeit der religiös motivierten Beschneidung von Jungen, in: StraFo 2012, S. 450 - 459

Brokmann, Jörg/Rossaint, Rolf (Hrsg.): Repetitorium Notfallmedizin, 3. Auflage 2020 (zit.: Bearbeiter, in: Brokmann/Rossaint, Repetitorium Notfallmedizin)

Brose, Johannes: Aufgaben und Befugnisse nichtärztlichen Rettungsdienstpersonals, in: VersR 2014, S. 1172 - 1178

Brüggemeier, Gert: Deliktsrecht, 1986

Brüning, Janique: Zur Frage der einverständlichen Gefährdung bei Fahrlässigkeitsdelikten, in: ZJS 2009, S. 194 - 197

dies.: Entscheidungsanmerkung zu BGH, Urteil vom 29.04.2010 – 5 StR 18/10, in: ZJS 2010, S. 549 - 553

Bülte, Jens: Der Vertragsarzt-Beschluss des Großen Senats und die Vertragsarztuntreue – zugleich eine Besprechung von OLG Stuttgart, Urt. v. 18.12.2012 – 1 Ss 559/12, in: NZWiSt 2013, S. 346 - 352

Bülte, Jens/Hagemeier, Andrea: Vergabe unwirtschaftlicher Aufträge als strafbare Teilnahme?, in: NStZ 2015, S. 317 - 322

Bundesanstalt für Straßenwesen: Leistungen des Rettungsdienstes 2016/17 – Analyse des Leistungsniveaus im Rettungsdienst für die Jahre 2016 und 2017, in: Heft M 290, 2019

Bundesärztekammer: Richtlinie gemäß § 16 Abs. 1 S. 1 Nr. 1 TPG für die Regeln zur Feststellung des Todes nach § 3 Abs. 1 S. 1 Nr. 2 TPG und die Verfahrensregeln zur Feststellung des endgültigen, nicht behebbaren Ausfalls der Gesamtfunktion des Großhirns, des Kleinhirns und des Hirnstamms nach § 3 Abs. 2 Nr. 2 TPG, Vierte Fortschreibung, in: DÄBl. vom 30.03.2015, S. 1 – 31

dies.: Orientierungshilfe der Bundesärztekammer zur Allokation medizinischer Ressourcen am Beispiel der SARS-CoV-2-Pandemie im Falle eines Kapazitätsmangels, in: Deutsches Ärzteblatt 2020, S. A 1084 - A 1087

Burckart, J./von Fürstenwerth, F.: Hilfeleistung des Rettungsdienstes gegen den Willen des Patienten? Teil I, in: RD 1990, S. 637 - 639

Busch, Andrea Elisabeth: Ärztliche Triage in Friedenszeiten – Eine kritische Analyse der Strafbarkeitsrisiken im Lichte der Implikationen des Grundgesetzes, in: ZStW 134 (2020), S. 742 - 779

Buschmann, Claas T. (Hrsg.): Das ABCDE-Schema der Patientensicherheit in der Notfallmedizin, 2021 (zit.: Bearbeiter, in: Buschmann, Das ABCDE-Schema)

Christoph, Stephan: Der Erlaubnistatbestandsirrtum in der Falllösung, in: JA 2016, S. 32 - 36

Cirener, Gabriele/Radtke, Henning/Rissing-van Saan, Ruth/Rönnau, Thomas/Schluckebier, Wilhelm (Hrsg.): Leipziger Kommentar zum Strafgesetzbuch, Band 1: §§ 1 - 18, 13. Auflage 2020, Band 2: §§ 19 - 31, 13. Auflage 2021, Band 3: §§ 32 - 37, 13. Auflage 2019, Band 10: §§ 174 -

210, 13. Auflage 2023, Band 12: §§ 232 - 241a, 13. Auflage 2023 (zit.: LK-StGB/Bearbeiter)
Clausen, Tilmann/Schroeder-Printzen, Jörn (Hrsg.): Münchener Anwaltshandbuch Medizinrecht, 3. Auflage 2020 (zit.: MAH-MedR/Bearbeiter)
Coeppicus, Rolf: Erfordernis der Zustimmung eines Betreuers und einer gerichtlichen Genehmigung für einen Behandlungsabbruch, in: NJW 2013, S. 2939 - 2942
Coester-Waltjen, Dagmar: Reichweite und Grenzen der Patientenautonomie von Jungen und Alten – Ein Vergleich, in: MedR 2012, S. 553 - 560
Cramer, Peter: Ein Sonderstraftatbestand für die eigenmächtige Heilbehandlung: Einige Bemerkungen zu §§ 229, 230 des Entwurfs eines 6. Gesetzes zur Reform des Strafrechts (6. StrRG), in: Festschrift für Theodor Lenckner zum 70. Geburtstag, 1998, S. 761 - 780 (zit.: Cramer, FS Lenckner)
ders.: Verlesung von Tagebüchern in der Hauptverhandlung – Anmerkung zu BGH, Urteil vom 21.02.1964 – 4 StR 519/63, in: JZ 1965, S. 32 - 35
Cropp, Ashley: Rechtliche Grundlagen der Schweigepflicht, 2019
Damm, Reinhard: Einwilligungs- und Entscheidungsfähigkeit in der Entwicklung von Medizin und Medizinrecht, in: MedR 2015, S. 775 - 785
Dannecker, Gerhard/Streng, Anne Franziska: Rechtliche Möglichkeiten und Grenzen einer an den Erfolgsaussichten der Transplantation orientierten Organallokation, in: JZ 2012, S. 444 - 452
Dencker, Friedrich: Strafrecht – Die erfolgreiche Fahrerflucht, in: JuS 1980, S. 210 - 214
Deuring, Silvia: Arzthaftungsrecht, Teil 2: Selbstbestimmungsaufklärung und Einwilligung, in: JuS 2020, S. 637 - 641
Deutsch, Erwin/Spickhoff, Andreas: Medizinrecht, 7. Auflage 2014
Deutsche Interdisziplinäre Vereinigung für Intensiv- und Notfallmedizin: Entscheidungen über die Zuteilung von Ressourcen in der Notfall- und der Intensivmedizin im Kontext der COVID-19-Pandemie, Klinischethische Empfehlungen, 2. Version vom 17.04.2020, abrufbar unter: https://www.divi.de/joomlatools-files/docman-files/publikationen/covid-19-dokumente/200417-divi-covid-19-ethik-empfehlung-version-2.pdf (zit.: DIVI, Klinischethische Empfehlungen)
Deutscher Ethikrat: Solidarität und Verantwortung in der Corona-Krise, Ad-hoc-Empfehlung vom 27.03.2020, abrufbar unter: https://www.ethikrat.org/fileadmin/Publikationen/Ad-hoc-Empfehlungen/deutsch/ad-hoc-empfehlung-corona-krise.pdf

Diederichsen, Angela: Aspekte der Selbstbestimmungsrechts Minderjähriger bei medizinischer Behandlung, in: Festschrift für Günter Hirsch zum 65. Geburtstag, 2008, S. 355 - 364 (zit.: Diederichsen, FS Hirsch)

Dittrich, Tilmann: Corona beschert Notfallsanitätern die Heilkunde-Erlaubnis – wann aber kommt die Rechtsicherheit?, in: GuP 2020, S. 189 - 195

ders.: Das heikle Thema der Kindeswohlgefährdung und der ärztlichen Schweigepflicht – eine verpasste Chance, in: medstra 2021, S. 151 - 157

Dittrich, Tilmann/Lippert Hans-Dieter: Der Entzug der Delegationserlaubnis auf Notfallsanitäter, in: GuP 2021, S. 237 - 240

dies.: Die Versorgung des Notfallpatienten mit Betäubungsmitteln durch den Notfallsanitäter, in: MedR 2022, S. 15 - 21

Dölle, Wolfgang/Müller-Oerlinghausen, Bruno/Schwabe, Ulrich (Hrsg.), Grundlagen der Arzneimitteltherapie. Entwicklung, Beurteilung und Anwendung von Arzneimitteln, 1986 (zit.: Bearbeiter, in: Dölle/Müller-Oerlinghausen/Schwabe, Grundlagen der Arzneimitteltherapie)

Dölling, Dieter: Fahrlässige Tötung bei Selbstgefährdung des Opfers, in: GA 1984, S. 71 - 94

ders.: Suizid und unterlassene Hilfeleistung, in: NJW 1986, S. 1011 - 1017

Dölling, Dieter/Duttge, Gunnar/König, Stefan/Rössner, Dieter (Hrsg.): Gesamtes Strafrecht, Handkommentar, 5. Auflage 2022 (zit.: HK-GS/Bearbeiter)

Dönicke, Sabine: Strafrechtliche Aspekte der Katastrophenmedizin, 1987

Dörrenbächer, Simon/Singler, Philipp: Die Heilkundebefugnis für nichtärztliches Rettungsdienstpersonal, in: MedR 2021, S. 505 - 511

Dürre, Nina/Wegerich, Britta: Übungsklausur – Strafrecht: Aberratio ictus und Erlaubnistatbestandsirrtum, in: JuS 2006, S. 712 - 717

Duttge, Gunnar: Die hypothetische Einwilligung als Strafausschließungsgrund: wegweisende Innovation oder Irrweg?, in: Festschrift für Friedrich-Christian Schroeder zum 70. Geburtstag, 2006, S. 179 - 196 (zit.: Duttge, FS Schroeder)

Dreher, Mathis: Objektive Erfolgszurechnung bei Rechtfertigungsgründen, 2003 (zit.: Dreher, Erfolgszurechnung)

Drenkhahn, Kirstin/Momsen, Carsten/Diederichs, Laura Farina: Organisationsdelikte und Beteiligungsstrafbarkeit, in: NJW 2020, S. 2582 - 2587

Eberbach, Wolfram: Grundsätze zur Aufklärung bei nicht voll Geschäftsfähigen, in: MedR 1986, S. 14 - 18

Eckart, Christian/Winkelmüller, Michael (Hrsg.): BeckOK Infektionsschutzrecht mit COVID-19-Schutzmaßnahmen-Ausnahmenverordnung (SchAusnahmV), 19. Edition 2024 (zit.: BeckOK InfSchR/Bearbeiter)

Edlbauer, Benedikt: Die hypothetische Einwilligung als arztstrafrechtliches Haftungskorrektiv, 2009 (zit.: Edlbauer, Hypothetische Einwilligung)

Edsen, Sven: Der Begriff des gefährlichen Werkzeugs in § 224 Abs. 1 Nr. 2 Var. 2 StGB, 2013

Eisele, Jörg: Hypothetische Einwilligung bei ärztlichen Aufklärungsfehlern – Besprechung von BGH, Beschluss vom 15.10.2003 – 1 StR 300/03, in: JA 2005, S. 252 - 54

ders.: Rechtfertigung kraft hypothetischer Einwilligung. Übernahme einer zivilrechtlichen Rechtsfigur in das Strafrecht?, in: Festschrift für Hans-Wolfgang Strätz zum 70. Geburtstag, 2009, S. 163 - 184 (zit.: Eisele, FS Strätz)

ders.: Strafrecht Besonderer Teil I, 6. Auflage 2021 (Eisele, Strafrecht BT I)

ders. Strafrecht AT: Rechtfertigung durch (mutmaßliche) Einwilligung, in: JuS 2020, S. 80 - 82

ders.: Strafrecht AT: Mittäterexzess, in: JuS 2020, S. 570 - 572

ders.: Strafrecht AT: Erlaubnistatbestandsirrtum, in: JuS 2020, S. 985 - 987

ders.: Strafrecht AT: Abgrenzung von Mittäterschaft und Beihilfe, in: JuS 2020, S. 1081 - 1083

ders.: Strafrecht AT: Rechtfertigung durch mutmaßliche Einwilligung, in: JuS 2021, S. 181 - 183

ders.: Anmerkung zu einer Entscheidung des BGH, Beschl. v. 2.2.2021 – 4 StR 364/19 – Zum Vorliegen einer sexuellen Handlung bei gynäkologischen Vorsorgeuntersuchungen durch einen Frauenarzt, in: JR 2021, S. 536 - 538

Eisner, Beat: Die Aufklärungspflicht des Arztes, 1992

Ellbogen, Klaus/Wichmann, Richard: Zu Problemen des ärztlichen Abrechnungsbetruges, insbesondere der Schadensberechnung, in: MedR 2007, S. 10 - 16

Engisch, Karl: Die rechtliche Bedeutung der ärztlichen Operation, 1958

ders.: Ärztlicher Heileingriff zu Heilzwecken und Einwilligung, in: ZStW 58 (1939), S. 1 - 52

ders.: Tatbestandsirrtum und Verbotsirrtum bei Rechtfertigungsgründen, in: ZStW 70 (1958), S. 566 – 615

ders.: Tun und Unterlassen, in: Festschrift für Wilhelm Gallas zum 70. Geburtstag am 22. Juli 1973, 1973, S. 163 - 196(zit.: Engisch, FS Gallas)
Engländer, Armin: Die Anwendbarkeit von § 34 StGB auf intrapersonale Interessenkollisionen, in: GA 2010, S. 15 - 26
Engländer, Armin/Zimmermann, Till: „Rettungstötungen" in der Corona-Krise?, in: NJW 2020, S. 1398 - 1402
Enke, Kersten/Flemming, Andreas/Hündorf, Hans-Peter/Knacke, Peer G./Lipp, Roland/Rupp, Peter: Lehrbuch für präklinische Notfallmedizin, Band 1, Patientenversorgung und spezielle Notfallmedizin, 6. Auflage 2019 (zit.: Enke/Flemming/Hündorf/Knacke/Lipp/Rupp, LPN1)
dies.: Lehrbuch für präklinische Notfallmedizin, Band 2, Berufskunde und Einsatztaktik, 6. Auflage 2019 (zit.: Enke/Flemming/Hündorf/Knacke/Lipp/Rupp, LPN2)
Erb, Volker: Das Verhältnis zwischen mutmaßlicher Einwilligung und rechtfertigendem Notstand, in: Festschrift für Bernd Schünemann zum 70. Geburtstag, 2014, S. 334 - 350 (zit.: Erb, FS Schünemann)
Erb, Volker/Schäfer, Jürgen (Hrsg.): Münchner Kommentar zum Strafgesetzbuch, Band 1: §§ 1 - 37 StGB, 5. Auflage 2024, Band 3: §§ 80 - 184k StGB, 4. Auflage 2021, Band 4: §§ 185 – 262 StGB, 4. Auflage 2021, Band 5: §§ 263 - 297 StGB, 4. Auflage 2022 (zit.: MüKoStGB/Bearbeiter)
Eser, Albin: Zur Strafrechtlichen Verantwortlichkeit des Sportlers, insbesondere des Fußballspielers, in: JZ 1978, S. 368 - 374
ders.: Medizin und Strafrecht - Eine schutzgutorientierte Problemübersicht, in ZStW 97 (1985), S. 1 - 46
Eser, Albin/Just, Hanjörg/Koch, Hans Georg (Hrsg.): Perspektiven des Medizinrechts, 2004 (zit.: Bearbeiter, in: Eser/Just/Koch, Medizinrecht)
Esser, Robert/Tsambikakis, Michael (Hrsg.): Pandemiestrafrecht, 1. Auflage 2020 (zit.: Esser/Tsambikakis/Bearbeiter, Pandemiestrafrecht)
Fahl, Christian: Zum Zusammenspiel von Erlaubnistatbestandsirrtum und § 35 II StGB, in: JA 2017, S. 481 - 484
Fehn, Karsten: Zur rechtlichen Zulässigkeit einer arztfreien Analgosedierung im Rettungsdienst, Teil 1, in: Der Notarzt 2009, S. 1 - 10
ders.: Analgesie mit opioidhaltigen Arzneimitteln durch Notfallsanitäter unter Geltung des Notfallsanitätergesetzes, in: MedR 2009, S. 453 - 459
Fehn, Karsten/Selen, Sinan: Rechtshandbuch für Feuerwehr und Rettungsdienst, 2. Auflage 2003
Fischer, Thomas: Strafgesetzbuch, 71. Auflage 2024 (zit.: Fischer, StGB)

Frahm, Wolfgang: Die Zulässigkeit der Delegation ärztlicher Leistungen auf nichtärztliches Personal, in: VersR 2009, S. 1576 - 1580

ders.: Der Behandlungsfehler in der Arzthaftung, in: NJW 2021, S. 216 - 218

Frahm, Wolfgang/Jansen, Christoph/Katzenmeier, Christian/Kienzle, Hans-Friedrich/Kingreen, Thorsten/Lungstras, Anne Barbara/Saeger, Hans-Detlev/Schmitz-Luhn, Björn/Woopen, Christiane: Medizin und Standard – Verwerfungen und Perspektiven, in: MedR 2018, S. 447 - 457

Freund, Georg: Grundfälle zu den Urkundendelikten, in: JuS 1994, S. 125 - 129

ders.: Der Entwurf eines 6. Gesetzes zur Reform des Strafrechts, in: ZStW 109 (1997), S. 455 – 489

Freund, Georg/Rostalski, Frauke: Strafrecht Allgemeiner Teil, 3. Auflage 2019 (zit.: Freund/Rostalski, Strafrecht AT)

Frister, Helmut/Lindemann, Michael/Peters, Thomas Alexander: Arztstrafrecht, 2011

Gaede, Karsten: Limitierte akzessorisches Medizinstrafrecht statt hypothetischer Einwilligung, 2014 (zit.: Gaede, Limitiert akzessorisches Medizinstrafrecht)

Gaede, Kartsen/Kubiciel, Michael/Saliger, Frank/Tsambikakis, Michael: Rechtmäßiges Handeln in der dilemmatischen Triage-Entscheidungssituation, in: medstra 2020, S. 129 - 137

Gallas, Wilhelm: Zum gegenwärtigen Stand der Lehre vom Verbrechen, in: ZStW 67 (1955), S. 1 - 47

Gasa, Kjell: Die Behandlung des Irrtums über rechtfertigende Umstände im Gutachten – Typische Fehler, in: JuS 2005, S. 890 - 895

Gaßner, Maximilian/Strömer Jens M.: Die Arzthaftung bei der Behandlung gesetzlich krankenversicherter Patienten, in: MedR 2012, S. 159 - 169

Geilen, Gerd: Einwilligung und ärztliche Aufklärung, 1963

ders.: Neue juristisch-medizinische Grenzprobleme, in: JZ 1968, S. 145 - 152

ders.: Repetitorium – Strafrecht: Probleme des § 323c StGB, in: Jura 1983, S. 138 - 148

ders.: Der ärztliche Spagat zwischen „salus" und „voluntas aegroti", in: Festschrift für Dieter Schwind zum 70. Geburtstag, 2006, S. 289 - 304 (zit.: Geilen, FS Schwind)

Geiß, Karlmann/Greiner, Hans-Peter: Arzthaftpflichtrecht, 8. Auflage 2022

Genske, Anna: Zur Einwilligungsfähigkeit bei schmerzbeeinträchtigten Patienten, in: MedR 2016, S. 173 - 177
Geppert, Klaus: Rechtfertigende Einwilligung des verletzten Mitfahrers bei Fahrlässigkeitsstraftaten im Straßenverkehr?, in: ZStW 83 (1971), S. 947 - 1001
ders.: Anmerkung zu BGH, Beschluss vom 25.03.1988 – 2 StR 93/88, in: JZ 1988, S. 1024 - 1029
ders.: Die Anstiftung (§ 26 StGB), in: Jura 1997, S. 299 - 305
Gernhuber, Joachim/Coester-Waltjen, Dagmar: Familienrecht, 7. Auflage 2020
Gercke, Björn/Leimenstoll, Ulrich/Stirner, Kerstin: Handbuch Medizinstrafrecht, 2020
Giebel, Gerald D./Wienke, Albrecht/Sauerborn, Jürgen/Edelmann, Martin/Menningen, Rudolf/Dievenich, Anne: Das Aufklärungsgespräch zwischen Wollen, Können und Müssen – Wege vom richter-rechtlichen Aufklärungspflichtverschulden zum ärztlichen Aufklärungsstandard, in: NJW 2001, S. 863 - 868
Giesen, Dieter: Arzthaftungsrecht, 4. Auflage 1995
Gitter, Wolfgang/Köhler, Gabriele: Der Grundsatz der persönlichen ärztlichen Leistungspflicht, 1989 (zit.: Gitter/Köhler, Leistungspflicht)
Gleixner-Eberle, Elisabeth: Die Einwilligung in die medizinische Behandlung Minderjähriger, 2014 (zit.: Gleixner-Eberle, Einwilligung Minderjähriger)
Graf, Jürgen Peter/Jäger, Markus/Wittig, Petra (Hrsg.): Wirtschafts- und Steuerstrafrecht, 4. Auflage 2024 (zit.: Graf/Jäger/Wittig/Bearbeiter, StGB)
Grahlmann, Hans Guenther: Heilbehandlung und Heilversuch: zur strafrechtlichen Problematik von Neulandoperationen und experimentellen Heilmethoden, 1977 (zit.: Grahlmann, Heilbehandlung)
Grandel, Mathias/Stockmann, Roland (Hrsg.): Familienrecht, 3. Auflage 2021 (zit.: Bearbeiter, in: Grandel/Stockmann, Familienrecht)
Greco, Luis: Kausalitäts- und Zurechnungsfragen bei unechten Unterlassungsdelikten, in: ZIS 2011, S. 674 - 691
Gropengießer, Helmut: Übungsfälle Strafrecht – Das Konkurrenzverhältnis von Notwehr (§ 32 StGB) und rechtfertigenden Notstand (§ 34 StGB), in: Jura 2000, S. 262 - 267
Gropp, Walter: Objektive und subjektive Aspekte der Schweigepflichtverletzung, in: JR 1996, S. 478 - 480

ders.: Die „Pflichtenkollision“: weder eine Kollision von Pflichten noch Pflichten in Kollision, in: Festschrift für Hans Joachim Hirsch zum 70. Geburtstag am 11. April 1999, 1999, S. 207 - 224 (zit.: Gropp, FS Hirsch)
ders.: Hypothetische Einwilligung im Strafrecht?, in: Festschrift für Friedrich-Christian Schroeder zum 70. Geburtstag, 2006, S. 197 - 208 (zit.: Gropp, FS Schroeder)
Haage, Heinz: Heilpraktikergesetz, 2. Auflage 2013
Hahn, Bernhard: Die Haftung des Arztes für nichtärztliches Personal: Zulässigkeitsfragen ärztlicher Delegation von Blutentnahmen, Injektionen, Infusionen und Bluttransfusionen an nichtärztliche Mitarbeiter, 1981 (zit.: Hahn, Zulässigkeitsfragen)
ders.: Zulässigkeit und Grenzen der Delegierung ärztlicher Aufgaben – Zur Übertragung von Blutentnahmen, Injektionen, Infusionen und Bluttransfusionen auf nichtärztliches Assistenzpersonal, in: NJW 1981, S. 1977 - 1984
Hahn, Erik: Die Beschränkung der elterlichen Einsicht in die Patientenakte bei dokumentierten Anzeichen für eine von diesen ausgehende Gefährdung des Kindeswohls, in: NZFam 2022, S. 237 - 244
Halstrick, Claudia: Ärztliche Schweigepflicht bei Minderjährigen in Gefährdungssituationen, in: Frauenarzt 2015, S. 220 - 225
Händel, Konrad: Berechtigung des Arztes zur Benachrichtigung der Verkehrsbehörde über den Gesundheitszustand eines Patienten – Anmerkung zu BGH, Urteil vom 08.10.1968 – VI ZR 168/67, in: NJW 1969, S. 555 - 556
Hardtung, Bernhard: Die Körperverletzungsdelikte, in: JuS 2008, S. 864 - 869
ders.: Die Körperverletzungsdelikte, in: JuS 2008, S. 960 - 965
Hart, Dieter: Arzneimitteltherapie und ärztliche Verantwortung, 1990 (zit.: Hart, Arzneimitteltherapie)
ders.: Arzthaftung und Arzneimitteltherapie, in: MedR 1991, S. 300 - 308
Hartmann, Tanja: Eigenmächtige und fehlerhafte Heilbehandlung: Betrachtung zu §§ 229, 230 des Entwurfs eines Sechsten Strafrechtsreformgesetzes, 1991 (zit.: Hartmann, Eigenmächtige und fehlerhafte Heilbehandlung)
Häser, Isabel: Delegation ärztlicher Leistungen an nichtärztliches Personal – Was macht eine Tätigkeit „delegationsfähig“?, in: Der Klinikarzt 2008, S. 222 - 223

Hau, Wolfgang/Poseck, Roman (Hrsg.): Beck´scher Online-Kommentar zum Bürgerlichen Gesetzbuch, 66. Edition 2023 (zit.: BeckOK BGB/Bearbeiter)

Hecker, Bernd: Der manipulierte Parkschein hinter der Windschutzscheibe – ein (versuchter) Betrug – OLG Köln, NJW 2002, 527, in: JuS 2002, S. 224 - 227

ders.: Strafrecht AT: Putativnotwehr – Strafrechtliche Beurteilung eines tödlichen Schusswaffeneinsatzes im Rahmen einer vom Täter irrtümlich angenommenen Notwehrlage, in: JuS 2012, S. 263 - 266

ders.: Strafrecht AT: Gemeinsamer Tatplan und Mittäterexzess, in: JuS 2013, S. 943 - 945

ders.: Strafrecht: Sterbehilfe, in: JuS 2020, S. 82 - 85

Heiderhoff, Bettina: Das Betreuungsrecht nach der Reform (Teil 1), in: JA 2024, S. 1 – 13

dies.: Das Betreuungsrecht nach der Reform (Teil 2), in: JA 2024, S. 107 - 113

Heilmann, Joachim: Der Stand der deliktischen Arzthaftung, in: NJW 1990, S. 1513 - 1521

von Heintschel-Heinegg, Bernd (Hrsg.): Beck´scher Online-Kommentar Strafgesetzbuch, 57. Edition 2023 (zit.: BeckOK StGB/Bearbeiter)

Helle, Konrad: Nachträgliche Veränderung einer Urkunde durch ihren Aussteller, 2001 (zit.: Helle, Nachträgliche Veränderung)

Hellmann, Uwe/Herffs, Harro: Der ärztliche Abrechnungsbetrug, 2006 (zit.: Hellmann/Herffs, Abrechnungsbetrug)

Hengstenberg, Nike: Die hypothetische Einwilligung im Strafrecht, 2013 (zit.: Hengstenberg, Hypothetische Einwilligung)

Herffs, Harro: Ärztlicher Abrechnungsbetrug bei Beschäftigung von Strohpartnern?, in: wistra 2004, S. 281 - 288

Herzberg, Rolf Dietrich/Scheinfeld, Jörg: Der Erlaubnistatbestandsirrtum – dargestellt in Form eines Seminarvortrags, in: JuS 2002, S. 649 - 658

Hessisches Ministerium für Soziales und Integration: Algorithmen zur Notfallversorgung, Stand: 01.12.2021, abrufbar unter: https://rettungsdienstschule-gelnhausen.de/algorithmus/Algorithmen-Notfallversorgung-NotSan.pdf

Heuchemer, Michael: Die Behandlung des Erlaubnistatbestandsirrtums in der Klausur, in: JuS 2012, S. 795 - 800

Heuchemer, Michael/Bolsinger, Max: Medikamentengabe durch Rettungsassistenten – zugleich Anmerkung zu ArbG Koblenz, Urteil vom 7.11.2008 – 2 Ca 1567/08, in: MedR 2009, S. 524 – 528

Heuser, Martin: Die uneingeschränkte Schuldtheorie beim Erlaubnistatbestandsirrtum – Zur gesetzmäßigen Handhabung der Vermeidbarkeitsklausel des § 17 S. 1 StGB, in: ZStW 132 (2020), S. 330 - 366

Hilgendorf, Eric: Die Autonomie von Notfallpatienten: Überblick und Forschungsdesiderata, in: Festschrift für Kristian Kühl zum 70. Geburtstag, 2014, S. 509 - 520 (zit.: Hilgendorf, FS Kühl)

Hirsch, Günter: Rechtslage bei selbstständigen medizinischen Behandlungen durch das Rettungsdienstpersonal, in: Leben retten 1978, S. 6 ff.

Hirsch, Günter/Weißauer, Walther: Kausalitätsprobleme beim Aufklärungsmangel, in: MedR 1983, S. 78 - 83

Hirsch, Hans Joachim: Behandlungsabbruch und Sterbehilfe, in: Festschrift für Karl Lackner zum 70. Geburtstag, 1987, S. 597 - 620 (zit.: Hirsch, FS Lackner)

ders.: Zur Frage eines Straftatbestandes der eigenmächtigen Heilbehandlung, in: Gedächtnisschrift für Heinz Zipf, 1999, S. 353 - 374 (zit.: Hirsch, GS Zipf)

ders.: Einwilligung in sittenwidrige Körperverletzung, in: Festschrift für Knut Amelung zum 70. Geburtstag, 2009, S. 181 - 202 (zit.: Hirsch, FS Amelung)

Hobusch, Sandra: Der Rettungsdienst als eigener Leistungsbereich der gesetzlichen Krankenversicherung (Teil 1), in: NZS 2023, S. 801 - 810

dies.: Der Rettungsdienst als eigener Leistungsbereich der gesetzlichen Krankenversicherung (Teil 2), in: NZS 2023, S. 846 - 853

Hotz, Dominik: Die Strafbarkeit des Verbreitens von Krankheitserregern am Beispiel der Corona-Krise, in: NStZ 2020, S. 320 - 326

Hoven, Elisa: Unwirtschaftliche Verschreibungspraxis des Vertragsarztes als Untreue, in: NJW 2016, S. 3213 - 3215

dies.: Die „Triage"-Situation als Herausforderung für die Strafrechtswissenschaft, in: JZ 2020, S. 449 - 454

Hoven, Elisa/Hahn, Johanna: Strafrechtliche Fragen im Zusammenhang mit der Covid-19-Pandemie, in: JA 2020, S. 481 - 487

Hoyer, Andreas: Kausalität und/oder Risikoerhöhung, in: Festschrift für Hans-Joachim Rudolphi zum 70. Geburtstag, 2004, S. 95 - 106 (zit.: Hoyer, FS Rudolphi)

ders.: Wie wesentlich muss das „wesentlich überwiegende Interesse“ bei § 34 StGB überwiegen?, in: Festschrift für Wilfried Küper zum 70. Geburtstag, 2007, S. 173 - 182 (zit.: Hoyer, FS Küper)
Immig, Maximilian: Die Selbstbestimmungsaufklärung im Arztstrafrecht: Eine kritische Betrachtung der Übertragung der zivilrechtlichen Rechtsprechung in das Strafrecht, 2016 (zit.: Immig, Selbstbestimmungsaufklärung)
Ingelfinger, Ralph: Grundlagen und Grenzbereiche des Tötungsverbots, 2004 (zit.: Ingelfinger, Tötungsverbot)
Iversen, Katarina: Die Bedeutung der zivilrechtlichen Aufklärungspflichten für die Einwilligung in die Körperverletzung, in: HRRS Heft 11/2018, S. 475 - 483
Jäger, Christian: Die hypothetische Einwilligung – ein Fall der rückwirkenden juristischen Heilung in der Medizin, in: Festschrift für Heike Jung zum 65. Geburtstag, 2007, S. 345 - 360 (zit.: Jäger, FS Jung)
ders.: Die drei Unmittelbarkeitsprinzipien beim Betrug, in: JuS 2010, S. 761 – 766
Jäger, Christian/Gründel, Johannes: Zur Notwendigkeit einer Neuorientierung bei der Beurteilung der rechtfertigenden Pflichtenkollision im Angesicht der Corona-Triage, in: ZIS 2020, S. 151 - 163
Jahn, Matthias: Strafrecht BT: Schönheitsoperation durch „Influencerin“ mittels Hyaluronsäurespritze, in: JuS 2021, S. 368 - 370
ders.: Strafrecht: Einwilligung in die Körperverletzung, in: JuS 2021, S. 890 - 892
Jakobs, Günther: Einwilligung in sittenwidrige Körperverletzung, in: Festschrift für Friedrich-Christian Schroeder zum 70. Geburtstag, 2006, S. 507 - 520 (zit.: Jakobs, FS Schroeder)
Janker, Helmut: Heimliche HIV-Antikörpertests – strafbare Körperverletzung?, in: NJW 1987, S. 2897 - 2903
Jansen, Christoph: Der medizinische Standard, 2019
Jansen, Scarlett: Die hypothetische Einwilligung im Strafrecht – Notwendiges Korrektiv oder systemwidriges Institut?, in: ZJS 2011, S. 482 – 495
dies.: Pflichtenkollision bei Triage-Entscheidungen, in: ZIS 2021, S. 155 - 169
Jescheck, Hans-Heinrich/Weigend, Thomas: Lehrbuch des Strafrechts, Allgemeiner Teil, 5. Auflage 1996 (zit.: Jescheck/Weigend, Strafrecht AT)
Junghanns, Ray: Verteilungsgerechtigkeit in der Transplantationsmedizin, 2001

Jürgens, Andreas (Hrsg.): Betreuungsrecht, 7. Auflage 2023 (zit.: Jürgens/Bearbeiter, Betreuungsrecht)
Jox, Rolf/Wellenhofer, Marina (Hrsg.): beck-online.GROSSKOMMENTAR KKG, Stand 01.11.2023 (zit.: BeckOGK-KKG/Bearbeiter)
Kaeding, Nadja/Schwenke, Laura: Medizinische Behandlung Minderjähriger – Anforderungen an die Einwilligung, in: MedR 2016, S. 935 - 940
Kaspar, Johannes: Grundprobleme der Fahrlässigkeitsdelikte, in: JuS 2012, S. 112 - 117
Katzenmeier, Christian: Ein Sonderstraftatbestand der eigenmächtigen Heilbehandlung, in: ZRP 1997, S. 156 - 161
ders.: Arzthaftung, 2002
ders.: Arbeitsteilung, Teamarbeit und Haftung, in: MedR 2004, S. 34 - 40
ders.: Mammographie-Screening: Rechtsfragen weitgehend ungeklärt, in: DÄBl. 2006, A-1054
ders.: Der Behandlungsvertrag – Neuer Vertragstypus im BGB, in: NJW 2013, S. 817 - 823
Katzenmeier, Christian/Schrag-Slavu, Stefania: Rechtfragen des Einsatzes der Telemedizin im Rettungsdienst, 2010 (zit.: Katzenmeier/Schrag-Slavu, Telemedizin im Rettungsdienst)
Kaufmann, Armin: Euthanasie – Selbsttötung – Tötung auf Verlangen, in: MedR 1983, S. 121 - 125
Kaufmann, Arthur: Die eigenmächtige Heilbehandlung, in: ZStW 73 (1961), S. 342 - 384
Kern, Bernd-Rüdiger: Fremdbestimmung bei der Einwilligung in ärztliche Eingriffe, in: NJW 1994, S. 753 - 759
ders.: Der postmortale Geheimnisschutz, in: MedR 2006, S. 205 - 208
Kienapfel, Diethelm: Anmerkung zu BGH, Urteil vom 27.01.1976 – 1 StR 739/75, in: JR 1977, S. 27 - 28
Killinger, Elmar: Die Besonderheiten der Arzthaftung im medizinischen Notfall, 2009 (zit.: Killinger, Besonderheiten der Arzthaftung)
Kindhäuser, Urs/Hilgendorf, Eric: Strafgesetzbuch, Lehr- und Praxiskommentar, 9. Auflage 2022 (zit.: Kindhäuser/Hilgendorf, StGB)
Kindhäuser, Urs/Schramm, Edward: Strafrecht Besonderer Teil I, 11. Auflage 2023 (zit.: Kindhäuser/Schramm, Strafrecht BT I)
Kindhäuser, Urs/Neumann, Ulfrid/Paeffgen, Hans-Ullrich (Hrsg.): Nomos Kommentar Strafgesetzbuch, 6. Auflage 2023 (zit.: NK-StGB/Bearbeiter)
Klein, Hubert/Di Bella, Marco: Freiheitsentziehende Maßnahmen, in: RDG 2015, S. 220 - 225

Kloepfer, Michael/Deye, Sandra: Pandemien als Herausforderung für die Rechtsordnung, in: DVBl. 2009, S. 1208 - 1221

Klug, Ulrich: Das Grundrecht der Fernsehfreiheit im Spannungsfeld der Interessen- und Rechtsgüterabwägung nach § 34 StGB bei Kollision mit § 201 StGB, in: Festschrift für Dietrich Oehler zum 70. Geburtstag, 1985, S. 397 - 410 (zit.: Klug, FS Oehler)

Knauer, Christoph/Kudlich, Hans/Schneider, Hartmut (Hrsg.): Münchner Kommentar zur Strafprozessordnung, Band 1: §§ 1 - 150 StPO, 2. Auflage 2023 (zit.: MüKoStPO/Bearbeiter)

Ko, Myoungsu: Fahrlässige Mittäterschaft und Schuldprinzip, 2020

Körner, Marita: Arbeitszeit und Bereitschaftsdienst, in: NJW 2003, S. 3606 - 3609

Kubiciel, Michael/Wachter, Matthias: Infektionsschutzrechtliche Vorgaben für die Triage – Kritik des § 5c IfSG und Folgen für die strafrechtliche Bewertung, in: medstra 2023, S. 86 - 89

Kudlich, Hans: Zeitliche Grenzen der Beihilfestrafbarkeit, in: JA 2007, S. 308 - 309

Kudlich, Hans/Neelmeier, Tim: Organisationsverschulden im Arztrecht, in: NJW 2021, S. 1185 - 1189

Kühl, Kristian: Strafrecht Allgemeiner Teil, 8. Auflage 2017 (zit.: Kühl, Strafrecht AT)

ders.: Der Abschied des Strafrechts von den guten Sitten, in: Festschrift für Günther Jakobs zum 70. Geburtstag, 2007, S. 293 - 310 (zit.: Kühl, FS Jakobs)

Kuhlen, Lothar: Ausschluss der objektiven Zurechnung bei Mängeln der wirklichen und mutmaßlichen Einwilligung, in: Festschrift für Heinz Müller-Dietz zum 70. Geburtstag, 2001, S. 431 - 452 (zit.: Kuhlen, FS Müller-Dietz)

ders.: Ausschluss der objektiven Erfolgszurechnung bei hypothetischer Einwilligung des Betroffenen – Beschluss des BGH vom 15.10.2003 – 1 StR 300/03, in: JR 2004, S. 227 - 230

Kuhli, Milan: Der Versuch beim erfolgsqualifizierten Delikt, in: JuS 2020, S. 289 - 296

Küper, Wilfried: Grund- und Grenzfragen der rechtfertigenden Pflichtenkollision im Strafrecht, 1979 (zit.: Küper, Pflichtenkollision)

ders.: Zum rechtfertigenden Notstand bei Kollision von Vermögenswerten, in: JZ 1976, S. 515 - 519

ders.: Die sog. „Gefahrtragungspflichten" im Gefüge des rechtfertigenden Notstandes. Ein Beitrag zum Verhältnis von Interessenabwägungs- und Angemessenheitsformel, in: JZ 1980, S. 755 - 757
ders.: Tötungsverbot und Lebensnotstand – Zur Problematik der Kollision „Leben gegen Leben", in: JuS 1981, S. 785 - 794
ders.: Notstand und Zeit – Die „Dauergefahr" beim rechtfertigenden und entschuldigenden Notstand, in: Festschrift für Hans-Joachim Rudolphi zum 70. Geburtstag, 2004, S. 151 - 164 (zit.: Küper, FS Rudolphi)
ders.: „Vorsätzlich im Sinne dieses Gesetzes …" – Zur Bedeutung des § 11 Abs. 2 StGB für die Teilnahme am erfolgsqualifizierten Delikt und zur Dogmatik dieser Beteiligungsform, in: Festschrift für Kristian Kühl zum 70. Geburtstag, 2014, S. 315 - 328 (zit.: Küper, FS Kühl)
Küpper, Georg: Grenzen der normativierenden Strafrechtsdogmatik, 1990
Kutzer, Klaus: Strafrechtliche Rechtsprechung des BGH zur Beteiligung an einem freiverantwortlichen Suizid, in: ZRP 2012, S. 135 - 138
Kraatz, Erik: Die fahrlässige Mittäterschaft, 2006 (zit.: Kraatz, Fahrlässige Mittäterschaft)
ders.: Aus der Rechtsprechung zum Arztstrafrecht 2010/2011 – Teil 1: Ärztliche Aufklärungspflichten, in: NStZ-RR 2012, S. 1 - 6
ders.: Arztstrafrecht, 3. Auflage 2023
Krack, Ralf: Zur Strafbarkeit wegen Betrugs und Urkundenfälschung bei nachträglicher Veränderung von Überweisungsbelegen, in: JR 1998, S. 479 - 480
Kreß, Hartmut: Patientenverfügungen und Selbstbestimmung in Anbetracht der Notfallmedizin, in: ZRP 2009, S. 69 - 71
Kreße, Bernhard: Anmerkung zu OLG Frankfurt, Urteil vom 16.07.2019 – 8 U 228/17, in: MedR 2020, S. 387 - 390
Kretschmer, Joachim: Das Fahrlässigkeitsdelikt, in: Jura 2000, S. 267 - 276
Krey, Volker: Literaturbericht, in: ZStW 90 (1978), S. 173 - 209
Krey, Volker/Hellmann, Uwe/Heinrich, Manfred: Strafrecht Besonderer Teil, Band I, 17. Auflage 2021 (zit.: Krey/Hellmann/Heinrich, Strafrecht BT I)
Krudop-Scholz, Kristin: Die ärztliche Aufklärung bei der Arzneibehandlung, 2005 (zit.: Krudop-Scholz, Arzneibehandlung)
Lackner, Karl/Kühl, Kristian/Heger, Martin (Hrsg.): Strafgesetzbuch, 30. Auflage 2023 (zit.: Lackner/Kühl/Heger/Bearbeiter, StGB)

Ladwig, Constantin: Der Pflichtwidrigkeitszusammenhang im Gesundheitswesen, in: medstra 2021, S. 285 - 294

Landau, Herbert: Das strafrechtliche Risiko der am Bau Beteiligten, in: wistra 1999, S. 47 - 52

Landesverbände der Ärztlichen Leitungen Rettungsdienst von Baden-Württemberg, Brandenburg, Mecklenburg-Vorpommern, Nordrhein-Westfalen, Sachsen und Sachsen-Anhalt: Standardarbeitsanweisungen und Behandlungspfade im Rettungsdienst, Stand Juli 2023, abrufbar unter: https://www.dbrd.de/images/aktuelles/2023/08-01/Anlage_-_SAA_und_BPR_2023.pdf (zit.: Standardarbeitsanweisungen und Behandlungspfade im Rettungsdienst)

Langkeit, Jochen: Umfang und Grenzen der ärztlichen Schweigepflicht gemäß § 203 I Nr. 1 StGB, in: NStZ 1994, S. 6 - 9

Laubenthal, Klaus: Sexuelle Handlungen und deren „Begriffsbestimmungen" nach § 184h StGB, in: Festschrift für Franz Streng zum 70. Geburtstag, 2017, S. 87 - 100 (zit.: Laubenthal. FS Streng)

Lauf, Niclas/Birck, Leon: Minderjährige als Partei des Behandlungsvertrages, in: NJW 2018, S. 2230 - 2235

Laufhütte, Heinrich-Wilhelm/Rissing-van Saan, Ruth/Tiedemann, Klaus (Hrsg.): Leipziger Kommentar zum Strafgesetzbuch, Band 7, 1. Teilband: §§ 211 - 231, 12. Auflage 2018, Band 9, 1. Teilband: §§ 263 - 266b, 12. Auflage 2012, Band 9, 2. Teilband: §§ 267 - 283d, 12. Auflage 2009 (zit.: LK-StGB/Bearbeiter)

Laufs, Adolf: Die Entwicklung des Arztrechts 1985/86, in: NJW 1986, S. 1515 - 1521

ders.: Entwicklungslinien des Medizinrechts, in: NJW 1997, S. 1609 - 1618

Laufs, Adolf/Kern, Bernd-Rüdiger/Rehborn, Martin: Handbuch des Arztrechts, 5. Auflage 2019 (zit.: Bearbeiter, in: Laufs/Kern/Rehborn, ArztR-HdB)

Laufs, Adolf/Katzenmeier, Christian/Lipp, Volker: Arztrecht, 8. Auflage 2021 (zit.: Bearbeiter, in: Laufs/Katzenmeier/Lipp, Arztrecht)

Lechleuthner, Alexander Michael/Neupert, Michael: Tätigkeit als Notfallsanitäter im öffentlichen Rettungsdienst, in: Notfall + Rettungsmedizin 2015, S. 413 - 420

Leimenstoll, Ulrich: Der Vertragsarzt – Tauglicher Täter einer Untreue zu Lasten der gesetzlichen Krankenkasse?, in: wistra 2013, S. 121 - 129

Leipold, Klaus/Tsambikakis, Michael/Zöller, Mark A. (Hrsg.): Anwalt-Kommentar StGB, 3. Auflage 2020 (zit.: Bearbeiter, in: Leipold/Tsambikakis/Zöller, StGB)

Leitner, Werner/Rosenau, Henning (Hrsg.): NomosKommentar Wirtschafts- und Steuerstrafrecht, 2. Auflage 2022 (zit.: NK-WSS/Bearbeiter)

Lemmert, Miriam: Anmerkung zu OLG Hamm, Beschluss vom 29.11.2019 – 12 UF 236/19, in: MedR 2020, S. 682 - 685

Lenckner, Theodor: Der Grundsatz der Güterabwägung als Grundlage der Rechtfertigung, in: GA 1985, S. 295 - 313

ders.: Das Merkmal der „Nicht-anders-Abwendbarkeit" der Gefahr in den §§ 34, 35 StGB, in: Festschrift für Karl Lackner zum 70. Geburtstag, 1987, S. 95 - 112 (zit.: Lenckner, FS Lackner)

Lesch, Heiko H.: Die strafrechtliche Einwilligung beim HIV-Antikörpertest an Minderjährigen, in: NJW 1989, S. 2309 - 2313

Lindner, Josef Franz: Die „Triage" im Lichte der Drittwirkung der Grundrechte, in: MedR 2020, S. 723 - 728

Lippert, Hans-Dieter: Rechtsprobleme bei der Durchführung von Notarzt- und Rettungsdienst, in: NJW 1982, S. 2089 - 2094

ders.: Die Garantenstellung des Rettungssanitäters, in: Notfallmedizin 1982, S. 1571 - 1577

ders.: Die Rechtsstellung des niedergelassenen Arztes im Rettungs- und Notarztdienst, in: MedR 1983, S. 167 - 170

Lippert, Hans-Dieter/Weissauer, Walther: Das Rettungswesen: Organisation, Medizin, Recht, 1984 (zit.: Lippert/Weissauer, Rettungswesen)

Lissel, Patrick M.: Strafrechtliche Verantwortung in der präklinischen Notfallmedizin, 2001 (zit.: Lissel, Strafrechtliche Verantwortung)

ders.: Rechtsfragen im Rettungswesen, 3. Auflage 2014 (zit.: Lissel, Rechtsfragen)

Lorenz, Annegret: Das Selbstbestimmungsrecht des einsichtsfähigen Minderjährigen bei Eingriffen in die körperliche Integrität, in: NZFam 2017, S. 782 - 788

Ludes, Sebastian /Pannenborg, Eerke: Der Erlaubnistatbestandsirrtum im Fahrlässigkeitsdelikt, in: Jura 2013, S. 24 - 29

Ludyga, Hannes: Die Schweigepflicht von Ärzten bei der Behandlung Minderjähriger, in: NZFam 2017, S. 1121 - 1126

Lugani, Katharina: Einwilligung in Schwangerschaftsabbruch durch Minderjährige, in: NJW 2020, S. 1330 - 1332

Luxem, Jürgen/Runggaldier, Klaus (Hrsg.): Rettungsdienst RS/RH, 4. Auflage 2017

Magnus, Dorothea: Der Pflichtwidrigkeitszusammenhang im Strafrecht, in: JuS 2015, S. 402 - 406

dies.: Aktuelle Probleme des Abrechnungsbetruges (§ 263 StGB), in: NStZ 2017, S. 249 - 254

dies.: Aktuelle Entwicklungen zur Sittenwidrigkeit der Körperverletzung trotz Einwilligung (§ 228 StGB), in: NStZ 2024, S. 71 - 74

Maiwald, Manfred: Grundlagenprobleme der Unterlassungsdelikte, in: JuS 1981, S. 473 - 483

ders.: Zur Leistungsfähigkeit des Begriffs „erlaubtes Risiko" für die Strafrechtssystematik, in: Festschrift für Hans-Heinrich Jescheck zum 70. Geburtstag, 1985, S. 405 - 426 (zit.: Maiwald, FS Jescheck)

Mand, Elmar: Datenschutz in Medizinnetzen, in: MedR 2003, S. 393 - 400

Matt, Holger/Renzikowski, Joachim (Hrsg.): Kommentar zum Strafgesetzbuch, 2. Auflage 2020 (zit.: Matt/Renzikowski/Bearbeiter, StGB)

Maurach, Reinhart/Zipf, Heinz: Strafrecht Allgemeiner Teil, Teilband 1, 8. Auflage 1992 (zit.: Maurach/Zipf, Strafrecht AT 1)

Maurach, Reinhart/Gössel, Karl Heinz/Zipf, Heinz: Strafrecht Allgemeiner Teil, Teilband 2, 8. Auflage 2014 (zit.: Maurach/Gössel/Zipf, Strafrecht AT 2)

Maurach, Reinhart/Schroeder, Friedrich-Christian/Maiwald, Manfred/Hoyer, Andreas/Momsen, Carsten: Strafrecht Besonderer Teil, Teilband 1, 11. Auflage 2019 (zit.: Maurach/Schroeder/Maiwald/Hoyer/Momsen, Strafrecht BT 1)

Mayer, Michael: Strafrechtliche Produktverantwortung bei Arzneimittelschäden, 2008 (zit.: Mayer, Strafrechtliche Produktverantwortung)

Merkel, Grischa: Prinzipielles und Prozessuales zur hypothetischen Einwilligung in ärztliche Heileingriffe, in: JZ 2013, S. 975 – 979

Merkel, Reinhard/Augsberg, Steffen: Die Tragik der Triage – straf- und verfassungsrechtliche Grundlagen und Grenzen, in: JZ 2020, S. 704 - 714

Meyer-Goßner, Lutz/Schmitt, Bertram: Strafprozessordnung, 67. Auflage 2024 (zit.: Meyer-Goßner/Schmitt, StPO)

Mezger, Edmund: Strafrecht, Ein Lehrbuch, 3. Auflage 1949 (zit.: Mezger, Strafrecht)

Michel, Frank P.: Aids-Test ohne Einwilligung – Körperverletzung oder Strafbarkeitslücke, in: JuS 1988, S. 8 - 13

Ministerium für Soziales und Integration Baden-Württemberg: Handlungsempfehlungen für Notfallsanitäterinnen und Notfallsanitäter in Baden-Württemberg, Stand: Juli 2022, abrufbar unter: https://www.drk-ls.de/fileadmin/user_upload/downloads/downloadbereich/Handlungsempfehlungen_f%C3%BCr_Notfallsanit%C3%A4ter_Juli_22.pdf

Mitsch, Wolfgang: Strafrechtlicher Schutz gegen medizinische Behandlung, 2000

ders.: Rechtfertigung und Opferverhalten, 2004

ders.: Die hypothetische Einwilligung im Arztstrafrecht, in: JZ 2005, S. 279 - 285

ders.: Die mutmaßliche Einwilligung, in: ZJS 2012, S. 38 - 43

Momsen, Carsten/Rackow, Peter: Der Erlaubnistatbestandsirrtum in der Fallbearbeitung (Teil 2), in: JA 2006, S. 654 - 663

Müller, Eckhart/Schlothauer, Reinhold/Knauer, Christoph (Hrsg.): Münchener Anwaltshandbuch Strafverteidigung, 3. Auflage 2022 (zit.: MAH-StV/Bearbeiter)

Müller, Knut: Postmortaler Rechtsschutz: Überlegungen zur Rechtssubjektivität Verstorbener, 1996 (zit.: Müller, Postmortaler Rechtsschutz)

Müller, Sebastian: Freiheitsberaubung durch unterbringungsähnliche Maßnahmen bei Minderjährigen im Krankenhaus, in: MedR 2011, S. 339 - 345

Müller-Dietz, Heinz: Mutmaßliche Einwilligung und Operationserweiterung – BGH, NJW 1988, 2310, in: JuS 1989, S. 280 - 286

Münder, Johannes/Meysen, Thomas/Trenczek, Thomas (Hrsg.): Frankfurter Kommentar SGB VIII, 9. Auflage 2022 (zit.: Bearbeiter, in: Münder/Meysen/Trenczek, Thomas, SGB VIII)

Müssig, Jörg: Stellung des ärztlichen Leiters im Rettungsdienst: Einführung des Notfallsanitätergesetzes (NotSanG), in: Der Notarzt 2015, S. 15 - 18

Narr, Helmut: Zur persönlichen Leistungserbringung des Chefarztes aus der Sicht der GOÄ und des Kassenarztrechtes, in: MedR 1989, S. 215 - 222

Nebendahl, Mathias: Selbstbestimmungsrecht und rechtfertigende Einwilligung des Minderjährigen bei medizinischen Eingriffen, in: MedR 2009, S. 197 - 205

Neelmeier, Tim: Einvernehmliche Unterschreitung medizinischer Behandlungsstandards, in: NJW 2015, S. 374 - 377

Neumann, Ulfrid: Der Rechtfertigungsgrund der Kollision von Rettungsinteressen, in: Festschrift für Claus Roxin zum 70. Geburtstag am 15. Mai 2001, 2001, S. 421 - 439 (zit.: Neumann, FS Roxin)
Neupert, Michael/Sarangi, Frank: Stellungnahme der Arbeitsgemeinschaft RettungsdienstRecht e.V. zum „Pyramidenprozess" zur Umsetzung des Notfallsanitätergesetzes (NotSanG), in: Der Notarzt 2014, S. 118 - 120
Niehaus, Holger: Strafbare Veranlassung der unwahren Selbstbezichtigung im Ordnungswidrigkeitenverfahren? In: DAR 2015, S. 720 - 722
Nussbaum, Maximilian: Strafrecht und Corona – Ein imaginäres Prüfungsgespräch, in: HanLR 2021, S. 213 - 224
ders.: Medizinische Instrumente als gefährliche Werkzeuge i. S. v. § 224 Abs. 1 Nr. 2 StGB, in: JR 2023, S. 57 - 63
Nüßgen, Karl: Zwei Fragen zur zivilrechtlichen Haftung des Arztes, in: Festschrift für Fritz Hauß zum 70. Geburtstag, 1978, S. 287 - 302 (zit.: Nüßgen, FS Hauß)
Otto, Harro: Gegenwärtiger Angriff (§ 32 StGB) und gegenwärtige Gefahr (§§ 34, 35, 249, 255 StGB), in: Jura 1999, S. 552 - 553
ders.: Wahrscheinlichkeitsgrad des Erfolgseintritts und Erfolgszurechnung, in: Jura 2001, S. 275 - 277
ders.: Rechtfertigung einer Körperverletzung durch das elterliche Züchtigungsrecht, in: Jura 2001, S. 670 - 671
ders.: Einwilligung, mutmaßliche, gemutmaßte und hypothetische Einwilligung, in: Jura 2004, S. 679 - 683
ders.: Patientenautonomie und Strafrecht bei der Sterbebegleitung, in: NJW 2006, S. 2217 - 2222
ders.: Beihilfe durch Unterlassen, in: JuS 2017, S. 289 - 295
Paeffgen, Hans-Ulrich: Gefahr-Definition, Gefahr-Verringerung und Einwilligung im medizinischen Bereich – Problem-Beschreibung und Methodologisches, veranschaulicht am Beispiel des virusinfektiösen Chirurgen, in: Festschrift für Hans-Joachim Rudolphi zum 70. Geburtstag, 2004, S. 187 - 212 (zit.: Paeffgen, FS Rudolphi)
Grüneberg, Christian: Bürgerliches Gesetzbuch, 83. Auflage 2024 (zit.: Grüneberg/Bearbeiter)
Peikert, Peter: Persönliche Leistungserbringungspflicht, in: MedR 2000, S. 352 - 359
Peters, Kristina/Bildner, Anna: Die Mittäterschaft gem. § 25 II StGB und ihre Herausforderung in der Fallbearbeitung, in: JuS 2020, S. 731 - 736
Pschyrembel, Willibald: Klinisches Wörterbuch, 269. Auflage 2023

Puppe, Ingeborg: Urkundenfälschung, in: Jura 1979, S. 630 - 641
dies.: Die neue Rechtsprechung zu den Fälschungsdelikten – Teil 1, in: JZ 1986, S. 938 - 950
dies.: Die neue Rechtsprechung zu den Fälschungsdelikten – Teil 2, in: JZ 1991, S. 550 - 554
dies.: Zur Struktur der Rechtfertigung, in: Festschrift für Walter Stree und Johannes Wessels zum 70. Geburtstag, 1993, S. 183 - 202 (zit.: Puppe, FS Stree und Wessels)
dies.: Die neue Rechtsprechung zu den Fälschungsdelikten, in: JZ 1997, S. 490 - 500
dies.: Die strafrechtliche Verantwortlichkeit des Arztes bei mangelnder Aufklärung über eine Behandlungsalternative, in: GA 2003, S. 764 - 776
dies.: Hypothetische Einwilligung bei medizinischen Eingriffen – Anmerkung zu BGH, Urteil vom 20.01.2004 – 1 StR 319/03, in: JR 2004, S. 470 - 472
dies.: Der gemeinsame Tatplan der Mittäterschaft, in: ZIS 2007, S. 234 - 246
dies.: Die Architektur der Beteiligungsformen, in: GA 2013, S. 514 - 536
Prütting, Dorothea: Rettungsdienstgesetz Nordrhein-Westfalen: Kommentar für die Praxis, 4. Auflage 2016 (zit.: Prütting, RettG NRW)
Prütting, Jens: Anspruch des Patienten auf eine Behandlung contra legem?, in: MedR 2017, S. 531 - 533
Ranft, Otfried: Berücksichtigung hypothetischer Bedingungen beim fahrlässigen Erfolgsdelikt? – zugleich eine Kritik der Formel vom „rechtmäßigen Alternativverhalten“, in: NJW 1984, S. 1425 - 1433
ders.: Rechtsprechungsbericht zu den Unterlassungsdelikten – Teil 1, in: JZ 1987, S. 859 - 866
Ransiek, Andreas: Das unechte Unterlassungsdelikt, in: JuS 2010, S. 490 - 497
ders.: Das unechte Unterlassungsdelikt – Der zweite Teil dieses dreiteiligen Beitrags behandelt die Garantenpflicht und die Entsprechensklausel des § 13 StGB, in: JuS 2010, S. 585 - 589
Ratke, Henning/Schwer, Dominic: Der praktische Fall – Strafrecht: Anwendbarkeit der Regeln über den ärztlichen Heileingriff auf medizinisches Hilfspersonal, in: JuS 2003, S. 580 - 587
Rehmann, Wolfgang A.: Arzneimittelrecht, 5. Auflage 2020
Reitgruber, Dietmar/Auer, Johann: Internistische Intensivmedizin für Einsteiger, 2021

Rengier, Rudolf: Strafrecht Allgemeiner Teil, 13. Auflage 2021 (zit.: Rengier, Strafrecht AT)

ders.: Strafrecht Besonderer Teil II, 25. Auflage 2024 (zit.: Rengier, Strafrecht BT II)

Renzikowski, Joachim: Notwehr und Notstand, 1994

ders.: Die fahrlässige Mittäterschaft, in: Festschrift für Harro Otto zum 70. Geburtstag, 2007, S. 423 - 440 (zit.: Renzikowski, FS Otto)

Riedel, Daniel: Freiheitsentziehende Maßnahmen gegen nicht betreute Personen wegen Selbstgefährdung, in: BtPrax 2010, S. 99 - 104

Riedelmeier, Sabine: Ärztlicher Heileingriff und allgemeine Strafrechtsdogmatik, 2004 (zit.: Riedelmeier, Ärztlicher Heileingriff)

Rieger, Hans-Jürgen (Hrsg.): Lexikon des Arztrechts, 1984

ders.: Verabreichung intramuskulärer Injektionen durch Krankenpflegehelferin, Anmerkung zu BGH, Urteil vom 08.05.1979 – VI ZR 58/78, in: NJW 1979, S. 1936 - 1937

Rieger, Hans-Jürgen/Dahm, Franz-Josef/Katzenmeier, Christian/Stellpflug, Martin H./Ziegler, Ole (Hrsg.): Heidelberger Kommentar Arztrecht Krankenhausrecht Medizinrecht, 85. Aktualisierung 2021 (zit.: Bearbeiter, in: Heidelberger Kommentar)

Rodenbusch, Vincent: Freiheitsentziehende Maßnahmen während der Unterbringung, in: NJW 2020, S. 2509 - 2513

Rogall, Klaus: Die Verletzung von Privatgeheimnissen (§ 203 StGB) – Aktuelle Probleme und ungelöste Fragen, in: NStZ 1983, S. 1 - 9

Rönnau, Thomas: Willensmängel bei der Einwilligung im Strafrecht, 2001 (zit.: Rönnau, Willensmängel)

ders.: Voraussetzungen und Grenzen der Einwilligung im Strafrecht, in: Jura 2002, S. 665 - 675

ders.: Anmerkung zu BGH, Beschluss vom 15.10.2003 – 1 StR 300/03, in: JZ 2004, S. 801 - 804

ders.: Grundwissen – Strafrecht: Einwilligung und Einverständnis, in: JuS 2007, S. 18 - 20

ders.: Grundwissen – Strafrecht: Hypothetische Einwilligung, in: JuS 2014, S. 882 - 885

ders.: Grundwissen – Strafrecht: Erfolgsqualifiziertes Delikt, in: JuS 2020, S. 108 - 112

ders.: Grundwissen – Strafrecht: Anstiften, in: JuS 2020, S. 919 - 923

ders.: Grundwissen – Strafrecht: Der „Täter hinter dem Täter", in: JuS 2021, S. 923 - 928

Rönnau, Thomas/Hohn, Kristian: Der praktische Fall – Strafrecht: Forscherdrang, in: JuS 2003, S. 998 - 1003
Rönnau, Thomas/Wegner, Kilian: Grundwissen – Strafrecht: Triage, in: JuS 2020, S. 403 - 407
Rosenau, Henning: Die hypothetische Einwilligung im Strafrecht, in: Festschrift für Manfred Maiwald zum 75. Geburtstag, 2010, S. 683 - 700 (zit.: Rosenau, FS Maiwald)
Rosener, Wolfgang: Die Einwilligung in Heileingriffe, 1966
Rostalski, Frauke: Vernunft und Unvernunft in der (höchstrichterlichen) Rechtsprechung zum Fahrlässigkeitskriterium der Vorhersehbarkeit, in: JZ 2017, S. 560 - 566
dies.: Theorie und Praxis der Fallbearbeitung beim Fahrlässigkeitsdelikt, in: JuS 2021, S. 827 - 832
Rotsch, Thomas: „Gemeinsames Versagen?. Zu Legitimität und Legalität der fahrlässigen Mittäterschaft, in: Festschrift für Ingeborg Puppe zum 70. Geburtstag, 2011, S. 887 - 908 (zit.: Rotsch, FS Puppe)
Roxin, Claus: Pflichtwidrigkeit und Erfolg bei fahrlässigen Delikten, in: ZStW 74 (1962), S. 411 - 444
ders.: Straftaten im Rahmen organisatorischer Machtapparate, in: GA 1963, S. 193 - 207
ders.: An der Grenze von Begehung und Unterlassen, in: Festschrift für Karl Engisch zum 70. Geburtstag, 1969, S. 380 - 405 (zit.: Roxin, FS Engisch)
ders.: Über die mutmaßliche Einwilligung, in: Festschrift für Hans Welzel zum 70. Geburtstag, 1974, S. 447 - 476 (zit.: Roxin, FS Welzel)
ders.: Zur Tatbestandsmäßigkeit und Rechtswidrigkeit der Entfernung von Leichenteilen (§ 168 StGB), insbesondere zum rechtfertigenden strafrechtlichen Notstand (§ 34 StGB) – OLG Frankfurt, NJW 1975, 271, in: JuS 1976, S. 505 - 511
ders.: Die Sterbehilfe im Spannungsfeld von Suizidteilnahme, erlaubtem Behandlungsabbruch und Tötung auf Verlangen, in: NStZ 1987, S. 345 - 350
ders.: Strafrecht Allgemeiner Teil, Band II, 2003 (zit.: Roxin, Strafrecht AT II)
ders.: Zur einverständlichen Fremdgefährdung – Besprechung von BGH, Urteil vom 20.11.2008 – 4 StR 328/08, in: JZ 2009, S. 399 - 403
ders.: Zur neuesten Diskussion über die Organisationsherrschaft, in: GA 2012, S. 395 - 415

ders.: Täterschaft und Tatherrschaft, 11. Auflage 2022 (zit.: Roxin, Täterschaft)
Roxin, Claus/Greco, Luis: Strafrecht Allgemeiner Teil, Band I, 5. Auflage 2020 (zit.: Roxin/Greco, Strafrecht AT I)
Roxin, Claus/Schroth, Ulrich (Hrsg.): Handbuch des Medizinstrafrechts, 4. Auflage 2010 (zit.: Bearbeiter, in: Roxin/Schroth, Handbuch des Medizinstrafrechts)
Rudolphi, Hans-Joachim: Literaturbericht, in: ZStW 86 (1974), S. 68 - 97
ders.: Zur Verantwortlichkeit des Klinikchefs und ausführenden Operateurs für die vollständige Aufklärung des Patienten, in: JR 1975, S. 512 - 513
ders.: Rechtfertigungsgründe im Strafrecht. Ein Beitrag zur Funktion, Struktur und den Prinzipien der Rechtfertigung, in: Gedächtnisschrift für Armin Kaufmann, 1989, S. 371 - 398 (zit.: Rudolphi, GS Kaufmann)
Rulands, Eva: Objektive Sorgfaltspflichtverletzung und algorithmusgestützte Diabetestherapie – Zu den Herausforderungen einer interdisziplinären Medizin für die Strafrechtsdogmatik, in: MedR 2021, S. 813 - 818
Säcker, Franz Jürgen/Rixecker, Roland/Oetker, Hartmut/Limperg, Bettina (Hrsg.): Münchner Kommentar zum Bürgerlichen Gesetzbuch, Band 5: §§ 535 - 630h BGB, 9. Auflage 2023, Band 10: §§ 1589 - 2385 BGB, 9. Auflage 2024 (zit.: MüKoBGB/Bearbeiter)
Saliger, Frank: Strafbarkeitsrisiken ärztlicher Sterbebegleitung, in: Eidam, Lutz/Lindemann, Michael (Hrsg.), Grundfragen und aktuelle Herausforderungen der ärztlichen Sterbebegleitung, 2019, S. 15 - 30 (zit.: Saliger, Strafbarkeitsrisiken)
Samson, Erich: Begehung und Unterlassung, in: Festschrift für Hans Welzel zum 70. Geburtstag am 25. März 1974, 1974, S. 579 - 604 (zit.: Samson, FS Welzel)
ders.: Probleme strafrechtlicher Produkthaftung, in: StV 1991, S. 182 - 186
Satzger, Helmut: Die rechtfertigende Pflichtenkollision, in: Jura 2010, S. 753 - 757
ders.: Der »omnimodo facturus« - und das, was man in jedem Fall dazu wissen muss!, in: Jura 2017, S. 1169 - 1182
Satzger, Helmut/Schluckebier, Wilhelm/Werner, Raik (Hrsg.): Strafgesetzbuch Kommentar, 6. Auflage 2024 (zit.: SSW-StGB/Bearbeiter)
Sax, Walter: Zur rechtlichen Problematik der Sterbehilfe durch vorzeitigen Abbruch einer Intensivbehandlung, in: JZ 1975, S. 137 - 150

Schaffstein, Friedrich: Handlungsunwert, Erfolgsunwert und Rechtfertigung bei den Fahrlässigkeitsdelikten, in: Festschrift für Hans Welzel zum 70. Geburtstag, 1974, S. 557 - 578 (zit.: Schaffstein, FS Welzel)

ders.: Der Täter hinter dem Täter bei vermeidbarem Verbotsirrtum und verminderter Schuldfähigkeit des Tatmittlers – Zugleich eine Besprechung von BGH – 4 StR 352/88, in: NStZ 1989, S. 153 - 158

Schelling, Philipp/Erlinger, Rainer: Die Aufklärung über Behandlungsalternativen, in: MedR 2003, S. 331 - 334

Schild, Wolfgang: Das strafrechtliche Problem der Sportverletzung (vorwiegend im Fußball), in: Jura 1982, S. 520 - 529

Schlegel, Rainer/Voelzke, Thomas: juris Praxiskommentar SGB VIII, 3. Auflage 2022 (zit.: Bearbeiter/Schlegel/Voelzke, jurisPK-SGB VIII)

Schlund, Gerhard H.: Zu Fragen der ärztlichen Schweigepflicht, in: JR 1977, S. 265 - 269

in der Schmitten, Jürgen/Rixen, Stephan/Marckmann, Georg: Patientenverfügungen im Rettungsdienst (Teil 1), in: Notfall + Rettungsmedizin 2011, S. 448 - 458

Schmitz, Jörg L.: Rechtfertigender Notstand bei internen Interessenkollisionen, 2013 (zit.: Schmitz, Notstand)

Schneider, Marina: Verfassungsmäßigkeit des Rechts der Organallokation, 2015

Schneider, Tamara: Anfängerklausur – Strafrecht: Rücktritt und Erlaubnistatbestandsirrtum, in: JuS 2020, S. 939 - 944

Schöch, Heinz: Beendigung lebenserhaltender Maßnahmen, in: NStZ 1995, S. 153 - 157

Schönke, Adolf/Schröder, Horst (Hrsg.): Strafgesetzbuch, 30. Auflage 2019 (zit.: Schönke/Schröder/Bearbeiter, StGB)

Schreiber, Hans-Ludwig: Kriterien des Hirntodes, in: JZ 1983, S. 593 - 594

Schultz, Frédéric: Factoring und Abrechnungsbetrug im Gesundheitswesen, in: medstra 2021, S. 339 - 343

Schünemann, Bernd: Die deutschsprachige Strafrechtswissenschaft nach der Strafrechtsreform im Spiegel des Leipziger Kommentars und des Wiener Kommentars, 1. Teil: Tatbestands- und Unrechtslehre, in: GA 1985, S. 341 - 380

ders.: Die „gravierende Pflichtverletzung“ bei der Untreue: dogmatischer Zauberhut oder taube Nuss?, in: NStZ 2005, S. 473 - 476

Schroeder, Friedrich-Christian: Besondere Strafvorschiften gegen eigenmächtige und fehlerhafte Heilbehandlung?, 1998 (zit.: Schroeder, Fehlerhafte Heilbehandlung)

Schröder, Horst: Abstrakt-konkrete Gefährdungsdelikte, in: JZ 1967, S. 522 - 524

Schroth, Ulrich: Sterbehilfe als strafrechtliches Problem – Selbstbestimmung und Schutzwürdigkeit des tödlich Kranken, in: GA 2006, S. 549 - 547

Schuhr, Jan C.: Mehraktige Vermögensdispositionen beim Betrug und die Grenzen des sachgedanklichen Mitbewusstseins, in: ZStW 123 (2011), S. 517 - 547

Schwalm, Georg: Zum Begriff und Beweis des ärztlichen Kunstfehlers, in: Festschrift für Paul Bockelmann zum 70. Geburtstag, 1978, S. 539 - 556 (zit.: Schwalm, FS Bockelmann)

Schwartz, Tobias: Die hypothetische Einwilligung im Strafrecht, 2009 (zit.: Schwartz, Hypothetische Einwilligung)

Seelmann, Kurt: Mittäterschaft im Strafrecht, in: JuS 1980, S. 571 - 574

Seher, Gerhard: Grundfälle zur Beihilfe, in: JuS 2009, S. 793 - 797

Sefrin, Peter: Notfalltherapie im Rettungsdienst, 3. Auflage 1985 (zit.: Sefrin, Notfalltherapie)

ders.: Notfalltherapie: Erstversorgung im Rettungsdienst nach den Empfehlungen der DIVI, 5. Auflage 1991 (zit.: Sefrin, Erstversorgung)

Sommer, Ayla: Die Verletzung der ärztlichen Schweigepflicht im Zusammenhang mit Kindesmisshandlungen, 2020 (zit.: Sommer, Verletzung der ärztlichen Schweigepflicht)

Sowada, Christoph: Zur Einordnung von Spritzen als gefährliches Werkzeug bei Verwendung durch einen nicht zugelassenen Heilkundigen, Anmerkung zu BGH, Urteil vom 23.12.1986 – 1 StR 598/86, in: JR 1988, S. 123 - 125

ders.: Die "Gubener Hetzjagd": Versuchte Körperverletzung mit Todesfolge, in: Jura 2003, S. 549 - 599

ders.: Die hypothetische Einwilligung im Strafrecht, in: NStZ 2012, S. 1 - 10

ders.: Strafrechtliche Probleme der Triage in der Corona-Krise, in: NStZ 2020, S. 452 - 460

Spendel, Günter: Zur Dogmatik der unechten Unterlassungsdelikte, in: JZ 1973, S. 137 - 143

Spengler, Bernd/Eichelbrönner, Nicolas: Rettungsdienstrecht in der Praxis, 2001 (zit.: Spengler/Eichelbrönner, Rettungsdienstrecht)
Spickhoff, Andreas: Postmortaler Persönlichkeitsschutz und ärztliche Schweigepflicht, in: NJW 2005, S. 1982 - 1984
ders. (Hrsg.): Medizinrecht, 4. Auflage 2022 (zit.: Spickhoff/Bearbeiter, Medizinrecht)
ders.: Die Entwicklung des Arztrechts 2020/2021, in: NJW 2021, S. 1713 - 1719
Spickhoff, Andreas/Seibl, Maximilian: Haftungsrechtliche Aspekte der Delegation ärztlicher Leistungen an nichtärztliches Medizinpersonal, in: MedR 2008, S. 463 - 473
Splitter, Johann Friedrich: Rettungspflicht beim Suizid – Geschichte und aktuelle Entwicklung der Rechtsprechung aus ärztlich-psychiatrischer Sicht, in: MedR 2020, S. 101 - 105
Stark, Gabriele L.: Fortgeschrittenenklausur – Strafrecht: Tod im Yoga-Retreat, in: JuS 2023, S. 234 - 241
Stefanopoulou, Georgia: Einwilligung in die Lebensgefährdung: Rechtfertigung der fahrlässigen Tötung, in: ZStW 124 (2012), S. 689 - 710
Sternberg-Lieben, Detlev: Die objektiven Schranken der Einwilligung im Strafrecht, 1997 (zit.: Sternberg-Lieben, Objektive Schranken)
ders.: Strafbare Körperverletzung bei einverständlichem Verabreichen illegaler Betäubungsmittel – BGH, NJW 2004, 1054, in: JuS 2004, S. 954 - 956
ders.: Anmerkung zu BGH, Urteil vom 05.07.2007 – 4 StR 549/06, in: StV 2008, S. 190 - 193
ders.: Beschränkung der strafrechtlichen Haftung auf eine schwerwiegende Verletzung der ärztlichen Aufklärungspflicht, in: MedR 2019, S. 185 – 191
ders.: Corona-Pandemie, Triage und Grenzen rechtfertigender Pflichtenkollision, in: MedR 2020, S. 627 - 637
Sternberg-Lieben, Detlev/Reichmann, Philipp C.: Die gesetzliche Regelung der Patientenverfügung und das medizinische Selbstbestimmungsrecht Minderjähriger, in: NJW 2012, S. 257 - 262
Sternberg-Lieben, Detlev/Sternberg-Lieben, Irene: Vorsatz im Strafrecht, in: JuS 2012, S. 976 - 980
Stratenwerth, Günter/Kuhlen, Lothar: Strafrecht Allgemeiner Teil I, 6. Auflage 2011 (zit.: Stratenwerth/Kuhlen, Strafrecht AT I)

Strauß, Samuel: Die Zustimmung zur Freiheitsberaubung, in: NStZ 2024, S. 1 - 5
Stree, Walter: Gefährliche Körperverletzung, in: Jura 1980, S. 281 - 293
Struensee, Eberhard: Handeln und Unterlassen, Begehungs- und Unterlassungsdelikt, in: Festschrift für Walter Stree und Johannes Wessels zum 70. Geburtstag, 1993, S. 133 - 158 (zit.: Struensee, FS Stree und Wessels)
Stürner, Rolf (Hrsg.): Jauernig, Bürgerliches Gesetzbuch, 19. Auflage 2023 (zit.: Jauernig/Bearbeiter, BGB)
Swoboda, Sabine: Die hypothetische Einwilligung – Prototyp einer neuen Zurechnungslehre im Bereich der Rechtfertigung?, in: ZIS 2013, S. 18 - 32
Tachezy, Dorothea Maria: Mutmaßliche Einwilligung und Notkompetenz in der präklinischen Notfallmedizin – Rechtfertigungsfragen und Haftungsfolgen im Notarzt und Rettungsdienst, 2009 (zit.: Tachezy, Mutmaßliche Einwilligung)
Tag, Brigitte: Der Körperverletzungstatbestand im Spannungsverhältnis zwischen Patientenautonomie und lex artis – Eine arztstrafrechtliche Untersuchung, 2000 (zit.: Tag, Körperverletzungstatbestand)
Taupitz, Jochen: Der Heilpraktiker aus der Sicht des Haftungsrechts: „Arzt“, „Mini-Arzt“ oder „Laie“?, in: NJW 1991, S. 1505 – 1510
ders.: Verteilung medizinischer Ressourcen in der Corona-Krise: Wer darf überleben?, in: MedR 2020, S. 440 - 450
Tellioglu, Jill Meltem: Medikamentöse Analgesie durch Notfallsanitäter, 2016 (zit.: Tellioglu, Medikamentöse Analgesie)
Tempel, Otto: Inhalt, Grenzen und Durchführung der ärztlichen Aufklärungspflicht unter Zugrundelegung der höchstrichterlichen Rechtsprechung, in: NJW 1980, S. 609 - 617
Thiel, Sven-Markus: Die Konkurrenz von Rechtfertigungsgründen, 2000
Timpe, Gerhard: *Übungsfall*: Das Autorennen, in: ZJS 2009, S. 170 - 180
Träger des Rettungsdienstes in Schleswig-Holstein: Handlungsempfehlungen für den Rettungsdienst im Land Schleswig-Holstein, Stand: 14.02.2023, abrufbar unter: file:///C:/Users/janhe/Downloads/handlungsempfehlungen_fuer_den_rettungsdienst__7.0.0_stand_29.09.2020.pdf
Tries, Ralf: Strafrechtliche Probleme im Rettungsdienst, 5. Auflage 2022 (zit.: Tries, Strafrechtliche Probleme)
Tsambikakis, Michael/Rostalski, Frauke (Hrsg.): Medizinstrafrecht, 1. Auflage 2023 (zit.: NK-MedizinStR/Bearbeiter)

Tschieter, Stefanie: Feuerwehr und Rettungsdienst: Eine soziologische Untersuchung zur Vereinbarkeit zweier Berufsfelder innerhalb des 24-Stunden-Dienstes, 2015 (zit.: Tschieter, Feuerwehr und Rettungsdienst)

Ufer, M. R.: Patientenaufklärung im Rettungsdienst aus rechtlicher Sicht, in: RD 1991, S. 603 - 607

Ulsenheimer, Klaus: Erfolgsrelevante und erfolgsneutrale Pflichtverletzungen im Rahmen der Fahrlässigkeitsdelikte, in: JZ 1969, S. 364 - 368

ders.: Strafbarkeit des Garanten bei Nichtvornahme der einzig möglichen, aber riskanten Rettungshandlung, in: JuS 1972, S. 252 - 256

ders.: Verletzung der Aufklärungspflicht – Anmerkung zu BGH, Urteil vom 29.06.1995 – 4 StR 760/94, in: NStZ 1996, S. 132 - 133

ders.: Der Vertragsarzt als Sachwalter der Vermögensinteressen der gesetzlichen Krankenkassen?, in: MedR 2005, S. 622 - 628

Ulsenheimer, Klaus/Gaede, Karsten (Hrsg.): Arztstrafrecht in der Praxis, 6. Auflage 2020 (zit.: Bearbeiter, in: Ulsenheimer/Gaede, Arztstrafrecht)

Valerius, Brian: Die Rechtsprechung zu den ärztlichen Aufklärungspflichten und zur Einwilligung seit dem Patientenrechtegesetz, in: medstra 2021, S. 2 - 9

Vitkas, Konstantinos: Das Spannungsverhältnis zwischen ärztlicher Schweigepflicht und der Befugnis zur Offenbarung von (Verdachts-)Fällen der Kindesmisshandlung, in: JR 2015, S. 353 - 358

Voigt, Tobias: Amtshaftung und Beweislast des Rettungsdienstes bei Einsatzabbruch; Anmerkung zu KG Berlin, Urteil vom 19.05.2016 – 20 U 122/15, in: MedR 2017, S. 375 - 382

Volk, Klaus: Zum Schaden beim Abrechnungsbetrug – Das Verhältnis von Strafrecht und Sozialversicherungsrecht, in: NJW 2000, S. 3385 - 3389

Voll, Doris: Die Einwilligung im Arztrecht, 1996 (zit.: Voll, Einwilligung)

Wachter, Matthias: Wahrung der Patientenautonomie in akuten Notfallsituationen, in: medstra 2021, S. 30 - 33

Wagner, Regine/Knittel, Stefan (Hrsg.): Soziale Krankenversicherung Pflegeversicherung, 112. Ergänzungslieferung 2021 (zit.: Krauskopf/Bearbeiter, SGB)

Walter, Tonio: Die Lehre von der „einverständlichen Fremdgefährdung" und ihre Schwächen – eine Verteidigung der Rechtsprechung, in: NStZ 2013, S. 673 – 680

ders.: Menschlichkeit oder Darwinismus? Zu Triage-Regeln und ihren Gründen, in: GA 2020, S. 656 - 677

Warda, Günter: Grundzüge der strafrechtlichen Irrtumslehre, in: Jura 1979, S. 286 - 297

Wasserburg, Klaus/Meller, Laura: Rechtsprechungsübersicht zum Arztstrafrecht, in: NStZ 2018, S. 514 - 525

Waßmer, Martin Paul: Die strafrechtlichen Implikationen der Triage, in: JA 2021, S. 298 - 303

ders.: Medizinstrafrecht, 2022

Weber, Alexandra/Duttge, Gunnar/Höger, Christoph: Das Selbstbestimmungsrecht einwilligungsfähiger Minderjähriger als Grenze der ärztlichen Offenbarungsbefugnis nach § 4 KKG, in: MedR 2014, S. 777 - 784

Weber, Ulrich: Objektive Grenzen der strafbefreienden Einwilligung in Lebens- und Gesundheitsgefährdungen, in: Festschrift für Jürgen Baumann zum 70. Geburtstag, 1992, S. 43 - 56 (zit.: Weber, FS Baumann)

Weilert, Katarina: Der Tod im Recht, in: MedR 2020, S. 814 - 824

Wente, Jürgen K.: Presserechtliche Offenbarungsbefugnisse von Behörden – Anmerkung zu OLG Schleswig, Beschluss vom 24.09.1984 – 2 Ws 708/84, in: NStZ 1986, S. 366 - 367

Wessels, Johannes/Beulke, Werner/Satzger, Helmut: Strafrecht Allgemeiner Teil, 53. Auflage 2023 (zit.: Wessels/Beulke/Satzger, Strafrecht AT)

Wessels, Johannes/Hettinger, Michael/Engländer, Armin: Strafrecht Besonderer Teil 1, 47. Auflage 2023 (zit.: Wessels/Hettinger/Engländer, Strafrecht BT I)

Wiese, Christoph/Duttge, Gunnar/Weber, Alexandra Kristina/Zausig, York/Ruppert, David/Habekop, Gerd-Gunnar/Graf, Bernhard Martin: Notfallmedizinische Betreuung von Palliativpatienten am Lebensende: Juristische Beurteilung notfallmedizinischer Handlungsweisen – retrospektive Fallbetrachtung zur medizinischen Indikation und zum Patientenwillen, in: Der Anaesthesist 2009, S. 1097 - 1106

Wiesner, Reinhard/Wapler, Friederike (Hrsg.): SGB VIII – Kinder- und Jugendhilfe, 6. Auflage 2022 (zit.: Wiesner/Wapler/Bearbeiter, SGB VIII)

Wissenschaftliche Dienste Deutscher Bundestag: Die Ausbildungszielbestimmung des § 4 Abs. 2 Nr. 2 Buchstabe c des Notfallsanitätergesetzes, Bundesrechtliche Vorgaben und Umsetzung durch die Bundesländer, WD 9 - 3000 - 032/19 (zit.: Wissenschaftliche Dienste BT, WD 9 - 3000 - 032/19)

Wolter, Jürgen (Hrsg.): Systematischer Kommentar zum Strafgesetzbuch, Band 1: §§ 1 - 37 StGB, 9. Auflage 2017, Band 3: §§ 80 - 173 StGB, 9.

Auflage 2019, Band 4: §§ 174 - 241a StGB, 9. Auflage 2017, Band 5: §§ 242 - 302 StGB, 9. Auflage 2019 (zit.: SK-StGB/Bearbeiter)
Yamanaka, Keiichi: Kritisch-Dogmatische Überlegungen zur hypothetischen Einwilligung, in: Festschrift für Manfred Maiwald zum 75. Geburtstag, 2010, S. 865 - 884 (zit.: Yamanaka, FS Maiwald)
Zauner, Gabriele: Sexueller Missbrauch unter Ausnutzung eines Beratungs-, Behandlungs- oder Betreuungsverhältnisses, 2004
Zetkin, Maxim/Schaldach, Herbert/Ludewig, Thomas (Hrsg.): Lexikon der Medizin, 16. Auflage 1999
Zöller, Marl A./Mavany, Mark: Übungsfall: „Verletzung mit Folgen“, in: ZJS 2009, S. 694 - 701
Zwiehoff, Gabriele: Strafrechtliche Aspekte des Organisationsverschulden, in: MedR 2004, S. 364 – 373

Anhang

A. Verzeichnis der Landesgesetze über den Rettungsdienst

Baden-Württemberg	Gesetz über den Rettungsdienst in der Fassung v. 8.2.2010, GBl. S. 285, zuletzt geändert durch Art. 10 des ÄndG v. 12.06.2018, GBl. S. 173, 187 (zit.: BW RDG)
Bayern	Bayerisches Rettungsdienstgesetz v. 22.7.2008, GVBl. S. 429; zuletzt geändert durch § 1 des ÄndG v. 9.12.2022, GVBl. S. 674 (zit.: BayRDG)
Berlin	Gesetz über den Rettungsdienst für das Land Berlin v. 8.7.1993, GVBl. S. 313, zuletzt geändert durch Art. 19 des ÄndG v. 12.10.2020, GVBl. S. 807 (zit.: Berl RDG)
Brandenburg	Gesetz über den Rettungsdienst im Land Brandenburg v. 14.7.2008, GVBl. I S. 186; zuletzt geändert durch Art. 2 des ÄndG v. 19.06.2019, GVBl. S. 11 (zit.: BbgRettG)
Bremen	Bremisches Hilfeleistungsgesetz v. 21.06.2016, Brem.GBl. S. 348; zuletzt geändert durch ÄndG v. 20.09.2022, Brem.GBl. S. 522 (zit.: BremHilfeG)
Hamburg	Hamburgisches Rettungsdienstgesetz v. 30.09.2019, HmbGVBl.

	S. 367; zuletzt geändert durch Gesetz v. 12.06.2020, HmbGVBl. S. 331 (zit.: HmbRDG)
Hessen	Hessisches Rettungsdienstgesetz v. 16.12.2010, GVBl. I S. 646; zuletzt geändert durch Art. 1 des Gesetzes v. 12.09.2018, GVBl. S. 580 (zit.: HRDG)
Mecklenburg-Vorpommern	Rettungsdienstgesetz Mecklenburg-Vorpommern v. 9.2.2015, GVOBl. M-V S. 50; zuletzt geändert durch Art. 7 des Gesetzes v. 16.5.2018, GVOBl. M-V S. 183 (zit.: RDG M-V)
Niedersachsen	Niedersächsisches Rettungsdienstgesetz in der Fassung v. 2.10.2007, Nds. GVBl. S. 473; zuletzt geändert durch das Gesetz v. 29.6.2022, Nds. GVBl. S. 403 (zit.: NRettDG)
Nordrhein-Westfalen	Gesetz über den Rettungsdienst sowie die Notfallrettung und den Krankentransport durch Unternehmen v. 24.11.1992, GV. 1992 S. 458, zuletzt geändert durch Art. 2 des Gesetzes zur Neuregelung des Brandschutzes, der Hilfeleistung und des Katastrophenschutzes v. 17.12.2015, GV. NRW S. 885 (zit.: RettG NRW)
Rheinland-Pfalz	Landesgesetz über den Rettungsdienst sowie den Notfall- und Krankentransport in der Fassung

	v. 22.4.1991, GVBl. S. 217, zuletzt geändert durch Art. 1 des Gesetzes v. 11.02.2020, GVBl. S. 33 (zit.: RettDG Rh.-Pf.)
Saarland	Saarländisches Rettungsdienstgesetz v. 11.11.2020, Amtsbl. S. 1250 (zit.: SRettG)
Sachsen	Sächsisches Gesetz über den Brandschutz, Rettungsdienst und Katastrophenschutz in der Fassung v. 24.6.2004, SächsGVBl. S. 245, zuletzt geändert durch das Gesetz v. 25.6.2019, SächsGVBl. S. 521 (zit.: SächsBRKG)
Sachsen-Anhalt	Rettungsdienstgesetz des Landes Sachsen-Anhalt v. 18.12.2012, GVBl. LSA S. 624, zuletzt geändert durch das Gesetz v. 15.12.2021, GVBl. LSA S. 586 (zit.: RettDG LSA)
Schleswig-Holstein	Schleswig-Holsteinisches Rettungsdienstgesetz v. 28.3.2017, GOVBl. S. 256, zuletzt geändert durch das Gesetz v. 6.11.2020, GVOBl. S. 802 (zit.: SHRDG)
Thüringen	Thüringer Rettungsdienstgesetz v. 16.7.2008, GVBl. S. 233; zuletzt geändert durch das Gesetz v. 7.12.2022, GVBl. S. 484 (zit.: ThürRettG)

B. Verzeichnis der Landesverordnungen über die Ausbildung und Prüfung von Rettungssanitätern

Bayern	Bayerische Rettungssanitäterverordnung v. 23.4.2015, GVBl. S. 134, BayRS 215-5-1-3-I, geändert durch § 1 Abs. 168 der Verordnung v. 26.03.2019, GVBl. S. 98 (zit.: BayRettSanV)
Hamburg	Hamburgische Ausbildungs- und Prüfungsordnung für Rettungssanitäterinnen und Rettungssanitäter v. 5.2.2008, HmbGVBl. S. 54 (zit.: HmbRettSanAPO)
Hessen	Hessische Ausbildungs- und Prüfungsordnung für Rettungssanitäterinnen und Rettungssanitäter v. 1.10.2021, GVBl. S. 662 (zit.: APORettSan Hessen)
Mecklenburg-Vorpommern	Verordnung über die Ausbildung und Prüfung von Rettungssanitätern v. 19.12.1995, GVOBl. M-V 1996 S. 53, zuletzt geändert durch Verordnung v. 19.2.2010, GVOBl. M-V S. 129 (zit.: RettSanAPrV M-V)
Niedersachsen	Verordnung über die Ausbildung und Prüfung für Rettungssanitäterinnen und Rettungssanitäter v. 22.6.2021, Nds. GVBl. S. 400 (zit.: APVO-RettSan Nds.)

Nordrhein-Westfalen	Ausbildungs- und Prüfungsverordnung für Rettungssanitäterinnen und Rettungssanitäter sowie Rettungshelferinnen und Rettungshelfer v. 25.4.2022, GV. NRW. S. 581 (zit.: RettAPrVO NRW)
Rheinland-Pfalz	Landesverordnung über die Ausbildung und Prüfung von Rettungssanitäterinnen und Rettungssanitätern v. 10.12.2020, GVBl. S. 797 (zit.: APORettSan Rh.-Pf.)
Saarland	Verordnung über die Ausbildung und Prüfung von Rettungssanitäterinnen und Rettungssanitätern v. 7.7.1995, Amtsbl. 1995, 823, zuletzt geändert durch Artikel 141 des Gesetzes v. 8.12.2021, Amtsbl. I S. 2629 (zit.: APVO-RettSan Saarland)
Sachsen-Anhalt	Ausbildungs- und Prüfungsordnung für Rettungssanitäterinnen und Rettungssanitäter im Land Sachsen-Anhalt v. 14.6.2014, GVBl. LSA S. 268 (zit.: APO-RettSan LSA)
Schleswig-Holstein	Landesverordnung über die Ausbildung und Prüfung von Rettungssanitäterinnen und Rettungssanitätern v. 19.10.2020, GVOBl. S. 763 (zit.: RettSan-APrVO S.-H.)

Ayla Sommer
Die Verletzung der ärztlichen Schweigepflicht im Zusammenhang mit Kindesmisshandlungen
Eine Betrachtung der Rechtslage in Deutschland, Österreich und der Schweiz
Gewalt gegen Kinder ist ein globales und alltägliches Problem. Vor allem Ärztinnen und Ärzten kommt bei der Entdeckung von Misshandlungen eine Schlüsselrolle zu. Doch sind sie als Berufsgeheimnisträger zugleich zur Verschwiegenheit verpflichtet. Dieser Konflikt wurde 2012 durch Verabschiedung des § 4 KKG erstmals geregelt. Dessen Analyse ist Gegenstand dieser Arbeit. Rechtsvergleichend werden die entsprechenden Regelungen aus Österreich und der Schweiz in die Betrachtung mit einbezogen. Auf dieser Grundlage wird am Ende ein Verbesserungsvorschlag für das deutsche Recht unterbreitet.
Bd. 1, 2020, 328 S., 44,90 €, gb., ISBN 978-3-643-14669-4